中国旅游蓝皮书系列

ZHONGGUOLVYOULANPISHUXILIE

高/质/量/发/展/系/列/丛/书

鄂尔多斯市旅游业发展蓝皮书

EERDUOSISHILÜYOUYEFAZHANLANPISHU

主　编◎刘海英　马　林

鄂尔多斯市文化和旅游局

中国旅游出版社

编委会

序

很荣幸为本书作序!

鄂尔多斯是一片神奇的土地！在这片热土上，蒙古族风情浓郁，文化悠久，有距今 14 万到 7 万年前的“河套人文化”，有蒙古族政治家成吉思汗的陵园，也有达尔扈特守陵人传承近 800 年的传奇。鄂尔多斯市地处黄河“几”字湾包围之中，三面为黄河环绕，近一半的土地为毛乌素沙地和库布其沙漠覆盖，干旱少雨，自然地理条件不佳，但它却又拥有丰富的自然资源，素有“羊煤土气”之称。依托丰富的能源资源，鄂尔多斯人创造了现代经济发展的奇迹。而今鄂尔多斯市正在调整产业结构，实现转型升级，聚焦于作为幸福产业的文化旅游业发展。

大漠风光、草原民俗吸引着众多国内外游人，鄂尔多斯市文化旅游业欣欣向荣、蓬勃发展，获得了中国优秀旅游城市、中国最佳民族风情旅游城市和中国最佳生态旅游城市等一系列品牌称号。鄂尔多斯旅游人也一直擅于回顾历史、总结经验、展望未来，20 世纪 90 年代就在内蒙古自治区率先编制了《伊克昭盟旅游业发展总体规划》《杭锦旗旅游发展规划》等多个旅游规划，2013 年又编撰出版了专著《鄂尔多斯市旅游发展模式》。2010 年以来是鄂尔多斯市文化旅游业飞速发展的十年，为了促进文化旅游业高质量发展，有必要对文化旅游业发展进行深入的回顾与总结，以便更好地把握文化旅游业发展机遇，于是我们欣喜地看到《鄂尔多斯市旅游业发展蓝皮书》顺势而出。鄂尔多斯人这种脚踏实地、求实求真的精神非常令人钦佩!

《鄂尔多斯市旅游业发展蓝皮书》是内蒙古自治区旅游业发展中的第一部蓝皮书。该书系统地梳理了改革开放以来鄂尔多斯市文化旅游业发展的基本脉络，客观、全面地分析了鄂尔多斯市现阶段文化旅游业各领域发展存在的问题，提出了符合实际情况的发展对策与建议，对鄂尔多斯市文化旅游业的总体发展以及资源开发、市场定位、行业发展、人才培养等方面具有重要的参考价值。该书定能够为鄂尔多斯市文化旅游高质量发展带来积极的影响，为内蒙古自治区文化旅游业发展提供重要的参考和借鉴。

《鄂尔多斯市旅游业发展蓝皮书》采用了总报告和分报告相结合的形式。总报告分析了鄂尔多斯市旅游业发展的总体态势，从文化旅游业发展历史、现状调查和问题探索三个层面，着眼于鄂尔多斯市文化旅游产品开发、资源利用以及市场营销等多个方面，总结探索鄂尔多斯市文化旅游发展的整体运行模式。分报告涵盖范围广、实践特色鲜明、时代感强，涵盖了鄂尔多斯市全域旅游、红色旅游、研学旅游等旅游发展新动态。

该书是全面研究鄂尔多斯市文化旅游业发展的诚意之作，难能可贵，值得一读。

祝愿鄂尔多斯这颗祖国北疆亮丽风景线上的明珠更加璀璨耀眼！

是以为序。

乌铁红

2021 年 3 月

于呼和浩特希望阳光苑

前　言

鄂尔多斯市旅游业经过改革开放40多年的快速发展，取得了令人瞩目的成绩。旅游产业地位实现了从“国民经济的边缘产业”向“牵动区域转型的战略性支柱产业”转变，旅游产品定位实现了从“单一观光型”向“休闲度假型”转变，旅游市场实现了从“客源地”向“目的地”转变，旅游发展环境实现了从“政策优惠”向“全面优化”转变。旅游总体形象影响力日益提升，旅游产品体系和服务配套设施日臻完善，旅游服务质量显著提升，旅游政策支持力度逐步加大，政府主导、企业经营的模式日渐成熟。已经打造了“天朗气清·自在养生”的旅游形象，形成了以民族风情、大漠风光和休闲避暑为主体的旅游产品体系，打造了旅游产业推动区域转型发展的成功模式。已经成为我国北方地区重要的旅游目的地、全域旅游示范区、内蒙古旅游业发展的排头兵和领头羊，引领内蒙古旅游业向着持续健康的方向发展。

本书客观、全面系统地梳理了鄂尔多斯市旅游业的总体情况，同时对旅游业发展所涉及的各要素、各领域、各部门、各行业以及重点领域和行业进行系统梳理与分析研究。全书分为八篇共二十六章。第一篇为总论篇，主要介绍鄂尔多斯市市情概况、调查与评价其旅游资源，并对旅游业发展的总体态势进行研判；第二篇为市场篇，主要对鄂尔多斯市旅游市场发展概况、旅游市场发展存在的问题，以及旅游服务的满意度进行调查和分析；第三篇为行业篇，主要梳理和分析鄂尔多斯市旅游景区、旅行社和旅游住宿业的发展现状，并对其全域旅游发展进行研究；第四篇为文化篇，主要研究鄂尔多斯市非物质文化遗产的旅游开发现状，并对文化旅游产业的发展潜力进行评价；第五篇为专题篇，主要分析鄂尔多斯市乡村旅游、研学旅游、红色旅游和工业旅游的发展现状与问题，并提出优化发展策略；第六篇为人才篇，主要分析鄂尔多斯市旅游人才基本情况，并对未来五年旅游人才的需求进行规划和预测；第七篇为实证篇，主要总结鄂尔多斯市 5 个典型景区的发展历程与现状，并对其未来发展进行展望；第八篇为对策篇，主要研究鄂尔多斯市旅游业发展存在的问题，并从全局视角提出鄂尔多斯市旅游业高质量发展的对策和建议。

作为全面研究鄂尔多斯市文化旅游发展的诚意之作，本书凝聚了鄂尔多斯市文化旅游行业从业者和研究者的集体智慧和心血。在“十三五”收官、“十四五”开启之年，期待本书能够对鄂尔多斯市文化旅游事业的高质量发展起到积极的推动作用。

刘海英　马林

2021年3月

目　录

第一篇　总论篇

第二篇　市场篇

第四篇 文化篇

第五篇　专题篇

第六篇 人才篇

第七篇 实证篇

第八篇　对策篇

第一篇
总论篇

第一章　鄂尔多斯市市情概况

一、地理环境

（一）区位

鄂尔多斯市位于内蒙古自治区西南部，地处鄂尔多斯高原腹地黄河"几"字湾与明代万里长城的怀抱之中，地理坐标为北纬37°35′24″~40°51′40″，东经106°42′40″~111°27′20″之间。东部、北部和西部分别与呼和浩特市、山西省忻州市，包头市、巴彦淖尔市、乌海市，宁夏回族自治区及阿拉善盟隔河相望，南部与陕西省榆林市接壤。鄂尔多斯辖2个区7个旗，总面积8.68万平方公里，总人口207.84万，其中19万为蒙古族，是一个以蒙古族为主体、汉族占多数的地级市。

（二）地貌

鄂尔多斯市平均海拔高度1000~1500米，地形起伏不平，西北高、东南低，东北西三面被黄河环绕，南与黄土高原相连。南、北部分别呈东西向横亘着毛乌素沙地和库布其沙漠，中部为高原剥蚀丘陵地，东南部为黄土丘陵。地貌类型多样，有芳草如茵的草原和开阔坦荡的波状高原。鄂尔多斯市境内四大类型地貌，平原约占总土地面积的4.33%，丘陵山区约占总土地面积的18.91%，波状高原约占总土地面积的28.81%，毛乌素沙地和库布其沙漠约占土地总面积的47.95%。

1. 北部黄河冲积平原区

本区总面积约5000平方公里，占全市总土地面积的6%，分布于杭锦旗、达拉特旗和准格尔旗沿黄河23个乡、镇和苏木。成因和地质构造与整个河套平原相同，同属沉降型的窄长地堑盆地，现代地貌主要是由洪积和黄河携带的泥沙等物沉积而成。海拔高度1000~1100米，地势平坦，水热条件极好。土壤类型可分为草甸土、沼泽土、盐碱土和风沙土四个类型，其中以草甸土为主。草甸土是该区土壤中质地与生产性能较好的土壤，是培养稳产高产农田的基础土壤。整个黄河冲积平原区，土壤中有机质含量1%左右，全氮含量0.05%，速效磷含量12个PPM，速效钾含量228个PPM。本区水热条件较好，非常适合农业生产与开发，具体表现为以下六个方面。一是目前该区耕地面积达到130万亩，其中有保证灌溉面积80多万亩，尚有100万亩宜耕地未开发，仅达拉特旗就有75万亩宜耕地可供开发，开发前景相当乐观；二是开发工程简单，造价低，只要能打井上电，搞好田间管理，每亩投入100元以下资金，当年就是亩产200~250公斤粮食的良田；三是水源条件好，无论是黄灌、井灌，都有充足的水源保证；四是在水、肥保证的基础上，应用推广先进的适用科学技术，粮食单产可增长30%~50%；五是当地群众有开发土地，改善生产条件的经验和劲头；六是依靠农业提供的条件，可以充分发展养殖业和加工业等多种经济。

2. 东部丘陵沟壑区

本区分布于鄂尔多斯市伊金霍洛旗、准格尔旗和达拉特旗南部，海拔高度为1300~1500米，面积约2.6万平方公里，占全市总土地面积的30%。该区属鄂尔多斯沉降构造盆地的中部，地表侵蚀强烈，冲沟发育，水土流失严重，局部地区基岩裸露，是典型的丘陵沟壑区。土壤种类以栗钙土为主，大多不宜耕作，属宜林宜牧地区，特别适宜发展松柏等价值高的经济林，加之日照充足，水源丰富，受风沙影响小，是水果生产的极佳区域。此外，该区内沿河沟畔也有不少下湿地和人工淤澄地，是发展粮食生产的好地方。本区适合发展林牧业，在恢复生态环境的同时，全面开发利用当地建材、煤炭资源，走林牧业先行、兴工致富的道路。

3. 中部库布其、毛乌素沙区

库布其、毛乌素两大沙漠，位于鄂尔多斯市中部，库布其沙漠北临黄河平原，呈东西条带状分布。毛乌素沙漠地处鄂尔多斯市腹地，分布于鄂托克旗、鄂托克前旗、伊金霍洛旗部分和乌审旗。两大沙区总面积约 3.5 万平方公里，占全市总面积的 40% 左右，其中库布其沙漠面积为 1 万多平方公里、毛乌素沙漠 2.5 万平方公里。该地区大多为固定半固定沙丘，流动性的新月形沙丘和沙丘链极少。库布其多为细、中沙，而毛乌素则以中、粗沙为主，地下水赋存条件很好，适宜发展林牧业。

4. 西部坡状高原区

本区位于鄂尔多斯市西部，包括鄂托克旗大部和鄂托克前旗、杭锦旗的部分，总面积约 2.1 万平方公里，占全市总面积的 24% 以上。该区地势平坦，起伏不大，海拔高度 1300~1500 米。这里气候干旱，降雨稀少，年平均降水量在 200 毫米左右，属典型的半荒漠草原。土壤成分以钙土为主，部分地区也有不少风积沙，植被以野生植物为主，适宜发展草原畜牧业。目前鄂尔多斯市已在该区域发展耐旱性乔灌林草为主的植被建设，探索在半荒漠草原搞生态畜牧业和效益畜牧业。

（三）气候

鄂尔多斯市属典型的温带半干旱大陆性气候区，日照丰富，四季分明，无霜期短，降水少且时空分布极为不均，蒸发量大。年日照时数为 2716~3194 小时，年平均气温 5.3℃ ~8.7℃，日最高气温 38℃，日最低气温 –31.4℃。年降水量 170~350 毫米，降水主要集中在 7~9 月，占全年降水量的 70% 左右，年蒸发量 2000~3000 毫米，为降水量的 7.2 倍左右，以 5~7 月最多。全年多盛行西风及北偏西风，年平均风速 3.6 米 / 秒，最大风速可达 22 米 / 秒，最大风速的风压 0.6 千牛 / 平方米，全年 8 级以上大风日数 40 天以上。气候特点是春季气温回升快，大风频繁，降水稀少；夏季短促温热，降水集中；秋季降温迅速，霜冻来临早；冬季漫长寒冷，多寒潮。市域内河流多属黄河流域，并分布有许多天然湖泊，库布其沙漠、毛乌素沙漠横亘鄂尔多斯中部，植被景观以温带干草原为主。

二、历史文化

鄂尔多斯是一块引人瞩目的古老土地，这里有悠久神秘的历史、灿烂神奇的文化。早在 7 万年前，古河套人就在这里繁衍生息，创造了著名的

“萨拉乌苏文化”。从夏商春秋至秦汉唐宋的几千年中，先后有数十个北方部落、民族在这里游牧逐猎，形成了以北方游牧民族青铜器为代表的“鄂尔多斯青铜文化”和以北方游牧文化与中原农耕文化相结合的鄂尔多斯融合文化。元代，鄂尔多斯称察汗淖尔，受封为皇室育马场。明朝中期，成吉思汗八白室与鄂尔多斯部驻牧宝日陶亥（河套）地区。近现代以来，大量晋陕汉族迁入鄂尔多斯地区，与这里的蒙古族一起生活劳作，农耕文化与草原文化在鄂尔多斯得到了更加充分的交流融合。

三、行政区划

鄂尔多斯市前身为伊克昭盟，“伊克昭”为蒙古语，意为“大庙”，因清初鄂尔多斯部落六旗第一次会盟于达拉特旗的大庙王爱召而得名。2001年2月26日，经国务院批准，撤销伊克昭盟，设立地级鄂尔多斯市。鄂尔多斯市是一个多民族地区，域内居住生活着蒙、汉、回、满、达斡尔、鄂温克等42个民族。鄂尔多斯辖2个市辖区和7个旗，设办事处、苏木乡镇51个，其中，镇43个、苏木6个、乡2个、街道办事处9个。嘎查村民委员会736个，其中，嘎查委员会170个、村民委员会566个。截至2019年年末，全市常住人口208.76万，其中城镇人口156.74万，乡村人口52.02万，城镇化率为75.08%。全年出生人口2.03万，出生率为9.73‰，死亡人口1.12万，死亡率为5.38‰，人口自然增长率为4.35‰。年末户籍人口163.50万，比上年增加1.23万。

四、城市殊荣

鄂尔多斯市是改革开放30年全国18个典型地区之一，也是内蒙古自治区的经济新兴城市，呼包鄂城市群的中心城市，被自治区政府定位为省域副中心城市之一。多年来，鄂尔多斯市坚持以建设品质城市为目标，全面提升城市发展质量，形成了生态、健康、智慧、宜居、宜业、宜游的文化内涵与城市名片。先后获得全国文明城市、中国优秀旅游城市、全国最具创新力城市、全国生态园林城市、全国首批资源综合利用“双百工程”示范基地等殊荣。

（一）中国优秀旅游城市

2007 年 12 月，鄂尔多斯市被国家旅游局正式命名为“中国优秀旅游城市”。全市将旅游业作为重点产业来抓，不断加大对旅游行业的投入，全面改善旅游交通等基础设施建设，进一步完善旅游管理体系，城市旅游服务功能进一步提高。目前，拥有国家 5A 级旅游景区 2 个，4A 级旅游景区 27 个。

（二）改革开放 30 年全国 18 个典型地区之一

2008 年，鄂尔多斯市被党中央确定为改革开放 30 年全国 18 个典型地区之一和全国“学习实践科学发展观七个典型城市”之一。鄂尔多斯市通过科学利用优越的资源条件，高起点引进和配置生产要素，全面推行资源节约型、环境友好型的工业和农牧业生产经营方式，创造后发优势，实现跨越式发展，走出了一条西部资源富集地区科学发展、快速发展的路子。

（三）国家可持续发展实验区

2009 年 4 月，鄂尔多斯市被科技部正式批准为“国家可持续发展实验区”。全市建立经济社会协调运行新机制，重点探索科技含量高、经济效益好、资源消耗低、环境污染少的新型经济发展模式，通过实施一系列优先发展项目，逐步改善生态环境质量，提高资源综合利用水平。

（四）全国卫生城市

2011 年 11 月，鄂尔多斯市被全国爱卫办正式命名为“全国卫生城市”。全市在污水处理率、生活垃圾无害化处理率、集中供热普及率等 10 个方面，有 5 项超过全国平均水平，9 项超出自治区平均水平，城市环境卫生面貌不断改善，人民群众文明卫生意识不断提高，城市建设和管理水平迈上新台阶。

（五）全国文明城市

2011 年 12 月，鄂尔多斯市被中央文明委正式命名为“全国文明城市”。开展创建全国文明城市活动以来，全市基础设施不断完善、人民生活质量不断改善、市民素质不断提高，城市品质和文明程度迈上了一个新台阶，城市竞争力、吸引力和美誉度进一步增强。

（六）全国绿化模范城市

2013 年 5 月，鄂尔多斯市被全国绿化委员会正式命名为“全国绿化模范城市”。2018 年共完成造林面积 101.64 千公顷，森林总面积达到 2321 千公顷，森林覆盖率为 26.72%，超出全国和全区平均水平。完成新一轮退耕还林面积 1.1 千公顷。全市有各级自然保护区 9 个，其中国家级自然保护区 2 个，自治区级自然保护区 7 个，总面积达 891.7 千公顷，打造了一张“绿色、和谐、宜居”的城市新名片。

（七）全国社会管理综合治理优秀城市

2013 年 5 月，鄂尔多斯市被中央社会管理综合治理委员会表彰为“2009—2012 年度全国社会管理综合治理优秀市”。2018 年，全市信访总量下降 45.3%；各类刑事案件发案率和治安案件发案率分别下降 16.1% 和 3.7%；人民群众安居乐业，社会大局和谐稳定。

（八）国家公共文化服务体系示范区

2013 年 11 月，鄂尔多斯市被文化部、财政部正式命名为全国首批“国家公共文化服务体系示范区”。全市构建起以市、旗两级为骨干，苏木乡镇、街道、社区和嘎查村为基础，农牧民家庭文化户和民间组织为延伸，流动文化为枢纽的五级公共文化服务网络，实现了公共文化网络服务全覆盖。

（九）国家级文化和科技融合示范基地

2013 年 12 月，鄂尔多斯市被科技部、中宣部、文化部、新闻出版广电总局联合认定为“第二批国家级文化和科技融合示范基地”。全市发挥文化和科技相互促进作用，引导推动文化和科技融合，增强文化产业领域科技实力和自主创新能力，促进地区文化产业持续健康发展。

（十）国家园林城市

2014 年 9 月，鄂尔多斯市被国家住房和城乡建设部正式命名为“国家园林城市”。2018 年，全市建成区绿化覆盖率达到 43.87%，绿地率达到 40.79%，人均公园绿地面积达到 35.55 平方米，城市生态环境、景观环境和人居环境得到显著提升。

（十一）中国外贸百强城市

2015 年 8 月，中国海关总署主管的《中国海关》杂志发布了 2015 年中国外贸百强城市排行榜。鄂尔多斯市以 69.8 的综合得分名列第 51 位，是内蒙古自治区唯一跻身百强榜的城市。

（十二）国家森林城市

2015 年 11 月，鄂尔多斯市被全国绿化委员会、国家林业局授予“国家森林城市”称号。全市高举生态文明的大旗，以筑牢祖国北方重要生态安全屏障、建设北疆亮丽风景线上的璀璨明珠为总目标，一张蓝图绘到底，经过几代人的共同努力，如今的鄂尔多斯市满眼新绿。

（十三）全国双拥模范城市

2016 年 8 月，鄂尔多斯市被全国双拥工作领导小组、民政部、解放军总政治部第三次联合命名为“全国双拥模范城”。创建全国双拥模范城市活动以来，全市全面落实优抚安置各项政策，拓展双拥工作领域，创新双拥工作形式，丰富双拥工作内容，有力地促进了军地双方和谐发展。

（十四）全国围棋之乡

2017 年 8 月，在 2017 鄂尔多斯首届中国围棋大会上，鄂尔多斯市荣获由中国围棋协会授予的“围棋之乡”称号。据了解，成为“全国围棋之乡”有两个重要指标：一是举办过多次全国或地区性的围棋比赛，二是有多所小学、幼儿园开展围棋普及活动，如围棋进入校本课程或选修课等。此殊荣体现出鄂尔多斯市的基层围棋水平和普及程度均比较高。

（十五）十大最具活力休闲城市

2018 年，在由中共中央机关刊《求是》杂志社旗下的《小康》杂志社和杭州市会展办共同主办的 2018 第十一届中国（国际）休闲发展论坛上，鄂尔多斯市获得“2018 年度中国十大最具活力休闲城市”荣誉称号，成为中国西北地区唯一获奖城市。

（十六）“绿水青山就是金山银山”实践创新基地

2018 年 12 月 15 日，中国生态文明论坛在广西南宁召开年会，生态环境部对第二批 16 个“绿水青山就是金山银山”实践创新基地和第二批 45 个国家生态文明建设示范市县进行了授牌命名。鄂尔多斯市杭锦旗库布其沙漠亿利生态示范区被命名为“绿水青山就是金山银山”实践创新基地，也是截至目前全国仅有的 29 个“两山”实践创新基地之一。

（十七）中国旅游影响力自驾游目的地 TOP10

2019 年 1 月 23 日，由中国报业协会指导、中国旅游报社主办、中国社会科学院新闻与传播研究所学术支持的“2019 中国旅游产业发展年会”在北京举办。年会上，鄂尔多斯市入选“中国旅游影响力自驾游目的地 TOP10”荣誉称号。

（十八）2018 年度“中国天气 · 蓝天之城”

2019 年 4 月 18 日，在“中国天气”助力城市生态文明建设宣传资源发布会上，鄂尔多斯凭借独特的气候旅游资源和良好的城市形象，被中国天气网评为 2018 年度“中国天气 · 蓝天之城”称号；同时被中国气象局气象影视中心、华风气象传媒集团授予“2019 年度 CCTV《天气预报》节目传播影响力领跑城市”称号。

五、经济发展

2019 年，在以习近平同志为核心的党中央坚强领导下，鄂尔多斯市坚持稳中求进工作总基调，深入践行新发展理念，坚定不移探索以生态优先、绿色发展为导向的高质量发展新路子，统筹推进稳增长、促改革、调结构、惠民生、防风险、保稳定各项工作。全年经济运行总体平稳、发展质量逐步提升，社会事业不断进步，人民生活持续改善，为全面建成小康社会奠定了坚实基础。

2019 年，全市完成地区生产总值 3605.0 亿元，按第四次全国经济普查修订数据后的同口径可比价计算，比上年增长 4.0%。分产业看，第一产业增加值 123.7 亿元，同比增长 1.5%，对经济增长的贡献率为 1.3%，拉动 GDP 增长 0.1 个百分点；第二产业增加值 2092.3 亿元，同比增长 4.3%，对经济增长的贡献率为 63.8%，拉动 GDP 增长 2.5 个百分点；第三产业增加值 1389.1 亿元，同比增长 3.6%，对经济增长的贡献率为 35.0%，拉动 GDP 增长 1.4 个百分点。全市公共财政预算收入 501.0 亿元，同比增长 15.6%。其中，税收收入 376.1 亿元，占公共财政预算收入 75.1%；非税收入 124.9 亿元，占公共财政预算收入的 24.9%。全市公共财政预算支出 626.7 亿元，同比增长 6.8%。全市新增就业 23999 人，失业人员再就业 3221 人，就业困难人员再就业 2848 人。年末全市城镇实有登记失业人员 23631 人。城镇登记失业率为 2.85%，比上年增长 0.38 个百分点。全市主城区居民消费价格比上年上涨 1.5%。分类别看，食品烟酒类价格上涨 4.6%，衣着类上涨 2.2%，居住类上涨 2.3%，生活用品及服务类上涨 0.1%，交通和通信类下降 3.8%，教育文化和娱乐类与上年持平，医疗保健类上涨 0.2%，其他用品和服务类上涨 1.8%。供给侧结构性改革逐步推进。规模以上工业企业资产负债率 52.9%，比上年降低 3.7 个百分点，每百元主营业务收入成本为 67.3 元，退出煤炭落后产能 30 万吨。全市累计化解商品房库存 253.83 万平方米，其中住宅 7717 套、119.13 万平方米，商业用房 134.7 万平方米。

（一）农牧业

全年现价农林牧渔及服务业总产值 208.4 亿元，按可比价格计算比上年增长 1.4%。其中，农业产值 117.4 亿元；林业产值 7.5 亿元；牧业产值 77.2 亿元；渔业产值 2.2 亿元；农林牧渔服务业产值 4.1 亿元。

全市农作物总播种面积 466.9 千公顷。其中粮食作物播种面积 310.8 千公顷，油料播种面积 45.2 千公顷，蔬菜播种面积 13.1 千公顷。全年粮食总产量 189.8 万吨，同比增长 11.5%；油料产量 12.2 万吨，同比增长 8.1%；甜菜产量 1.1 万吨，同比下降 80.6%；蔬菜产量 51.1 万吨，同比增长 9.2%。全市拥有农业机械总动力 253.8 万千瓦，同比增长 5.9%。

全市拥有大中型拖拉机 5.1 万台，同比增长 4.6%；农用排灌机械 6.3 万台（套），与上年持平，其中，节水灌溉类机械 6221 套，同比增长 2.1%；联合收获机 1962 台，同比增长 6.2%。机械耕地面积占农作物总播种面积的比重为 97.5%，机械播种面积占比为 88.6%，机械收割面积占比为 69%，农业耕种收综合机械化水平达到 85%。

（二）工业

2019 年年末规模以上工业企业 428 家，较上年增加 26 家。全年规模以上工业总产值同比增长 5.8%；销售产值同比增长 6.3%；工业产品产销率 100.4%。

全年规模以上工业增加值按可比价比上年增长 4.2%。按轻重工业分，轻工业增长 0.4%、重工业增长 4.2%；按经济类型分，国有企业增长 6.4%，集体企业下降 6.1%，股份制企业增长 9.0%，外商及港澳台投资企业下降 32.5%，其他经济类型工业企业增长 14.1%。

全年规模以上工业企业实现营业收入 4040.0 亿元，同比增长 7.2%；利润总额 740.9 亿元，同比增长 6.1%。亏损企业 121 户，比上年增加 15 户。企业亏损面 28.3%，比上年末提高 1.9 个百分点；亏损企业亏损额 56.8 亿元，同比增长 8.9%。

全年规模以上工业中战略性新兴工业企业实现总产值 267.2 亿元，占规模以上工业总产值的 7.4%。高新技术产业增加值增长 26.7%，增速比全市规模以上工业高 22.3 个百分点，增加值总量占全部规上工业 0.2%。全市 61.8% 以上的工业产品保持增长态势。其中新兴产品较快增长，低密度聚乙烯树脂（LDPE）118.3 万吨，增长 22.9%，聚丙烯树脂 124.7 万吨，增长 21.7%，乙二醇 40.3 万吨，增长 35.4%，多晶硅 11997663 千克，增长 5.2%，石墨及碳素制品 6.8 万吨，增长 27%，液晶显示屏 7901 万片，增长 22%，氧化铝 31.6 万吨，汽车 28977 辆。

（三）建筑业

2019 年年末全市具有资质等级的建筑施工企业 202 个，全年总承包和专业承包建筑业总产值 136.3 亿元，同比增长 1.1%，竣工产值 48.7 亿元，同比下降 12.1%。建筑业企业房屋建筑施工面积 155.2 万平方米，同比增长 2.7%；竣工面积 83 万平方米，同比增长 27.3%。

（四）固定资产投资

全市 500 万元以上固定资产投资同比增长 9.5%。其中，民间投资同比增长 4.1%，民间投资占总投资比重 44.3%。全市亿元以上开工项目 258 个，亿元以上项目投资比上年增长 10.0%。

从三次产业投资看。第一产业投资同比增长 9.8%，第二产业投资同比增长 8.3%，第三产业投资同比增长 12.4%。主要工业行业投资中，制造业投资同比增长 9.4%；采矿业投资同比增长 26.5%；电力、燃气及水的生产和供应业投资同比下降 4.3%。第三产业投资中，住宿和餐饮业同比增长 13.5%；水利、环境和公共设施管理业投资同比下降 10.2%；教育投资同比增长 2.9 倍。

（五）国内贸易

全市实现社会消费品零售总额比上年增长 4.5%。其中，城镇社会消费品零售额同比增长 4.3%，乡村消费品零售额同比增长 6.0%。

限额以上企业社会消费品零售总额同比增长 5.1%。按商品类值分，服装鞋帽、针、纺织品类完成零售额同比增长 30.3%；化妆品类同比增长 39.3%；体育娱乐用品类同比增长 38.8%；通信器材类完成同比增长 113.2%；汽车类同比增长 9.6%。

（六）对外经济

全年利用外资新签项目数 7 个。实际使用外商直接投资 12 亿美元，同比下降 43.1%。

全市完成进出口总额 57.2 亿元，同比下降 30.5%。其中进口总额 26 亿元，同比增长 11%；出口总额 31.2 亿元，同比下降 47%。

（七）交通、邮电业和旅游

鄂尔多斯机场全年共营运航线 56 条，通航城市 60 个。铁路通车里程达 2550 公里；全市公路总里程 24239 公里，其中高速公路里程 1266 公里，公路网密度为 27.9 公里 / 百平方公里。全市铁路客运量 378.1 万人次，同比增长 20.7%；货运量 39856.6 万吨，同比增长 4.5%。全市公路客运量 560.2 万人次，同比下降 10.0%；货运量 22256.7 万吨，同比增长 4.0%。全市民航旅客吞吐量 269.6 万人次，同比增长 8.9%；货邮吞吐量 10046.6 吨，同比增长 0.6%。全市机动车拥有量 70.5 万辆，同比增长 6.9%，其中新注册 5.2 万户。

全年实现邮电业务收入 25.1 亿元，同比增长 6.8%。其中，邮政业务收入 3.8 亿元，增长 5.6%；电信业务收入 21.3 亿元，增长 7.0%。年末固定电话用户 17.6 万户，手机电话用户 276.1 万户，其中 4G 移动电话用户 241.2 万户，增长 21.0%；宽带用户达到 56.0 万户，增长 19.7%。

全市 A 级旅游景区 44 个，其中，国家 5A 级旅游景区 2 个，4A 级旅游景区 27 个，3A 级旅游景区 9 个。全市共有旅行社 124 家，22 家分社，78 家门市部。其中，具有出境经营权的旅行社 7 家主社和 6 家分社。全市共接待旅游者 1736 万人次，同比增长 19.4%，其中，接待入境旅游者 5.7 万人次。实现旅游收入 508 亿元，同比增长 15.1%。

（八）金融和保险业

全市共有银行法人机构 27 家，全辖银行营业网点 684 个，共有从业人员 9606 人。年末金融机构各项存款余额（人民币）4015.8 亿元，同比增长 7.0%。其中，非金融企业存款余额 1010.4 亿元，同比下降 3.4%；住户存款余额 2200.5 亿元，同比增长 13.9%。年末金融机构各项贷款余额 3251.1 亿元，同比增长 0.8%。其中，非金融企业及机关团体贷款 2838.2 亿元，同比增长 0.1%；住户贷款 412.9 亿元，同比增长 5.3% 。

全市保险公司中心支公司 40 家，中支以下各级保险机构 492 家。保险业实现保费收入 77.3 亿元，同比增长 14.2%。其中，财产险收入 23.1 亿元，同比增长 9.7%；寿险收入 42.9 亿元，同比增长 14.2%；健康险收入 10 亿元，同比增长 25.5%；意外伤害险收入 1.3 亿元，同比增长 17.9%。各项赔付支出 18.2 亿元，同比增长 5.5%。其中财产险赔付支出 10.9 亿元，同比增长 9.7%；寿险赔付支出 4.6 亿元，同比下降 8.4%；健康险赔付支出 2.2 亿元，同比增长 14.6%；意外伤害险赔付支出 0.4 亿元，同比增长 44.6%。

（九）教育和科技

全市有普通高校 4 所，在校生 13024 人；普通中等专业学校 1 所，在校学生 4930 人；普通高中 24 所，在校学生 28310 人；普通初中 50 所，在校学生 59968 人；职业高中 7 所，在校学生 8106 人；普通小学 139 所，在校学生 164628 人；幼儿园 346 所，在校学生 85144 人；特殊教育学校 3 所，在校学生 303 人。各级各类学校（含幼儿园）共有在校生 36.4 万人。

全市共取得各类科技成果 57 项，同比增长 29.5%。全市申请专利总量 2817 件，其中，申请发明专利 415 件；授权专利 1584 件；有效发明专利 509 件。技术合同认定登记 26 项，成交金额 1537 万元。全市有效期内国家高新技术企业达到 104 家，自治区级企业研究开发中心 51 家，自治区级工程技术研究中心 17 家，自治区院士专家工作站 16 家。

（十）文化、卫生和体育

全市拥有文化馆、群众艺术馆10个，组织文艺活动1303场次，乡镇文化站78个，公共图书馆9个，博物馆10个，艺术表演团体10个，组织开展演出活动1261场次。广播、电视综合覆盖率分别达到99.3%和99.1%。有线电视用户数达27.4万户，同比减少5.0%。全市直播卫星户户通用户达到7.3万户，地面数字电视用户达14.6万户。全市放映公益电影12659场次，观众人数达59万人次。

全市共有公立医院24家，社区卫生服务中心36个，社区卫生服务站65个，乡镇卫生院89个，村卫生室590个，疾病预防控制中心9个，妇幼保健机构9个，卫生监督所9个。公立医院床位数7304张，乡镇卫生院床位数1520张。卫生技术人员15910人，其中注册医师6229人，注册护士6125人。

全市国家一级社会体育指导员375人，国家二级社会体育指导员1883人。年内成功举办8项国际国内重要体育赛事。全市9个旗区共有207个社区全民健身点，全民健身体系日趋完善。

（十一）城市建设和环境保护

全市建成区面积277平方公里，道路面积5880.6万平方米，供热面积9454.3万平方米。全市燃气普及率达93.1%，污水处理率达98.5%，生活垃圾无害化处理率为99.4%。全市建成区绿地率达40.3%，人均公园绿地面积达32.7平方米。

城市环境空气质量全年好于国家二级标准优良天数323天，污染42天，其中重度污染0天。全市二氧化硫均值为13ug/m³，二氧化氮均值为26ug/m³，均同比上升8.3%。可吸入颗粒物年平均浓度57ug/m³，与上年持平。全市城镇集中式饮用水源地的水质达标率80%。城镇区域环境噪声等效声级均值为49.9分贝，道路交通噪声等效声级均值为61.4分贝。

全年共完成造林面积137.1千公顷。全市有各级自然保护区11个，其中国家级自然保护区3个，自治区级保护区有8个，总面积达916.6千公顷。

（十二）人民生活和社会保障

抽样调查资料显示，全体居民人均可支配收入 41368 元，同比增长 7.4%；城镇常住居民人均可支配收入达到 49768 元，同比增长 6.3%；农村牧区常住居民人均可支配收入为 20075 元，同比增长 9.8%。全体居民人均消费性支出 26521 元，同比增长 5.5%；城镇居民人均消费性支出 30086 元，同比增长 4.8%；农牧民人均生活消费支出 16556 元，同比增长 6.6%。城镇居民家庭食品消费支出占家庭消费总支出的比重为 22.9%，农村为 23.5%。城镇居民人均住房建筑面积 41.1 平方米，农牧民人均住房面积 42.3 平方米。每百户城镇居民拥有家用汽车 90 辆，较上年下降 6.7%；每百户农牧民拥有家用汽车 58 辆，较上年增长 6.5%。

全市参加城镇职工基本养老保险 50.61 万人；参加城乡居民养老保险 53.14 人；参加城乡居民医疗保险 118.3 万人，职工医疗保险 45.8 万人；参加生育保险 33 万人；参加工伤保险 36.31 万人；参加失业保险 27.27 万人。年内企业离退休人员月人均养老金水平为 3113 元，城乡居民养老保险月人均养老金水平 509 元。

年末全市享受城市最低生活保障 7.5 万人，享受农村最低生活保障 25.3 万人。城镇最低生活保障标准提高到每人每年 8100 元，农村最低生活保障标准提高到每人每年 6169 元。全市公办社会福利机构 28 家，床位 3171 张；民办社会福利机构 40 家，床位 8241 张。

六、驰名商标

改革开放以来，鄂尔多斯市逐步成立了内蒙古鄂尔多斯羊绒制品股份有限公司、内蒙古伊泰集团有限公司、内蒙古远兴能源股份有限公司等大中型企业，形成多个驰名中外的商标。

内蒙古鄂尔多斯羊绒制品股份有限公司是全国最大的羊绒衫生产厂家，连续多年保持羊绒纺织业市场占有率、市场竞争力、市场影响力第一名。“鄂尔多斯” 在中国羊绒制品业中品牌价值最高，达 100.3 亿元。

内蒙古伊泰集团有限公司是以煤炭生产、经营为主业，以铁路运输、煤制油为产业延伸，以房地产开发等非煤产业为互补的大型现代化能源企业，其中具有完全自主知识产权的伊泰 16 万吨 / 年煤间接液化工业化示范项目于 2009 年 3 月联动试车、投料出油，并于 2012 年达到设计产能，成为我国“十一五”煤化工示范项目中首个达产的项目。“伊泰”商标也是我国煤炭行业第一枚“中国驰名商标”。

内蒙古远兴能源股份有限公司是以天然气化工、煤化工为主导，新能源化工、精细化工及物流业为发展方向的现代化能源化工企业，公司主营甲醇、煤炭等能源及化工产品，年综合产能 500 万吨。公司注重自身研发能力建设，先后自主研发了 17 项国内独创和国际领先的天然碱开采加工技术，取得 50 多项科技成果和 12 项技术专利，主导产品的核心技术拥有自主知识产权。

内蒙古鄂尔多斯酒业集团有限公司是全国白酒工业百强企业、内蒙古自治区农业产业化重点龙头企业。企业自 1997 年转制以来，改进工艺流程，加强技术创新，白酒及相关产品已获得了十几项国家专利，是内蒙古首家获得国家认证的“纯粮固态发酵白酒”企业。

内蒙古响沙酒业有限责任公司是集白酒、纯净水生产、加工、销售为一体，餐饮、商贸、种养殖等多业并举的新型综合性企业。公司拥有六大系 80 多个品种的优质白酒，其中响沙牌多款白酒被自治区人民政府评为“名牌产品”。2012 年，响沙白酒被自治区商务厅认定为首批“内蒙古老字号”品牌。

内蒙古东达羊绒制品有限公司主要生产销售羊绒及羊绒制品、牦牛绒制品、牦牛绒纱、驼绒条等产品，其中羊绒系列产品远销欧、美、日、韩和东南亚等国家，畅销全国 50 多个大中城市和地区，羊绒衫获评为消费无投诉中国驰名品牌、全国五佳质量过硬品牌、中国纺织商品十大名牌等荣誉称号。

鄂尔多斯市天骄资源发展有限责任公司主要生产沙棘类产品，有沙棘醋、酱油、饮料、叶茶、口香糖、沙棘籽（果、叶）油、沙棘叶（果）黄酮、花青素（OPC）等系列产品，沙棘饲料七大类 35 个品种。公司拥有沙棘研发中心和沙棘食品研究所，先后获得国家发明专利 2 项。

第二章 鄂尔多斯市旅游资源调查与评价

一、旅游资源类型和特点

旅游资源是旅游业发展的基础。我国旅游资源丰富，在旅游研究、区域开发、资源保护等方面具有广阔前景。我国于2003年10月实施首个旅游资源认定国家标准《旅游资源分类、调查与评价标准（GB/T 18972—2003）》。该标准由中国科学院地理科学与资源研究所和国家旅游局合作研究制定，旨在通过建立明确、简洁、便于操作的旅游资源分类系统，形成科学、准确的旅游资源评价体系。2017年12月，在充分考虑GB/T 18972—2003颁布以来，旅游界对旅游资源的含义、价值、应用等多方面研究和实践基础上，国家旅游局规划财务司、中国科学院地理科学与资源研究所制定了新的《旅游资源分类、调查与评价标准（GB/T 18972—2017）》，新标准重点对旅游资源的类型划分进行了修订，使标准更加突出实际操作、突出资源与市场的有机对接以及对旅游资源及其开发利用的综合评价，更加适用于旅游资源开发与保护、旅游规划与项目建设、旅游行业管理与旅游法规建设、旅游资源信息管理与开发利用等方面的工作。在该标准中，旅游资源被分为8个主类、23个亚类，共110个基本类型。8个旅游资源主类分别为地文景观、水域景观、生物景观、天象与气候景观、建筑与设施、历史遗迹、旅游购品和人文活动。

鄂尔多斯市旅游资源丰富，包括历史文化资源系列、草原景观资源系列、沙地和沙漠景观资源系列、河流峡谷景观资源系列。依照《旅游资源分类、调查与评价标准（GB/T 18972—2017）》进行调查、统计和分类后，发现鄂尔多斯市旅游资源共有7个主类、18个亚类、42个基本类型，属于资源类型比较丰富的地区（见表2–1）。

表2–1 鄂尔多斯市旅游资源类型

类型	主类	亚类	基本类型
鄂尔多斯市	7	18	42
全国	8	23	110

旅游资源单体中约 80% 为人文旅游资源，约 20% 为自然旅游资源。人文旅游资源主要有“河套人”文化遗址、鄂尔多斯青铜器、古长城、秦直道、统万城、十二连城遗址、成吉思汗陵、阿尔寨石窟等。自然旅游资源有库布其沙漠、毛乌素沙地、草原、温泉、晋蒙黄河大峡谷等。旅游资源分类情况见表 2-2。

表2-2　鄂尔多斯市旅游资源分类

主类	亚类	基本类型	实体名称	地理位置
A地文景观	AA自然景观综合体	AAA山丘型景观	乌仁都西山	鄂托克旗
		AAD滩地型景观	恩格贝生态示范基地 大沙头	达拉特旗 鄂托克前旗
	AB地质与构造行迹	ABD生物化石点	恐龙足迹化石	鄂托克旗
	AC地表形态	ACC垄岗状地景	西鄂尔多斯丹霞地貌	鄂托克旗
	AD自然标记与自然现象	ADA奇异自然现象	响沙湾 库布其响沙带	达拉特旗 杭锦旗
B水域景观	BA河系	BAA游憩河段	转龙湾	伊金霍洛旗
	BB湖沼	BBA游憩湖区	红碱淖 柒盖淖 泊江海子 红海子 刀图海 布龙湖 和义生海子	伊金霍洛旗 伊金霍洛旗 伊金霍洛旗 伊金霍洛旗 杭锦旗 鄂托克旗 达拉特旗
	BC地下水	BCB埋藏水体	包乐浩晓温泉 伊克乌素温泉	鄂托克旗 杭锦旗
C生物景观	CA植被景观	CAA林地	沙地柏原始森林	乌审旗
		CAB独树与丛树	中国油松王	准格尔旗
	CA植被景观	CAC草地	阿尔巴斯草原 西鄂尔多斯草原 包乐浩晓草原 伊克乌素草原 展旦召草原 布拉格草原 苏泊罕草原	鄂托克旗 鄂托克旗 鄂托克旗 杭锦旗 达拉特旗 鄂托克前旗 伊金霍洛旗

续表

主类	亚类	基本类型	实体名称	地理位置
C生物景观	CB野生动物栖息地	CBC鸟类栖息地	鄂尔多斯遗鸥自然保护区	东胜区
E建筑与设施	EA人文景观综合体	EAD建设工程与生产地	达拉特电厂 准格尔露天矿 神东煤田 万家寨水电站 鄂尔多斯羊绒衫厂 苏里格天然气田	达拉特旗 准格尔旗 伊金霍洛旗 准格尔旗 东胜区 乌审旗、鄂托克旗、鄂托克前旗
		EAE文化活动场所	鄂尔多斯博物馆	康巴什区
		EAF康体游乐休闲度假地	乐康吧	康巴什区
		EAG宗教与祭祀活动场所	准格尔召 吉祥福慧寺 乌审召 什拉天棉图庙 吉尔庙 哈木汗庙 沙日召庙 乌拉尔庙 苏里格庙 迪延阿贵庙 展旦召庙 噶庆喇嘛庙 阿日勒庙	准格尔旗 伊金霍洛旗 乌审旗 杭锦旗 杭锦旗 杭锦旗 杭锦旗 杭锦旗 鄂托克旗 鄂托克旗 达拉特旗 鄂托克前旗 鄂托克前旗
		EAI纪念地与纪念活动场所	成吉思汗陵 东胜烈士陵园	伊金霍洛旗 东胜区
	EB实用建筑与核心设施	EBD独立场、所	鄂尔多斯市体育中心	康巴什区
		EBG堤坝段落	万家寨库区 巴图湾水库 大沟湾水库	准格尔旗 乌审旗 鄂托克前旗
		EBI洞窟	阿尔寨石窟	鄂托克旗
		EBJ陵墓	汉代古墓群 汉代古墓葬群 昭君坟 翁滚梁古墓群	达拉特旗 鄂托克前旗 达拉特旗 乌审旗

续表

主类	亚类	基本类型	实体名称	地理位置
E建筑与设施	EC景观与小品建筑	ECE雕塑	成吉思汗广场	康巴什区
		ECF碑碣、碑林、经幢	西鄂尔多斯岩画群	鄂托克旗
		ECI塔形建筑	悉尼喇嘛纪念塔	乌审旗
		ECL水井	百眼井 王震井	鄂托克旗 鄂托克前旗
		ECM喷泉	乌兰木伦景观湖	康巴什区
		ECN堆石	伊克敖包	康巴什区
F 历史遗迹	FA物质类文化遗存	FAA建筑遗迹	萨拉乌苏文化遗址 朱开沟文化遗址 郡王府 清代王府 准格尔旗王府 悉尼喇嘛故居 秦直道 金津古渡 统万城遗址 十二连城遗址 宥州古城 霍洛柴登古城 扎尔庙古城 三岔河古城 明长城遗址 纳林塔秦长城	乌审旗、鄂托克前旗 伊金霍洛旗 伊金霍洛旗 鄂托克旗 准格尔旗 乌审旗 东胜区 达拉特旗 乌审旗 准格尔旗 鄂托克前旗 杭锦旗 杭锦旗 乌审旗 鄂托克前旗 伊金霍洛旗
	FB非物质类文化遗存	FBA民间文学艺术	祝赞词 乌审蒙古族口头诗	达拉特旗 乌审旗
		FBB地方习俗	成吉思汗祭典 鄂尔多斯婚礼 察干苏力德祭 蒙古族饮食习俗 鄂尔多斯地方饮食习俗 蒙古族日常礼俗	伊金霍洛旗 鄂尔多斯市 鄂尔多斯市 鄂尔多斯市 鄂尔多斯市 鄂尔多斯市
		FBC传统服饰装饰	蒙古族服饰制作技艺	达拉特旗
		FBD传统演艺	漫瀚调 鄂尔多斯短调民歌 鄂尔多斯古如歌	准格尔旗 伊金霍洛旗 杭锦旗

续表

主类	亚类	基本类型	实体名称	地理位置
F 历史遗迹	FB非物质类文化遗存	FBE传统医药	蒙医骑马健身疗法 鄂尔多斯蒙古族传统香囊疗法	鄂尔多斯市 鄂尔多斯市
		FBF传统体育赛事	蒙古族传统马术	鄂尔多斯市
G旅游购品	GA农业产品	GAA种植业产品及制品	地方风味食品	鄂尔多斯市
		GAC畜牧业产品与制品	蒙古族饮食（肉食、奶食、茶食） 元代宫廷宴——诈马宴	鄂尔多斯市 鄂尔多斯市
	GC手工工艺品	GCB织品、染织	羊绒制品	鄂尔多斯市
		GCE金石雕刻、雕塑制品	蒙古民族工艺品	鄂尔多斯市
H人文活动	HA人事活动记录	HAA地方人物	成吉思汗	鄂尔多斯市
		HAB地方事件	与成吉思汗有关事件	鄂尔多斯市
	HB岁时节令	HBA宗教活动与庙会	成吉思汗陵四时大祭 黑勒苏勒德大祭 敖包祭祀	伊金霍洛旗 伊金霍洛旗 鄂尔多斯市
		HBC现代节庆	鄂尔多斯文化节 那达慕大会	鄂尔多斯市 鄂尔多斯市

二、旅游资源分等定级情况

（一）旅游资源综合评价标准

依据《内蒙古自治区鄂尔多斯市旅游发展总体规划（2004—2020）》中对鄂尔多斯市旅游资源单体的评价结果，采用《旅游资源分类、调查与评价标准（GB/T 18972—2017）》中的旅游资源评价体系和计分方法，可从3个方面、8个评价指标对旅游资源进行评分（见表2–3）。

表2–3　旅游资源评价赋分标准

评价项目	评价因子	评价依据	赋值	实际分值
资源要素价值（85分）	观赏游憩使用价值（30分）	全部或其中一项具有极高的观赏价值、游憩价值、使用价值	30~22	
		全部或其中一项具有很高的观赏价值、游憩价值、使用价值	21~13	

续表

评价项目	评价因子	评价依据	赋值	实际分值
资源要素价值（85分）	观赏游憩使用价值（30分）	全部或其中一项具有较高的观赏价值、游憩价值、使用价值	12~6	
		全部或其中一项具有一般观赏价值、游憩价值、使用价值	5~1	
	历史文化科学艺术价值（25分）	同时或其中一项具有世界意义的历史价值、文化价值、科学价值、艺术价值	25~20	
		同时或其中一项具有全国意义的历史价值、文化价值、科学价值、艺术价值	19~13	
		同时或其中一项具有省级意义的历史价值、文化价值、科学价值、艺术价值	12~6	
		历史价值、或文化价值、或科学价值、或艺术价值具有地区意义	5~1	
	珍稀奇特程度（15分）	有大量珍稀物种，或景观异常奇特，或此类现象在其他地区罕见	15~13	
		有较多珍稀物种，或景观奇特，或此类现象在其他地区很少见	12~9	
		有少量珍稀物种，或景观突出，或此类现象在其他地区少见	8~4	
		有个别珍稀物种，或景观比较突出，或此类现象在其他地区较多见	3~1	
	规模、丰度与几率（10分）	独立型旅游资源单体规模、体量巨大；集合型旅游资源单体结构完美、疏密度优良级；自然景象和人文活动周期性发生或频率极高	10~8	
	规模、丰度与几率（10分）	独立型旅游资源单体规模、体量较大；集合型旅游资源单体结构很和谐、疏密度良好；自然景象和人文活动周期性发生或频率很高	7 ~ 5	
		独立型旅游资源单体规模、体量中等；集合型旅游资源单体结构和谐、疏密度较好；自然景象和人文活动周期性发生或频率较高	4~3	
		独立型旅游资源单体规模、体量较小；集合型旅游资源单体结构较和谐、疏密度一般；自然景象和人文活动周期性发生或频率较小	2~1	

续表

评价项目	评价因子	评价依据	赋值	实际分值
资源要素价值（85分）	完整性（5分）	形态与结构保持完整	5~4	
		形态与结构有少量变化，但不明显	3	
		形态与结构有明显变化	2	
		形态与结构有重大变化	1	
资源影响力（15分）	知名度和影响力（10分）	在世界范围内知名，或构成世界承认的名牌	10~8	
		在全国范围内知名，或构成全国性的名牌	7~5	
		在本省范围内知名，或构成省内的名牌	4~3	
		在本地区范围内知名，或构成本地区名牌	2~1	
	适游期或使用范围（5分）	适宜游览的日期每年超过300天，或适宜于所有游客使用和参与	5~4	
		适宜游览的日期每年超过250天，或适宜于80%左右游客使用和参与	3	
		适宜游览的日期超过150天，或适宜于60%左右游客使用和参与	2	
		适宜游览的日期每年超过100天，或适宜于40%左右游客使用和参与	1	
附加值	环境保护与环境安全	已受到严重污染，或存在严重安全隐患	–5	
		已受到中度污染，或存在明显安全隐患	–4	
		已受到轻度污染，或存在一定安全隐患	–3	
		已有工程保护措施，环境安全得到保证	3	

（二）旅游资源综合评价结果

1. 旅游资源评价等级指标

依据旅游资源单体评价总分，可将旅游资源分为五个等级，从高级到低级分别为：五级旅游资源，得分值域≥ 90 分；四级旅游资源，得分值域 75~89 分；三级旅游资源，得分值域 60~74 分；二级旅游资源，得分值域 45~59 分；一级旅游资源，得分值域 30~44 分，未获等级旅游资源，得分值域≤ 29 分。

根据旅游资源评价的一般标准与共识，五级旅游资源被称为“特品级旅游资源”，五级、四级、三级旅游资源通称为“优良级旅游资源”，二级、一级旅游资源通称为“普通级旅游资源”。

2. 旅游资源综合评价结果

根据《旅游资源分类、调查与评价标准（GB/T 18972—2017）》中的旅游资源评价体系和计分方法，对鄂尔多斯市的旅游资源进行综合评价。评价因子的赋值采用由若干专家和地方旅游管理人员分别打分后，再进行计算平均值的方法，得出旅游资源单体的综合因子评价赋分值。评价结果显示，鄂尔多斯市所有旅游资源单体中，五级旅游资源 2 项，占总量的 1.8%；四级旅游资源 6 项，占总量的 5.6%；三级旅游资源 27 项，占总量的 25.0%；二级旅游资源 45 项，占总量的 41.7%；一级旅游资源 9 项，占总量的 8.3%；未获等级旅游资源 19 项，占总量的 17.6%（见表 2–4）。从另一个角度来看，特品级旅游资源 2 项，占总量的 1.8%；优良级旅游资源 35 项，占资源总量的 32.4%；普通级旅游资源 54 项，占资源总量的 50.0%，旅游资源质量总体较高。

表2–4　鄂尔多斯市旅游资源等级评价结果

类型	五级旅游资源	四级旅游资源	三级旅游资源	二级旅游资源	一级旅游资源	未获等级旅游资源
得分值域	≥90分	75~89	60~74	45~59	30~44	≤29
称谓	优良级旅游资源			普通级旅游资源		
鄂尔多斯市拥有数量	2	6	27	45	9	19
所占比例	1.8%	5.6%	25.0%	41.7%	8.3%	17.6%

三、主要景区的空间分布

鄂尔多斯市的旅游景区大多集中分布于两个区域，第一个集中区域以东胜区、康巴什区和伊金霍洛旗为主体，是鄂尔多斯市政治、经济、文化、交通的核心区。区域内旅游资源类型多样，历史文化、自然生态、召庙遗迹、草原风情、特色城区、休闲农业、现代工业等多种景观有机结合，利于旅游景区形成空间集聚。

第二个集中区域以库布其沙漠为中心，受沙漠旅游资源可进入性较差的影响，景区主要分布于交通主干道的边缘。该区域以沙漠生态旅游资源为主，虽兼有历史文化资源，但总体而言同质性强，不利于空间高度聚集。景区多为旅游线路节点，以达拉特旗旗政府树林召为旅游集散地。

第三章 鄂尔多斯市旅游业总体发展态势

一、旅游业发展历程回顾

鄂尔多斯市的旅游业起步于改革开放以后，以响沙湾旅游接待站的建立和成吉思汗陵的对外开放为标志。改革开放40多年，鄂尔多斯旅游发展从无到有，经历了初创起步、稳步推进和快速发展三个阶段。

（一）初创起步阶段：1984—1995年

1984年，原伊克昭盟行政公署做出决定，在盟行署外事办公室的基础上增加旅游事业管理职能，增设伊克昭盟旅行游览事业管理局的牌子。1984年响沙湾旅游接待站成立，1985年成吉思汗陵正式对外开放，依托两地高品位的旅游资源特色和独特的文化气息，开始形成以成吉思汗陵和响沙湾旅游接待站为代表的旅游接待线路和景点。

20世纪90年代，成吉思汗陵得以不断修缮和扩建，1991年被国家旅游局评为中国四十佳旅游胜地；响沙湾新建了索道项目，被国家旅游局列为国线景点。以两大景区为代表的旅游景点成为内蒙古自治区中部重要的旅游线路。

1995年年底，伊克昭盟宾馆被评为国家二星级饭店，鄂尔多斯天骄大酒店建成并投入营运，被评为国家三星级饭店。同年成立了最早的2家旅行社，接待国内旅游人数50万人次，国际旅游人数1910人次，实现国内旅游收入0.7亿元，国际旅游收入38.2万美元。

本阶段鄂尔多斯旅游总体上还属于自然经济状态，旅游的社会化、市场化和规模化程度较低，发展基础单薄，旅游发展以政府接待为主，成吉思汗陵内陈列文物较少且未进行整体修缮。从旅游产业要素的发展来看，旅游资源开发程度较低，尽管已拥有成吉思汗陵、响沙湾等较知名的重点旅游区，但总体仍处于单景区（点）建设和宣传状态，未形成鄂尔多斯整体旅游的概念。

（二）稳步推进阶段：1995—2005年

“九五”和“十五”期间，鄂尔多斯市经济和社会稳步发展，旅游业得以稳步推进。

1999 年 4 月，伊克昭盟行政公署决定响沙湾转制，完成国有企业到民营企业的改制，开创了内蒙古自治区旅游改革的先河，成立响沙湾旅游有限公司并组建了艺术团，与成吉思汗陵艺术团南北呼应，排演了鄂尔多斯歌舞和民族歌舞剧《鄂尔多斯婚礼》。

1999 年 11 月，北京市旅游局及 20 多家旅行社访问伊克昭盟（现鄂尔多斯市）。同年 12 月，国家旅游局和在京的旅游专家到伊克昭盟调研并开始编制《伊克昭盟旅游业发展总体规划》。尽管由于多种原因，该规划未在本地实施，但从侧面对全市旅游业的有序发展发挥了作用。2000 年年底，鄂尔多斯市接待国内旅游人数达到 106 万人次，国际旅游人数 6600 人次，实现国内旅游收入 1.6 亿元，国际旅游收入 220 万美元。旅行社数量增至 4 家，星级饭店数量增至 5 家。

2001 年和 2002 年，成吉思汗陵和响沙湾相继被国家评为首批 4A 级旅游景区。2002 年，鄂尔多斯市旅游局正式挂牌成立。2004 年 7 月，中共鄂尔多斯市委主持召开了市委一届六次全委会议，首次提出了在抓好工业经济的同时，发展“大旅游、大文化、大运输”的发展战略，培育第三产业龙头，建设旅游大市。2005 年，市旅游局在自治区率先成立了由我国 26 名著名专家学者组成的鄂尔多斯旅游专家咨询委员会，深入研究鄂尔多斯历史文化与旅游发展的切入点，对全市占自治区 9% 的 99 个大小旅游景区、景点进行梳理。依托独有的鄂尔多斯历史文化，从抓规划工作入手，聘请国内知名旅游专家编制、论证通过了市、旗区、重点旅游景区三级旅游规划 50 多部，修编、论证通过了《鄂尔多斯市旅游业发展总体规划》。

本阶段鄂尔多斯旅游进入快速发展时期，鄂尔多斯历史文化与旅游发展的结合度越来越紧密，鄂尔多斯市逐步踏入内蒙古自治区旅游发展前列。截至 2005 年年底，全市接待国内旅游人数 310 万人次，国际旅游人数 10964 人次，实现国内旅游收入 18.3 亿元，国际旅游收入 585 万美元，全市旅行社数量增至 29 家，星级饭店数量达到 20 家。

（三）快速发展阶段：2006—2020 年

进入“十一五”，鄂尔多斯市进一步明确了旅游产业作为鄂尔多斯市国民经济新增长点和第三产业支柱的战略定位，完成了《鄂尔多斯市旅游发展总体规划（2004—2020 年）》的编制，旅游业迈入快速发展阶段。

2006 年，鄂尔多斯市委、市政府主持召开全市文化和旅游工作会议，明确将旅游业确立为第三产业的龙头，制定出台了《关于进一步加快旅游业发展的决定》；2007 年，市政府首次开始每年安排 200 万元的财政预算资金，扶持旅游业发展，同年，鄂尔多斯市成功荣膺“中国优秀旅游城市”称号；2009 年，鄂尔多斯市先后荣获“中国最佳民族风情旅游城市”和“中国最佳生态旅游城市”称号；2010 年，成吉思汗陵旅游区被评为国家 5A 级旅游景区；2011 年，响沙湾旅游区被评为国家 5A 级旅游景区；2012 年 8 月，康巴什新区完成了国家 4A 级旅游景区创建工作，成为中国第一个以城市景观为载体的国家 4A 级旅游景区，也成为鄂尔多斯市又一个重要的休闲避暑旅游目的地；2015 年 6 月，鄂尔多斯市人民政府提出《关于支持促进文化旅游产业发展的七项政策措施》；2016 年 2 月，康巴什区入选第一批“国家全域旅游示范区”创建单位；2016 年 12 月，鄂尔多斯市入选第二批“国家全域旅游示范区”创建单位；2016 年 12 月，鄂尔多斯市人民政府发布《鄂尔多斯市人民政府关于印发鄂尔多斯市旅游业“十三五”规划的通知》；2017 年 4 月，鄂尔多斯市委、市政府印发《关于创建国家全域旅游示范区的实施意见的通知》；2017 年 6 月，市政府下发《关于公布〈鄂尔多斯市支持促进全域旅游发展若干政策措施〉的通知》，全力支持促进全域旅游发展；2018 年 12 月，中国草原丝路旅游发展论坛在鄂尔多斯市举行；2019 年 1 月，鄂尔多斯市文化和旅游局正式挂牌成立。2020 年 12 月，康巴什区被文化和旅游部认定为第二批国家全域旅游示范区。

本阶段鄂尔多斯市旅游资源开发力度和旅游产业配套建设力度逐渐增大，“天朗气清 · 自在养生”的旅游形象逐步明晰，以大漠风光、民族风情、休闲避暑为主体的旅游产品体系逐步形成，旅游发展环境不断优化，旅游产业要素不断完善，旅游接待设施不断健全，旅游服务能力和水平快速提升。

二、旅游业发展现状分析

鄂尔多斯市是首批“国家级旅游业改革创新先行区”创建单位，也是第二批“国家全域旅游示范区”创建单位。作为一个资源型经济地区，发展全域旅游是推动地区经济转型发展的有效途径。在全市三个产业中，第一产业受自然禀赋和土地条件制约，不足以成为支柱产业，第二产业“一煤独大”、结构单一的局面短时期内难以完全扭转。因此，只有将第三产业作为结构调整的切入点和突破口，才能从根本上实现经济社会的全面转型升级。旅游业作为引领现代服务业发展的龙头产业，是鄂尔多斯市最有基础、最有前景、最有可能在短时间内做大做强的优势产业，也是补齐短板、强化产业支撑的最现实选择。发展全域旅游，打造全域旅游示范区，推动旅游产业经济功能向综合功能转变，全面构建结构合理、特色显著、优势突出的现代旅游产业体系，是实现鄂尔多斯旅游二次跨越发展的关键。

在国家全域旅游示范区建设的引领下，鄂尔多斯旅游呈现出良好的发展态势，2015 年以来，按照“全景、全业、全时、全民”模式，全市加快创建全域旅游示范市，推动旅游业供给侧改革和转型升级，做特做响草原游、文化游、生态游和沙漠游品牌。

（一）旅游产品体系日臻完善

鄂尔多斯市旅游资源和产品丰富，目前已成为休闲观光和度假的理想之地。2019 年，全市拥有 A 级旅游景区和全国工农业旅游示范点 44 个，其中，国家 5A 级旅游景区 2 个，4A 级旅游景区 27 个，3A 级旅游景区 9 个。主要年份 A 级景区数量情况见表 3–1。

表3–1　鄂尔多斯市主要年份A级景区数量

年份	A级景区数量	5A级	4A级
1995年	1	0	0
2000年	17	0	3
2005年	19	0	4
2010年	31	1	7

续表

年份	A级景区数量	5A级	4A级
2015年	50	2	24
2019年	44	2	27

同时，以大漠风光、民族风情、休闲避暑为主体的旅游产品渐趋成熟。其中，雄伟的成吉思汗陵园，成为世界非物质文化遗产的活态范本；绚丽多彩的阿尔寨石窟，被誉为草原上的敦煌。以响沙湾旅游区为龙头的大漠风光主题旅游线路，游客可以欣赏库布其沙海浩瀚，准格尔沟壑纵横，母亲河深情蜿蜒，七星湖波平如镜。独具特色的地域文化和民俗风情，构成了鄂尔多斯旅游的重要主题线路，鄂尔多斯国际那达慕和主题多样的文化节庆活动，让旅游项目丰富多彩。以城市景观为主题而成为4A级旅游景区的康巴什区，具有现代时尚的城市品位，一流完善的基础设施，开放包容的人文环境，热情好客的淳朴民风，正成为鄂尔多斯市休闲避暑产品的核心区。

（二）旅游服务设施明显改善

随着经济生活日益繁荣，鄂尔多斯市委、市政府实施政府主导和社会联动的发展战略，调动全社会参与旅游业发展的积极性，加大招商引资力度，大力引导民间资本参与旅游业。鄂尔多斯市旅游基础设施不断完善，航空、铁路、公路立体交通网进一步优化。目前，全市已实现乡乡通黑色路面公路，90%的旅游景区景点都实现了公路交通畅通无阻，景区的可进入性明显改善，自驾游线路便达，同时有公交线路通往各景区。“厕所革命”成效显著，2015年和2016年连续两年被国家旅游局评为“厕所革命先进市”。通信业发展迅速，景区通信信号覆盖率达100%。星级酒店、旅游汽车、旅行社导游基本满足需求。2019年，全市共有星级酒店29家，其中，五星级酒店2家，四星级酒店8家，酒店层次结构符合旅游业发展要求。全市共有旅行社124家，其中7家具有出境经营权。

（三）客源市场规模逐步扩大

2005年以来，鄂尔多市旅游接待人数和旅游收入不断提升，2019年全市共接待旅游者1736万人次，实现旅游收入508亿元。就客源情况来看，国内的一级客源市场为内蒙古中西部市场和晋陕宁等周边市场，二级客源市场为环渤海都市圈、长三角、华中地区和珠三角地区，三级客源市场为西北、华南、东北和西南地区；海外的一级客源市场为日本、韩国、蒙古国和港澳台地区，二级客源市场为欧洲、北美和东南亚，三级客源市场为中亚、澳洲等机会客源市场。

（四）旅游服务质量显著提升

鄂尔多斯市始终将旅游服务质量提升放在首要地位，常抓不懈。市文化和旅游局先后与大连民族大学、北京联合大学旅游学院、内蒙古师范大学、鄂尔多斯应用技术学院等院校达成双向合作协议，建立旅游管理干部和旅游从业人员培训基地，不断创新培训方式，编发了《旅游饭店管理培训教程》和《导游实务与礼仪》，出版了大型旅游图书《神圣的鄂尔多斯》，发行了旅游 MTV 专辑《鄂尔多斯》等。对全市旅游行业从业人员的培训涉及国家 A 级旅游景区创建、星级饭店创建、旅行社建设、旅游法律法规、旅游行业安全生产、总经理培训、导游员讲解员服务技能、旅游统计及财务会计等多个方面。在抓好旅游行业培训工作的同时，通过举办“全市旅游饭店服务技能大赛”和“全市导游员讲解员技能大赛”等活动，推出了一批优秀的旅游行业服务标兵，旅游从业人员素质不断加强，旅游服务质量进一步提升。同时，在信息化服务方面，建立了以东胜区为示范的旅游综合信息服务中心，有多个服务点作为连接游客、景区和旅行社的平台，为游客提供东胜区的旅游景点信息、旅游商品售卖及餐饮住宿等咨询服务，提供旅游线路、旅行社及导游等推荐服务，大大满足了游客的旅游便利需求，同时为景区和旅行社带来稳定客源，提升其知名度和服务质量。

（五）旅游营销力度日益增强

一是采用多种方式对“鄂尔多斯旅游”品牌进行整体包装和建设，目前已形成“天朗气清 · 自在养生”“鄂尔多斯温暖全世界”等总体旅游形象。二是通过参加国际、国内旅游交易会、旅游博览会、旅游促进会和中国蒙古族服装服饰艺术节等活动，开展旅游推介会和踩线等活动。三是邀请旅行商、记者到市内考察，举办旅游业务洽谈会、旅游推介会和各类文化交流活动。四是借助网络、电视、报纸、杂志等媒介播放和刊登广告、专题节目、旅游图文，并积极参加旅游论坛和微博宣传，目前，市旅游官方微博粉丝稳定在50万人次以上，位于全国旅游官方微博前30位，同时还在北京天安门广场的LED屏推出了“天堂草原吉祥鄂尔多斯”的旅游宣传片和城市宣传广告。五是在本地组织举办成吉思汗旅游文化周、响沙湾沙漠摄影旅游节、鄂尔多斯九城宫冰雪旅游节、康巴什休闲旅游文化节等旅游节庆活动，形成宣传促销声势。六是与西安市、咸阳市、延安市、榆林市、银川市等城市合作，建设中国西部帝王陵精品旅游线路和产品，与宁蒙陕甘毗邻地区15个城市成立了“西北风情”旅游联合会。

（六）市场化运作模式日渐成熟

鄂尔多斯市委、市政府在支持促进旅游业发展过程中，出台了一系列支持全域旅游发展的政策措施，在加大文化旅游营销力度，强化文化旅游宣传，推进文化旅游全产业链协调发展，创新文化旅游金融服务，鼓励文化旅游产业创新创意发展，促进文化旅游人才队伍建设，开展文化旅游服务标准化评定管理等七个方面创立了推动全域旅游健康发展的体制机制。同时，按照“政府主导、企业主体、市场运作”的发展模式，不断突破行政化壁垒，运用企业化的管理模式、市场化的运作手段，推进地区全域旅游发展和企业转型发展。以响沙湾、苏泊罕草原、万家惠、九成宫、国际赛车城、七星湖丝路小镇为代表的一大批民营企业逐步成为鄂尔多斯市旅游产业的支柱，带动鄂尔多斯市全域旅游健康发展。

三、旅游业发展模式总结

（一）旅游产业发展：政府主导、企业主体、市场化运作模式

政府主导、企业主体、市场化运作模式，是市场体制下我国发展旅游业普遍采取的一种基本模式。与其他地区特别是内蒙古其他盟市相比，鄂尔多斯市旅游产业发展模式具有一些自身的特点。在发展思路上，坚持体制创新和市场导向，高度重视管理体制改革，不断创新管理观念和管理方法，树立了用经济工作的思路思考、研究、推进、管理旅游工作的思想；在发展目标上，率先在内蒙古旅游系统，实施了目标管理，重视旅游产业

的综合功能，坚持富民原则；在运行机制上，充分尊重和发挥市场在资源配置中的作用，在内蒙古率先实施了旅游企业改制，并不断将市场化推向深入，尤其是推进了旅游企业集团化发展；在保障机制上，政府在政策、管理、基础设施建设等方面发挥主导作用，企业充分利用市场平台在资金、产品等角度发挥主体效用。

（二）旅游产品开发：地域文化与旅游业深度结合模式

鄂尔多斯市旅游业发展过程中，始终坚持从地域文化中汲取养分，高度重视民族文化资源的产品化开发。成吉思汗陵、阿尔寨石窟、秦直道、乌审召、萨拉乌苏古人类遗址等物质文化资源与成吉思汗祭典、鄂尔多斯婚礼等非物质文化遗产共同组成了鄂尔多斯旅游开发用之不竭的资源宝库。成吉思汗陵旅游区、大秦直道文化旅游区、成吉思汗察罕苏力德游牧生态旅游区、乌审召旅游区、窝阔台旅游区、昭君城旅游区、鄂尔多斯文化旅游村等旅游景区彰显着鄂尔多斯文化的独特魅力，而《鄂尔多斯婚礼》《成吉思汗大典》《欢腾的鄂尔多斯》、“成吉思汗旅游文化周”等在国内外旅游市场上有影响力、竞争力和震撼力的文化旅游精品也深刻阐释了鄂尔多斯文化与旅游业深度结合的重要意义。旅游业发展植根于文化，用文化的养分、元素、精神发展旅游业，是鄂尔多斯市旅游产品开发的宝贵经验。

（三）旅游产业运行：旅游业与社会、经济全面融合模式

以全面融合的思想发展旅游业是鄂尔多斯旅游业发展的重要特征。鄂尔多斯市委、市政府一贯重视旅游业与地方经济、社会的协调发展，每当地区经济社会进入新的发展时期，总会对旅游业发展提出相应的要求。正因如此，鄂尔多斯旅游业始终保持了与地区经济社会的同步发展。其中，旅游业与城市发展和新农村、新牧区建设的融合堪称经典，城市旅游休闲功能的不断提升和新农村、新牧区的旅游业态备受社会关注。同时，鄂尔多斯市旅游业与工业、农业、畜牧业、商业、文化产业、体育产业等有机融合，生成了工业旅游、文化旅游、运动休闲旅游等业态形式。此外，由于旅游、卫生、交通、文化等行业的融合发展，鄂尔多斯市文化和旅游局创新性地建立了由旅游、人大、公安、工商、安全、卫生、交通、文化等

10 多个部门参与的联合执法机制，适应了旅游业与社会经济融合发展的特点。

（四）旅游资源开发：规划先行，块状发展模式

鄂尔多斯市在旅游资源开发中非常重视规划管理，科学的规划既可以避免资源的浪费，降低投资风险，还可以规范旅游企业竞争，保证旅游项目的建设规格。早在 2000 年，伊克昭盟盟委、盟行署就领导制定了鄂尔多斯地区第一部旅游业发展总体规划，并要求各旗区发展旅游业、各旅游景区景点建设必须按照总体规划的要求和布局制定相应规划，从而将旅游业发展纳入规划控制管理的轨道。此后 20 年，鄂尔多斯市一直坚持“重点保护、规划先行、严格评审、有序开发”的原则进行旅游资源开发与使用。

依托优势旅游资源，鄂尔多斯市形成了集群特征明显的旅游“块状经济”模式。目前已经形成五个块状旅游功能区，一是东胜区，二是康巴什区，三是成吉思汗陵旅游区、库布其沙漠旅游区、鄂尔多斯草原旅游区、毛乌素沙漠旅游区，四是准格尔旗工业观光，五是黄河峡谷旅游区。这五个块状旅游功能区既有较强的集聚效应，又产生了较大的扩散效应，成为“十三五”时期旅游业发展的重点区域。

（五）旅游企业发展：本土企业 + 产业链模式

我国少数民族经济落后地区发展旅游业在很大程度上依赖于外部资本的注入，这一方面影响地区旅游业发展的自主性，另一方面也影响地区旅游业发展的效益，造成了相关利益主体间的矛盾。尤其是被称为“旅游殖民论”的开发模式，出现了几乎所有利润和就业机会都被外来企业攫取的恶果。鄂尔多斯市经济发展较好，旅游业发展地域文化特色鲜明，本地资本和社区居民构成了旅游投资、就业的主体，使得旅游供给方面具有较强的内生性。东联集团、响沙湾旅游有限公司、亿利资源集团等一大批本土企业投资旅游业，形成了少数民族地区以本土企业为母体的旅游企业发展模式。

在企业发展战略上，大多数本土企业选择了“旅游产业链”模式，即景区、住宿、餐饮等多元化发展。其中，东联集团拥有成吉思汗陵旅游景区、大秦直道文化旅游景区、苏泊罕大草原旅游景区、天骄蒙古大营酒店、东联艺术团、东联旅行社、内蒙古东联书画博物馆、蒙古历史文化博物馆、匈奴文化博物馆、游牧草原博物馆、北京东联敖包会和鄂尔多斯文化蒙餐等产业，正在向“旅游全产业链”方向迈进。

（六）旅游营销与人才建设：合作共赢模式

合作共赢是旅游业界的共识，也是鄂尔多斯市旅游营销和人才建设的基本模式。长期以来，鄂尔多斯市始终高度重视目的地营销和旅游产品促销的区域合作与企业联合，主导或加入了“西部帝王陵区域旅游合作联盟”“西北风情旅游联合会”等区域合作组织，参与了内蒙古中部5城市旅游推介踩线会、走进“中国秘境”乌海阿拉善鄂尔多斯旅游产品推介会等旅游产品联合推介活动，实现了合作各方的整合共赢。

在旅游人队伍建设方面，鄂尔多斯市采取“政校合作、学研一体”模式，即通过与高校合作，联合培训人才，实现人才培养与旅游研究双丰收。“十二五”以来，鄂尔多斯市文化和旅游局及部分旅游企业与大连民族大学、北京联合大学、内蒙古大学、内蒙古师范大学等高校在人才培养、干部培训、科学研究等领域开展了多项深入合作，对鄂尔多斯市旅游人才建设与合作院校社会服务功能的延伸均具有重要意义。

第二篇
市场篇

第四章　鄂尔多斯市旅游市场发展分析

一、鄂尔多斯市旅游市场基本情况

鄂尔多斯市旅游业经过改革开放40多年的发展，取得了显著成效，市场规模不断扩大，人均消费稳步增长，市场结构逐渐优化。在市委、市政府的高度重视和全力推动下，鄂尔多斯市坚持政策引领，重视产品开发，创优服务环境，努力塑造品牌，推动全市旅游业发展实现了新突破。截至2019年年底，鄂尔多斯市共有A级旅游景区44个，其中，5A级旅游景区2个，4A级旅游景区27个，3A级旅游景区9个。全市共有旅行社124家，其中设立社102家，分社22家，出境社7家，国内社95家。国内旅游市场规模扩大，国际旅游市场初步发展，旅游业总体保持着健康、快速的发展模式。

（一）旅游市场总体规模

进入新世纪，鄂尔多斯市旅游人数及收入均呈现快速增长趋势。2004—2018年，旅游业总收入增长近46倍，保持了年平均增长39%的速度。旅游业总收入占全市GDP的比例从2004年的2.52%提高到2018年到11.73%，增长了9.21个百分点。2019年全市共接待旅游者1736万人次，实现旅游收入508亿元，旅游业总收入在GDP中的份额增至14.09%，比2018年增长2.36个百分点（见表4–1）。在时间分布上，95%的客源集中于5—10月，具有明显的季节性特征。此外，节庆客源规模较大，日常客源不够稳定；国内客源规模较大，入境客源较少等特征也很明显。

表4-1　鄂尔多斯市旅游收入和游客接待量情况（2002—2019年）

年份	旅游业总收入（亿元）	增长率（%）	旅游接待人数（万人次）	增长率（%）	旅游业总收入占GDP比重（%）
2002年	4.60	—	155.00	19.20	2.25
2003年	4.20	-8.70	140.70	-9.23	1.55
2004年	9.60	128.57	225.90	60.55	2.52
2005年	13.00	35.42	310.00	37.23	2.60
2006年	23.40	80.00	381.00	22.90	2.93
2007年	28.10	20.09	438.00	14.96	2.44
2008年	50.80	80.78	498.00	13.70	3.17
2009年	59.30	16.73	548.20	10.08	2.74
2010年	76.10	28.33	490.40	-10.54	2.88
2011年	95.00	24.84	506.30	3.24	2.95
2012年	125.40	32.00	592.90	17.10	3.43
2013年	152.40	21.53	650.70	9.75	3.85
2014年	197.10	29.33	751.20	15.44	4.74
2015年	255.90	29.83	868.30	15.59	6.06
2016年	313.90	22.66	1040.60	19.84	7.11
2017年	378.30	20.52	1228.60	17.73	10.57
2018年	441.30	16.65	1453.80	18.67	11.73
2019年	508.00	15.10	1736.00	19.40	14.09

注：数据来源于2002—2018年鄂尔多斯市国民经济和社会发展统计公报。2019年数据来源于网络，因2010年采用新的统计口径，2010年之后接待人次中不包括一日游游客。

2003年以前，鄂尔多斯市旅游业属于产业形成阶段，年接待游客数均在200万人次以下，年实现旅游收入也未曾突破5亿元。2003年，“非典”疫情导致旅游人数锐减，2004年旅游业快速复苏，当年共接待旅游者225.9万人次，实现旅游收入9.6亿元，比2003年增长了2.3倍，增长率高达128.46%。

2005—2009年，随着鄂尔多斯市经济的繁荣，旅游业进入了快速发展阶段，旅游总收入增长率在2006年和2008年跃升了两个台阶，2009年旅游总收入达到59.3亿元，实现了质的飞跃。

2010年开始，鄂尔多斯市旅游业进入稳步增长阶段，旅游业总收入从2010年的76.1亿元增加到2019年的508亿元，旅游接待人数从2010年的490.4万人次增加到2019年的1736万人次。

以旅游地生命周期理论进行分析，鄂尔多斯市旅游业的发展符合旅游地生命周期理论的前期发展状况，经历了初期发展阶段、快速增长阶段，已经进入了成熟稳定发展阶段。2003—2010年，鄂尔多斯市旅游业属于快速发展阶段，旅游总收入和旅游接待人数增长率增幅较大，增速较快，取得了阶段性的成果。从2010年开始，鄂尔多斯市旅游业进入成熟发展阶段，旅游业总收入和旅游接待人数增长率呈逐年稳定增长的态势，鄂尔多斯市成为呼包鄂旅游区的一个重要组成部分，树立起了自己独特的旅游形象，形成了自己的发展模式（见图4-1至图4-3）。

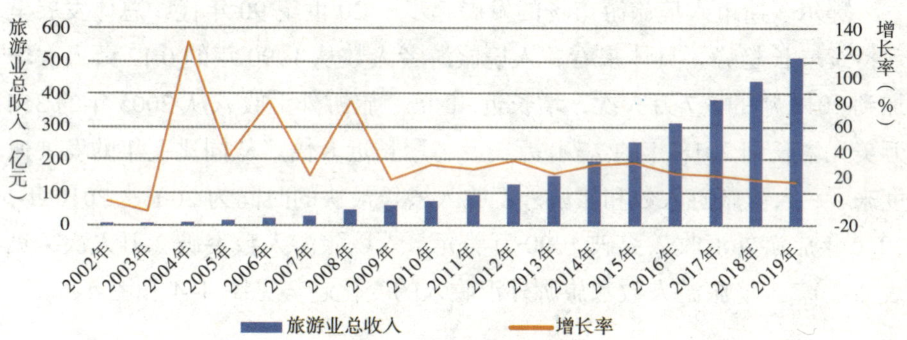

图4-1　鄂尔多斯市旅游业总收入及其增长情况（2002—2019年）

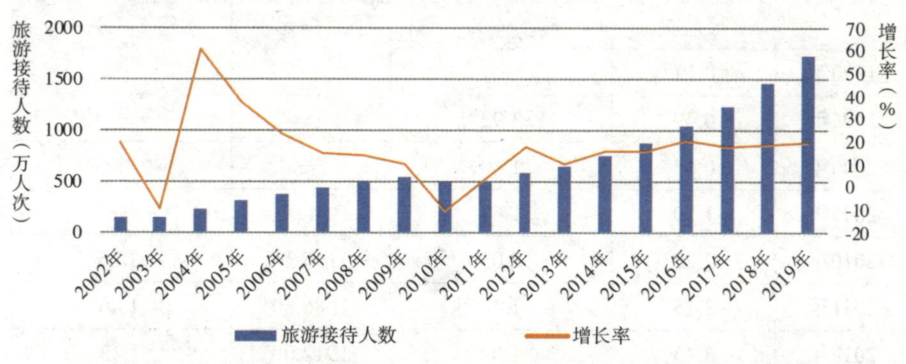

图4-2　鄂尔多斯市旅游接待人数及其增长情况（2002—2019年）

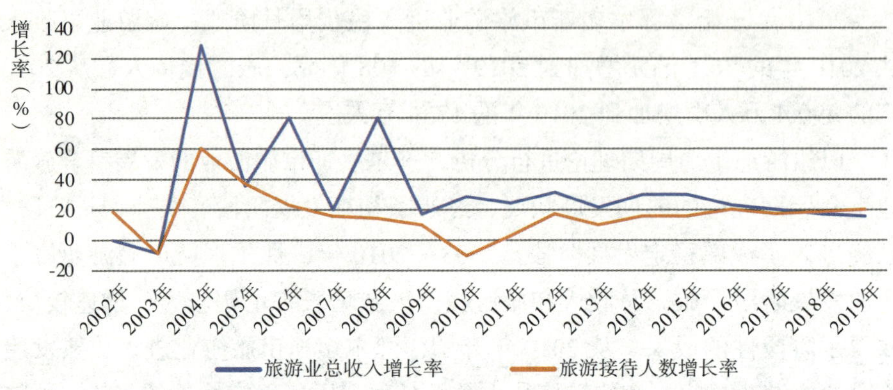

图4-3　鄂尔多斯市旅游业总收入和旅游接待人数增长情况（2002—2019年）

（二）入境旅游市场概况

鄂尔多斯市入境旅游市场的发展起步于20世纪90年代，总体发展呈现持续增长趋势。具体来看，入境旅游者人数从1990年的0.12万人次增加到2019年的5.7万人次，增长近48倍。旅游外汇收入从2005年的354万美元增长到2018年的2790万美元，增长近8倍。从同比上年的发展速度来看，入境旅游人数和旅游外汇收入增长最快的时间为2006—2010年，2010年旅游外汇收入突破1000万美元，入境旅游人数突破2万人次（见表4-2）。入境旅游人数和旅游外汇收入的变化趋势见图4-4和图4-5。

表4-2　鄂尔多斯市入境旅游人数及旅游外汇收入（1990—2019年）

年份	入境旅游人数（万人次）	发展速度（同比上年）（%）	旅游外汇收入（万美元）	发展速度（同比上年）（%）
1990年	0.12	—	—	—
1995年	0.47	3.92	—	—
2000年	0.66	1.40	—	—
2005年	1.10	1.67	354.00	—
2010年	2.23	2.03	1155.30	3.26
2011年	3.15	1.41	1686.80	1.46
2012年	3.43	1.09	1912.00	1.13

续表

年份	入境旅游人数（万人次）	发展速度（同比上年）（%）	旅游外汇收入（万美元）	发展速度（同比上年）（%）
2013年	3.10	0.90	2139.00	1.12
2014年	3.11	1.00	2507.00	1.17
2015年	3.20	1.03	2536.00	1.01
2016年	3.47	1.08	2723.00	1.07
2017年	3.49	1.01	2764.00	1.02
2018年	3.51	1.01	2790.00	1.01
2019年	5.70	1.62	—	—

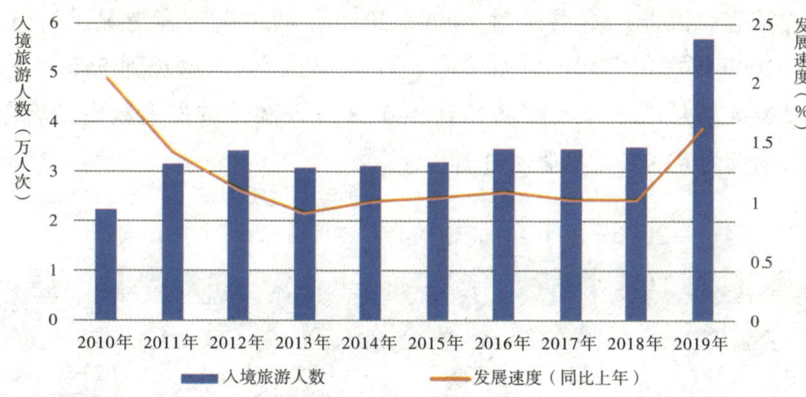

图4-4　鄂尔多斯市入境旅游人数及其发展速度（2010—2019年）

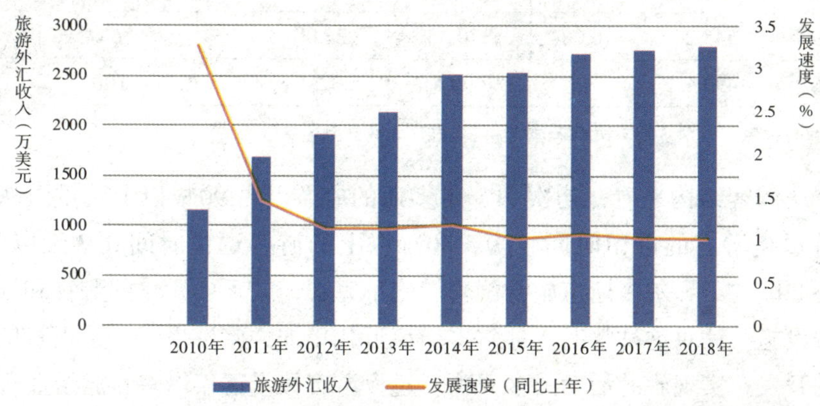

图4-5　鄂尔多斯市旅游外汇收入及其发展速度（2010—2018年）

从图 4–4 和图 4–5 可以看出，2010 年至今，鄂尔多斯市入境旅游人数和旅游外汇收入均呈现波动中增长的趋势。从发展速度来看，入境旅游人数的发展速度在 2013—2018 年间趋于平缓，2018 年后增速加快；旅游外汇收入的发展速度在 2010 年最高，之后 8 年均呈现增速放缓趋势。从总体情况来看，鄂尔多斯市的海外旅游市场远远落后于国内旅游市场，入境旅游人数占旅游接待人数的平均比例不足 1%，海外市场发展潜力巨大，亟待深入开发。

（三）过夜旅游市场概况

从 2010 年开始，我国实行了新的统计口径，接待人次中不再包括一日游游客。因此，本书仅对 2006—2010 年的过夜游客情况进行分析。2006—2009 年鄂尔多斯市旅游接待人数从 381 万人次增长到 548 万人次，其中过夜人数从 238 万人次增长到 370.33 万人次，过夜人数占游客总数的平均比例为 63.4%（见表 4–3）。

表4–3 2006—2010年鄂尔多斯市旅游接待总量及过夜游客统计

年份	接待总量（万人次）	同比增长（%）	过夜人数（万人次）	同比增长（%）	过夜人数占接待总量比例（%）
2006年	381	22.9	238	15.5	62
2007年	438	15	268	22.9	61
2008年	498	13.7	310	15.8	62
2009年	548.2	10.08	370.33	27.00	68
2010年	490.4	—	490.5	32.4	100

资料来源：鄂尔多斯市文化和旅游局、《内蒙古统计年鉴》

从游客结构来看，初次到鄂尔多斯的旅游者占 90% 以上，重游率极低且过夜游客的停留时间较短，80% 以上的游客逗留时间在 3 天以下，主要原因在于鄂尔多斯市旅游配套设施不完善，缺乏多元化的购物和娱乐活动设施。针对这种状况，鄂尔多斯市近几年加大旅游投资，重视节庆活动的开发，实现旅游活动的多元化，过夜游客数量逐年增多，旅游业逐渐从观光旅游向度假旅游过渡。

二、内蒙古各盟市旅游市场对比

（一）各盟市全年旅游接待人数情况

从各盟市全年旅游接待人数来看，呼和浩特市作为内蒙古自治区首府，全年旅游接待人数连续八年位居全区榜首。2018 年，呼和浩特市全年接待游客 4372.44 万人次，占全区全年旅游接待人数的 33.52%。排名第二位的是阿拉善盟，2018 年旅游接待人数为 1928.1 万人次，阿拉善盟以沙漠和胡杨林闻名，是全国沙漠越野爱好者的首选目的地，每年一届的“阿拉善英雄会”吸引着全国各地大批越野爱好者，形成了享誉全国的特种旅游节事活动。排名第三位的是呼伦贝尔市，2018 年旅游接待人数为 1864.98 万人次，呼伦贝尔大草原是全国非常具影响力的草原旅游目的地，虽然旅游季节很短，但却是暑期草原旅游的首选之地。排名第四到第七位的分别为赤峰市、乌兰察布市、包头市、锡林郭勒盟。

鄂尔多斯市作为内蒙古经济发展最快的地区之一，毗邻呼和浩特市和包头市，2018 年旅游接待人数仅排名第八位，这一数据与鄂尔多斯市在全区的经济地位不匹配（见图 4–6）。究其原因，一方面在于鄂尔多斯市旅游资源的独特性尚未被充分挖掘和体现出来，另一方面在于鄂尔多斯市旅游基础设施相对落后，尚未成为旅游目的地辐射中心，一日游游客占据总游客的 30% 以上，尤其是 2010 年采用新的统计口径后，一日游游客不再纳入统计范围，使得鄂尔多斯市游客接待量在全区的排名下降。

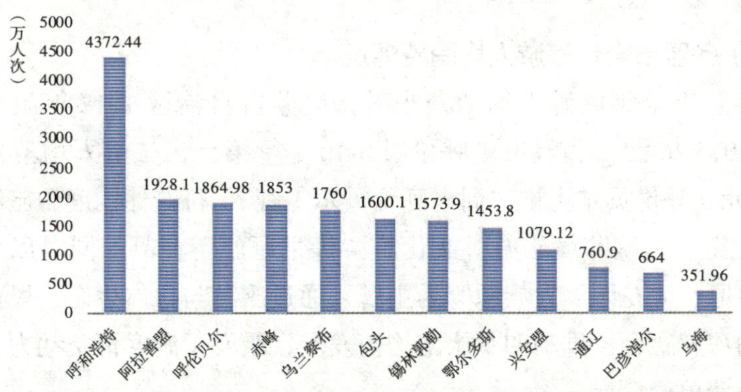

图4–6　内蒙古各盟市2018年旅游接待人数排行榜

数据来源：内蒙古12盟市2018年国民经济和社会发展统计公报

（二）各盟市全年旅游收入情况

从各盟市全年旅游收入来看，2015 年以来，包头市和鄂尔多斯市的旅游收入排行有了明显上升。呼包鄂地区作为内蒙古自治区重要的经济区之一，在城市人口、城市经济和旅游发展等方面均具有较好条件。据统计，2018 年呼包鄂三个城市的旅游收入占全自治区旅游总收入的 47.13%，呼和浩特市连续八年位居旅游收入榜首，如果将呼伦贝尔市纳入统计，四个城市的旅游收入总额为 2630.81 亿元，占自治区旅游收入总量的 70% 以上（见图 4–7）。

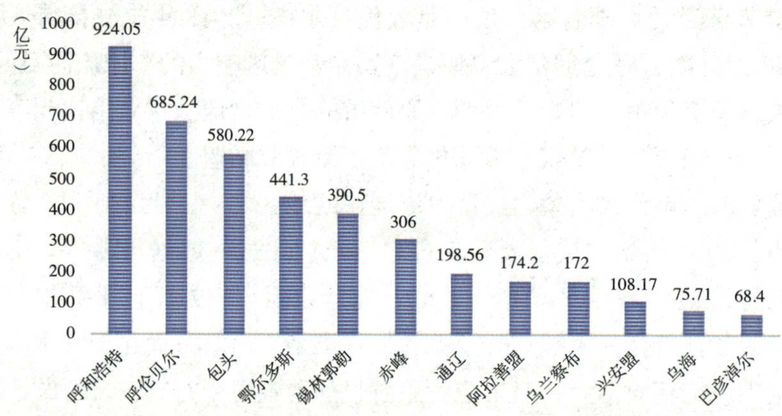

图4–7　内蒙古各盟市2018年旅游收入排行榜

数据来源：内蒙古12盟市2018年国民经济和社会发展统计公报

（三）各盟市全年旅游人均消费情况

从各盟市全年旅游人均消费来看，内蒙古自治区 2018 年旅游人均消费为 3075.26 元。各盟市中呼伦贝尔市排行第一，旅游人均消费额为 3674.25 元，呼伦贝尔主推“周末呼伦贝尔工程”，打造休闲度假旅游、冰雪体验旅游、边境跨境旅游、文化旅游等主题旅游产品。同时以“大草原、大雪原、大花园、大族源”为主题，通过旅游与自然生态、民俗、文化体育的深度融合，推动四季旅游均衡发展，激发了游客消费动力，提升了游客消费单价。

鄂尔多斯市旅游人均消费在全自治区排名第三位，其中大部分是景区门票及食宿费用，旅游娱乐与购物消费不足（见图 4–8）。未来应加强旅游娱乐设施和购物场所建设，发挥旅游业的产业带动作用。乌兰察布市和阿拉善盟是全自治区游客人均消费最低的两个地区，其原因在于，这两个地区旅游经营季节短且集中，乌兰察布市主要是夏季草原度假游，阿拉善盟主要是秋季英雄会和胡杨林。因为经营季节较短，旅游消费相关配套项目的投资建设回收期过长，很少有企业愿意参与建设和运营，导致消费项目单一，只能靠门票支撑。

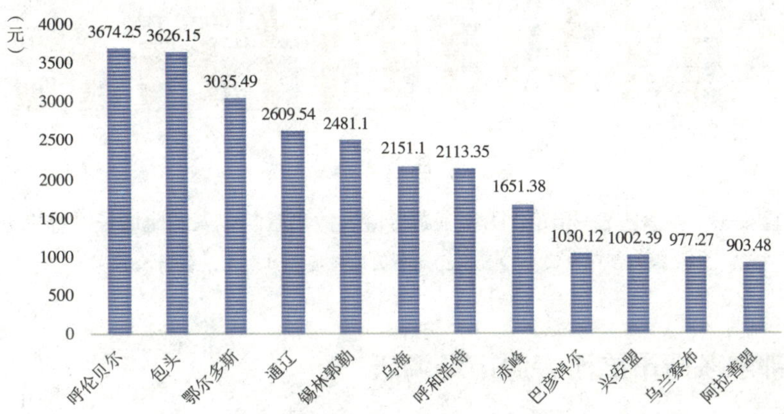

图4–8　内蒙古各盟市2018年旅游人均消费排行榜

数据来源：内蒙古12盟市2018年国民经济和社会发展统计公报

（四）各盟市全年旅游接待人数和旅游收入增长情况

从旅游接待人数和旅游收入同比增长情况来看，内蒙古自治区 2018 年旅游接待人数 1.3044 亿人次，同比增长 12.01%，旅游业总收入 4011.37 亿元，人均消费 3075.26 元，同比增长 16.61%。呼和浩特市、包头市、乌兰察布市、呼伦贝尔市和锡林郭勒盟的旅游接待人数同比增长低于全区水平，增长乏力，特别是锡林郭勒盟几乎无增长，旅游业发展面临严峻挑战。阿拉善盟的旅游接待人数和旅游收入同比增长速度位居全区之首，上半年，全盟旅游总收入 33.7 亿元，累计接待游客 363.9 万人次，同比分别增长 66.8% 和 44.6%，增速显著。

鄂尔多斯市的旅游接待人数和旅游收入同比增长速度在自治区排名第

五位，这一速度与鄂尔多斯市经济增速在自治区的排名不匹配。未来应加强旅游基础设施和旅游服务体系的建设，着力提升旅游业的发展增速（见图 4-9）。

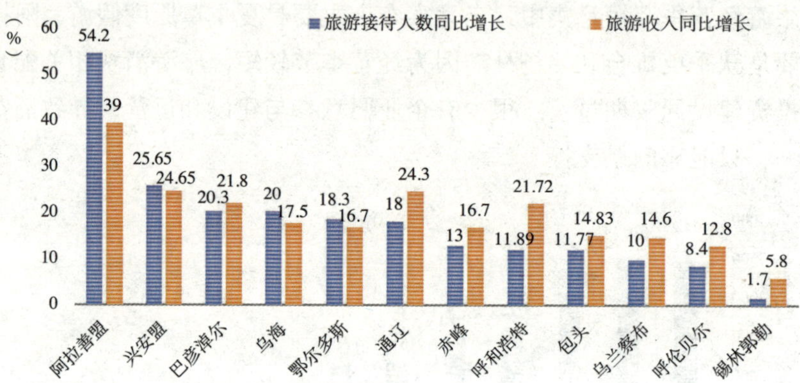

图4-9　内蒙古各盟市2018年旅游接待人数和旅游收入同比增长排行榜

数据来源：内蒙古12盟市2018年国民经济和社会发展统计公报

三、鄂尔多斯市旅游客源市场调研

为了深入了解鄂尔多斯市旅游业发展状况，2017 年，鄂尔多斯市旅游发展委员会与中国移动鄂尔多斯分公司合作，依托内蒙古移动大数据平台，通过大数据人流监控技术，对 10 月 1—8 日来鄂尔多斯市旅游的移动用户游客信息进行了统计。本书分析了该项目采集的成吉思汗陵、响沙湾、恩格贝生态旅游区等 30 个重点景区的 345615 名游客的相关信息，样本数较大，具有一定的代表性。

（一）游客来源

通过调查发现，游客来源情况如下：内蒙古自治区区内游客占比约 77.60%，其他省市游客占比 22.33%，其中鄂尔多斯市游客占比 49.10%（见图 4-10）。

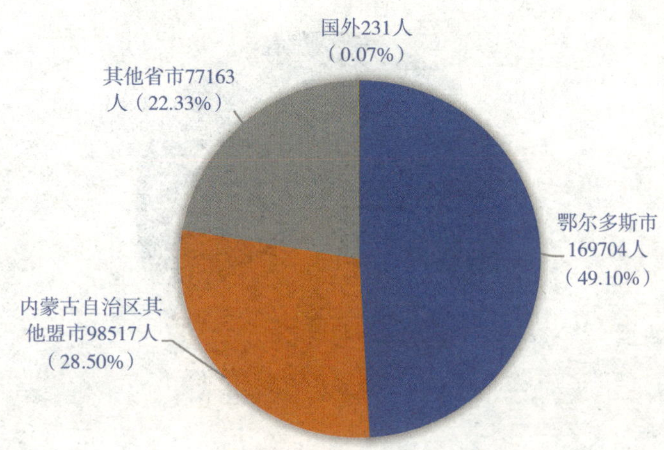

图4-10　鄂尔多斯市客源市场构成情况

区内客源市场分析：在内蒙古自治区区内，游客数量从西向东急速递减，仅鄂尔多斯市、包头市、呼和浩特市、巴彦淖尔市、乌海市五个盟市就占比约 90%，其他盟市仅占约 10%（见图 4-11）。

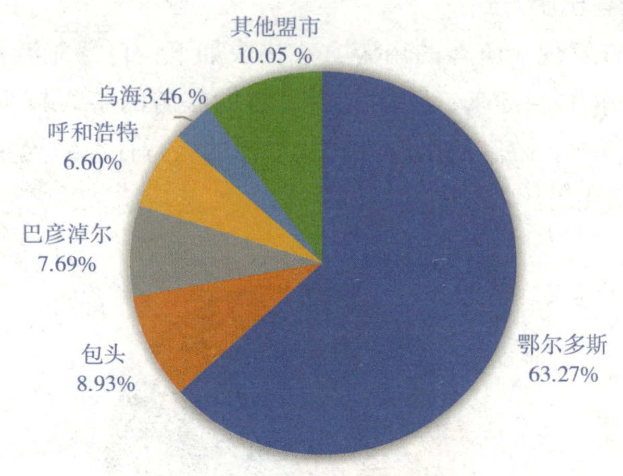

图4-11　区内游客构成情况

区外客源市场分析：其他省市游客分布从北向南急速递减，游客多为鄂尔多斯市毗邻地区，仅陕西、山西、宁夏三个省份就占比 55.23%，远距离除北京市占比 7.92% 外，其他各省市游客均较少（见图 4-12）。

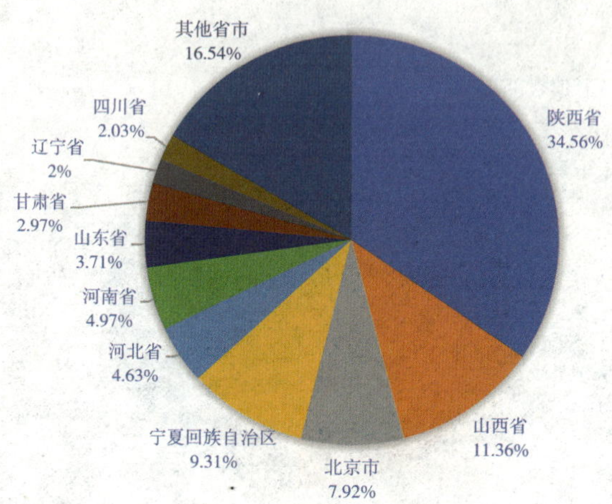

图4-12 区外游客构成情况

客源市场整体呈现出“高聚集，低辐射”的特点。高聚集，高度集中于鄂尔多斯市毗邻地区；低辐射，在高聚集区域之外吸引力急遽下降，客源市场分散且不稳定，辐射乏力。

（二）游客出游方式

经过调查发现，游客的出游方式构成如下：自驾旅游占比 54.76%，自由行旅游占比 24.66%，随团旅游、自助旅游的游客较少，分别占比 10.82% 和 9.76%。游客的出游方式从以前的旅行社组织为主逐渐转变为自驾旅游和自由行旅游为主（见图 4-13）。

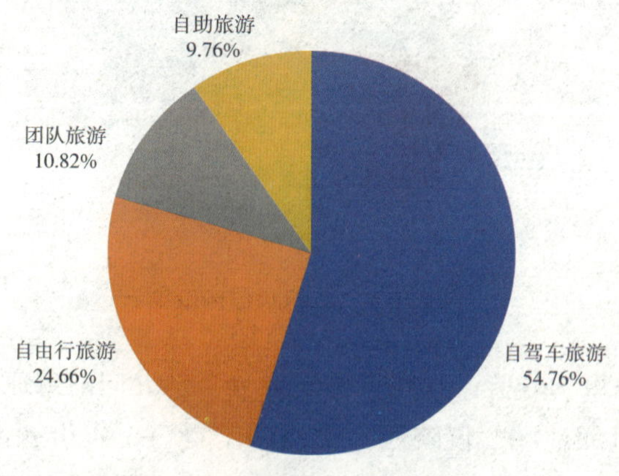

图4-13 游客出行方式情况

从游客出行方式的构成可以看出，旅行社组织出游已经逐渐变得不再流行，游客更青睐可以自由安排活动时间和活动内容的旅行方式。随着社会经济发展和人民生活水平的提高，拥有私家车的家庭越来越多，人们的旅游观念和出游方式逐渐发生变化。2015 年以后，自由行越来越多，所占比重越来越大，旅行社也从全包价转变为半包价或定制游。目前，鄂尔多斯市的一日游游客大多来自陕西、山西、宁夏等周边省（区）或呼和浩特、包头等周边城市，绝大部分为自驾游，时间多为周末。随着客源市场需求的这种变化，鄂尔多斯市应积极转变市场供给，改善旅游环境，当务之急是建设一个集散客自助旅游、旅游信息咨询、旅游集散换乘、景点大型活动、客房预订、票务预订等服务功能为一体的综合性旅游集散中心，满足自由行游客的需求，促进旅游业的健康发展。

（三）外地游客偏好

经过调查发现，外地游客对景区的选择情况如下：外地游客最多的景区是响沙湾旅游区，占比 87.61%，其他自然类景观如库布其沙漠公园七星湖旅游区、成吉思汗陵旅游区、库布其沙漠旅游区等景区的外地游客也较多，均占比 60% 以上；人文类景观中除 5A 级景区成吉思汗陵旅游区之外排名均较后（见图 4–14）。

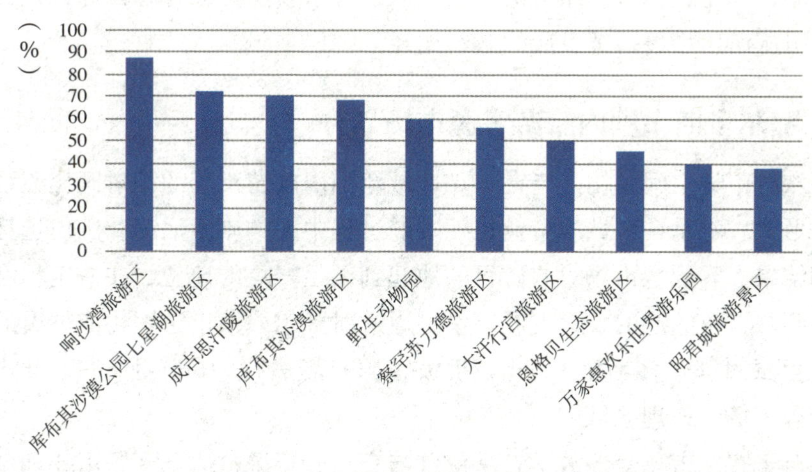

图4–14　外地游客游览最多的十个景区情况

从图 4-14 可以看出，外地游客偏好自然景观类景区，休闲娱乐类旅游项目对他们来说比较有吸引力。鄂尔多斯市气候条件优越，有发展休闲度假旅游的优越条件，休闲度假旅游应成为鄂尔多斯市旅游业未来发展的重点。文化类景观稍显疲软，成吉思汗陵旅游区仅排第三位，与其本身的地位不符，需要进一步挖掘其文化内涵，以市场为基础开发新的有吸引力的旅游项目，加大宣传力度，突出其旅游形象。

总体而言，鄂尔多斯市游客的分布呈现如下规律：以鄂尔多斯市为中心，区内以呼包鄂三角区内部游客流动为主，区外重点客源地为陕西、山西、宁夏等毗邻省市。游客流表现出从北向南、从西向东急速递减，距离鄂尔多斯越远，游客量越少的特点。鄂尔多斯市中北部四旗两区接待旅游者人次数要高于南部三旗，呈现北高南低状态。这与鄂尔多斯市的主体客源市场和资源开发空间布局是一致的。总体呈现出“吸引范围小，多集中在周边省市；辐射乏力，对远程游客吸引力不高；多为自由游，旅游动机多样化；休闲度假旅游吸引力大，文化景观有待深入挖掘”的特点。

鄂尔多斯市以国内客源市场为主，入境旅游者主要集中在日本、韩国、蒙古、新加坡、中国香港等国家和地区，且多属偶尔到达。因此，深度开发国内客源市场，加大宣传力度，扩大辐射半径，有效开发旅游项目和产品，利用“一带一路”的发展机遇，寻求新的国际客源目标，是鄂尔多斯市旅游市场可持续发展的必经途径。

四、鄂尔多斯市国内旅游客源市场划分

旅游市场空间结构是指在一定地域范围内旅游市场的相对区位关系和分布形式，它是在区域旅游业长期发展过程中人类旅游活动和区位选择积累的结果。客源地市场对旅游目的地起到举足轻重的地位，在一定程度上关系到旅游目的地的长远发展。本书通过对鄂尔多斯市游客构成情况的分析，尝试对鄂尔多斯市Ⅰ、Ⅱ、Ⅲ级客源市场进行划分，确定Ⅰ、Ⅱ、Ⅲ级客源市场的地理区域。

对于客源市场，多数学者从位置与交通、资源价值、客源市场和基础设施等因素进行划分。本书先从市场份额和吸引半径两个因素对鄂尔多斯

市客源市场进行初步划分，其后引入时间因素对划分结果进行调整，以期能够较为准确地划分鄂尔多斯市旅游客源市场的范围。

（一）以市场份额进行市场划分

以游客来源省市及其所占市场份额情况为标尺对客源市场进行划分，占目的地游客总量 2% 以上的为一级客源市场，1%~2% 的为二级客源市场，其他为三级客源市场。具体数据见表 4–4。

表4–4 鄂尔多斯市国内游客来源省市及占比情况

	省市	占比（%）
内蒙古自治区内	鄂尔多斯市	49.14
	呼和浩特市	5.13
	包头市	6.93
	巴彦淖尔市	5.97
	乌海市	2.69
	其他盟市	7.80
内蒙古自治区外	陕西省	7.72
	山西省	2.54
	北京市	1.77
	宁夏回族自治区	2.08
	河北省	1.03
	河南省	1.11
	山东省	0.83
	辽宁省	0.45
	甘肃省	0.66
	四川省	0.45
	其他省市	3.70
总计		100.00

通过分析表 4–4 得到：内蒙古自治区西部五个盟市、陕西省、山西省和宁夏回族自治区为一级客源市场，北京市、河北省和河南省等为二级

客源市场，其他省市为三级客源市场。

（二）以吸引半径进行市场划分

客源吸引半径是衡量旅游目的地吸引力大小的重要指标，该指标被许多学者运用到旅游客源市场空间结构的研究中，根据我国旅游地理结构的实际情况并结合我国交通体系的发展情况，一般学者将吸引半径划分为三级：Ⅰ级为小于 500 公里；Ⅱ级为 500~1000 公里；Ⅲ级为 1000 公里以上。本文以国内各主要客源地的省会城市到鄂尔多斯市东胜区的地理直线距离为标尺进行客源市场的划分，具体数据见表 4–5。

表4–5 鄂尔多斯市与国内各主要客源地省会城市的空间距离情况

客源地省会城市	直线距离（km）	客源地省会城市	直线距离（km）
呼和浩特	189	杭州	1410
北京	561	上海	1403
太原	312	南京	1165
西安	621	济南	700
银川	357	武汉	1095
兰州	683	郑州	641
石家庄	437	长沙	1314
天津	618	沈阳	1145
成都	1151	重庆	1178
福州	1754	南宁	1891
哈尔滨	1497	长春	1342
广州	1879	南昌	1356
合肥	1097	昆明	1775

注：数据来源网络。

将各省、自治区、直辖市人民政府驻地作为该省、自治区、直辖市居民前来鄂尔多斯市旅游的平均出发地，以鄂尔多斯市东胜区为中心，以一定空间直线距离为半径结合上述理论描绘出鄂尔多斯市第Ⅰ级、Ⅱ级、Ⅲ级客源市场情况（见表 4–6）。

表4-6 鄂尔多斯市旅游客源市场划分

市场类型	直线距离（km）	地域范围
Ⅰ级客源市场	<500	呼和浩特、银川、石家庄、太原
Ⅱ级客源市场	500~1000	北京、西安、兰州、天津、济南、郑州
Ⅲ级客源市场	>1000	成都、哈尔滨、合肥、杭州、上海、南京、武汉、长沙、沈阳、重庆、长春、南昌、福州、广州、南宁、昆明

（三）以时间因素进行市场划分

从游客而言，时间因素是衡量目的地远近的更为科学的因素，游客在选择目的地的时候并不会考虑实际的地理距离，而是衡量客服地理距离所需的时间因素。以市场份额划分的客源市场与以吸引半径划分的客源市场存在一定的差异，故本书引入时间因素对两种划分结果进行调整，重新划分Ⅰ、Ⅱ、Ⅲ级客源市场。

外地游客多以自驾游为主要旅行方式，故以自驾旅游来东胜区所花费的时间为衡量标准。通过调查发现，对于克服空间距离所需的驾驶时间，大多数游客认为7~8小时是普遍可以接受的最长时间，大于7~8小时则认为时间过长，大于10小时绝大多数游客表示不会考虑。故本书以各省市省会城市驾车来鄂尔多斯市东胜区所需平均时间为划分标准，结合上述调查结果，确定小于7小时驾驶时间为Ⅰ级客源市场；7~12小时为Ⅱ级客源市场；12小时以上为Ⅲ级客源市场。鄂尔多斯市与国内各主要客源地省会城市的空间距离及时间情况见表4-7。

表4-7 鄂尔多斯市与国内各主要客源地省会城市的空间及时间距离

客源地省会城市	直线距离（km）	与东胜区之间的高速距离（km）	驾车时间	客源地省会城市	直线距离（km）	与东胜区之间的高速距离（km）	驾车时间
呼和浩特	189	233	2h34min	杭州	1410	1805	21h35min
北京	561	714	8h7min	上海	1403	1793	21h35min
太原	312	457	6h20min	南京	1165	1537	18h9min

客源地省会城市	直线距离（km）	与东胜区之间的高速距离（km）	驾车时间	客源地省会城市	直线距离（km）	与东胜区之间的高速距离（km）	驾车时间
西安	621	741	8h1min	济南	700	949	11h50min
银川	357	448	5h14min	武汉	1095	1436	16h31min
兰州	683	836	9h18min	郑州	641	888	11h35min
石家庄	437	617	8h33min	长沙	1314	1687	19h40min
天津	618	744	9h46min	沈阳	1145	1370	16h26min
成都	1151	1470	17h23min	重庆	1178	1405	16h27min
福州	1754	2265	26h48min	南宁	1891	2339	27h22min
哈尔滨	1497	1977	23h17min	长春	1342	1647	19h7min
广州	1879	2321	27h18min	南昌	1356	1733	20h58min
合肥	1097	1446	17h34min	昆明	1775	2183	24h47min

注：数据来源为百度地图，高速距离选择路线推荐中的用时最少的线路距离。

引入时间因素对吸引半径及市场份额进行调整，吸引半径调整为：I级客源市场为小于600公里，Ⅱ级客源市场为600~1000公里，Ⅲ级客源市场为1000公里以上；市场份额调整为：I级客源市场市场份额>2%；Ⅱ级客源市场市场份额为1%~2%；Ⅲ级客源市场市场份额为<1%。综合考量以调整过的标准重新划分的客源市场更符合鄂尔多斯市游客构成的实际情况。划分情况见表4-8。

表4-8　引入时间因素后对鄂尔多斯市旅游客源市场的重新划分

市场类型	直线距离（km）	所占市场份额（%）	高速到康巴什驾车时间（小时）	地域范围
I级客源市场	<600	>2	<7	呼和浩特、银川、太原、延安
Ⅱ级客源市场	600~1000	1~2	7~12	北京、兰州、郑州、石家庄、天津
Ⅲ级客源市场	>1000	<1	>12	成都、哈尔滨、合肥、杭州、上海、南京、武汉、长沙、沈阳、重庆、长春、南昌、福州、广州、南宁、昆明、贵州

因陕西地形狭长，考虑到实际情况，故将西安改为延安，从延安出发到东胜区用时5小时19分，公路距离448公里。北京虽直线距离在600公里以内，但驾车时间在9小时以上，且游客份额小于2%，故划分为Ⅱ级客源市场。

五、鄂尔多斯市国内旅游客源市场空间结构

（一）客源市场集中指数

客源市场空间分布集中程度一般用地理集中指数来度量，其计算公式为：

$$G=100\times\sqrt{\sum_{i=1}^{n}\left(\frac{X_i}{T}\right)^2}$$

公式中：G 为旅游客源地的地理集中指数；X_i 为第 i 个客源地的游客接待量；T 为接待游客总量；n 为客源地总数。G 值越接近100，游客分布越集中，地域集聚性越强，旅游经营稳定性越差；反之，若 G 值很小，则说明市场过于分散，地理集聚性差，不利于主要客源市场的稳定；对于任何旅游地来说，G 值适中为妥。

根据公式计算，G 约等于78.19①，参照王公为等对内蒙古国内旅游市场的空间结构研究，鄂尔多斯市地理集中指数明显高于呼包鄂—乌兰察布—巴彦淖尔区块（60.98）的总体水平，表示在整个区块中鄂尔多斯市旅游客源市场集中程度高于其他地区，客源市场有待进一步向成熟化和稳定性方向发展。

（二）客源市场吸引半径

客源地吸引半径是衡量旅游目的地吸引范围的重要指标。假设鄂尔多斯对国内所有市场吸引力均等，且客源地影响客源流动的经济等因素都均衡，用客源地的客源份额做权重，推导出客源地到目的地市场平均距离，用 AD_{od} 表示，其计算公式为：

$$AD_{od}=\sum_{i=1}^{n}\left(\frac{X_i}{T}\right)D_i$$

① 结果由2017年移动公司大数据平台收集的数据计算所得，X_i、T 与实际数据有出入，故有一定误差。

式中：AD_{od} 市客源地到目的地的市场平均距离；T 为接待游客总量；X_i 为第 i 个客源地的游客接待量；n 为客源地总数；D_i 为第 i 个客源地到目的地的距离。AD_{od} 值越大，说明客源地的吸引范围越大，客源地分布区域广大；AD_{od} 值越小，说明客源地的吸引范围越小，客源分布区域越窄。

将每个客源地的游客数所占鄂尔多斯市游客接待总量的比例作为权重，将各个省市省会城市到康巴什的直线距离作为研究距离，计算 AD_{od} 结果为 306.84 公里[①]，表示鄂尔多斯市客源市场吸引半径较小，客源分布高度集中在本市及毗邻地区。

（三）旅游地空间使用曲线

旅游地空间使用曲线是指旅游地使用人数随着距离的变化而发生改变的一种统计学描述，常用来刻画客源地和目的地之间的距离衰减规律。常见的旅游地空间使用曲线有三种类型：第一种类型基本型曲线，反映了随着距离的增加，旅游者旅游阻力不断增强，使得旅游地使用人数不断减少；第二种类型“U”形曲线，刻画了随着距离的增加，旅游者旅行阻力不断增加，旅游人数不断减少，但至某一区域，在某些因素作用下，旅游地使用人数又逐渐增加的现象；最后一种类型是马克斯威—波兹曼曲线，描述了随着距离的增加，旅游地使用人数不断增加，但是距离足够远时，旅行阻力使旅游地使用人数出现下降趋势。

从图 4–15 可知，鄂尔多斯市国内旅游客源市场在空间分布上符合距离衰减规律，但是存在着一定局部波动性。分析发现：（1）鄂尔多斯市旅游空间使用曲线符合基本型曲线，即随着距离的增加，旅游者旅游阻力不断增强，使得旅游地使用人数不断减少。在 0~500km 范围内，距离衰减效应最为明显，旅游者数量随着距离的增加呈现急遽减少的趋势，大部分游客集中在该空间范围内。（2）在 500~700 公里处出现较小的波动，符合“U”形曲线，是因为陕西省位于该段距离范围内，陕西省毗邻鄂尔多斯市，交通便利、人口数量较大，使得在此处出现一个客源高峰。

---

① 结果由 2017 年移动公司大数据平台收集的数据计算所得，X_i、T 与实际数据有出入，故有一定误差。

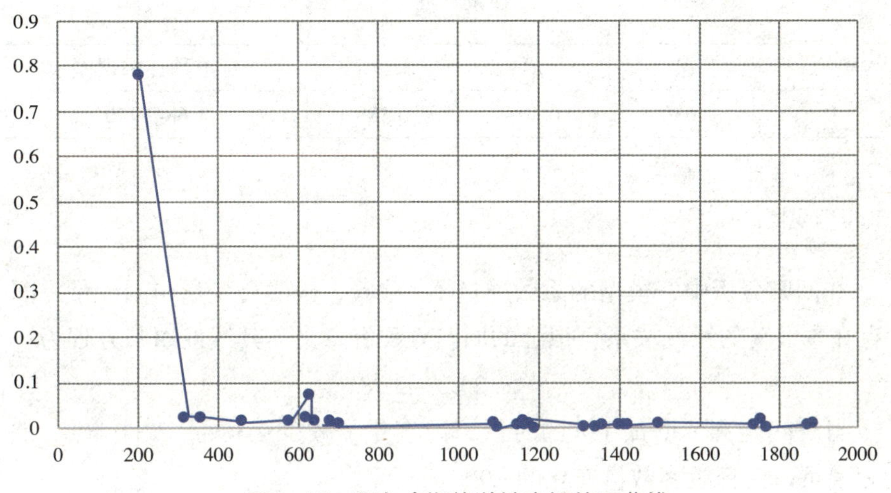

图4-15　鄂尔多斯旅游地空间使用曲线

（四）空间结构模型构建

为研究空间距离对客源市场的影响，本书尝试构建一个指数回归模型，来描述空间距离的变化对游客数量的影响情况，模型如下：

$$y=ax^{b}e^{ui}$$

上述方程可表达为对数线性回归模型：

$$Y=\beta+\alpha X+u_i$$

其中，y 代表各客源地的游客数量，$Y=lny$；x 代表各客源市场与鄂尔多斯市的空间距离（以每个客源地首府城市到东胜区的距离为其平均空间距离），$X=lnx$。应用 SPSS 软件分析，其结果如下：

系数[a]

模型	非标准化系数		准化系数		
	B	标准误差	试用版	t	Sig.
1（常量） x	23.227 −2.370	3.679 0.532	−0.639	6.313 −4.470	0.000 0.000

a. 因变量：y

模型汇总[b]

模型	R	R^2	调整R^2	标准估计的误差
1	0.639[a]	0.408	0.388	1.6845940

a. 预测变量（常量）：x

b. 因变量：y

在回归分析中，模型的系数通过了 t 检验，说明自变量与因变量之间存在着显著的线性关系，拟合的回归方程有意义。其线性回归方程为：

$$y=23.23-2.38x$$

当空间距离 x 增加 1% 的时候，游客量 y 减少 2.38%。R^2=0.408，空间距离可以解释游客数量变化的 40.8%。

（五）小结

通过上述分析，可以得出如下结论：

（1）高集中、低辐射。鄂尔多斯市客源市场的地理集中指数和吸引半径分别为 78.19 公里和 306.84 公里，客源市场高度集中，吸引半径小，对远距离的客源地吸引力小，极易受客源市场变化的影响，客源市场有待进一步向成熟性和稳定性发展。

（2）初显圈层结构，三级客源市场初步形成。鄂尔多斯市客源市场初步形成以鄂尔多斯市为核心、依次向外扩散、梯度差异明显的三级圈层空间结构。一级客源市场是在 600 公里范围内，包括内蒙古、陕西、山西、宁夏，客源份额均在 2% 以上，累计客源份额约为 90%，是鄂尔多斯市最为稳定和吸引力最强的客源市场；二级客源市场在 600~1000 公里范围内，包括北京、河北、河南、山东、甘肃、天津，市场份额在 0.6% 以上，累计客源份额约 5.4%，是鄂尔多斯发展潜力最大的旅游客源市场，其发展水平直接影响到鄂尔多斯市旅游市场的稳定与成熟；其余为三级客源市场，市场份额均在 0.6% 以下，累计市场份额约为 4.6%。

（3）市场发育不完善，三级客源市场结构失调。三级客源市场的市场份额大致呈现 9∶0.5∶0.5 的比例分割形态，90% 的游客集中在一级客源市场范围内。一级客源市场比例过重，二、三级客源市场发育极不完善，结构极不稳定。应在保持一客源市场的基础上，大力发展二级客源市场，增强对二级客源市场的吸引力，形成一个结构稳定的以一级客源市场为核心、二级客源市场为重点、三级客源市场为补充的多元化市场。

六、鄂尔多斯市海外旅游客源市场细分

海外主要客源市场包括蒙古国、日韩两国和港澳台地区。蒙古国与内蒙古接壤，在经济上往来密切，历史上有着很深渊源，是鄂尔多斯市最重要的海外客源市场之一，近年来，双方之间的合作不断加强，蒙古国占鄂尔多斯市入境旅游市场的份额不断扩大。另外，日韩两国是亚洲的经济强国，居民出游欲望强，消费能力高，成吉思汗陵以及响沙湾等景区浓厚的蒙古族风情对日韩游客具有很大吸引力，日韩两国将长期占领鄂尔多斯市的主要海外客源市场。港澳台市场也是鄂尔多斯市重要的海外市场，随着鄂尔多斯市影响力的不断提高，该市场的开拓空间将进一步增大。

其他客源市场主要是欧美市场、中亚和澳洲地区。欧美市场是具有很大开发潜力的市场，但受交通等因素影响，这一海外客源市场尚未得到有效开发，目前仅有俄罗斯、法国、美国等少量游客来鄂尔多斯市旅游。中亚和澳洲地区与鄂尔多斯市联系较少，可以根据实际情况进行适时适度拓展。

七、鄂尔多斯市旅游市场存在的问题

（一）产品开发与客源市场的结合不强

目前，鄂尔多斯市的旅游产品开发尚属初级阶段，旅游产品开发与客源市场需求之间的有效结合不强，多数景区还是以门票经济为主，部分景区已开始多样化旅游转型的探索尝试，但还未形成适应现代旅游需求的健全产品体系，如体验旅游、自驾旅游、徒步旅游、冬季旅游、探险旅游、科考旅游等现代旅游产品。在线路设计上，未能充分调研客源客场的实际需求，并根据客源情况进行针对性处理。旅游产品开发中对文化元素的发掘梳理不足，具有代表性的鄂尔多斯文化和成吉思汗文化等，只是作为观光旅游的一项内容，其内涵尚未形成产品化的体现，旅游资源开发相对单调。近年来，鄂尔多斯市陆续举办了一些能够反映本地资源特色和深厚文

化底蕴的节事活动，但是对民俗的利用与开发还不够充分。此外，旅游产品吸引力不强，导致游客逗留时间较短，重复旅游的比率很低。

（二）品牌开发与市场营销的力度不足

鄂尔多斯市具有丰富的旅游资源，特色鲜明的地域文化，目前已基本形成具有吸引力的历史文化资源系列、草原景观资源系列、沙地和沙漠景观资源系列、河流峡谷景观资源系列。但是，如何利用这些资源进行品牌开发，一直是困扰鄂尔多斯市旅游业发展的一个主要瓶颈，“商、养、学、闲、情、奇”新六要素旅游产品开发不够，未形成规模和品牌。区域旅游形象长期“淹没”在内蒙古“草原”形象之中，还有一些游客对鄂尔多斯的认知停留于“羊煤土气”的工业城市，旅游度假目的地的认知度不高，导致鄂尔多斯市旅游市场的客源数量少且单一。另外，旅游品牌营销不足，营销策略单一，促销力度不够，也使鄂尔多斯旅游在国内外远未形成应有的广泛影响。目前，鄂尔多斯市大多景区主要依靠旅行社推荐和企事业单位组织来吸引客源，两项合计占客源市场总量的比例达到 80%，其中旅行社占 60%。

（三）设施配套与市场需求的偏差较大

近年来，鄂尔多斯市投入大量人力、物力和财力进行旅游服务设施配套，对改善本地旅游环境起到重要作用，但现有设施与市场需求之间仍存在较大差距。从硬件配套来看，鄂尔多斯市目前与重点客源市场的高铁尚未连通，外省游客除自驾游外，只能选择耗时较长的铁路或者成本较高的航空，公路通车里程较短且客运量小。与北京、西安等旅游中心城市间的交通便捷程度不高。景区和市域内交通干线间的连接还需进一步改善，重点景区之间、重点景区与中心城镇之间缺乏便捷的互联互通，旅游汽车公司专业化程度低。从软件配套来看，智慧化、信息化旅游建设滞后，旅游公共服务体系及相关配套体系尚不能适应“散客化、自由行”等市场新趋势。个性化、特色化服务短缺，品质化服务有待提升。旅游人才淡旺季供需矛盾突出，高层次旅游人才匮乏，从业人员的整体素质有待提高，特别是旅游文化方面的人才流失严重，缺少对优质人才资源的特殊引进和留用政策，人才的稀缺使得旅游业发展缺少新鲜的思想和创新的思路。从产业协同发展来看，“大旅游”发展格局还未建立，产业间协同发展不足，“食、住、行、游、购、娱”链条上各环节没有打通，旅游业尚未成为全市经济社会支柱性产业，资源未能形成整合提升效应，旅游业与农业、工业、文化、体育等其他产业的融合发展还需进一步加强，旅游文化创意缺少优质产品。各大景区之间、景区与旅行社之间、景区与产业链条上其他环节之间未形成联盟，处于分散发展、单打独斗的状态。

八、推进旅游市场持续发展的建议

旅游业是典型的“知名度经济”和“注意力经济”，旅游产品的不可移动性、旅游客源的异地性、旅游市场竞争的激烈性，凸显了旅游市场宣传营销的重要性。打造鄂尔多斯旅游品牌，增大旅游市场规模，建设我国休闲度假旅游目的地，要以旅游宣传营销为龙头，不断强化品牌塑造和市场营销工作，加大客源市场开发力度，为“聚人气、树形象、促转型”提供发展保障。首先，要解决哪些人来的问题，通过科学划分客源市场，进行有针对性的产品设计与开发；其次，要解决旅游认知问题，根据客源市场特点，打造地区特色品牌，制定有效宣传和推广策略；最后，要解决怎么来的问题，虽然旅游个性化趋势成为潮流，但目前仍然是团队经济为主，因此必须加强旅游渠道建设，提高旅行社营销积极性，同时加强硬件和软件配套。

（一）细分目标客源市场，提升产品开发层次

1. 地理维度细分

从地理维度方面，可将鄂尔多斯市旅游市场分为重点周边市场、重点中远程市场和重点境外市场。重点周边市场为环鄂尔多斯市 600 公里范围内的城市，针对这一市场开发自驾游、亲子游、休闲度假产品，增加旅游产品的互动性、体验性设计，提高游客满意度，拉长游客在景区、城市和住宿地的停留时间。重点中远程市场为长三角、珠三角、京津冀等城市群，针对这一市场开展针对性产品开发与营销。向京津冀地区宣传营销鄂尔多斯市清新的空气，向武汉、重庆、南京等“火炉”城市宣传营销鄂尔多斯市清凉的气候和广袤的草原、沙漠。同时，针对春、夏、秋、冬四季

开发不同的旅游产品并制定相应营销策略，针对老年群体主打保健养生游，针对中年群体主打文化体验游，针对青少年群体主打研学和休闲娱乐游。重点境外市场为俄、韩、日等国家，针对这一市场开展积极营销，同时拓展西欧、北美、澳洲等中远程市场，适度培育北欧、南亚、南美及东欧等新兴市场。

2. 人口维度细分

从人口维度方面，可将鄂尔多斯市旅游市场分为观光消费群体、度假消费群体和特色旅游群体。观光消费群体以公务员、公司职员和教师为主，这些群体基本来自目标市场范围内的大中城市，以带薪假日为出行时间，针对这一群体开发观光旅游产品，并配套中等价位的旅游消费。度假消费群体以周边城市周末度假游游客、政务与商务度假游客和会议旅游度假游客为主，针对这一群体开发休闲度假旅游产品，并配套舒适的旅游设施。特色旅游群体主要包括大型赛事运动员、户外徒步、骑行、越野爱好者等，主要来自周边基础市场。

（二）打造特色旅游品牌，加大宣传营销力度

1. 特色旅游品牌塑造

进一步明确“天朗气清·自在养生”的旅游总体形象，围绕总体旅游形象，对全市旅游资源进一步整合，深入挖掘产品亮点，以精心策划产品卖点，开发、制作各类旅游宣传品为载体，通过会展推介、客源地派送、友好城市交流等形式扩大宣传影响，将鄂尔多斯市特色鲜明、极具优势的旅游资源、旅游产品以总体形象推广营销，吸引人们关注，使人留下深刻印象，将潜在的客源转变为现实的游客。要充分调动群众广泛参与征集、票选等活动，从群众角度出发，选择易于理解、轻快明晰、朗朗上口的宣传口号。

2. 多措并举宣传营销

一是开展系列主题宣传营销。开展“故事鄂尔多斯”工程，展示和传播鄂尔多斯的人文历史，撰写游客喜闻乐见的《故事鄂尔多斯》书籍，拍摄《故事鄂尔多斯》系列微电影、微视频；开展“画说鄂尔多斯”活动。与中国摄影家协会、内蒙古自治区摄影家协会合作，收集鄂尔多斯精美图

片，进行线上线下互动活动，叠加营销事件效应，吸引大量网友关注，开展“大美鄂尔多斯”宣传；开展“寻宝鄂尔多斯”节目。借鉴“爸爸去哪儿”“奔跑吧兄弟”等类型的真人秀节目，通过与《中国国家旅游》等杂志、“走吧网”等媒体合作策划明星竞技活动，在湖南卫视、内蒙古电视台等媒体播放，增加关注度；开展“行走鄂尔多斯”体验。与新媒体平台以及旅游企业联合组织全国性海选，招募鄂尔多斯旅行体验师，免费畅游鄂尔多斯，由旅行体验师从不同角度撰写关于鄂尔多斯旅游的美文，发布到微信、微博、社区网络等平台；开展“导览鄂尔多斯”活动，倡导本地文化名人、作家以及旅游爱好者撰写导游讲解词手册，作为旅行社培训导游的教材，也作为导游在景区景点和旅游活动中沿线讲解、深度讲解和体验式讲解的素材，讲好鄂尔多斯故事。

二是拓宽传统营销渠道。加强与客源地城市的各类新闻媒体合作，投放鄂尔多斯“天朗气清·自在养生”形象广告；加强对市内居民的宣传，通过社区宣传（含虚拟社区）、广场宣传、手机宣传、车身广告和公共场所电子屏宣传等，倡导鄂尔多斯人游鄂尔多斯；有针对性地组织企业参加国内外旅交会，举办专题推介会、新闻发布会，打造鄂尔多斯旅游品牌，扩大旅游知名度；加强与周边省市的合作，联合编排主题旅游线路，联合开展市场促销，共同做大区域内外的旅游市场；发挥重大旅游节庆、大型体育赛事和大型展演的营销综合效应；倡导各旗区、旅游景区景点、旅游企业开展主题鲜明、成效明显的旅游节事活动。

三是开发“互联网+”宣传营销。按照“先易后难、注重应用、简便易行、突出实效、以点带面、共赢发展”的总体思路，通过智慧旅游带动传统旅游业务升级，推动新型旅游产品发展，延展旅游市场服务半径。具体应做好四方面工作：加强与在线旅游企业和第三方服务平台的深度合作，不断完善升级旅游门户网站，丰富更新网页信息，增加外部网络链接，拓宽网上展示、网上推广、网上信息服务和网上虚拟体验的领域，不断提升鄂尔多斯市旅游手机客户端和微信公众平台服务能力，加强景区景点、星级饭店、旅行社等预订购票、景区导览、线路查询、语音讲解等功能；扩大影响力和宣传力，通过鄂尔多斯官方微信平台，以发布最新旅游资讯和分享优惠的形式，介绍旅游线路、节庆活动、名胜景区等，增强用户黏性，提升整体形象；利用移动终端营销，逐步将移动终端列入新闻发布、广告宣传主场，不断挖掘鄂尔多斯市各类新闻中具有旅游吸引力的新闻题材，与手机、平板电脑、车载电视等新闻发布企业联合进行推广，制作精美宣传片，在旅游旺季与各大视频点播、网络电视网站、门户网站合作播出宣传广告；与百度、搜狗等知名搜索引擎建立合作，设计系列搜索关键词，将鄂尔多斯与关键词“旅游”绑定，提升关键词搜索热度。

四是营销宣传引爆重点。借助综艺类节目、电影、电视拍摄的影响效应，加强节目筛选，积极参与“爸爸去哪儿”等类型真人秀节目和CCTV“远方的家”系列活动，推出鄂尔多斯专题片，充分展示鄂尔多斯自然风光和风土人情；借助微电影将旅游营销需求巧妙地融合于故事发展脉络中，通过一个个或幽默、或感人、或唯美的故事来与观众产生共鸣。当然，微电影中的故事必须和鄂尔多斯城市气质与个性融为一体。应充分利用旅游节庆活动的集聚效果，在继续办好那达慕大会、成吉思汗旅游文化周、鄂尔多斯旅游文化节等节庆活动基础上，策划一批新的富有地方特色的节庆活动，如元代宫廷文化艺术节、鄂尔多斯民族服装节、民族服装服饰博览会等，同时利用鄂尔多斯良好的体育场馆和场地，举办体育赛事，开展体育赛事旅游。

（三）完善旅游设施配套，畅通游客进入渠道

1. 完善旅游服务设施

在硬件配套方面，加强与中国国际航空股份有限公司、中国南方航空股份有限公司、海航集团等航空公司的合作，推出旅游专线和打折机票；加强与铁路部门的合作，推出北京至呼包鄂的旅游专列；加强与专业兴趣旅游组团机构、专业国际旅游背包组织、户外越野组织等国内外主要客源市场的户外俱乐部等建立合作关系；加强与公共交通服务公司合作，完善景区和市域内交通干线的互联互通。在软件配套方面，加强旅游智慧化水平建设，打造适合散客和自由行游客的个性化、特色化旅游服务，同时多措并举开展旅游人才的有效引进和留用。产业协同发展方面，加强产业间各环节的融合互通，积极建立“大旅游”发展格局。

2. 拓宽游客进入渠道

一方面，要加强对旅行社的引导，深化与传统旅游销售代理商的战略合作伙伴关系，加快与自治区内和国内其他旅游销售代理商的合作，加大对境外旅行社的奖励政策，鼓励境外旅行社将鄂尔多斯市纳入旅游线路。另一方面，充分利用高速公路网发达、自然资源丰富、生态环境良好、旅游产品丰富等有利基础和条件，完善要素配置，满足自驾游出游方式。一是按照相关标准引导自驾车营地布局和建设；二是加强道路引导标识、旅游交通导览图、加油站、维修站、医疗保险救援等自驾游配套服务和体系构建；三是加强与自驾游俱乐部和自驾游协会的合作，充分发挥自驾游协会和俱乐部平台的组织和宣传功能。

第五章 鄂尔多斯市旅游服务满意度调查与分析

一、调查缘起与样本概况

党的十九大以来，旅游业到了从高速旅游增长阶段转向优质旅游发展阶段的关键节点，坚持提升旅游行业服务水平、打造让游客满意的旅游城市，是转向优质旅游发展阶段的必然途径。为了更加了解全市旅游服务质量的基本情况，掌握旅游者对鄂尔多斯市旅游服务的满意程度，查找在旅游管理、旅游环境、基础设施和服务提供等方面存在的问题，并为政府科学决策提供信息参考，2018 年成立了“鄂尔多斯市旅游服务满意度调查领导小组”，领导小组首先根据研究需要设计访谈提纲和调查问卷，现场调查开启后组织工作人员分组赴全市 2 区 7 旗，选取重点景区、旅游集散中心、重点酒店、重点农牧家乐以及旅游商品购物场所，统一着装，佩戴“鄂尔多斯市旅游服务满意度调查员”工牌，对抵达鄂尔多斯市的旅游者进行随机问卷调查。

调查组共发放问卷 8000 份，回收问卷 7680 分，其中有效问卷 7543 份①。所有样本中，来自鄂尔多斯市内游客 1746 人，占比 23.15%；区内游客 1851 人，占比 24.54%；区外游客 3937 人，占比 52.19%；港澳台游客 9 人，占比 0.12%。调查样本的地区分布见图 5–1。

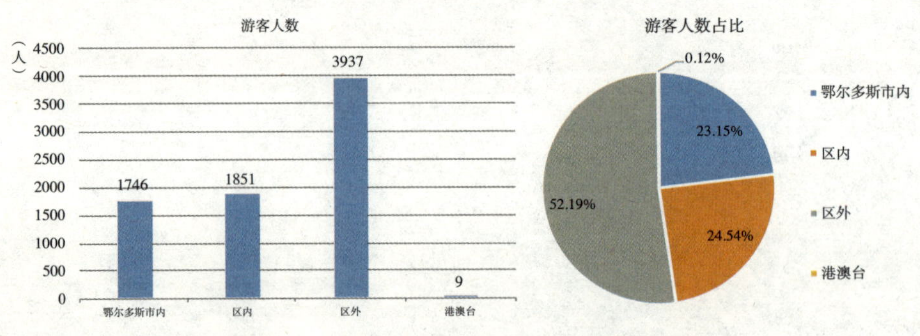

图5–1 调查样本的地区分布数量和比例

① 本章提到的样本总量均为有效问卷数量，即 7543 份。

二、调查样本的描述性统计分析

（一）游客的年龄

从年龄来看，大多游客处于 26~35 岁，累计人数为 2670 人，占样本总量的 35.40%；其次是 36~45 岁，累计人数为 1370 人，占样本总量的 18.16%；18~25 岁，累计人数为 1123 人，占样本总量的 14.89%；18 岁以下，累计人数为 1074 人，占样本总量的 14.24%；46~55 岁，累计人数为 932 人，占样本总量的 12.35%；55 岁以上游客数量最少，仅有 374 人，占样本总量的 4.96%（见图 5-2）。

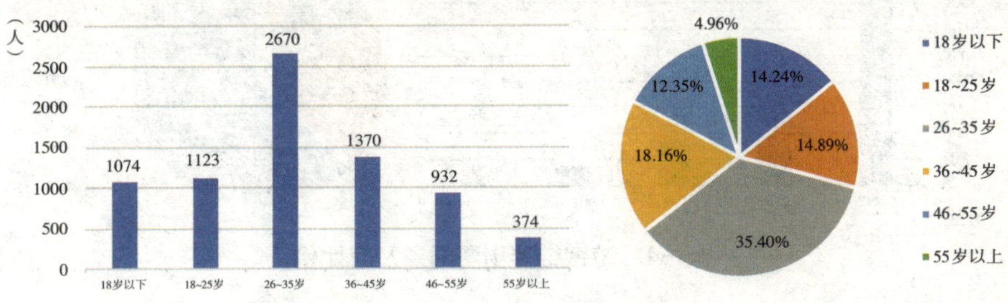

图5-2　游客年龄及其比例

（二）游客的职业

从游客的职业来看，公务员有 677 人，占样本总量的 8.98%；企事业单位工作人员有 2300 人，占样本总量的 30.49%；私人企业工作人员有 1639 人，占样本总量的 21.73%；自由职业者有 1192 人，占样本总量的 15.80%；学生有 1046 人，占样本总量的 13.87%，退休人员有 288 人，占样本总量的 3.82%；其他职业游客累计有 401 人，占样本总量的 5.31%（见图 5-3）。

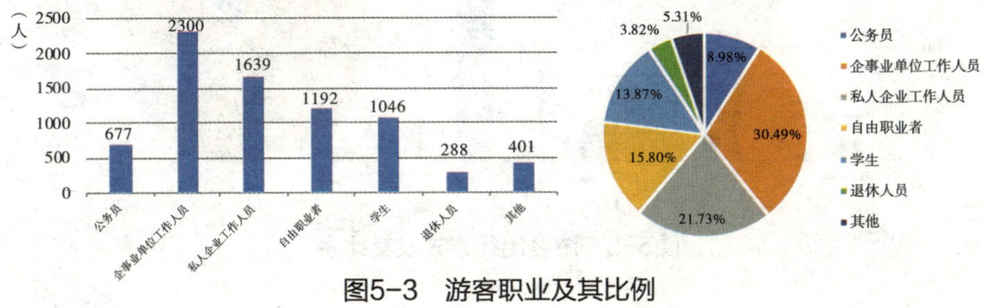

图5-3　游客职业及其比例

（三）游客的结伴出游对象

从游客的结伴出游对象来看，大多游客为结伴家人出行，总计 4727 人，占样本总量的 62.68%；与朋友结伴出行人数为 1477 人，占样本总量的 19.58%；与同事结伴出游人数为 864 人，占样本总量的 11.45%；独自出游人数为 385 人，占样本总量的 5.10%；其他情况 90 人，占样本总量的 1.19%（见图 5-4）。

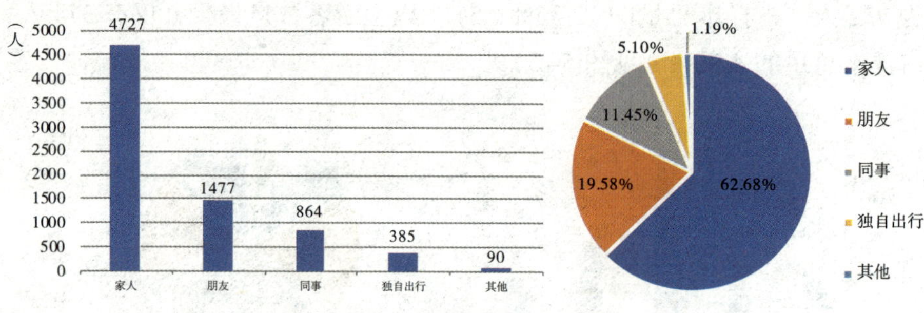

图5-4　游客结伴出游对象及其比例

（四）游客的出行方式

从出行方式来看，占比最高的是自驾游客，人数为 4129 人，占样本总量的 54.74%；其次为自由行，人数为 1860 人，占样本总量的 24.66%；采用随团旅游和自助旅游方式出行的游客较少，人数分别为 819 人和 735 人，分别占样本总量的 10.86% 和 9.74%（见图 5-5）。

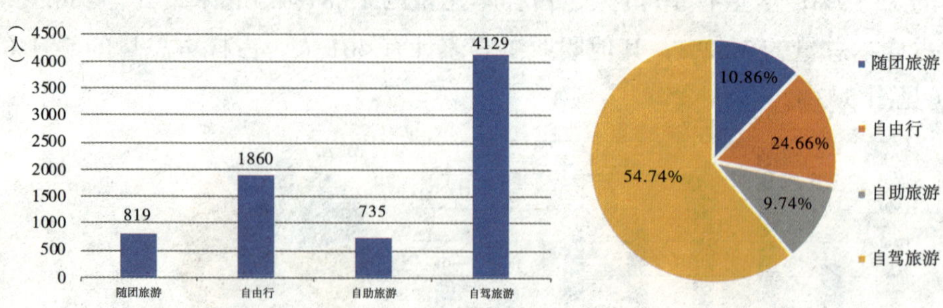

图5-5　游客出行方式及其比例

（五）游客的停留时间

从停留时间来看，游客在鄂尔多斯市的停留时间基本保持在 1~3 天，其中停留 1 天的游客人数为 2049 人，占样本总量的 27.16%；停留 2 天的游客人数为 1937 人，占样本总量的 25.68%；停留 3 天的游客人数为 1589 人，占样本总量的 21.07%；停留 3 天以上的游客人数为 1968 人，占样本总量的 26.09%（见图 5-6）。

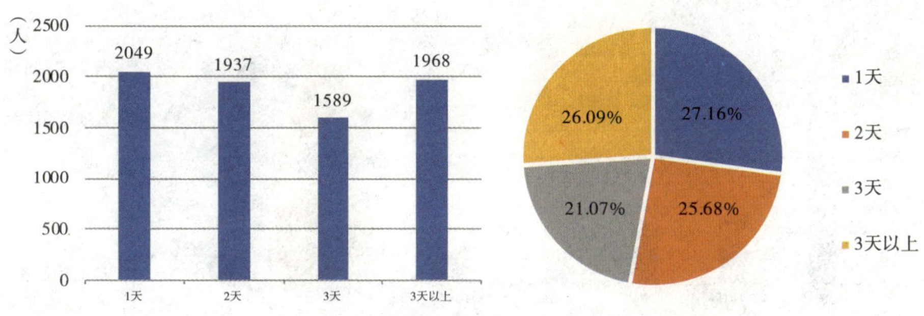

图5-6　游客停留时间及其比例

（六）游客的旅行消费

从游客的旅行消费来看，消费在 500 元以下的有 1366 人，占样本总量的 18.11%；消费在 500~1000 元的有 1900 人，占样本总量的 25.19%；消费在 1001~2000 元的有 1848 人，占样本总量的 24.50%；消费在 2001~3000 元的有 1122 人，占样本总量的 14.87%；消费 3000 元以上的有 1307 人，占样本总量的 17.33%（见图 5-7）。

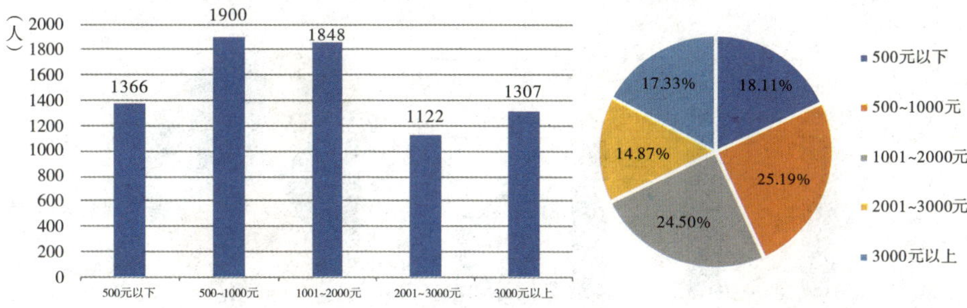

图5-7　游客旅行消费及其比例

（七）游客的信息获取渠道

从游客的信息获取渠道来看，通过家人 / 朋友介绍获取旅行信息的游客有 3851 人，占样本总量的 51.05%；通过报纸、杂志、电视广告等媒体宣传获取信息的游客有 1388 人，占样本总量的 18.4%；通过网络获取信息的游客有 1240 人，占样本总量的 16.44%；通过旅行社获取信息的游客有 674 人，占样本总量的 8.94%；通过其他途径获取信息的游客有 390 人，占样本总量的 5.17%（见图 5-8）。

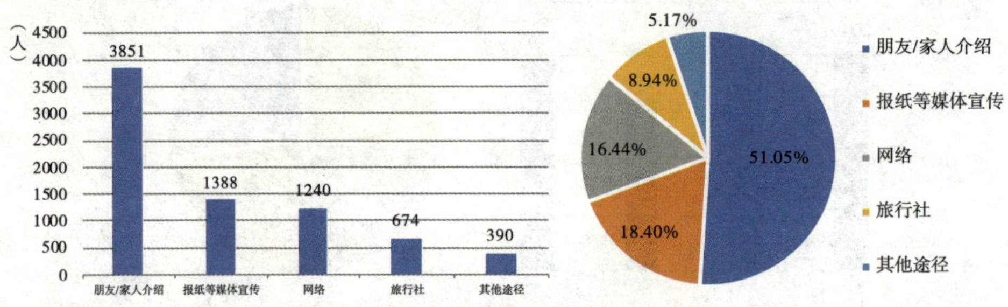

图5-8　游客信息获取渠道及其比例

（八）游客对旅游纪念品的购买偏好

从游客对旅游纪念品的购买偏好来看，游客对鄂尔多斯市旅游纪念品相当感兴趣，购买的纪念品主要集中在奶（肉）食品、羊绒制品和民族工艺品。其中，购买奶（肉）食品的人数为 2390 人，占样本总量的 31.69%；购买羊绒制品人数为 2110 人，占样本总量的 27.97%；购买民族工艺品的人数为 1980 人，占样本总量的 26.25%；购买其他旅游纪念品的人数为 1063 人，占样本总量的 14.09%（见图 5-9）。

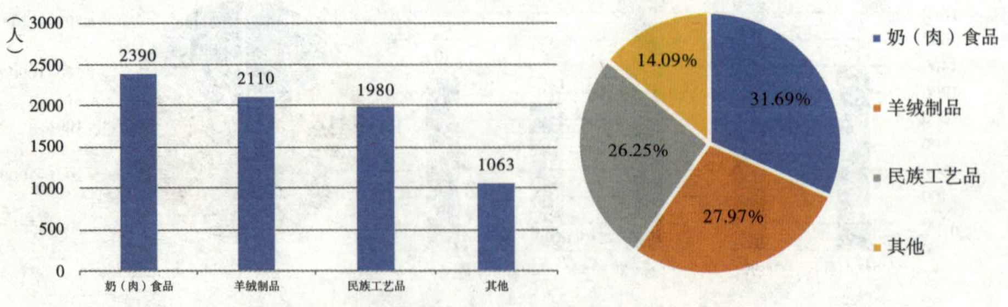

图5-9　游客对旅游纪念品的购买偏好及其比例

（九）游客对出游设施和条件的偏好

从游客对出游设施和条件的偏好来看，游客在旅行中最关注的是景点的自然生态环境和交通便捷程度。根据调查统计，比较看重景点自然生态环境的游客有 3245 人，占样本总量的 43.02%；比较看重交通便捷程度的游客有 1654 人，占样本总量的 21.93%；比较看重旅行社或导游服务质量的游客有 770 人，占样本总量的 10.21%；比较看重餐饮、住宿质量的游客有 690 人，占样本总量的 9.15%；比较看重消费价格的游客有 321 人，占样本总量的 4.25%；比较看重出行时间的游客有 222 人，占样本总量的 2.94%；比较看重线路内容的游客有 374 人，占样本总量的 4.96%；比较看重其他条件的仅有 267 人，占样本总量的 3.54%（见图 5–10）。

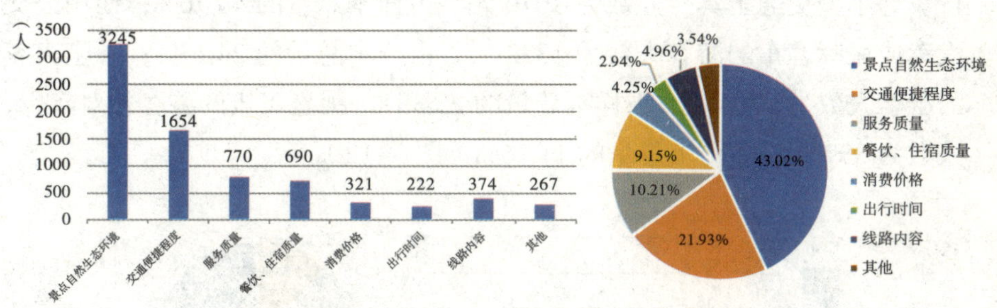

图5–10　游客对出游设施和条件的偏好及其比例

（十）游客的出游动机

从游客的出游动机来看，来鄂尔多斯市的游客大多以游览观光为主，人数为 2636 人，占样本总量的 34.95%；其次为休闲度假、放松心情，人数为 1510 人，占样本总量的 20.02%；探亲访友人数为 1296 人，占样本总量的 17.18%；结交朋友人数为 1079 人，占样本总量的 14.30%；体验当地生活人数为 899 人，占样本总量的 11.92%；考察学习人数为 91 人，占样本总量的 1.21%；其他目的游客为 32 人，占样本总量的 0.42%（见图 5–11）。

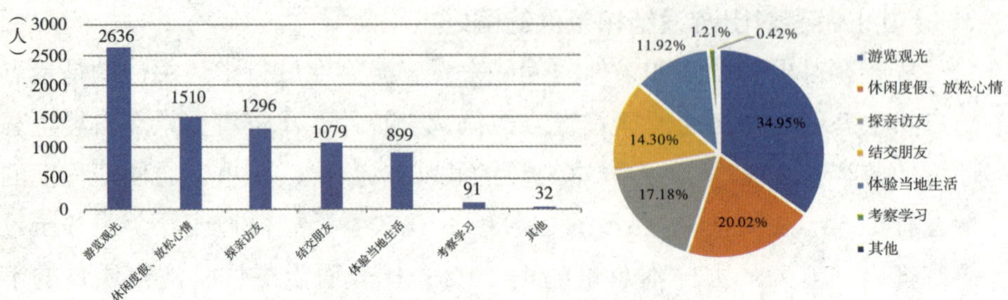

图5-11　游客出游动机及比例

（十一）游客的出游交通工具

从游客的出游交通工具来看，来鄂尔多斯市的游客大多选用徒步或自行车等小型交通工具，人数为 3070 人，占样本总量的 40.70%；使用公交汽车或城际客车的游客人数为 1822 人，占样本总量的 24.15%；乘坐火车的游客人数为 1764 人，占样本总量的 23.39%；乘坐飞机的游客相对较少，人数为 887 人，占样本总量的 11.76%（图 5-12）。

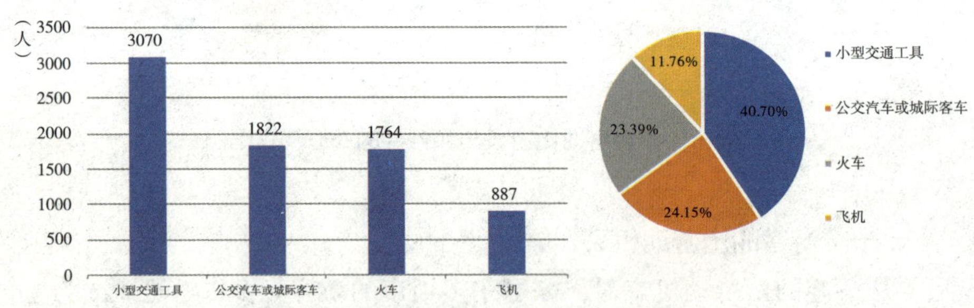

图5-12　游客出游交通工具及其比例

三、游客对旅游服务的满意度分析

（一）对鄂尔多斯市优点的评价

对游客提出问题“本市最大的优点有哪些”，可以得到游客对鄂尔多斯市优点的评价。调查结果显示，鄂尔多斯市的优点主要包括：文化底蕴深厚、城市繁华、交通便利、景点历史悠久、民俗文化独特、美食文化突出。其中，1757 人认为本市文化底蕴深厚，占样本总量的 23.29%；1750

人认为本市城市繁华、交通便利，占样本总量的 23.20%；1351 人认为本市游览景点历史悠久，占样本总量的 17.91%；2177 人认为本市拥有独特的民俗文化与美食文化，占样本总量的 28.86%；508 人认为鄂尔多斯市还包含其他优点，占样本总量的 6.74%（见图 5-13）。

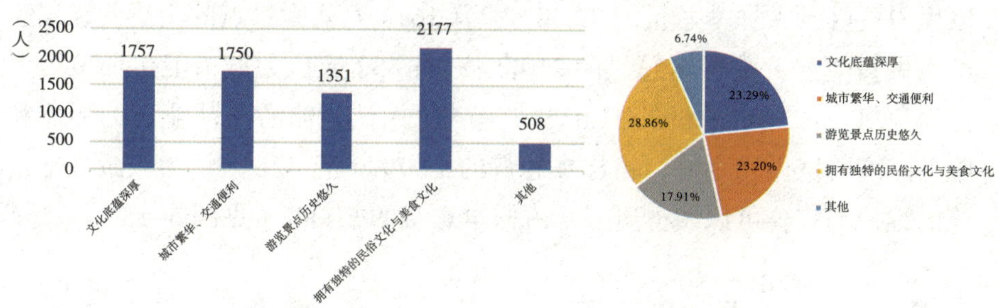

图5-13　游客对鄂尔多斯市优点的评价及其比例

（二）对旅游服务设施的改进建议

对游客提出问题“本市旅游景点应该改进的服务设施有哪些”，可以得到游客对鄂尔多斯市旅游服务设施的改进建议。调查结果显示，有 2318 人认为公共厕所、垃圾箱等基础设施应增加，占样本总量的 30.73%；有 2261 人认为旅游景点应增设免费饮用水站，占样本总量的 29.98%；有 810 人认为应增设医疗救助站，占样本总量的 10.74%；有 721 人认为旅游景点应针对不同年龄层游客提供不同代步工具，占样本总量的 9.56%；有 508 人认为应当增强安全防范措施，占样本总量的 6.73%；有 615 人认为应在景区门前设立导览图并发放宣传册，占样本总量的 8.15%；有 310 人认为需要改善其他服务设施，占样本总量的 4.11%（见图 5-14）。

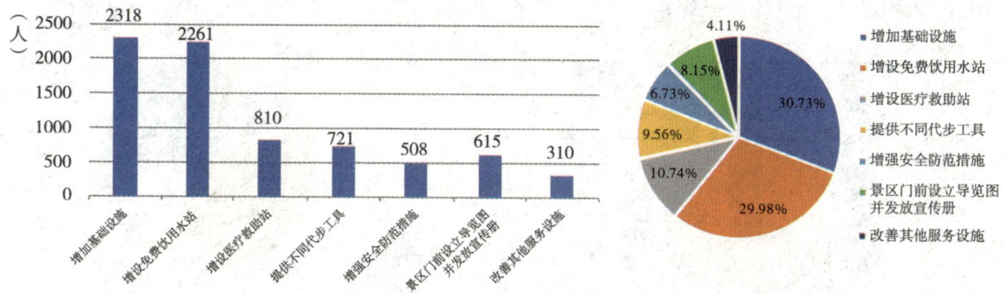

图5-14　游客对旅游服务设施的改进建议及其比例

（三）对旅游业的整体改进建议

对游客提出问题“本市旅游业应做哪些改进”，可以得到游客对鄂尔多斯市旅游业的改进建议。调查结果显示，有 1582 人认为广告宣传力度可以做得更好，占样本总量的 20.97%；有 2438 人认为旅游景点的风光可以做得更好，占样本总量的 32.32%；有 1614 人认为景点的交通便利程度可以做得更好，占样本总量的 21.40%；有 832 人认为城市卫生环境可以做得更好，占样本总量的 11.03%；有 601 人认为旅游业从业者的形象和服务态度可以做得更好，占样本总量的 7.97%；有 476 人认为旅游基础设施的维护与完善可以做得更好，占样本总量的 6.31%（见图 5-15）。

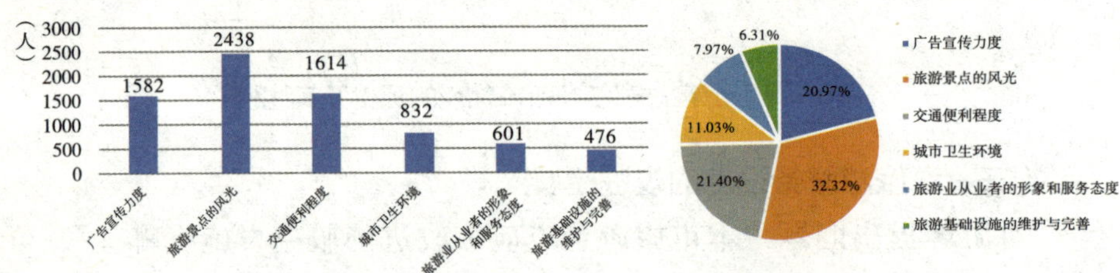

图5-15　游客对旅游业的整体改进建议及其比例

（四）对旅游业的总体满意程度

对游客提出问题“您对本市旅游业的总体满意程度如何”，可以得到游客对鄂尔多斯市旅游业的整体满意度评价。调查结果显示，非常满意人数为 2966 人，占样本总量的 39.32%；满意人数为 3175 人，占样本总量的 42.09%；一般满意人数为 970 人，占样本总量的 12.86%；不太满意人数为 221 人，占样本总量的 2.93%；非常不满意人数为 211 人，占样本总量的 2.80%（见图 5-16）。

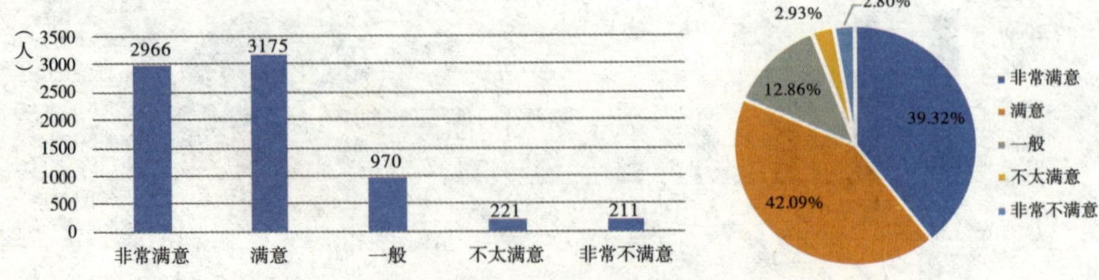

5-16　游客对旅游业的总体满意程度及其比例

（五）对鄂尔多斯市的重游意愿

对游客提出问题“您是否愿意再来鄂尔多斯市旅游”，可以得到游客对鄂尔多斯市的重游意愿。调查结果显示，游客对鄂尔多斯市的重游意愿较高，有 5350 人愿意再次来本市旅游，占样本总量的 70.93%；有 1717 人选择不一定再来，占样本总量的 22.76%；只有 476 人选择以后不会再来，占样本总量的 6.31%（见图 5-17）。

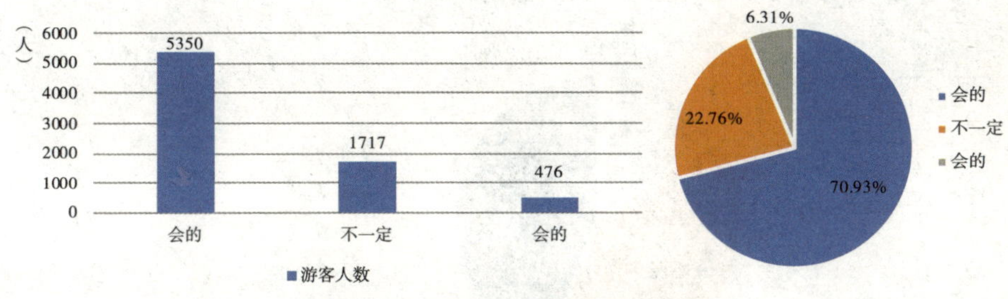

5-17　游客重游意愿及其比例

（六）对鄂尔多斯旅游的推荐意愿

对游客提出问题“您是否会推荐别人来鄂尔多斯市旅游”，可以得到游客对鄂尔多斯旅游的推荐意愿。调查结果显示，有 78.32% 的游客愿意推荐自己的亲朋好友来鄂尔多斯市旅游，人数为 5908 人；有 16.19% 的游客选择不一定推荐，人数为 1221 人；有 5.49% 的游客选择不会推荐，人数为 414 人（见图 5-18）。

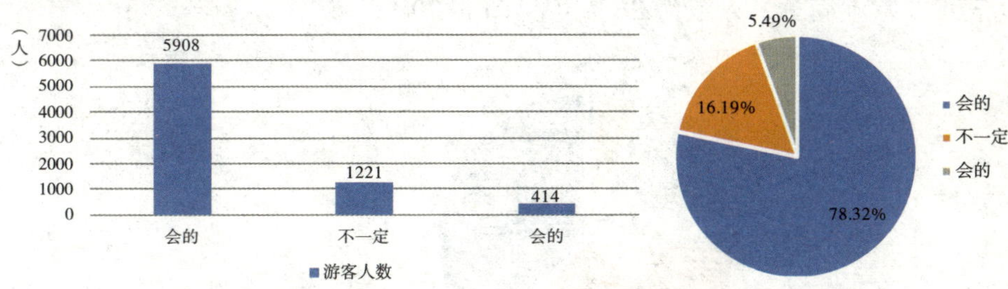

图5-18　游客对鄂尔多斯旅游的推荐意愿及其比例

（七）对景点游玩项目的满意度

1. 项目类型的多样性

针对景点游玩项目类型多样性的调查结果显示，有 44.20% 的游客对此项表示非常满意，人数为 3334 人；有 40.42% 的游客对此项表示满意，人数为 3049 人；有 14.40% 的游客对此项表示一般，人数为 1086 人；有 0.74% 的游客对此项表示不满意，人数为 56 人；有 0.24% 的游客对此项表示非常不满意，人数为 18 人（见图 5-19）。

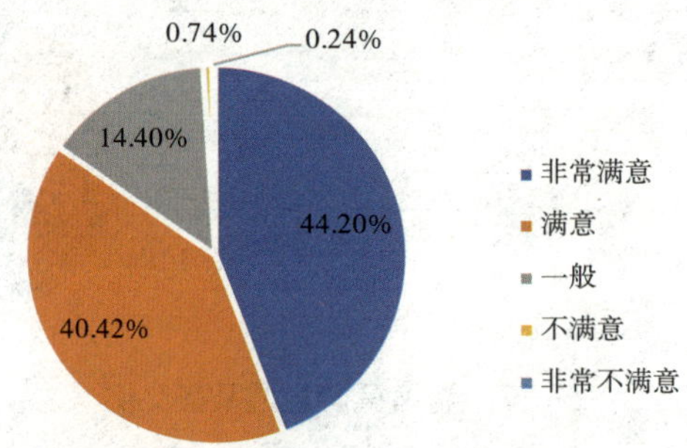

图5-19　游客对本市景点游玩项目多样性的满意度及其比例

2. 项目价格的合理性

针对景点游玩项目价格合理性的调查结果显示，有 37.74% 的游客对此项表示非常满意，人数为 2847 人；有 36.51% 的游客对此项表示满意，人数为 2754 人；有 19.90% 的游客对此项表示一般，人数为 1501 人；有 4.71% 的游客对此项表示不满意，人数为 355 人；有 1.14% 的游客对此项表示非常不满意，人数为 86 人（见图 5-20）。

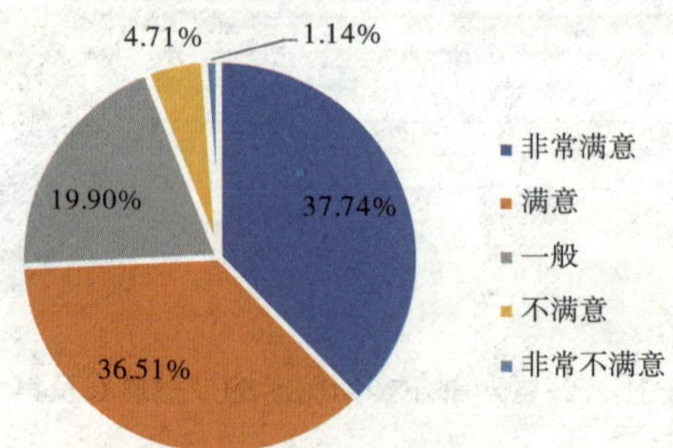

图5-20　游客对本市景点游玩项目价格的满意度及其比例

3. 项目安全程度

针对景点游玩项目安全程度的调查结果显示，有 42.32% 的游客对此项表示非常满意，人数为 3192 人；有 43.59% 的游客对此项表示满意，人数为 3288 人；有 12.33% 的游客对此项表示一般，人数为 930 人；有 1.50% 的游客对此项表示不满意，人数为 113 人；仅有 0.26% 的游客对此项表示非常不满意，人数为 20 人（见图 5-21）。

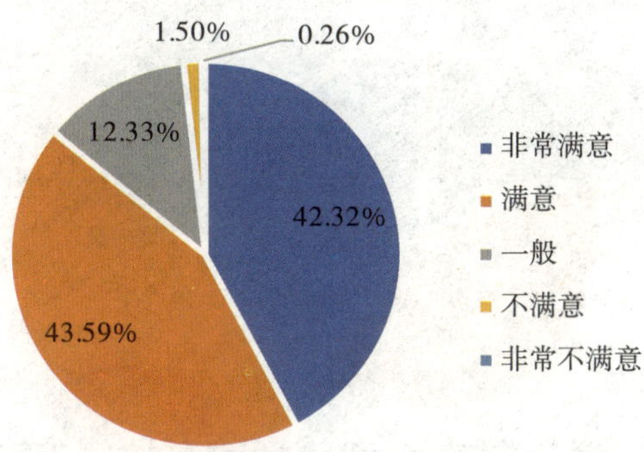

图5-21 游客对本市景点游玩项目安全程度的满意度及其比例

4. 项目参与性强度

针对景点游玩项目参与性强度的调查结果显示，有 39.61% 的游客对此项表示非常满意，人数为 2988 人；有 41.91% 的游客对此项表示满意，人数为 3161 人；有 16.09% 的游客对此项表示一般，人数为 1214 人；有 1.53% 的游客对此项表示不满意，人数为 115 人；仅有 0.86% 的游客对此项表示非常不满意，人数为 65 人（见图 5-22）。

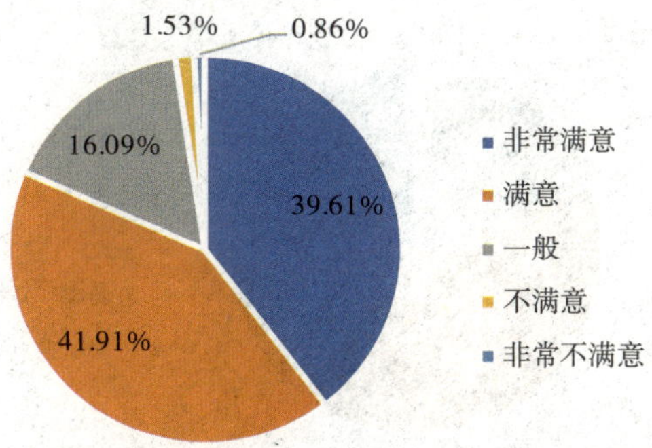

图5-22 游客对本市景点游玩项目参与性的满意度及其比例

5. 项目创意性

针对景点游玩项目创意性的调查结果显示，有 40.30% 的游客对此项表示非常满意，人数为 3040 人；有 39.27% 的游客对此项表示满意，人数为 2962 人；有 18.49% 的游客对此项表示一般，人数为 1395 人；有 1.62% 的游客对此项表示不满意，人数为 122 人；仅有 0.32% 的游客对此项表示非常不满意，人数为 24 人（见图 5–23）。

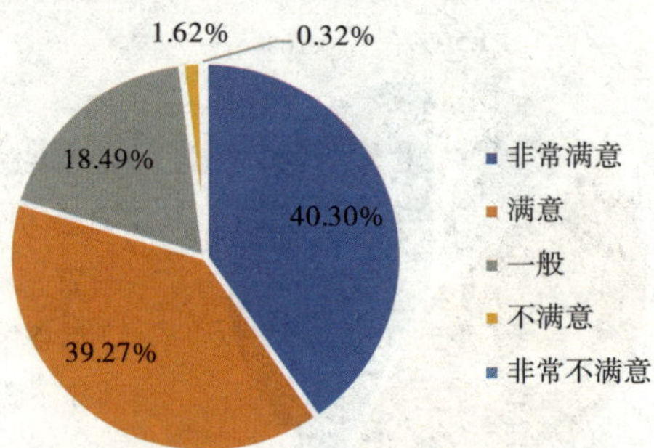

图5–23　游客对本市景点游玩项目创意性的满意度及其比例

（八）对餐饮服务的满意度

1. 餐饮类型多样性

针对餐饮类型多样性的调查结果显示，有 38.57% 的游客对此项表示非常满意，人数为 2909 人；有 42.16% 的游客对此项表示满意，人数为 3180 人；有 17.62% 的游客对此项表示一般，人数为 1329 人；有 1.17% 的游客对此项表示不满意，人数为 89 人；仅有 0.48% 的游客对此项表示非常不满意，人数为 36 人（见图 5–24）。

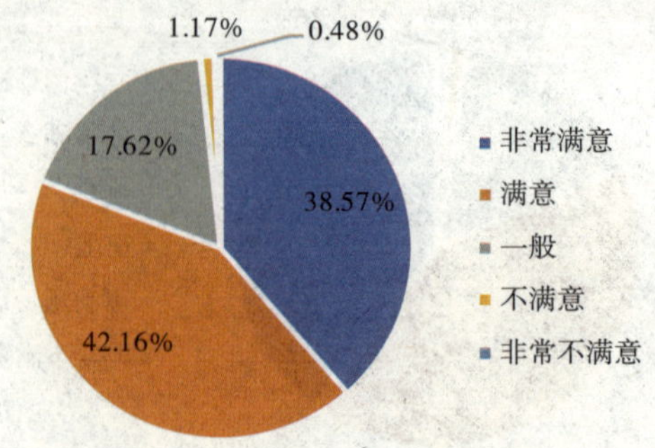

图5–24　游客对本市餐饮类型的满意度及其比例

2. 餐饮价格合理性

针对餐饮价格合理性的调查结果显示，有 37.13% 的游客对此项表示非常满意，人数为 2801 人；有 39.03% 的游客对此项表示满意，人数为 2944 人；有 20.99% 的游客对此项表示一般，人数为 1583 人；有 2.19% 的游客对此项表示不满意，人数为 165 人；仅有 0.66% 的游客对此项表示非常不满意，人数为 50 人（见图 5–25）。

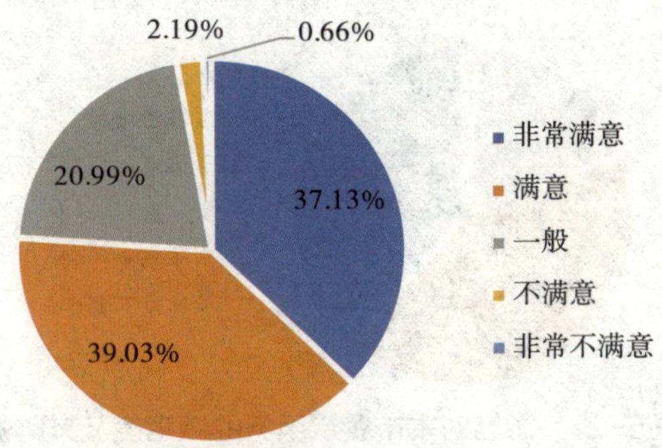

图5–25　游客对本市餐饮价格的满意度及其比例

3. 餐饮卫生程度

针对餐饮卫生程度的调查结果显示，有 37.36% 的游客对此项表示非常满意，人数为 2818 人；有 41.84% 的游客对此项表示满意，人数为 3156 人；有 18.02% 的游客对此项表示一般，人数为 1359 人；有 2.05% 的游客对此项表示不满意，人数为 155 人；仅有 0.73% 的游客对此项表示非常不满意，人数为 55 人（见图 5–26）。

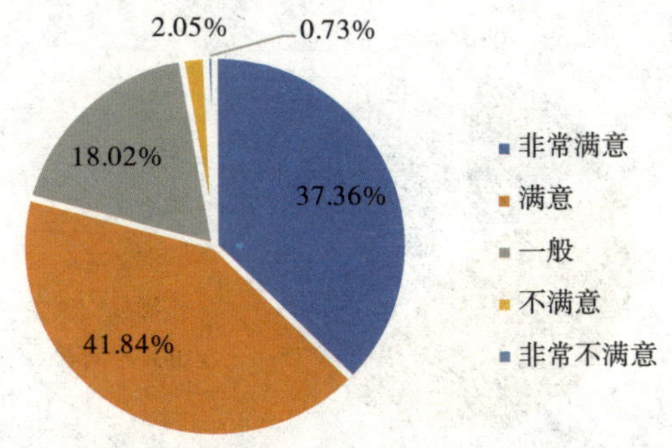

图5–26　游客对本市餐饮卫生的满意度及其比例

4. 整体服务态度

针对餐饮整体服务态度的调查结果显示，有 38.64% 的游客对此项表示非常满意，人数为 2915 人；有 42.28% 的游客对此项表示满意，人数为 3189 人；有 17.58% 的游客对此项表示一般，人数为 1326 人；有 1.14% 的游客对此项表示不满意，人数为 86 人；仅有 0.36% 的游客对此项表示非常不满意，人数为 27 人（见图 5-27）。

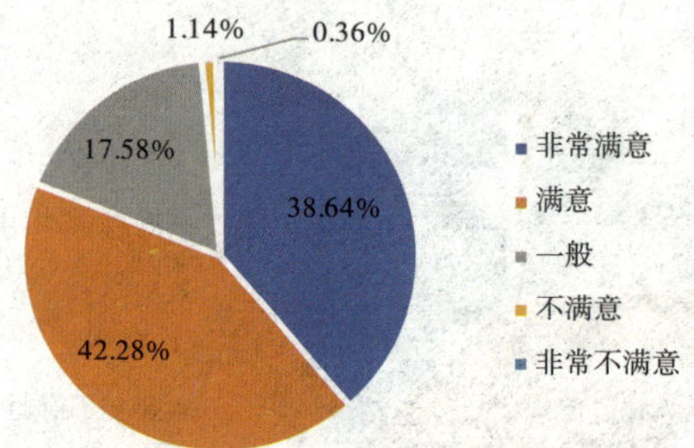

图5-27　游客对本市餐饮服务的满意度及其比例

（九）对旅游商品和纪念品的满意度

1. 旅游商品和纪念品类型

针对旅游商品和纪念品类型的调查结果显示，有 38.69% 的游客对此项表示非常满意，人数为 2918 人；有 43.03% 的游客对此项表示满意，人数为 3246 人；有 17.09% 的游客对此项表示一般，人数为 1289 人；有 0.65% 的游客对此项表示不满意，人数为 49 人；仅有 0.54% 的游客对此项表示非常不满意，人数为 41 人（见图 5-28）。

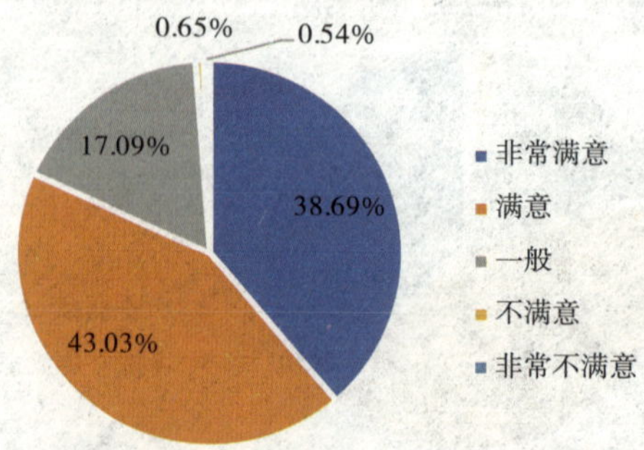

图5-28　游客对本市旅游商品和纪念品类型的满意度及其比例

2. 旅游商品和纪念品价格

针对旅游商品和纪念品价格的调查结果显示，有 34.06% 的游客对此项表示非常满意，人数为 2569 人；有 42.21% 的游客对此项表示满意，人数为 3184 人；有 20.91% 的游客对此项表示一般，人数为 1577 人；有 2.00% 的游客对此项表示不满意，人数为 151 人；仅有 0.82% 的游客对此项表示非常不满意，人数为 62 人（见图 5-29）。

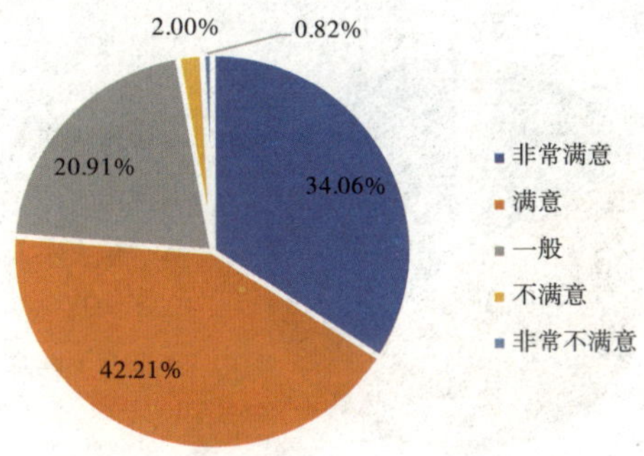

图5-29 游客对本市旅游商品和纪念品价格的满意度及其比例

3. 旅游商品和纪念品质量

针对旅游商品和纪念品质量的调查结果显示，有 37.60% 的游客对此项表示非常满意，人数为 2836 人；有 42.94% 的游客对此项表示满意，人数为 3239 人；有 17.87% 的游客对此项表示一般，人数为 1348 人；有 1.14% 的游客对此项表示不满意，人数为 86 人；仅有 0.45% 的游客对此项表示非常不满意，人数为 34 人（见图 5-30）。

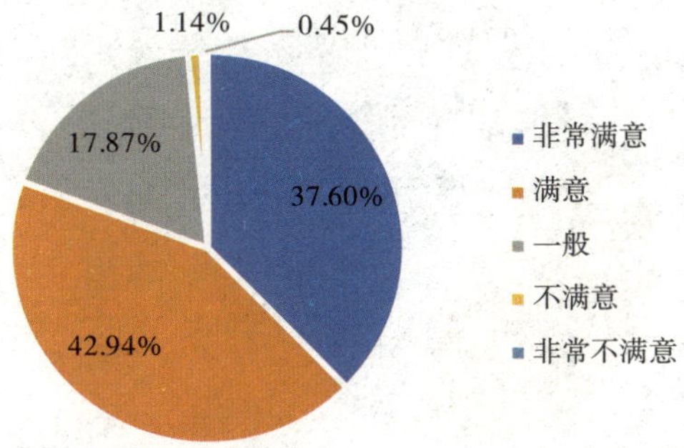

图5-30 游客对本市旅游商品和纪念品质量的满意度及其比例

4. 旅游商品和纪念品销售服务

针对旅游商品和纪念品销售人员服务态度的调查结果显示，有37.68%的游客对此项表示非常满意，人数为2842人；有45.17%的游客对此项表示满意，人数为3407人；有14.81%的游客对此项表示一般，人数为1117人；有1.70%的游客对此项表示不满意，人数为128人；仅有0.64%的游客对此项表示非常不满意，人数为49人（见图5-31）。

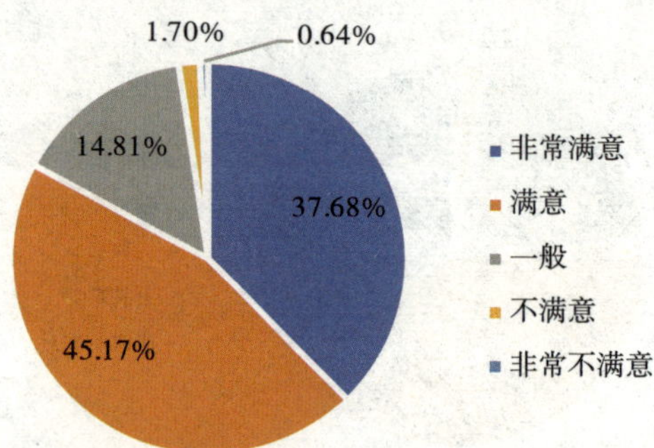

图5-31 游客对本市旅游商品和纪念品销售服务的满意度及其比例

（十）对公共服务设施的满意度

1. 引导标识清晰度

针对引导标识清晰度的调查结果显示，有43.91%的游客对此项表示非常满意，人数为3312人；有43.21%的游客对此项表示满意，人数为3259人；有11.75%的游客对此项表示一般，人数为886人；有0.78%的游客对此项表示不满意，人数为59人；仅有0.35%的游客对此项表示非常不满意，人数为27人（见图5-32）。

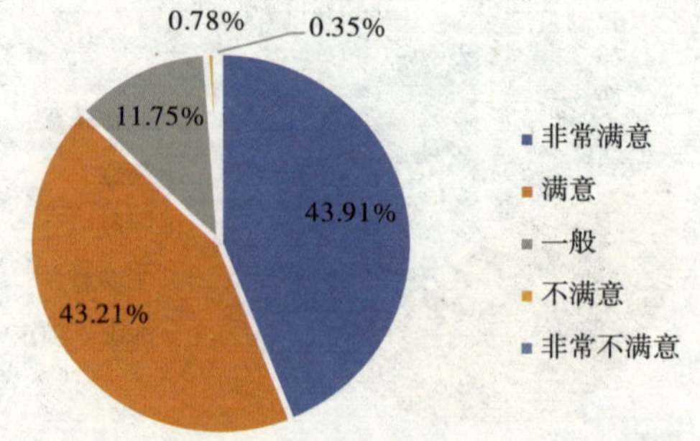

图5-32 游客对本市引导标识的满意度及其比例

2. 安保设施完备度

针对安保设施完备度的调查结果显示，有 41.03% 的游客对此项表示非常满意，人数为 3095 人；有 43.95% 的游客对此项表示满意，人数为 3315 人；有 13.80% 的游客对此项表示一般，人数为人；有 0.95% 的游客对此项表示不满意，人数为 72 人；仅有 0.27% 的游客对此项表示非常不满意，人数为 20 人（见图 5–33）。

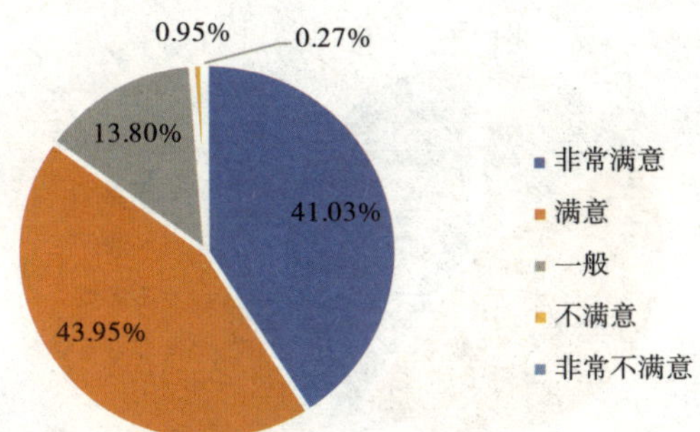

图5–33 游客对本市安保设施的满意度及其比例

3. 公共场所卫生

针对公共场所卫生的调查结果显示，有 41.52% 的游客对此项表示非常满意，人数为 3132 人；有 43.29% 的游客对此项表示满意，人数为 3265 人；有 13.96% 的游客对此项表示一般，人数为 1053 人；有 0.89% 的游客对此项表示不满意，人数为 67 人；仅有 0.34% 的游客对此项表示非常不满意，人数为 26 人（见图 5–34）。

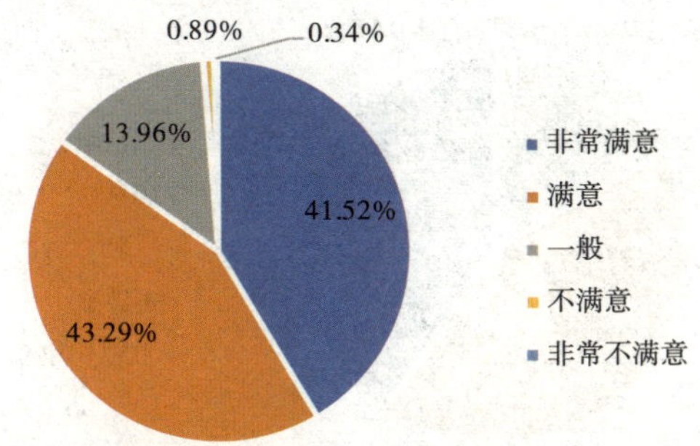

图5–34 游客对本市公共场所卫生的满意度及其比例

4. 内部道路通达性

针对内部道路通达性的调查结果显示，有 39.94% 的游客对此项表示非常满意，人数为 3013 人；有 44.27% 的游客对此项表示满意，人数为 3339 人；有 14.83% 的游客对此项表示一般，人数为 1119 人；有 0.83% 的游客对此项表示不满意，人数为 62 人；仅有 0.13% 的游客对此项表示非常不满意，人数为 10 人（见图 5-35）。

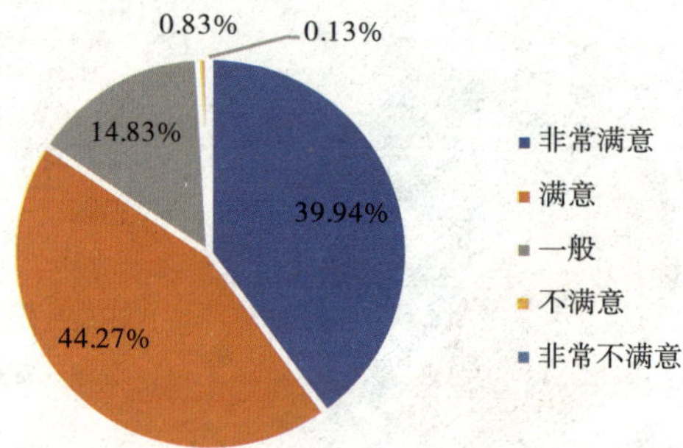

图5-35　游客对本市内部道路通达性的满意度及其比例

5. 旅游厕所便捷度

针对旅游厕所便捷度的调查结果显示，有 40.50% 的游客对此项表示非常满意，人数为 3055 人；有 42.82% 的游客对此项表示满意，人数为 3230 人；有 14.89% 的游客对此项表示一般，人数为 1123 人；有 1.18% 的游客对此项表示不满意，人数为 89 人；仅有 0.61% 的游客对此项表示非常不满意，人数为 46 人（见图 5-36）。

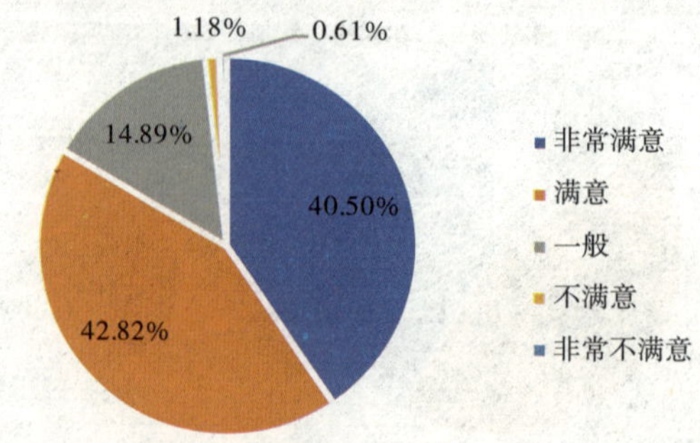

图5-36　游客对本市旅游厕所便捷度的满意度及其比例

（十一）对游客投诉处理的满意度

1. 基本信息咨询

针对基本信息咨询的调查结果显示，有 39.79% 的游客对此项表示非常满意，人数为 3001 人；有 44.69% 的游客对此项表示满意，人数为 3371 人；有 14.40% 的游客对此项表示一般，人数为 1086 人；有 0.65% 的游客对此项表示不满意，人数为 49 人；仅有 0.47% 的游客对此项表示非常不满意，人数为 36 人（见图 5-37）。

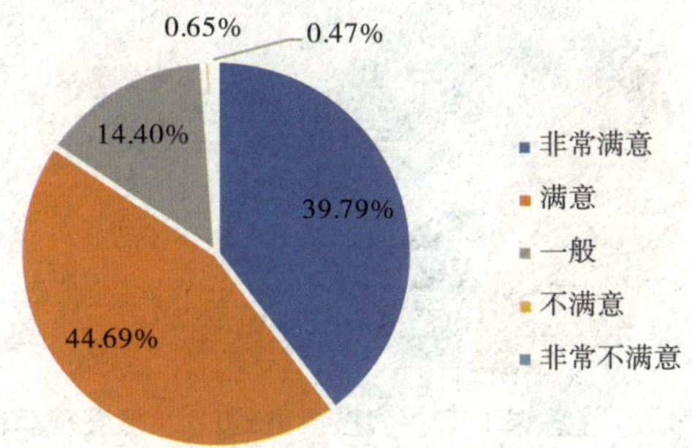

图5-37 游客对本市旅游咨询服务的满意度及其比例

2.VIP 对客服务

针对 VIP 对客服务的调查结果显示，有 45.34% 的游客对此项表示非常满意，人数为 3420 人；有 40.91% 的游客对此项表示满意，人数为 3086 人；有 12.78% 的游客对此项表示一般，人数为 964 人；有 0.81% 的游客对此项表示不满意，人数为 61 人；仅有 0.16% 的游客对此项表示非常不满意，人数为 12 人（见图 5-38）。

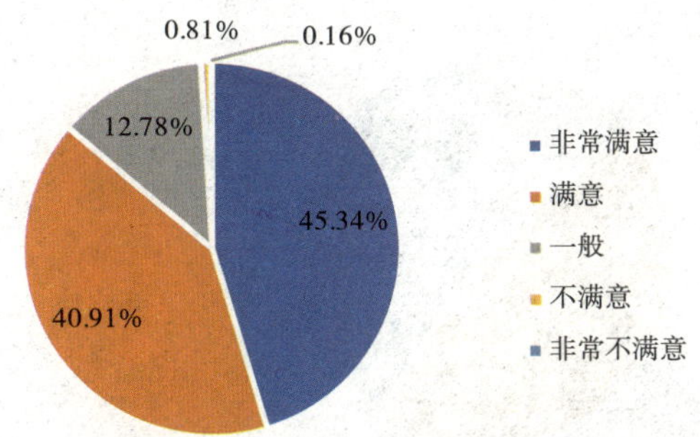

图5-38 游客对本市VIP对客服务的满意度及其比例

3. 游客投诉处理

针对游客投诉处理的调查结果显示，有 47.30% 的游客对此项表示非常满意，人数为 3568 人；有 39.32% 的游客对此项表示满意，人数为 2966 人；有 12.20% 的游客对此项表示一般，人数为 920 人；有 1.06% 的游客对此项表示不满意，人数为 80 人；仅有 0.12% 的游客对此项表示非常不满意，人数为 9 人（见图 5-39）。

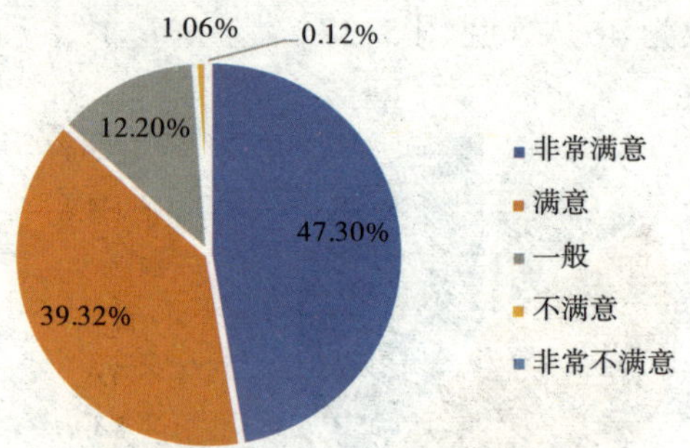

图5-39　游客对本市游客投诉处理的满意度及其比例

（十二）对旅行社服务的满意度

1. 行程线路

针对旅行社行程线路的调查结果显示，有 40.96% 的游客对此项表示非常满意，人数为 3090 人；有 45.43% 的游客对此项表示满意，人数为 3426 人；有 12.48% 的游客对此项表示一般，人数为 941 人；有 0.84% 的游客对此项表示不满意，人数为 63 人；仅有 0.29% 的游客对此项表示非常不满意，人数为 22 人（见图 5-40）。

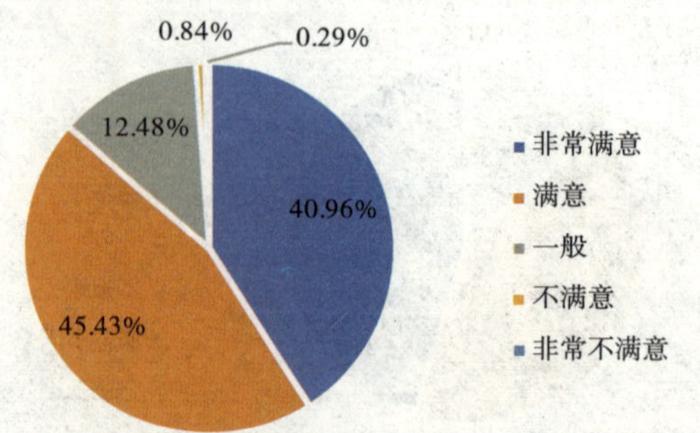

图5-40　游客对本市旅行社行程路线的满意度及其比例

2. 导游服务

针对导游服务的调查结果显示，有 33.55% 的游客对此项表示非常满意，人数为 2531 人；有 45.94% 的游客对此项表示满意，人数为 3465 人；有 18.75% 的游客对此项表示一般，人数为 1414 人；有 1.47% 的游客对此项表示不满意，人数为 111 人；仅有 0.29% 的游客对此项表示非常不满意，人数为 22 人（见图 5-41）。

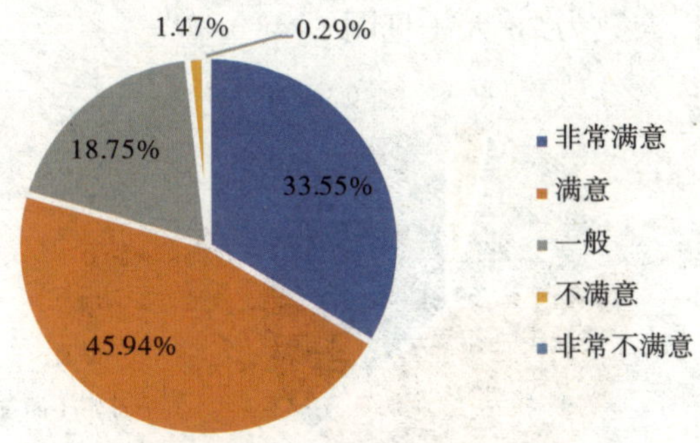

图5-41 游客对本市导游服务的满意度及其比例

3. 产品价格

针对旅行社产品价格的调查结果显示，有 37.60% 的游客对此项表示非常满意，人数为 2836 人；有 42.48% 的游客对此项表示满意，人数为 3204 人；有 16.87% 的游客对此项表示一般，人数为 1273 人；有 2.07% 的游客对此项表示不满意，人数为 156 人；仅有 0.98% 的游客对此项表示非常不满意，人数为 74 人（见图 5-42）。

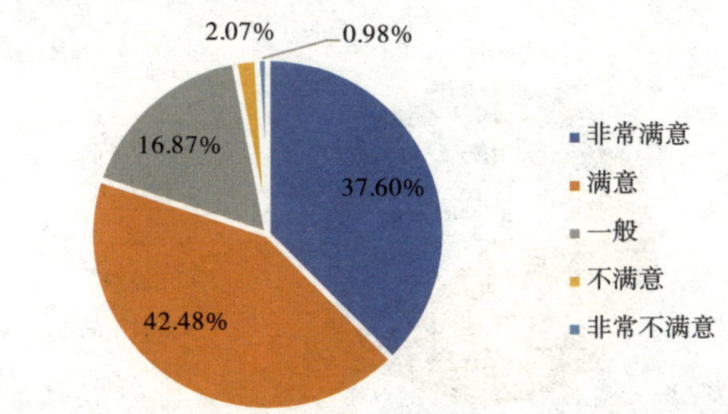

图5-42 游客对本市旅行社产品价格的满意度及其比例

（十三）对旅游住宿的满意度

1. 住宿价格

针对旅游住宿价格的调查结果显示，有 37.09% 的游客对此项表示非常满意，人数为 2798 人；有 41.54% 的游客对此项表示满意，人数为 3133 人；有 17.75% 的游客对此项表示一般，人数为 1339 人；有 3.28% 的游客对此项表示不满意，人数为 247 人；仅有 0.34% 的游客对此项表示非常不满意，人数为 26 人（见图 5-43）。

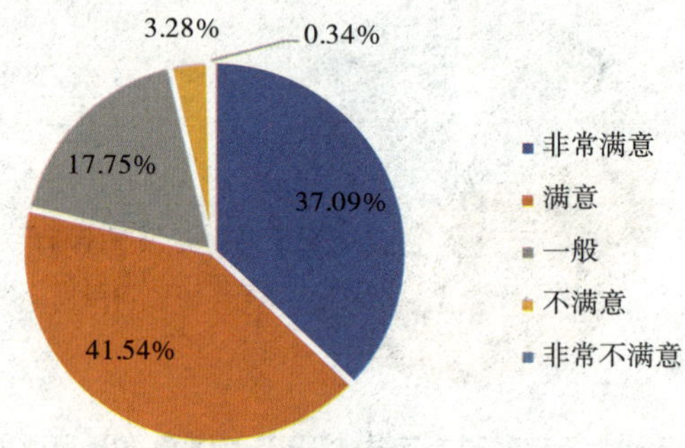

图5-43　游客对本市旅游住宿价格的满意度及其比例

2. 服务设施

针对旅游住宿服务设施的调查结果显示，有 36.21% 的游客对此项表示非常满意，人数为 2731 人；有 45.19% 的游客对此项表示满意，人数为 3409 人；有 16.55% 的游客对此项表示一般，人数为 1248 人；有 1.90% 的游客对此项表示不满意，人数为 143 人；仅有 0.15% 的游客对此项表示非常不满意，人数为 12 人（见图 5-44）。

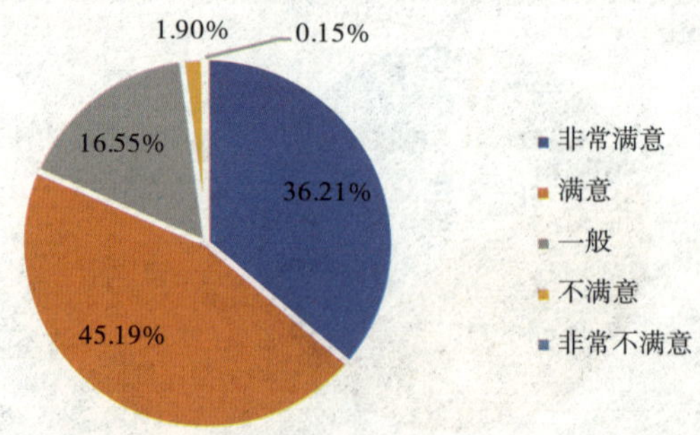

图5-44　游客对本市旅游住宿服务设施的满意度及其比例

3. 环境卫生

针对旅游住宿环境卫生的调查结果显示，有 38.87% 的游客对此项表示非常满意，人数为 2932 人；有 46.06% 的游客对此项表示满意，人数为 3474 人；有 14.13% 的游客对此项表示一般，人数为 1066 人；有 0.82% 的游客对此项表示不满意，人数为 62 人；仅有 0.12% 的游客对此项表示非常不满意，人数为 9 人（见图 5–45）。

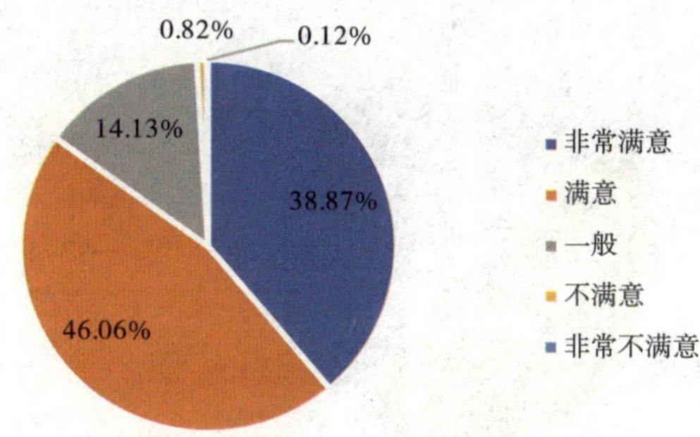

图5–45 游客对本市旅游住宿环境卫生的满意度及其比例

4. 服务态度

针对旅游住宿服务态度的调查结果显示，有 40.01% 的游客对此项表示非常满意，人数为 3018 人；有 45.37% 的游客对此项表示满意，人数为 3422 人；有 13.32% 的游客对此项表示一般，人数为 1005 人；有 1.07% 的游客对此项表示不满意，人数为 81 人；仅有 0.23% 的游客对此项表示非常不满意，人数为 17 人（见图 5–46）。

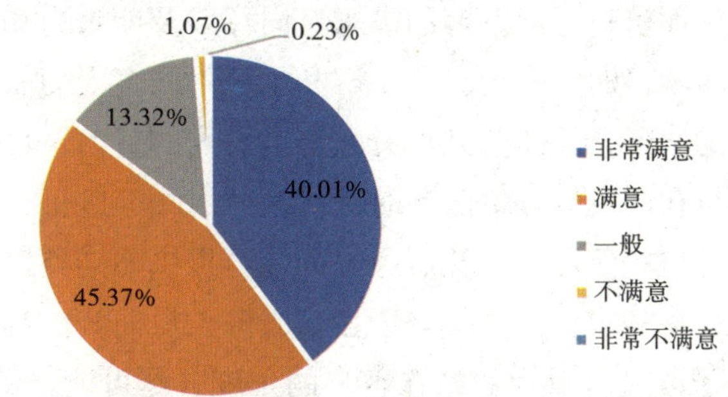

图5–46 游客对本市旅游住宿服务态度的满意度及其比例

5. 安全程度

针对旅游住宿安全程度的调查结果显示，有 39.83% 的游客对此项表示非常满意，人数为 3004 人；有 45.49% 的游客对此项表示满意，人数为 3431 人；有 13.56% 的游客对此项表示一般，人数为 1023 人；有 0.90% 的游客对此项表示不满意，人数为 68 人；仅有 0.22% 的游客对此项表示非常不满意，人数为 17 人（见图 5-47）。

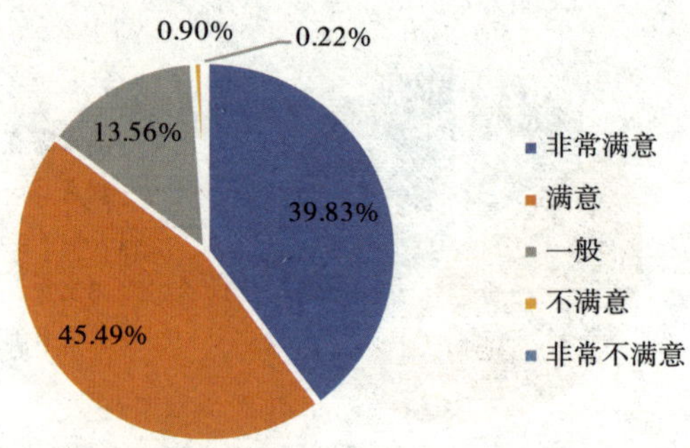

图5-47　游客对本市旅游住宿安全程度的满意度及其比例

四、提升游客满意度的建议

（一）旅游住宿方面

为了提升游客对鄂尔多斯市旅游住宿的满意度，旅游住宿企业应从三个方面做起。一是要了解顾客对住宿服务的期望值。顾客作为评判住宿服务质量优劣的主体，大多通过对宾馆和酒店服务的主观感知进行服务评价。由于这一评价过程以顾客的需求、向往以及期盼为基础，所以住宿企业在提供服务项目时，必须充分了解和掌握不同客人的需求，只有向顾客提供全方位的服务，才能达到提升顾客满意度的目的。具体而言，旅游住宿业工作人员在向顾客提供服务时，应及时对顾客进行类型划分，充分尊重顾客的情感与礼仪习俗，然后通过向顾客提供不同类型服务的方式，满足顾客的个性化需求。另外，对于住宿服务人员而言，对顾客的隐性服务需求也必须予以充分重视，站在客户的角度，尽可能帮助顾客解决困难，使客人切身感受到温暖和关切，从而达到促进顾客服务满意度不断提升的目的。二是要提升宾馆酒店的顾客感知服务质量。可通过改善客房设施的方式，确保酒店房间设施的干净整洁，使顾客切身感受到干净整洁的客房设施带来的预约舒适感。同时酒店服务人员应熟练掌握各类设备的使用方法，制定完善的服务标准体系。三是要完善宾馆酒店的关系管理。要及时开展客户信息收集，客户信息的获取以及维护不仅是酒店客户关系管理的基础，同时也是酒店后续对客户数据分析和研究的关键。比如，顾客的职业、年龄、性别等基本的人口统计信息，不仅有助于酒店销售业务的开展，而且也为酒店分析客户行为提供了最直接的数据信息。在客户信息收集基础上，可利用联机分析处理和数据挖掘技术对收集到的客户信息进行全面分析和挖掘，从而准确分析出顾客的实际需求，为其向顾客提供个性化服务项目提供准确的数据支持。此外，还需大力规范旅游民宿市场，推动星级旅游民宿品牌化发展，促进旅游住宿业规模不断扩大、品质不断提升。

（二）旅游餐饮方面

为了提升游客对鄂尔多斯市旅游餐饮服务的满意度，建议本地餐饮企业从三个方面着手。一是充分了解游客的餐饮需求，打造鄂尔多斯特色餐饮品牌。商家可以通过查看点评网站、微博、微信等社交媒体上的顾客评论了解各地区人群的餐饮习惯和偏好，也可通过餐中、餐后有针对性的就餐体验问询，了解顾客的餐饮需求。在保证餐饮质量的基础上，鼓励各旗区深度挖掘地方饮食文化，引导餐饮企业开展品牌化、连锁化经营，壮大餐饮产业规模，传承、推广与宣传一批本地特色餐饮老字号。推陈出新绿色餐饮、养生美食、风味小吃等地方特色餐饮，增加美食制作表演、游客体验参与等内容，增强游客用餐过程中的趣味感和体验感。二是改善餐饮服务环境，对于高档餐饮场所，要尽量把空间装修得明亮宽敞，有条件的可邀请乐师进行伴奏，让顾客吃饭的时候享受到音乐的熏陶；如果是小门店，则要做到整体环境整洁，同时还需注意餐饮服务员工的整洁卫生，保持餐饮用具洁净。三是加强餐饮从业人员的分级分类培训，强化从业人员职业道德教育，提高管理人员经营管理能力，提升一线人员的服务技能和服务水平。

（三）旅游购物方面

为了提升游客对鄂尔多斯市旅游购物的满意度，建议本地旅游购物企业从三方面做起。一是适当增加旅游购物场所的数量，增加具有当地特色的购物商品，保证旅游商品的质量及种类，提高商品的性价比。二是加强对旅游购物场所的监管力度，规范销售模式，加大导游强买强卖行为的惩处力度，对旅游商品的销售环境加强监管，对价格明确的商品明令商户对其进行标价，规范旅游商品与纪念品销售市场的环境，提升旅游商品与纪念品销售人员的服务态度，避免出现漫天要价等情况，保证游客的购物需求。三是加强旅游购物的全过程服务，在游客购物前、中、后三个环节进行全方位服务。商家导购人员应在充分了解旅游商品的基础上对游客进行全面介绍，在游客购物后，可提供保管、邮寄等附加服务，同时可通过电子商务平台，进行旅游商品的线上交易，提升游客购物的体验感和舒适感。

（四）游玩项目方面

为了提升游客对鄂尔多斯市景区景点游玩项目的满意度，建议各大景区景点从三方面做起。一是坚持景区牵引带动，发挥龙头景区的标杆性带动作用，以响沙湾、成吉思汗陵、鄂尔多斯草原等龙头性景区为重点，加大对旅游景区公共服务设施的资金投入，推动景区设施设备更新换代、产品创新和项目升级。对标国际国内一流景区，高标准配套完善游客中心、停车场、标识标牌等基础服务设施，打造标杆性服务景区，充分发挥其示范引领作用。二是打造高品质文旅“产品包”，实施产品业态创新行动，主要围绕创新发展旅游产品业态、丰富文化旅游产品的有效供给。应以文旅融合为基本路径，推动表演艺术和非物质文化遗产进景区，增强文化旅游产品的体验感、参与感和获得感。促进文化、旅游与现代技术融合，发展基于5G、超高清、人工智能等新一代技术的沉浸体验型文化和旅游消费内容。推动文化旅游业与其他行业融合发展，大力发展体育旅游、工业旅游、红色旅游等新型旅游业态，打破区域界线，整合优势资源，打造高品质文旅“产品包”“景区群”“线路套餐”等。三是推动景区强化市场主体意识，建立健全现代管理体系。推进“互联网＋旅游”，强化智慧景区建设，实现实时监测、科学引导、智慧服务。

（五）游客投诉方面

为了提升游客对鄂尔多斯市投诉处理方面的满意度，建议各相关部门将市场环境提升行动作为重点，紧紧围绕强化市场监管、守住安全底线等方面开展工作。一是依法落实旅游市场属地监管责任，建立健全旅游综合监管机制，形成政府主导、属地管理、部门联动、行业自律、各司其职、齐抓共管的综合监管格局。二是运用全国旅游监管服务平台、全国文化市场技术监督与服务平台和大数据实现精准监管。针对性地开展市场秩序专项整治行动，持续保持对违法违规行为的高压态势，不断优化市场环境。三是全面落实旅游安全责任制和双重预防机制，加强对旅游交通、涉旅消防、特种设备、人员密集场所、自然灾害等重点环节的安全隐患排查整治。全面提升从业人员专业化服务能力，建立健全医疗保障、紧急疏散、应急救援等安全保障体系。同时，加强文明旅游宣传与教育，在一些游客容易触及或者容易破坏的景观前，合理放置和设立必要的、醒目的标牌，配置有亲和力的标志性说明和提醒文字，对各种不文明行为进行劝解或惩罚。

（六）旅行社服务方面

本次调研获取的游客对旅行社服务的满意度，并不能完全反映鄂尔多斯市旅行社的发展情况，因为游客中很大部分是选择了自身所在城市的旅行社来到鄂尔多斯市。但调查结果可作为参考值，参考游客对市外以及市内旅行社的总体满意度，更好地提升鄂尔多斯市旅行社服务的质量，并加强行业管理与监督。鄂尔多斯市旅行社应紧紧围绕“优化服务要素、提升旅游品质”开展工作。应针对大众旅游、自驾游、自助游、定制旅游等新需求、新变化，指导旅行社积极开发适应市场需求的新产品、新业态，创新经营管理机制，提升精准营销水平，增强自我发展能力，通过旅游推介等多种形式，吸引游客进入鄂尔多斯旅游市场。

（七）公共服务方面

为了提升游客对鄂尔多斯市公共设施的满意度，应围绕构建便捷旅游交通网络、推进智慧文化旅游全覆盖、推动旅游“厕所革命”等方面开展工作。一是加快旅游大通道建设，建成一批体现鄂尔多斯特色的精品旅游公路风景线。依托重点景区、风景廊道、重要交通节点，建设一批自驾车旅居车营地和交通驿站。开通火车站、长途汽车站、机场到周边景区的公交线路，提供便捷的租车服务。4A 级以上景区根据实际情况开通城市公交、景区直通车等服务，形成“站景通、城景通、景景通”的便捷旅游交通格局。二是健全自治区、盟市和旗县三级联动的智慧文化旅游监管平台和综合服务平台，提升景区的 Wi-Fi 网络全覆盖，完善“一部手机游遍鄂尔多斯”App 功能，提高文化和旅游消费场所网上支付的便捷度。三是全面推进旅游厕所建设任务，着力提升旅游厕所管理服务水平。所有厕所具备水冲、盥洗、通风设备并定期维护，或使用免水冲生态厕所，厕所室内整洁、无异味，装饰具有文化气息。同时还应完善本地基础建设，增加公共休息服务区，加大室内特色化建设，提供智能导览服务，并继续推进景观保护和生态保护，加大环境卫生的清理与整治，加强文明旅游宣传与教育，在全市设置更多文明旅游的宣传标语。

第三篇
行业篇

第六章　鄂尔多斯市旅游景区发展研究

一、鄂尔多斯市旅游景区发展概况

（一）旅游景区发展历程

鄂尔多斯市旅游景区发展历程，是中国旅游景区发展历程的一个缩影。改革开放至今，鄂尔多斯市旅游景区经历了从无到有、从有到优的发展历程。

1. 事业型发展阶段：1984—1995 年

1984 年，响沙湾旅游接待站成立；1985 年，成吉思汗陵正式对外开放，鄂尔多斯市旅游接待景点和线路逐步出现；1991 年，成吉思汗陵被国家旅游局评为中国四十佳旅游胜地，响沙湾被列为国线景点，旅游景区逐步显现出品牌效应。景区发展主要依托响沙湾、成吉思汗陵的相继对外开放与景区先发优势，形成了区域旅游线路和配套的旅游景点。成吉思汗陵等核心景区缺乏必要的资金支持，难以扩大规模，也未形成旅游产业体系。景区运营以政府接待为主，事业型接待特点明显。

2. 市场化发展阶段：1996—2005 年

1999 年，响沙湾从国有企业改制为民营企业，成立响沙湾旅游有限公司并组建了艺术团，同年编制了《伊克昭盟旅游业发展总体规划》，明确了旅游景区发展思路，为景区产业体系的初步形成奠定了基础；2001 年和 2002 年，成吉思汗陵和响沙湾先后被评为首批国家 4A 级旅游景区；2002 年，鄂尔多斯市旅游局正式挂牌成立，推动景区发展步入正轨；2005 年，鄂尔多斯市邀请全国 26 位著名旅游专家对全市 99 个大小旅游景区、景点进行梳理并编制了《鄂尔多斯市旅游业发展总体规划》。本阶段鄂尔多斯市出现了A级旅游景区，景区运营从事业型接待向市场化转变。

3. 市场化升级主导阶段：2006—2015年

2010年，成吉思汗陵旅游区被评为国家5A级旅游景区；2011年，响沙湾旅游区被评为国家5A级旅游景区；2012年，康巴什区成为中国第一个以城市景观为载体的国家4A级旅游景区。本阶段鄂尔多斯市A级旅游景区实现了市场化升级，在景区规模、产业体系、服务质量、形象目标等方面取得了突破性进展，旅游景区规模不断壮大。2015年，全市拥有国家4A级以上旅游景区26家，景区配套设施不断完善，服务质量进一步提高。

4. 全域旅游发展阶段：2016—2020年

2016年2月，康巴什区入选第一批"国家全域旅游示范区"创建单位；2016年12月，鄂尔多斯市入选第二批"国家全域旅游示范区"创建单位；2017年4月，鄂尔多斯市委、市政府印发《关于创建国家全域旅游示范区的实施意见的通知》；2017年6月，市政府下发《关于公布〈鄂尔多斯市支持促进全域旅游发展若干政策措施〉的通知》，全力支持促进全域旅游发展。2020年12月，鄂尔多斯市康巴什区被文化和旅游部认定为第二批国家全域旅游示范区。

本阶段鄂尔多斯市积极推动景点旅游向综合目的地旅游转变，旅游产业地位从国民经济的边缘产业向城市转型的战略性支柱产业转变，旅游产品从单一观光型向休闲度假型转变，旅游市场从客源地向目的地转变。旅游景区在统筹发展、产品创新、品牌塑造、市场拓展和服务提升等方面实现新突破。

（二）旅游景区数量与结构

鄂尔多斯市旅游景区总体数量在近五年维持比较稳定的状态，在等级结构上呈现中间大、两头小的特征。2015—2017年全市A级旅游景区总量均为50家，2018年A级旅游景区总量为47家，2019年A级旅游景区总量为44家，其中5A级2家，4A级27家，3A级9家（见表6-1）。

表6-1 2015—2019年鄂尔多斯市A级旅游景区数量

年份	2015	2016	2017	2018	2019
A级景区总量	50	50	50	47	44
5A级景区	2	2	2	2	2
4A级景区	24	24	27	27	27
3A级景区	11	11	11	12	9

资料来源：鄂尔多斯市统计局

从表中可以看出，在等级数量上，5A 级旅游景区数量稳定，一直为 2 家；4A 级旅游景区在 2017 年增加了 3 家，数量变化不大；3A 级旅游景区在 2015—2017 年一直为 11 家，2018 年增长为 12 家。A 级景区的等级数量较为稳定，浮动不大。在结构上，呈现“橄榄球”状，4A 级景区数量最多，其次为 3A 级和 5A 级（见图 6-1）。

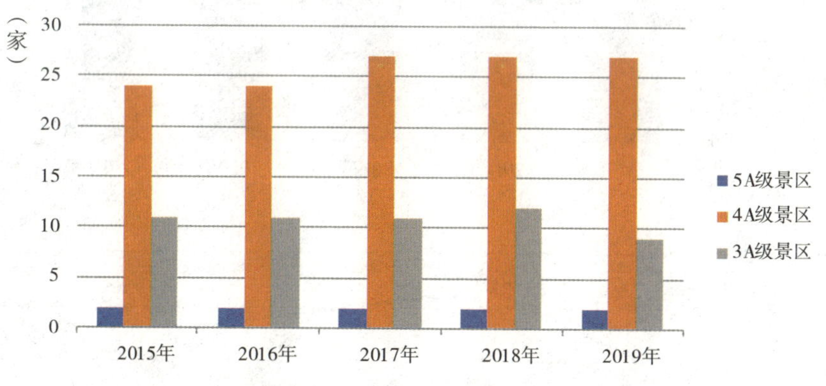

图6-1 2015—2019年鄂尔多斯市A级景区数量

（三）旅游景区接待人数与收入

近五年，鄂尔多斯市旅游景区接待人数和旅游收入均呈上升趋势（见表 6-2）。从接待人数来看，2015—2019 年景区接待人数持续增长，2016 年出现最大增幅，此后增长速度趋于平缓，2019 年全市 A 级旅游景区总接待人数为 1453.8 万人次，较 2018 年增长 18.3%（见图 6-2）。从旅游收入来看，2015—2019 年景区旅游收入持续增长，2016 年增速最快，此后增速放缓，2019 年全市 A 级旅游景区总收入为 441.3 亿元，较 2018 年增长 16.7%（见图 6-3）。

表6-2　2015—2019年鄂尔多斯市A级旅游景区接待人数与旅游收入

年份	2015	2016	2017	2018	2019
接待人次（万人次）	751.2	868.3	1040.6	1228.6	1453.8
增长速度（%）	15.4	21.5	19.9	18.1	18.3
旅游收入（亿元）	197.1	255.9	313.9	378.3	441.3
增长速度（%）	29.3%	29.8	22.7	20.5	16.7

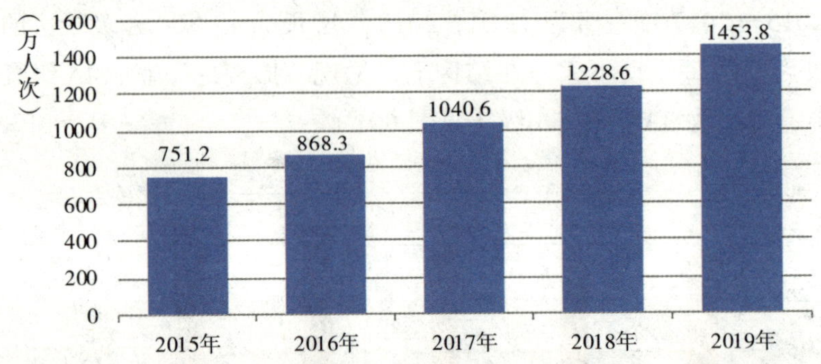

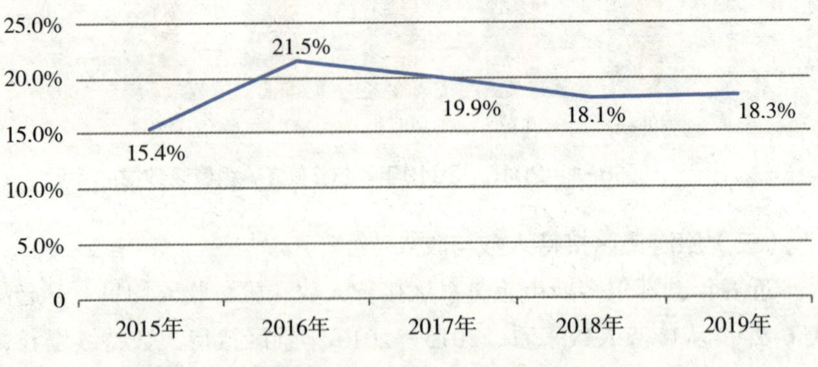

图6-2　A级旅游景区接待人数及其增长速度

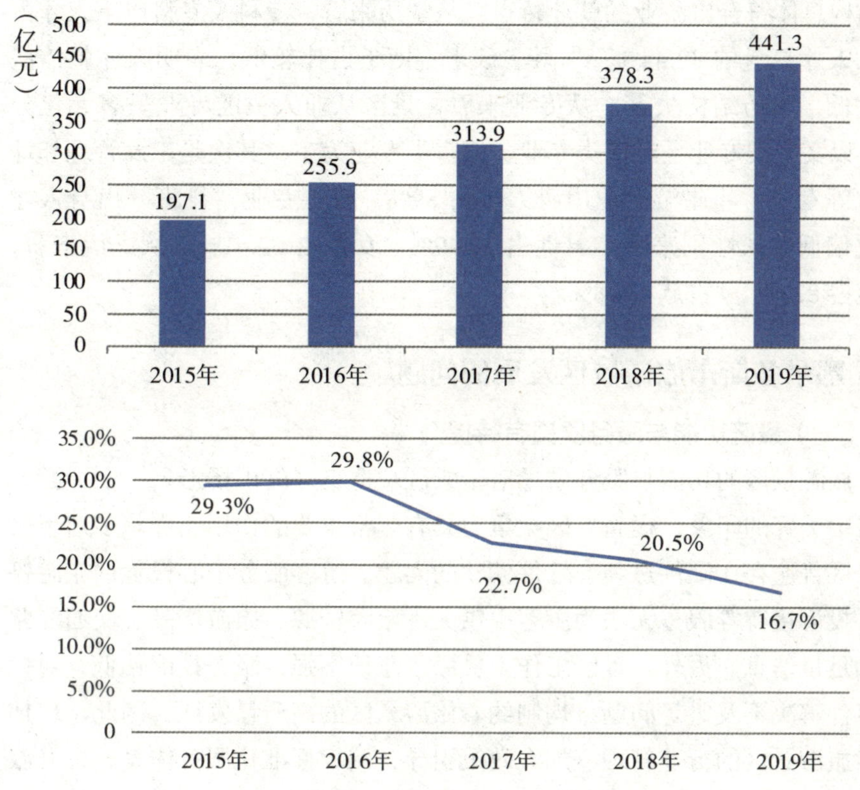

图6-3　A级旅游景区旅游收入与增长速度

（四）旅游景区人才数量与结构

人才是旅游景区发展的核心竞争力，人才资源的数量和质量与景区的可持续和高质量发展息息相关。从人才总量来看，鄂尔多斯市旅游景区人才占全市旅游人才总量的70%，A级旅游景区人才占全市旅游人才的46%，仅次于首府呼和浩特市，位居全区第二。从人才分布来看，现有人才大多集中于传统旅游服务行业，新兴旅游服务行业所急需的旅游电子商务、旅游重大活动策划、旅游媒体宣传、旅游规划、旅游市场开发和营销等人才比较紧缺。

从年龄来看，景区人才大多集中于30~40岁，40岁以上人才主要从事行政管理、经营管理和专业技术，30岁以下人才主要就职于服务一线，该结构总体符合旅游业的就业特点。从学历来看，专科及专科以下人才占景区人才总量的82.44%，本科、硕士、博士占比较低，表明人才整体层次偏低，学历结构失衡。从专业来看，景区从业人员的专业呈多元化分布，以文史类专业、经济类专业、语言类专业为主，其次是工商管理和计算机等专业，非旅游专业出身人员占89%，旅游专业“科班”出身人才占比偏低。从性别来看，男性占37.49%，女性占62.51%。从民族来看，汉族占82%，蒙古族占18%。

二、鄂尔多斯市旅游景区发展的问题

（一）景区功能与服务质量有待提升

旅游景区的功能与服务质量对于景区塑造良好的市场形象、创造游客心目中美好的印象、提高景区竞争力具有非常重要的作用。鄂尔多斯市旅游景区普遍存在硬件过硬、软件偏软的问题。游客服务中心设置的旅游咨询、投诉接待等服务无法为游客提供关于旅游资源、旅游产品、交通线路等的足量信息。另外，景区工作人员服务意识不强，服务技能偏低，对投诉事件解决不及时等问题，均制约着旅游景区的高质量发展。因此，应加强对旅游景区的行业管理、加大政策引导，制定标准化服务体系，提升旅游景区的服务质量。

（二）景区旅游项目缺乏特色和吸引力

按照资源类型，可将鄂尔多斯市的旅游景区分为城市景观类、沙漠景观类、遗址遗迹类和草原景观类。依托这些丰富的旅游资源，鄂尔多斯市各景区积极开展产品设计与开发，目前已经成功塑造了以大漠风光、民族风情、休闲避暑为主体的产品体系和优势品牌。但景区在旅游项目设计与开发中依旧存在缺乏特色和吸引力、雷同化严重等问题，这些低端化项目一方面无法有效吸引游客，另一方面还降低了景区的市场竞争力，既是一种资源浪费，也是对市场秩序的一种扰乱。因此，景区在项目设计与开发中应根据游客需求与自身特色进行差异化定位，打造各具特色的旅游品牌。

（三）景区智慧化建设与管理水平偏低

近年来，鄂尔多斯市高度重视智慧城市与智慧旅游发展，开通了旅游政务网，旅游微信、微博等各类智慧平台。景区作为鄂尔多斯市旅游业的核心支撑之一，也在积极开展智慧景区建设，响沙湾旅游度假区和鄂尔多斯野生动物园等景区均做了比较好的尝试。但总体来看，鄂尔多斯市的智慧景区建设尚处于起步阶段，还面临很多问题。一是旅游景区无法与其他旅游平台进行信息的共建共享和有效整合，无法实现食、住、行、游、购、娱等方面的信息互通与互动。如何实现统一标准、资源共享，解决游客的一站式信息服务，是智慧旅游建设的难点。二是部分小型景区对智慧旅游建设认识薄弱，建设动力不足。三是景区智慧化旅游人才匮乏，无法胜任智慧景区管理。智慧景区人才不仅要懂得信息技术，还需具备旅游行业的专业知识，人才的欠缺成为制约智慧景区建设与管理的重要原因。

三、鄂尔多斯市旅游景区创新发展的策略

（一）完善景区功能建设，提升景区服务质量

新时期，我国社会的主要矛盾已经转化为人民日益增长的美好生活需要和不平衡不充分的发展之间的矛盾。旅游业是实现人民美好生活的重要实现载体之一，也经历着从高速增长到优质发展的蜕变。旅游景区的优质化建设既可以提升人民生活幸福感、安全感和获得感，又可以促进第三产业对国民经济的积极贡献。

鄂尔多斯市要实现景区的优质化建设，首先需解决景区的基础设施配套问题。2015 年起，鄂尔多斯市积极响应厕所革命号召，将旅游厕所新建、改建工作作为提升城市公共服务的突破口，截至目前，全市 5A 级旅游景区“第三卫生间”覆盖率达到 100%，4A 级旅游景区“第三卫生间”覆盖率达到 50%，旅游厕所的改进成为景区功能完善的重要方面。未来鄂尔多斯市各景区还需进一步完善景区功能建设，推动信息技术、物联网技术在景区管理与服务中的应用，健全景区自助服务系统，完善景区旅游网站，建设智慧景区环境监测和智能安防救援系统等。在提升硬件的同时，还需强化景区的软实力建设，这是宣传鄂尔多斯地方文化、展现鄂尔

多斯风情的重要节点。应以提高游客满意度为目标，提升旅游服务质量，全面实施景区服务制度化、规范化标准。

（二）凝练旅游项目特色，加大景区吸引力度

近年来，随着旅游消费升级，大众的旅游观念逐步从走马观花向慢享受的自由行转变。在这种观念影响下，体验式旅游成为一种旅游时尚。为了更好地吸引游客、留住游客，景区应在旅游项目设计中，充分考虑游客的需求。建议在充分调研基础上，综合考虑旅游者对体验值高、特色鲜明旅游项目的要求，依托鄂尔多斯市悠久的历史文化，多样的自然和人文资源，开发质量高、异质化、体验性强的特色旅游项目，策划各类主题活动，增强景区吸引力，形成自身独特的品牌。体验式旅游产品设计要充分展现景区主题和鄂尔多斯文化特征，要从历史文化、祭祀文化、宗教文化等方面着手，挖掘景区独特的文化内涵，针对性开发旅游产品，避免与周边地区体验式旅游产品的雷同，从而增强景区的吸引力和竞争力。

（三）加强景区智慧化建设，创新景区营销方式

随着互联网时代的到来以及游客的年轻化趋势，互联网对旅游景区运营的影响与渗透不断加深。旅游景区“互联网 +”智慧平台的广泛应用，智慧景区概念的提出，也使得旅游景区的智慧化建设成为衡量其质量的一个重要标准。鄂尔多斯市非常重视旅游景区的智慧化建设，2018 年全市两家 5A 级旅游景区基本完成智慧旅游景区建设。未来应继续通过整合旅游资源、强化景区管理等方式，全力推进旅游景区的免费 Wi-Fi、智能导游、电子讲解、网络购票、信息推送及手机支付等功能全覆盖，同时，通过旅游大数据分析，为游客实时提供景区情况，实现智能化服务与管理。

各旅游景区应充分运用网络预订和支付，携手美团网、拉手网、途牛旅游网等网络平台开展多元化营销，满足消费者个性化需求。一是通过网站升级，提高门户网站智能化水平，如在门票预订通道配套预订流程示意图或视频简介，在网站提供在线浏览、动态指引和电子导览等服务，优化咨询板块，及时更新景区图片宣传最新动态等。二是通过景区与新媒体平台的合作，提升线上预订体验，如根据游客情况进行票种设计，老人票、成人票、学生票、团体票的购买均能在线上完成，同时提供高效的网络退

票和换票服务，在网站售票区域对购票须知和退换票条件进行详细说明，并安排专业人员解决游客与平台之间的退换票纠纷，在不影响景区正产运营的前提下，最大限度地维护游客利益，此外还需做好游客订票评价的整理与分析，通过分析游客对票种的选择，设计满足游客需求的旅游线路，根据游客的订票评价进行专项整改，提升游客的订票体验。三是注重网站的视频广告创意设计，在宣传视频制作中，应广泛调查市场最新动态，征集创意设计方案，借鉴优秀方案，取长补短。宣传视频不仅要进行景区景色介绍，还应体现人文情怀，让游客产生共鸣，满足游客猎奇心理。

第七章　鄂尔多斯市旅行社业发展研究

一、我国旅行社业发展现状

旅行社业是为人们旅行提供服务的专门机构形成的行业。旅行社业的产生是商品经济、科学技术和社会分工的直接结果，同时也是旅行社长期发展成为大众经常性活动的必然产物。旅行社业是旅游业的集中代表，是经济性和服务性的充分体现，尤以中介性为其他企业所不具有。它将原来分散的、个别进行的旅游活动进一步社会化，把旅游产生地同目的地连接起来，在不同国家和地区的旅游者和旅游经营者之间架起一座桥梁，而且把各有关旅游企业联系在一起，创造了一种新的信息传递方式和资源组合方式。因此，旅行社不仅是旅游者与旅游对象的中介体，而且在不同旅游企业之间起着联络和协调作用。

随着社会经济发展以及人民生活水平的提高，我国旅行社数量保持稳定增长趋势。行业规模不断扩大，从业人员不断增加，经营体制不断创新，经营环境不断完善。目前，旅行社业已成为拉动我国经济增长，扩大就业渠道的重要服务行业之一，2019 年，全国旅行社总数达到 38943 家，超过 2018 年的总规模（见图 7–1）。

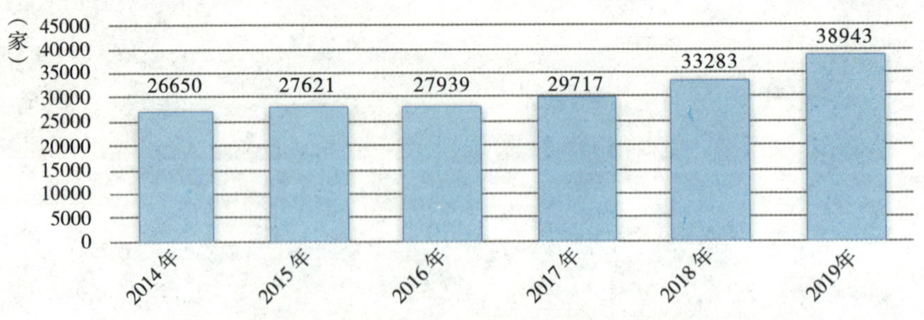

图7–1　2014—2019年全国旅行社数量

然而，旅行社业的经营状况却不容乐观，因行业进入门槛低，旅游产品缺乏创新性，旅行社所提供产品无法满足消费者日益增长的消费需求。与此同时，旅行社的服务水平也参差不齐，无法让消费者完全满意，行业利润和市场占有率呈现下降趋势。此外，中国旅行社业以中小旅行社居多，产品创新与品质提升力度不足。随着互联网时代的到来，旅游互联网品牌对实体旅行社市场的冲击比较明显。

（一）旅行社业接待情况

1. 入境旅游

2019 年全国旅行社入境旅游外联 1227.29 万人次、4780.87 万人天，接待 1829.62 万人次、5911.27 万人天。同期旅行社入境旅游接待人数排名前十位的客源地由高到低依次为：中国香港地区、中国台湾地区、韩国、中国澳门地区、美国、马来西亚、日本、新加坡、俄罗斯、泰国（见图 7–2）。旅行社入境旅游外联人数排名前十位的客源地由高到低依次为：中国香港地区、中国台湾地区、中国澳门地区、韩国、日本、美国、马来西亚、泰国、新加坡、俄罗斯（见图 7–3）。

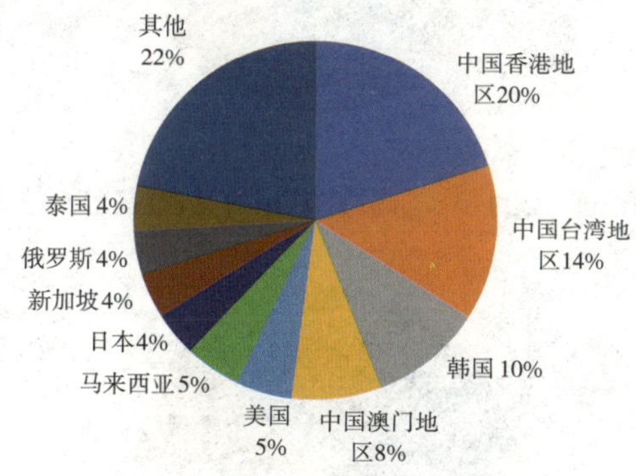

图7–2　2019年入境旅游接待人数排名前十位地区

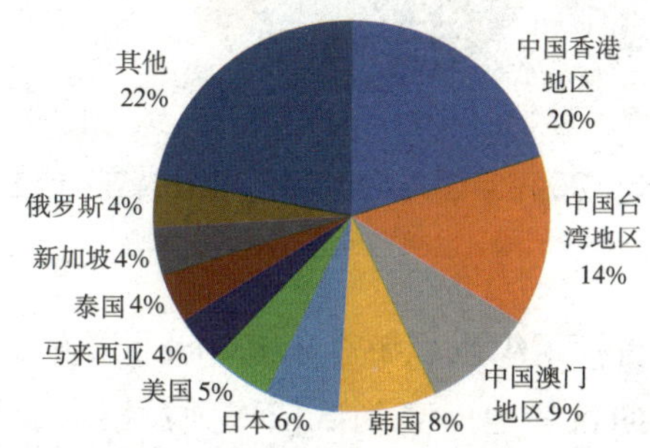

图7–3　2019年入境旅游外联人数排名前十位地区

2. 国内旅游

2019 年全国旅行社组织的国内旅游 17666.29 万人次、52868.42 万人天，接待 18472.66 万人次、44212.68 万人天。同期旅行社国内旅游组织人数排名前十位的地区由高到低依次为：广东、江苏、浙江、重庆、山东、福建、上海、湖北、湖南、辽宁（见图 7–4）。旅行社国内旅游接待人数排名前十位的地区由高到低依次为：江苏、浙江、湖北、广东、福建、湖南、云南、安徽、山东、海南（见图 7–5）。

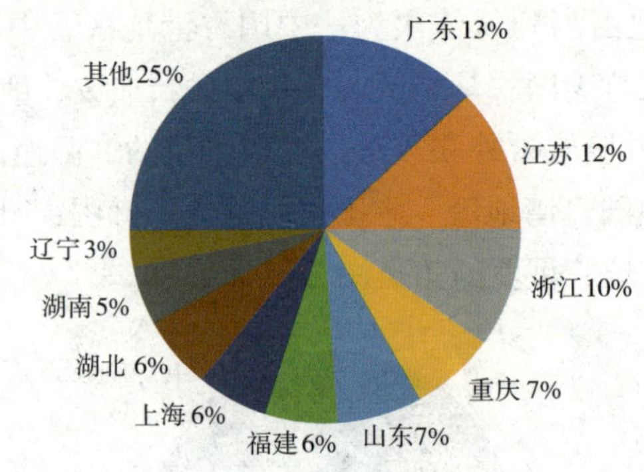

图7–4　2019年国内旅游组织人数排名前十位地区

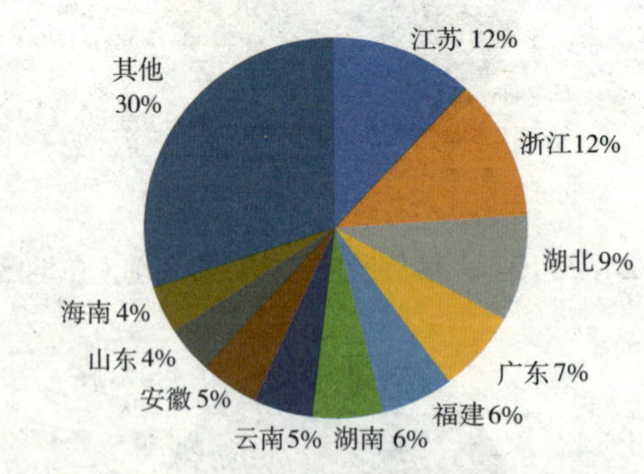

图7–5　2019年国内旅游接待人数排名前十位地区

3. 出境旅游

2019 年全国旅行社组织出境游客 6288.06 万人次，旅行社出境旅游组织人数排名前十位的目的地由高到低依次为：泰国、日本、中国台湾地区、越南、中国香港地区、中国澳门地区、新加坡、马来西亚、俄罗斯、

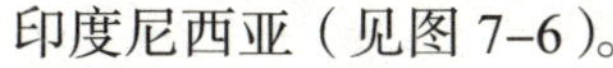

印度尼西亚（见图 7-6）。

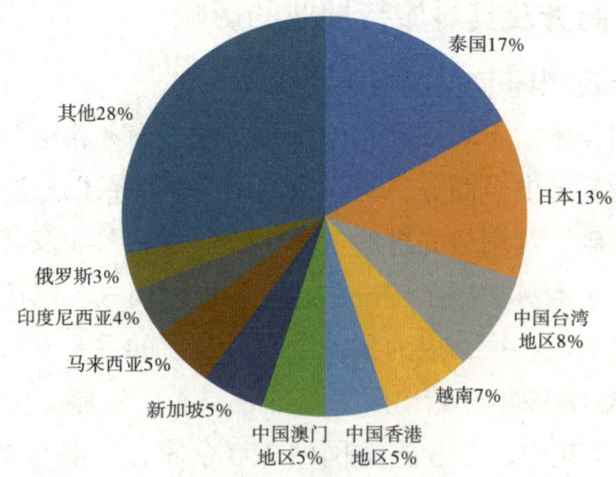

图7-6　2019年出境旅游组织人数排名前十位地区

（二）旅行社业市场分析

按照入境外联人数、国内组织人数、出境组织人数三项指标，2019 年全国旅行社组织的入境旅游、国内旅游、出境旅游市场人数所占份额依次为 5%、70% 和 25%（见图 7-7）。按照入境外联人天、国内组织人天、出境组织人天三项指标，2019 年全国旅行社组织的入境旅游、国内旅游、出境旅游市场人天所占份额依次为 5%、59%、36%（见图 7-8）。2019 年旅行社三大市场组织（外联）接待人数（人天）汇总排序前十位的地区由高到低依次为广东、江苏、福建、辽宁、浙江、山东、湖南、北京、上海、湖北。

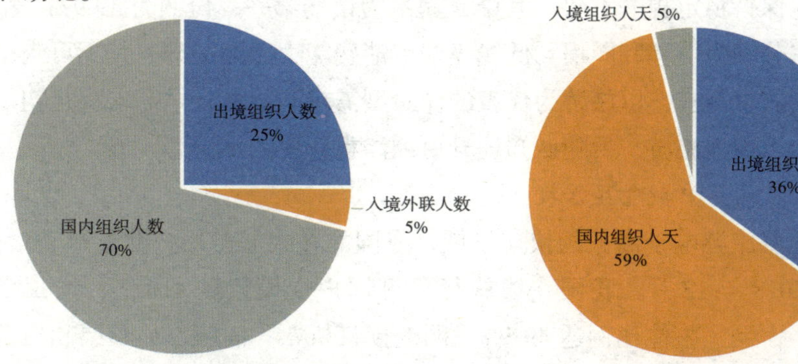

图7-7　2019年旅游市场人次情况　　图7-8　2019年旅游市场人天情况

二、旅游电子商务及其对旅行社业的影响

（一）我国旅游电子商务的发展现状

随着互联网技术的不断发展，旅游业与电子商务相结合便形成了旅游电子商务。所谓旅游电子商务，是指以网络为主体，以旅游信息库、电子化商务银行为基础，利用最先进的电子手段运作旅游业及其分销系统的商务体系。旅游电子商务突破了传统旅游业的经营模式，以便捷、高效、满足个性化需求服务为特征，成为我国旅游业发展的主要方向。我国的旅游电子商务网站从 1996 年开始出现，目前，具有一定旅游资讯能力的网站已有 5000 多家。其中，专业旅游网站 300 余家，主要包括地区性网站、专业网站和门户网站的旅游频道三大类。近年来，旅游电子商务在国内发展势头强劲，已经成为信息时代旅游交易的新模式。

1. 在线市场规模持续上涨

据 Analysys 监测数据，2008—2019 年，中国在线旅游交易规模逐年递增，2018 年交易规模达 975425 亿元。据《2019 年中国在线旅游度假行业研究报告》显示，2018 年全国在线度假市场全自营类交易规模为 846.7 亿元，较 2017 年增长 19.3%。其中，途牛份额占据市场第一的位置，达 31.9%，携程位列第二，占比 25.0%，驴妈妈位列第三，市场份额为 15.4%。艾瑞数据显示，2018 年中国在线旅游度假市场中，出境游占比继续提升至 53.9%，受到高客单价以及出境游客持续增长的因素影响，出境游占比保持稳定提升态势。其中，途牛为市场第一，份额为 39.9%，第二和第三分别为携程和同程。低线级城市消费能力逐渐提升，其不再满足于单纯的衣食需求，以旅游为代表的体验型需求开始增长。需求满足初期倾向于景点观光旅游，后随认知提升更加注重行中的体验感。

2. 在线用户数量显著提升

随着旅游电子商务的快速发展，我国的在线旅游用户数量显著增长，截至 2018 年 12 月，我国在线旅行预订用户规模达到 410 亿，增长率为 9.1%。占网民整体比例达 49.5%。网上预订机票、酒店、火车票和旅游度假产品的网民比例依次为 27.5%、30.0%、42.7%、14.5%，其中，预订旅游

独家产品的用户规模增速最快，增长率为35.5%。年轻客群正在成长，未来将是在线旅游市场的消费主力，30~45岁是我国核心的高支柱型消费群体，当前消费能力最强；25~30岁是我国最具潜力的消费群体，目前美团深耕的是这类群体。随着代际更替，大约35年后，二三十岁的年轻客群将成长为在线旅游市场的消费主力，而随着消费结构的逐渐变化，旅游市场结构也将逐渐向低龄化转变，在线旅游市场也将呈现低龄化的特点。

3. 市场集中度进一步提高

目前我国在线旅游产业已经进入快速发展期，一二线城市在线旅游渗透率逐渐进入稳态，其用户增长逐渐趋缓，而三四线城市处于渗透率提升、用户增长的高成长阶段。2019年在线酒店预订低线用户占比从43%提升至50%，低线城市需求快速崛起。从交易平台来看，2019年5月，“携程旅行”App在旅游出行综合类APP榜单排名第一，其活跃人数达70312万人，“去哪儿旅行”和“同程”位居第二与第三，市场集中度仍然高位运行，而其他平台的市场占有率较2018年下降2个百分点，说明市场交易规模继续向在线电商流动。其中美团点评、同程、艺龙依托美团点评平台和微信平台的导流份额提升，驴妈妈则深耕产业链，取得了稳定的份额增长。

（二）旅游电子商务对旅行社业的影响

1. 旅行社传统业务受到冲击

旅行社的基本业务包括产品开发、市场营销和旅游接待三大部分，传统旅行社凭借所拥有的各项要素进行产品组合，为旅游者提供产品、开展咨询和接待服务。在电子商务时代，游客可以利用智能终端自助完成信息收集、线路规划、门票购买、食宿安排、导游导览等整个旅游过程，同时，旅游电子商务增加了游客的自主选择权，游客可通过各类信息平台满足自身个性化的需求，在这种情况下，很多游客会倾向于选择自由行，旅行社传统的团队游客数量必然减少，实体旅行社收入也受到较大冲击。

2. 旅行社中介地位受到挑战

旅行社是旅游客源地与目的地之间、旅游供应商与旅游消费者之间的中介组织。随着信息技术的普及和旅游电子商务的发展，旅游者更偏好于微营销等线上交易，特别是很多专业网站还针对散客设计了各类折扣与优惠，使得传统旅行社依靠批量获得的价格优势受到很大冲击，景区对传统旅行社的依赖度也有所降低，旅行社作为分销商的中介服务地位受到较大挑战，利润率持续下降。

3. 旅行社导游需求受到限制

导游在旅行社服务中发挥着非常重要的作用，主要为旅游者提供向导、讲解及相关旅游服务。导游服务质量是影响游客满意度的重要因素。有些规模较小的旅行社没有自己的专职导游，仅依靠兼职导游来开展旅游服务。规模较大的旅行社则聘请了很多优秀导游，以质优价廉的服务吸引了众多旅游者。旅行社导游制度体系的不健全导致了导游市场参差不齐，团队游程序化、模式化无法满足旅游者的个性化需求。随着旅游电子商务的发展，游客可以借助智能移动设备、景区电子导览设备等获取相关景点信息，导游的很多工作会被取代。此外，旅游电子商务使得团队游数量减少，这也会导致旅行社对导游的需求受到限制。

三、鄂尔多斯市旅行社业发展现状

（一）旅行社业发展概况

近年来，鄂尔多斯市旅行社数量增长迅速。截至 2019 年，全市共有旅行社 124 家，占内蒙古自治区旅行社总量的 9.7%，其中设立社 102 家，分社 22 家，出境社 7 家，国内社 95 家。

从分布情况来看，东胜区共有旅行社 65 家，其中设立社 53 家，分社 12 家；康巴什区共有旅行社 16 家，其中设立社 15 家，分社 1 家；伊金霍洛旗共有旅行社 15 家，其中设立社 14 家，分社 1 家；达拉特旗共有旅行社 10 家，其中设立社 8 家，分社 2 家；准格尔旗共有旅行社 6 家，其中设立社 4 家，分社 2 家；鄂托克旗共有旅行社 5 家，其中设立社 2 家，分社 3 家；鄂托克前旗共有旅行社 3 家，其中设立社 2 家，分社 1 家；乌审旗共有旅行社 2 家，其中设立社 2 家，分社 0 家；杭锦旗共有旅行社 2 家，其中设立社 2 家，分社 0 家（见图 7–9）。

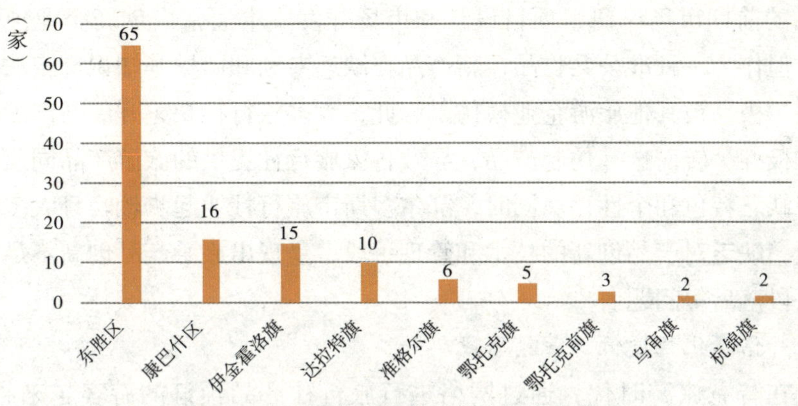

图7-9 鄂尔多斯市各旗区旅行社分布数量

可以看出，东胜区旅行社数量最多，为65家，其次分别为康巴什区、伊金霍洛旗、达拉特旗、准格尔旗、鄂托克旗、鄂托克前旗、乌审旗和杭锦旗。旅行社的分布与鄂尔多斯市各旗区旅游业发展水平直接相关，旅行社大多集中分布于经济发展水平较高、旅游资源较丰富、知名度较高、交通通达性较好的旗区。

（二）旅行社业发展瓶颈

1. 平均规模较小，竞争手段落后

从全国旅行社的发展运营来看，投资主体多元化局面已经形成，大型旅行社的发展主体已不再是单体的旅行社企业，随着市场范围的扩大，旅行社规模也在不断扩张。鄂尔多斯市的旅行社由民营旅行社和转制后的国有旅行社分社组成，旅行社以中小型为主，规模小，实力弱，竞争力不高，而且大多呈现投资主体单一化特征。随着旅行社数量的增长，行业竞争加剧，各家旅行社之间在低层次上展开激烈的价格竞争，以低价招徕游客而忽视企业品牌建设，进而造成行业服务质量降低、旅游投诉增加，行业信任缺失，影响了旅行社的可持续健康发展。

2. 产品同质化，创新能力不足

旅行社服务内容广泛，包括为游客提供餐饮、住宿、娱乐、交通、购物、旅游咨询、领队、导游、活动设计及相关的餐饮、住宿、交通、景点门票预订和签证、出入境代办等多种服务。作为一种服务型产品，旅行社

产品的前期市场调研、项目设计和市场开发成本通常由创新企业独立承担，但作为一种准公共物品，新产品在缺乏专利和商标等知识产权法律保护下，极易被其他旅游企业模仿。因此，大多旅行社缺乏开展新产品研发的积极性，转而选择仿制产品，导致各家旅行社提供的旅游产品同质化严重，缺乏特色和个性化。同时，鄂尔多斯市旅行社业起步较晚且大多缺乏资金，缺乏对产品创新的技术和管理手段，呈现出旅游产品创新不足、业务手段落后等问题。

3. 信息化程度低，营销手段单一

在智慧旅游时代，通过网络进行旅行社产品预订的游客越来越多，同时，旅行社营销渠道也逐步从报纸、杂志等传统媒体转向网站、微博、微信等新兴媒体。当前，鄂尔多斯市大多旅行社同样面临着全面电商化趋势。从近年发展来看，大多旅行社的信息化建设比较薄弱，网站建设数量不足、维护不到位、更新不及时、内容不丰富等问题层出不穷，即使用到新兴媒体，也仅仅是介绍旅行社基本情况和主要线路，网上成交业务数量偏少。在营销中，同样面临网站内容单薄、包装简陋、经营重点不突出、产品特色不鲜明、信息更新不及时等诸多问题，对微博、微信等新媒体平台的管理不够到位，与游客互动较少，营销效果不强。此外，旅行社之间业务协作简单，伙伴关系不稳定，尚未建立真正的网络化、信息化经营模式。

4. 管理意识淡薄，总体素质偏低

人力资源队伍是旅行社业务发展的基础和保障，只有高素质、高层次的管理人才和专业的服务人员才能为旅行社发展带来独特的市场竞争优势。目前，鄂尔多斯市大多旅行社对人力资源管理的认识还停留在招聘、简单培训和待遇方面，较少涉及职业系统培训和全面绩效考核，管理意识淡薄，管理手段低下，不能把人才管理与旅行社发展有机结合。在人员选聘中，大多旅行社以实际从业经历作为重点考核内容，对应聘者的教育背景和综合素质考量不够，因此旅行社从业人员普遍存在综合素质偏低、创新能力不强等问题。

四、鄂尔多斯市旅行社业创新发展的策略

（一）扩大市场份额，提高产品竞争力

在线旅游经营模式已经成为当前旅游业发展的大势所趋，鄂尔多斯市旅行社要想在未来的行业竞争中赢得一席之地，就必须转变陈旧的发展观念，加大对在线旅游业的开发和投入，逐步扩大市场份额，提升产品竞争力。在产品开发方面，鄂尔多斯市旅行社也要充分利用地域优势，整合境内旅游资源，形成多样化、个性化的旅游产品和服务。同时，将更多资金用于线上旅游产品开发，及时更新旅游信息，调动各旗区开展在线旅游开发与营销。

（二）创新旅游产品，强化复合经营水平

旅行社通过为游客采集、综合和提供旅游信息，恰当安排行程来实现自身的信息服务价值，同时通过非包价旅游产品的开发，利用电子商务平台将零散的消费者需求进行整合，为其提供酒店、景点门票的集体团购等服务，此外还能针对游客的个性化需求，将旅游景区、酒店、交通、餐饮等服务以菜单陈列的方式提供给消费者选择，减少其信息搜索和处理的负担，真正体验轻松出游。

鄂尔多斯市旅行社业应该充分利用自身资源优势，紧扣旅行社核心功能，借鉴国内外先进地区旅行社业发展经验，进行旅游产品的创新开发。未来产品开发的着力点应更多体现个性化、特色化和参与性，如自助游、登山游、探险游、专题游、自驾游等。在经营方面，鄂尔多斯市旅行社业基本还处于传统发展阶段，未来应积极探索跨界营销与复合经营。通过跨界合作与复合经营，旅行社业可以在产品营销、品牌创新等方面出奇制胜，演绎不一样的精彩。大型旅行社的线下门店除了开展信息咨询、产品预订等传统业务外，还可以进行门店升级，开通外币兑换、海外游学等增值服务，并设计咖啡厅、红酒吧、书店等创新业态，通过多种业态的跨界融合，也可以实现复合经营。小型旅行社可以搜寻一些与自身具有相近用户基础的机构进行合作，通过合作实现双方效用最大化，并提升消费者的体验度和舒适度。

（三）推动电商发展，丰富营销手段

旅行社业面对的市场不仅在供给侧，更多是在需求侧，紧紧围绕旅游者需求设计产品是旅行社业发展的关键。就目前来看，国内外游客对旅游电子商务的依赖越来越多，旅行社业也应该以此为导向，大力推动旅游与电子商务的深度融合。在实际运营中，鄂尔多斯市旅行社业一方面要注重线上旅游信息的及时发布、更新与处理，不断完善、提高、维系和巩固线上与线下两个市场。另一方面要强化中小型旅行社的“抱团”加盟和信息整合。通过“抱团”加盟，不但可以降低经营成本，获得单个旅行社不具备的话语权，而且可以提高旅游产品质量，获取顾客的深度信赖。在营销方面，也应充分利用电子商务平台，丰富营销手段，实现营销方式的智慧化与高效化。

（四）提升管理水平，强化人才培养

鄂尔多斯市旅行社业需要逐步建立、健全既与现代管理制度接轨又适合旅游业发展需要的人才培养和开发机制，使旅游人才供给在数量、质量、结构上均能适应行业发展需求。具体而言，一是要完善招聘体系。人员甄选与录用是人力资源管理的重要方面，为提高旅行社业人才队伍的质量，应在招聘环节适当提高人员进入门槛。在专业方面，优先录取旅游专业或有相关从业经历的人员；在学历方面，提高本科及以上专业技术人才的需求比例。二是要建立健全培训制度。旅行社应在适当考虑培训成本的前提下，定期邀请企业内部或行业内部的优秀人才对员工进行集体培训，也可以聘请外部培训机构或高校教师进行专项培训。通过形式多样、内容丰富的培训，从理论知识、业务技能等方面提高员工综合素质，提升整个行业的专业化水平。三是要落实激励政策。旅行社要想留住人才，必须制定可以落地的激励政策，应在不同用工阶段，制定和实施配套的绩效评估、薪酬制度和人员管理办法。尤其应针对人才队伍年轻化特征，开展激励政策的创新与组合运用，培养员工的归属感、成就感，满足员工的“尊重”和“自我实现”需要。四是要建立文旅融合的人才培养体系。积极与自治区和本市院校开展校企合作，建立文旅人才培养基地，培养旅行社所需要的高技能、高素质人才，满足文旅融合需求。

第八章　鄂尔多斯市旅游住宿业发展研究

一、我国旅游住宿业发展现状

（一）旅游住宿业总体规模

旅游住宿业是指为旅游者提供住宿、餐饮及多种综合服务的行业。在旅游业的食、住、行、游、购、娱六大要素中，旅游住宿业是一个十分重要的环节，与旅行社业、旅游交通业并称为旅游业的三大支柱，是人们在旅行游览活动中必不可少的“驿站”。

近年来，随着人民生活水平的提高，旅游业发展态势良好，产业格局逐步优化，市场规模和产品质量明显改善，逐步演变为支持国民经济发展的新增长点。2019 年，我国旅游业总收入达到 6.63 亿万元，为旅游住宿业的发展提供了良好的外部环境（见图 8-1）。

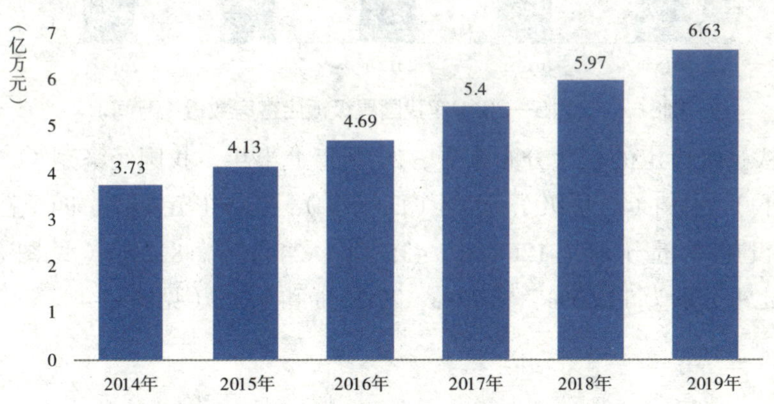

图8-1　2014—2019年我国旅游业总收入

国家文化和旅游部的饭店星级评定标准中，将纳入星级饭店评定体系的住宿设施最小客房数规定为 15 间。参照这一标准，以 15 间客房为限，可将我国旅游住宿业市场分为两个部分：规模在 15 间（含）以上称为酒店类住宿业，规模在 15 间以下称为其他住宿业。

截至 2019 年年底，全国住宿业设施总数为 60.8 万家，客房总规模 1891.7 万间。其中，酒店类住宿业设施 33.8 万家，客房总数 1762 万间，平均客房规模约 52 间，设施和客房数量分别占我国住宿业总规模的 56% 和 93%。其他住宿业设施 17 万家，客房总数 129.7 万间，平均客房规模约为 9 间，设施和客房数量分别占我国住宿业总规模的 44% 和 7%。

（二）星级饭店发展概况

在整个旅游住宿业中，饭店住宿业设施和客房供给占绝对优势且增速较快。据统计，我国星级饭店客房数量从 2015 年的 215.01 万间增加到 2019 年的 414.97 万间（见图 8-2）。

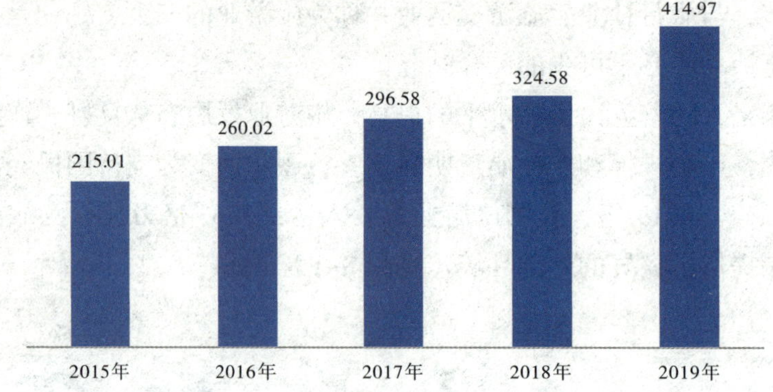

图8-2　2015—2019年我国星级饭店客房数量（万间）

从星级饭定的档次分布来看，2019 年上半年，我国经济型（二星级及以下）、中档（三星级）、高档（四星级）、豪华（五星级）四个档次饭店的设施数量分别是 1268 家、4350 家、2443 家、822 家（见图 8-3），所占比重分别为 14.63%、48.77%、27.39% 和 9.2%（见图 8-4）。

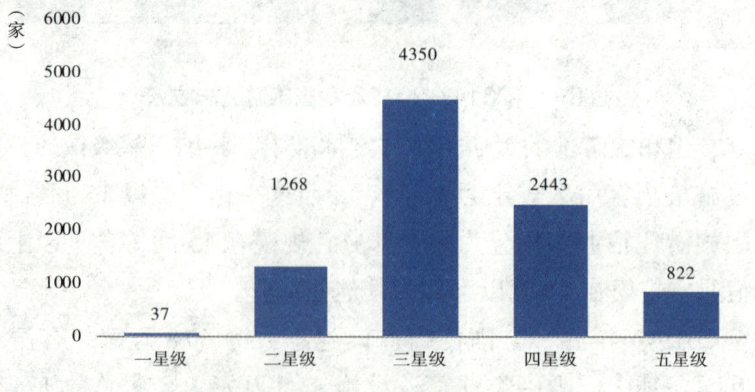

图8-3　2019年我国星级饭店数量

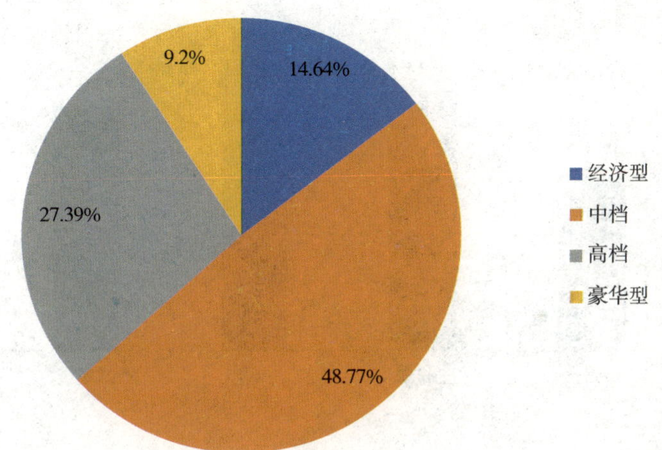

图8-4　2019年上半年我国星级饭店档次分布

从星级饭店的营业收入来看，2019 年，我国五星级饭店营业收入最高，为 814.68 亿元，其次为四星级饭店，营业收入为 661.77 亿元，三星级饭店营业收入为 384.74 亿元，二星级饭店营业收入为 46.09 亿元，一星级饭店营业收入为 0.49 亿元（见图 8-5）。

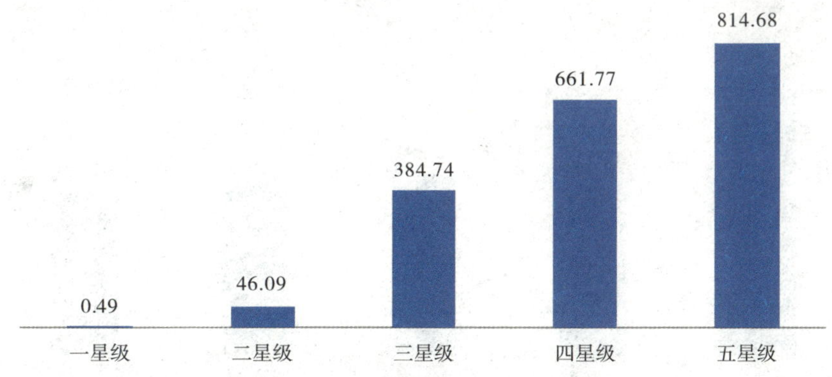

图8-5　2019年我国星级饭店营业收入（亿元）

从客房收入占饭店总收入的比重来看，2019 年，我国二星级饭店客房收入占饭店总收入的比重最高，为 50.14%；其次是五星级饭店，比重为 49.80%，三星级饭店比重为 47.70%，四星级饭店比重为 47.04%，一星级饭店比重为 35.28%（见图 8-6）。

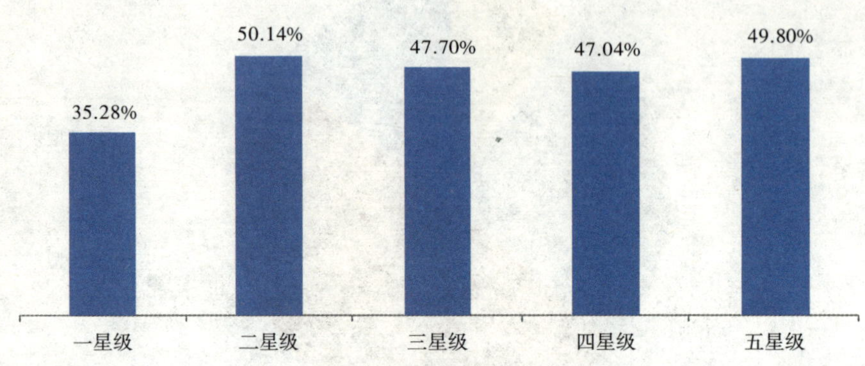

图8-6 2019年我国星级饭店客房收入占酒店总收入比重

从餐饮收入占饭店总收入的比重来看，2019 年，我国一星级饭店餐饮收入占饭店总收入的比重最高，为 62.46%，其次分别为三星级饭店占比为 40.38%，二星级饭店占比为 38.44%，四星级饭店占比为 38.68%，五星级饭店占比为 36.28%（见图 8-7）。

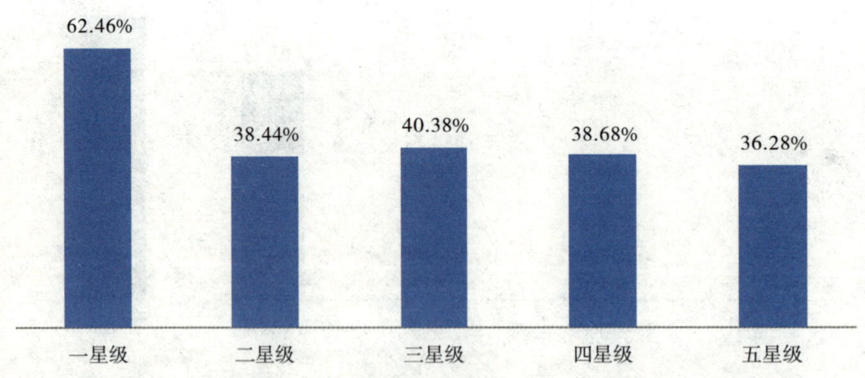

图8-7 2019年我国星级饭店餐饮收入占酒店总收入比重

从房价来看，2019 年我国星级饭店平均房价分别为：五星级饭店 639.20 元 / 间夜，四星级饭店 327.84 元 / 间夜，三星级饭店 222.04 元 / 间夜，二星级饭店 162.19 元 / 间夜，一星级饭店 74.66 元 / 间夜（见图 8-8）。

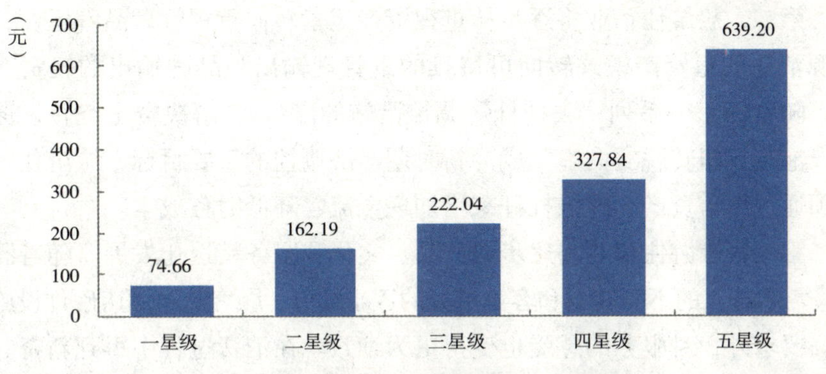

图8-8　2019年我国星级饭店平均房价

从平均出租率来看，2019 年我国星级饭店中出租率最高的是五星级饭店，出租率为 58.52%，其次是四星级饭店，出租率为 52.25%，二星级饭店出租率为 51.78%，三星级饭店出租率为 50.78%，一星级饭店出租率最低，为 42.51%（见图 8-9）。

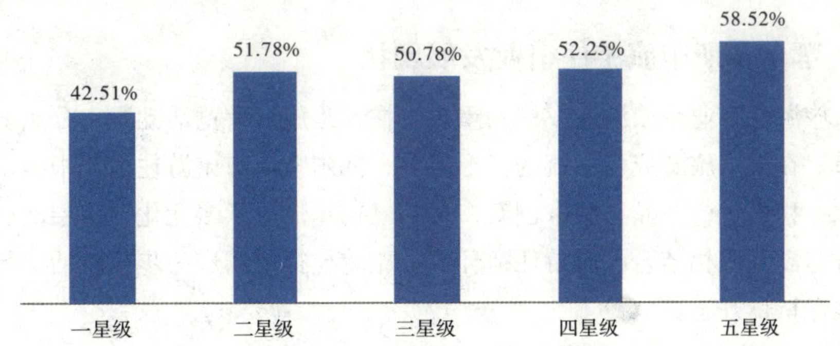

图8-9　2019年我国星级饭定平均出租率

（三）旅游住宿业发展趋势

第一，中高端酒店发展将有较大空间。目前，我国旅游住宿业市场以低端经济型酒店为主，豪华型、中高端、经济型酒店的比例分别为 8%、27%、65%。而同期欧美国家旅游住宿业中豪华型、中高端、经济型酒店的比例分别为 20%、50%、30%。参考欧美发达国家的经验，我国旅游住宿业未来会迎来中高端酒店的快速发展，酒店市场将呈现“橄榄球”结构。

第二，旅游住宿业将逐步从重视资产运营转向重视管理品牌运营，从资源消耗的重资产模式转向可持续的重管理输出与品牌输出的轻资产模式。随着国家一系列“去杠杆”调控措施的出台，“解决资金空转、遏制资产泡沫、扭转脱实向虚”成为新时期经济调控的重要目标，旅游住宿业必须通过出售资产、降低杠杆来增加现金流、降低财务成本。

第三，旅游住宿业将逐步向产品、文化和服务精选化发展。随着酒店市场需求特点的不断转变和客源市场的逐步细分，顾客除对酒店硬件设施有较高要求外，对服务的感受也变得更为细致。在消费过程中得到新奇、知识、艺术等体验成为消费者选择旅游住宿的新目标，而目前占市场主体的经济型酒店所提供的产品与服务通常具有“标准化、规范化、程序化”等特点，很难满足消费者的多样化和品质化需求。因此，未来应在酒店产品设计上充分挖掘历史文化元素、打造特色主题酒店是产品走差异化发展的有效途径，也是酒店企业形成核心竞争力的关键，随着中产阶级人群的增加，对产品、文化与服务的精选将逐渐成为酒店行业下一阶段的发展趋势。

二、鄂尔多斯市旅游住宿业发展现状

旅游住宿业是旅游业发展的重要支柱，是旅行游览活动中十分重要的环节。在大众旅游成为主流的新形势下，鄂尔多斯市旅游住宿业根据市场需求，积极进行产品与服务创新，目前已初步形成了多元化、多层次、多服务与高品质相结合的旅游住宿环境，旅游住宿市场进一步被激活，行业发展保持良好态势。

（一）旅游住宿业发展环境

1. 政策支持，发展环境向好

国家高度重视旅游住宿业发展，通过出台政策等方式为住宿业发展提供了良好的发展环境。2015 年 11 月，国务院办公厅印发《国务院办公厅关于加快发展生活性服务业促进消费结构升级的指导意见》，提出积极发展绿色饭店、主题饭店、客栈民宿、短租公寓、长租公寓等住宿业态满足广大人民的多元化消费需求。2016 年 2 月，《绿色旅游饭店》（LB/ T007—2015）行业标准开始实施。同年 12 月，《商务部关于做好“十三五”时期消费促进工作的指导意见》提出，强化住宿餐饮服务的民生功能，推进住宿餐饮行业连锁化、品牌化发展。2017 年 8 月，国家旅游局发布《旅游民宿基本要求与评价》行业标准。2018 年 9 月，国务院发布《完善促进消费体制机制实施方案（2018—2020 年）》，在进一步放宽旅游服务消费领域市场准入方面，明确提出，鼓励发展租赁式公寓、民宿客栈等旅游短租服务。

2. 消费升级，发展机遇难得

我国经济快速发展，居民收入和消费能力不断提高，人们对旅游的消费需求日益旺盛，这为住宿业的进一步扩张奠定了坚实的市场基础。同时，30~40 岁人群逐步成为消费市场的主体，他们对服务型消费的需求越来越重视，个性化和多样性的服务产品成为消费升级的新目标。在这种形势下，旅游住宿业也在不断进行新的尝试与调整，大众化服务消费呈现巨大潜力。发展度假旅游、亲子酒店、养老酒店、健康养生酒店、科技主题酒店等正成为新时期行业变革与创新的新机遇。

3. 顺应趋势，发展动力强劲

2013 年以来，我国积极推动简政放权，减轻企业负担，激发企业发展活力。2016 年后，“营改增”试点全面推开，住宿业改为缴纳增值税，企业税负明显减轻。同时，随着国家“一带一路”战略的推进，特色小镇和绿色饭店建设成为新的经济增长带，也为住宿业的发展带来了新的机遇。此外，各级地方政府也积极出台各项政策推动住宿业持续健康发展。在这种形势下，鄂尔多斯市紧紧围绕《绿色旅游饭店》行业标准，按照“创建绿色饭店、倡导绿色消费”的理念，不断强化旅游饭店创建质量，引导“创绿”单位从绿色设计、节能管理、环境管理、提供绿色产品与服务、社会环境经济效益等方面完善节能制度、强化绿色管理，目前已初步形成低投入、低消耗、高效益的环保型饭店发展模式，在旅游饭店评建中，全市有 17 家饭店被评为绿色饭店，其中，金树叶级 1 家，银树叶级 16 家。

（二）旅游住宿业发展特征

1. 住宿接待能力持续向好

近年来，鄂尔多斯市住宿业积极调整供给结构，供给侧结构性改革取得明显进展，住宿接待能力持续向好。一方面，供给能力大大提升，住宿设施明显增多，单位数和床位数不断增长。另一方面，产品供给更加丰富，主题酒店、特色民宿、自驾露营地等产品不断推陈出新，住宿接待设施日益多元，以商务型酒店、连锁型酒店、快捷酒店、精品客栈、乡村民宿为代表的非标准住宿发展较快，形成协同发展的多元化格局，进一步丰富了游客的选择。

2. 业态多元化趋势日益明显

鄂尔多斯市顺应消费升级、市场需求多样化、个性化的新趋势，着力推进住宿业转型创新。随着住宿需求的丰富，酒店业态也开始向多元化和经济化发展，住宿业进入大住宿时代，市场布局进一步优化，快捷酒店、精品客栈、汽车营地、乡村民宿、温泉设施等初步形成了组合型的酒店发展格局，极大丰富了游客的选择，成为行业发展的生力军。同时，为了满足不同类型消费者的住宿需求，鄂尔多斯市加大对各类住宿设施的建设力度，大力扶持汽车营地、度假营地、乡村民宿等建设项目，提高旅游住宿接待能力和质量。

3. “旅游 +” 成为市场升级新动力

在旅游业的食、住、行、游、购、娱六大要素的合配套服务中，旅游住宿业涉及食、住、娱三个要素，是旅游业的三大支柱之一，是人们在旅行游览中十分重视的环节。鄂尔多斯市在推进全域旅游发展进程中，将旅游引领作用作为产业融合的关键，全面整合资源，融汇旅游要素，将全域生态旅游发展理念融入经济社会发展全局，积极推动健康旅游、体育旅游、工业旅游、红色旅游、研学旅游等新业态和新产品。“旅游 +” 成为住宿业市场升级扩容的新动力。

4. 产业链拓展延伸加速

酒店产业链的下游为终端消费者，包括旅游消费者、商务或公务消费者、结婚探亲祝寿消费者、科技文化交流消费者及会展消费者等。酒店产业链的上游则包括食品制造业、在线旅行社、装修设计行业、建筑施工行业以及家具生产行业、酒店布草等用品生产行业等。为了增强企业实力，分散行业风险，实现外部利益内部化，鄂尔多斯市许多住宿企业加快一体化发展步伐，不断拓展延伸产业链。在横向拓展上，积极与携程、艺龙等在线运营商达成合作，同时，通过兼并股权运作等方式形成饭店集团，走集团化发展道路。在纵向延伸上，兼营酒店、景区、房产等相关业务。

5. 高速交通的双刃剑影响

近两年，鄂尔多斯市的高铁和动车发展很快，“旅快游慢”成为现实，对旅游业的积极作用显著。但对鄂尔多斯市旅游住宿业的影响是双面的，一方面，高铁、动车极大提高了出行便捷性，扩大了出游半径，增强了地区的可进入性，游客游兴激发，人流往来增多，为本地住宿业发展带来了机遇。另一方面，高铁缩短了旅途时间，游客在外停留时间缩短，两日游可能变成一日游，一周游的过夜天数降低，不利于旅游住宿业的发展。

（三）星级饭店发展现状

截至 2019 年，鄂尔多斯市拥有星级饭店 29 家，其中五星级饭店 2 家，占星级饭店总量的 6.89%，四星级饭店 8 家，占星级饭店总量的 27.59%，三星级饭店 18 家，占星级饭店总量的 62.07%，二星级饭店 1 家，占星级饭店总量的 3.45%。可以看出，三星级饭店数量最多，其次为四星级饭店和五星级饭店，二星级饭店数量最少（见图 8-10）。全市星级饭店客房数总计 4250 间，床位数总计 7189 张，员工数总计 2980 人，房间数和床位数最多的依然是三星级饭店，其次为四星级饭店、五星级饭店和二星级饭店（见图 8-11）。全市拥有绿色饭店 17 家，其中金叶级 1 家，银叶级 16 家。

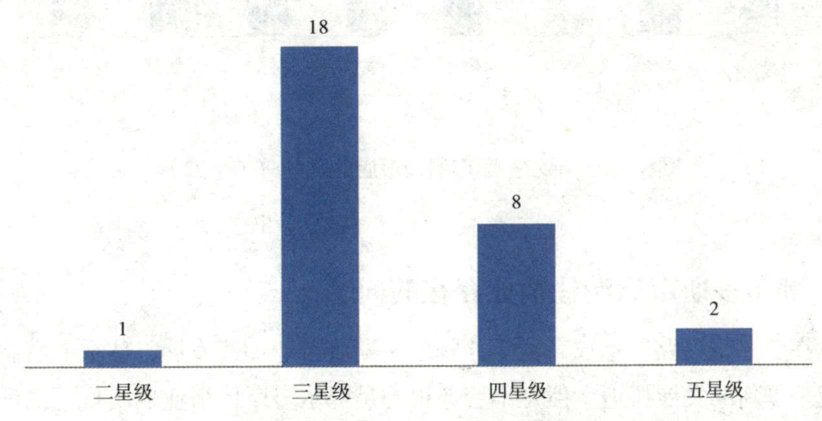

图8-10 2019年鄂尔多斯市星级饭店数量（家）

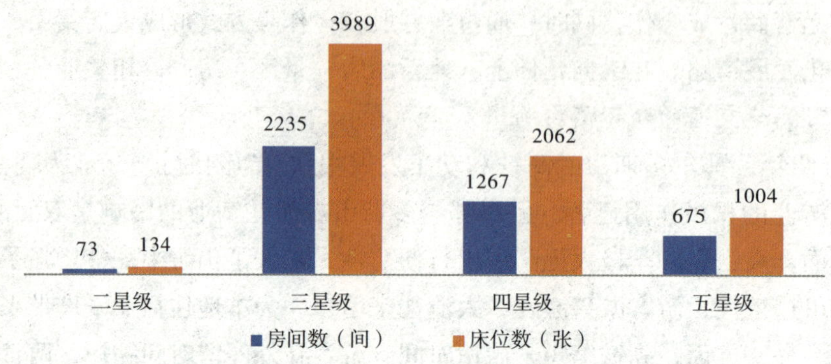

图8-11　2019年鄂尔多斯市星级饭店房间数和床位数

从区域分布来看，鄂尔多斯市星级饭店主要集中于东胜区，总数为13家，其次为鄂托克旗3家，杭锦旗3家，乌审旗3家，康巴什区2家，准格尔旗2家，鄂托克前旗2家，伊金霍洛旗1家（见图8–12）。

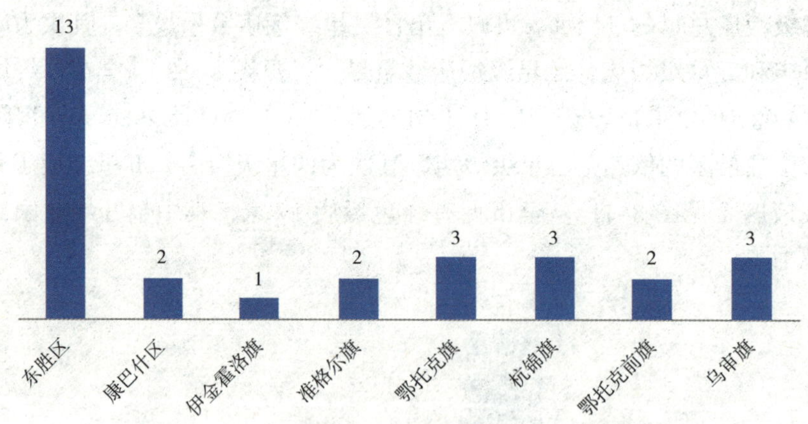

图8-12　鄂尔多斯市星级饭店的区域分布（家）

三、鄂尔多斯市旅游住宿业存在的问题

在“一带一路”倡议背景下，鄂尔多斯旅游业加速发展，住宿业发展的也迎来了新的发展机遇。但是不容忽视的是鄂尔多斯住宿业也出现了供需关系失衡、市场竞争过于激烈、酒店入住率水平不足、遭遇价格上天花板，整

体收益水平提升乏力，甚至面临利润持续下降等问题。

（一）市场竞争压力日益严峻

自 2013 年以来，鄂尔多斯酒店业经营普遍下滑，客房销售、餐饮收入持续下滑，而物价、人力成本持续上升，酒店经营面临挑战与压力。鄂尔多斯每年都会投资兴建很多酒店、饭店，投入巨大的高标准的硬件设施，由于硬件设施，包括建筑结构、楼层高度、客房面积和停车位等存在不足，给酒店经营效益提升和平台发展带来一定程度的制约。二是国内经济整体的不稳定性及政策方面的因素，公务客人、商务客人及旅游休闲的需求出现削减，酒店业供求失衡更加突出，市场竞争进一步加剧。

设备设施老化维护成本较高。鄂尔多斯星级酒店中，大多数为经营 10 年以上的酒店，大部分设施出现老化现象，一定程度上限制了酒店服务水平的提升，加大了能耗管理难度，运营成本升高，而维护成本费用的不断增加，加剧了酒店资金运作的压力。

（二）接待服务品质有待提升

鄂尔多斯住宿业经过多年发展，取得长足进步。但是与北上广深等国内大都市相比，在服务水平、管理水平、文化品牌的打造上，鄂尔多斯住宿业存在很大差距。少数中低档住宿企业整体条件比较差，内部设施不够完善，住宿企业生产的产品和提供的服务在标准化、规范化、个性化仍需进一步改进。中小型宾馆、民宿客栈从业人员总体文化层次相对较低，专业管理的水平不高，制约了鄂尔多斯住宿业的快速发展。很多高星级饭店采用精简服务人员或者服务外包的方式压缩成本，星级饭店在服务品质提升、品牌价值塑造上未能全过程管理。在互联网时代，服务一旦出现问题，就会被放大，对饭店品牌价值和整个行业都会造成不良影响。

（三）人力资源问题亟待破解

鄂尔多斯住宿业人力资源问题制约了住宿业的快速发展，影响了企业品牌打造，规模扩张和经营水平的提升，行业竞争力难以显著提高。

一是高素质人才缺乏。特别是星级饭店经营管理人才与服务人才严重缺乏。具有一定经验的管理人员和较高素质的员工难招、难留、难求，已成为困扰星级饭店业主和经营者的普遍难题。而一些酒业开业时间较长，管理人员逐渐高龄化，而新生代员工缺乏经验和磨炼，部分管理岗位和关键岗位出现人才断层现象。

二是人力成本高。近年来，饭店行业经营微利，薪酬偏低，吸引力下降。加之新饭店对劳动力需求不断增加，出现了“用工荒”问题。饭店员工缺乏，尤其是一线部门员工压力更大。饭店业员工流动率一直居高不下，高达 50% 以上。住宿企业人力成本上涨较快，在一定程度上影响企业用人。职工对待遇与福利要求越来越高，加之，生活成本较高，房价上涨过快，导致招工难、职工留等问题凸显。

（四）行业管理水平有待提升

行业协会在对外协调、行业自律等方面的工作力度有待进一步加强，鄂尔多斯饭店协会应主动引领住宿企业把握好旅游消费者的新需求，引领住宿业的服务品质全面提升，满足广大消费者需求。住宿业行业管理多头管理，造成政策法规执行力度不足、运行不畅，宏观调控处于相对薄弱状态，政出多门，未能很好地解决行业发展产生的矛盾和问题，在一定程度上阻碍了行业的有序健康发展。随着新业态不断出现，非标准住宿业快速发展，需要强化管理机制创新。

四、鄂尔多斯市旅游住宿业创新发展的策略

（一）强化文化内涵建设，创建鄂尔多斯品牌

住宿业文化内涵建设应受到高度重视，挖掘地缘、文缘等文化，鼓励特色化发展。在营销活动时，强化文化性，在产品设计、销售过程中，增加酒店产品等文化因素。丰富酒店服务的文化内涵，培养提高员工的综合素质和品位，力求在服务质量上体现文化内涵。以鄂尔多斯文化中优良的情感文化为突破口，形成鄂尔多斯品牌文化体系，创建具有自身魅力的文化氛围。

积极引导支持鄂尔多斯经营规模和效益位居前列，竞争优势明显、品牌影响力强、经营网络覆盖面广的住宿业做大做强、创新发展，培育品牌住宿企业做强会议服务、婚庆服务、休闲度假服务、餐饮服务，探索多元化经营和连锁经营。培育一批特色住宿品牌，提高行业集中度，扩大品牌

示范和带动效应，带动整个行业的发展，提升鄂尔多斯住宿品牌形象和竞争力。充分调动住宿企业的积极性、创造性，帮助企业在各个专业领域加强合作，学习各地成功经营理念、制度、措施，提升企业的可持续经营能力。尤其是规模较小的住宿企业，要结合地方特色，充分发挥自身优势。

（二）注重人才培养，提升从业人员素质

提升住宿业服务质量，重点是人才。一是要优化人才、人力政策环境，建立有针对性的人才体制和对接平台。定期组织与省内外同行交流学习，建立和高校的常态合作机制。既能有效减少企业的招工用工成本，又能帮助企业有效提升人才引进的效率和效果。二是不断完善职业教育和培训体系，提高从业人员素质。一方面，开展树立诚信理念，保持良好职业道德品质教育，增强人员的服务意识。另一方面，加大行业标准化人才培养和教育培训工作力度，推广从业人员的标准化培训，提高从业人员服务规范性和服务水平。三是鼓励企业提升内部管理水平，提高智能化水平，可采用微信开门、自助入住和退房、客房智能控制系统等人工智能来提升服务质量和水平。

（三）多业态发展、适应市场多样化需求

近年来，住宿业市场涌现一批新型业态，其中包括民宿、长短租公寓、房车营地、文化主题酒店、精品酒店、胶囊酒店、快闪酒店等新型业态，这些多元业态的协同发展，共同推动着整个住宿业的繁荣发展。

相关主管部门应当积极转变思维观念，充分利用互联网思维，协助住宿行业进行多业态发展，以此来充分迎合行业市场出现的新需求点。住宿企业以游客需求为导向，分析不同类型游客群体的需求，从住宿业的经营理念、整体环境、服务设施、服务方式、配套设施等方面入手，去满足游客多样化的需求，提升游客的住宿体验。

（四）加强行业管理，引领企业发展

首先，注重规范引领，制定行业标准。积极研究制定住宿业态标准、市场准入标准、服务规范等行业标准，对跨界经营的新兴业态，在政策制定上预留发展空间，加快制定行业标准，规范发展。其次，鼓励住宿企业创建绿色饭店。通过社会化营销、互动营销等宣传，对绿色饭店进行宣

传，树立企业和消费者的绿色饭店理念，对企业开展技术改造和能源管理进行指导。最后，行业协会要主动作为，发挥指导引领作用，在行业内部管理、行业自律方面有针对性地服务会员，为会员提供专业建议，从而在提质增效、推动住宿业向品质化发展上贡献智慧。

第九章　鄂尔多斯市全域旅游发展研究

一、全域旅游概述

（一）全域旅游的内涵

全域旅游，是指在一定区域内，以旅游业为优势产业，通过对区域内经济社会资源尤其是旅游资源、相关产业、生态环境、公共服务、体制机制、政策法规、文明素质等进行全方位、系统化的优化提升，实现区域资源有机整合、产业融合发展、社会共建共享，以旅游业带动和促进经济社会协调发展的一种新的区域协调发展理念和模式。全域旅游是一种区域旅游发展理念，更是一种旅游发展价值追求。准确把握全域旅游的内涵特征与发展架构，是有效落实全域旅游战略目标的基本前提（见图 9-1）。

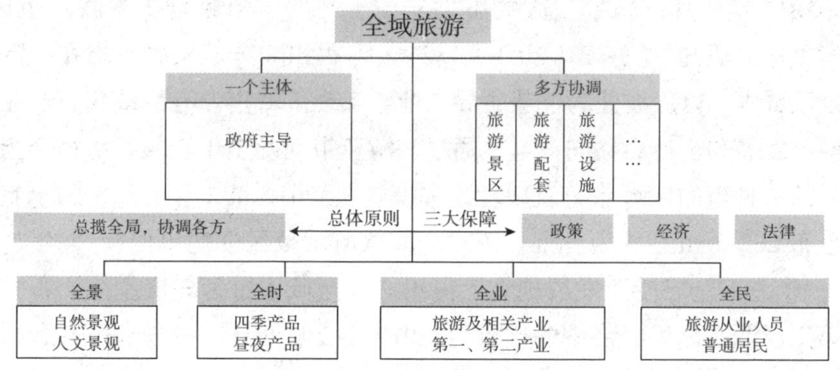

图9-1　全域旅游的内涵与外延

（二）全域旅游的发展历程

1. 发展战略提出阶段

2008 年，浙江省绍兴市提出“全城旅游”发展战略，启动全城旅游区总体规划招标，上海奇创旅游咨询运营机构中标。随后，江苏、四川、浙江、山东等省陆续将全域旅游作为区域旅游业发展战略。2009 年，江苏省在《昆山市旅游发展总体规划修编》中提出“全域旅游，全景昆山”。2010 年，四川省大邑县启动了全域旅游休闲度假战略规划。2011 年，浙江省在《杭州市“十二五”旅游休闲业发展规划》中，创新性地提出了旅游全域化战略。2012 年，四川省甘孜州提出实施全域旅游发展战略；与此同时，山东一些县域也将“全域旅游”确立为旅游业发展方向，如沂水县确立“建设全景沂水，发展全域旅游”的战略。

2. 地方试点探索阶段

2013 年，宁夏回族自治区明确提出，要“发展全域旅游，创建全域旅游示范区（省），把全区作为一个旅游目的地打造”。2013 年，桐庐成为浙江省全域旅游专项改革试点县，诸城市列为山东省全域旅游试点市，重庆渝中区启动《全域旅游规划》。2014 年，五莲县、临沂市、莱芜市、滕州市、沂水县成为山东省全域化旅游改革试点。2015 年，河南省郑州市人民政府发布《关于加快全域旅游发展的意见》。

3. 国家示范推进阶段

2015 年 8 月，国家旅游局下发《关于开展“国家全域旅游示范区”创建工作的通知》（旅发〔2015〕182 号），提出“全域旅游是指在一定的行政区域内，以旅游业为优势主导产业，实现区域资源有机整合、产业深度融合发展和全社会共同参与，通过旅游业带动乃至于统领经济社会全面发展的一种新的区域旅游发展理念和模式”。2016 年 2 月 5 日，国家旅游局公布 262 个市县成为首批“国家全域旅游示范区创建单位”。同年，我国《“十三五”旅游业发展规划》提出“以全域旅游为发展主线，不断提高第三产业在国民经济中的比重”。2017 年 3 月 5 日，中华人民共和国第十二届全国人民代表大会第五次会议上，李克强总理在《政府工作报告》中提出“完善旅游设施和服务，大力发展乡村、休闲、全域旅游”。2018 年 3 月，国务院办公厅印发《关于促进全域旅游发展的指导意见》，就加快推动旅游业转型升级、提质增效，全面优化旅游发展环境，走全域旅游发展之路做出部署。2019 年 11 月 8 日，全国全域旅游工作推进会在河南省信阳市召开，会上正式公布了首批国家全域旅游示范区名单，共有 71 家创建单位被认定为首批“国家全域旅游示范区”。

（三）全域旅游的特征

全域旅游是各行业积极融入，各部门齐抓共管，全城居民共同参与，充分利用目的地全部吸引物要素，为游客提供全过程、全时空的体验产品，从而全面地满足游客的全方位体验需求。全域旅游所追求的不单包括旅游人次和旅游收入的增长，更多的是旅游质量的提升和旅游在人们新财富革命中的价值。全域旅游在资源观、产品观、产业观和市场观方面均存在新的特点。

在全新资源观方面，不仅是旅游吸引物需要从自然和人文类型进一步扩张为社会的旅游吸引物，而且还需要将吸引物自身与吸引物所处环境结合在一起，否则孤立的吸引物就如同博物馆中的展品，很容易丧失其鲜活的生命力和吸引力。在全新资源观下，中国多数具有文化底蕴的旅游目的地，均需要进一步提炼其文化特质，加快其文化整理与重建。

在全新产品观方面，全域旅游的产品观不仅包括吸引物、吸引物所在的环境，还应包括吸引物所处环境中的居民。旅游目的地的文化不仅体现在建筑和文物上，同时还体现在当地居民的语言交流、生活态度、行为方式和文化取向等方面，居民的参与是全新产品观的重要体现，居民对所居城市的记忆和体验是游客感受目的地的重要媒介和信息来源。

在全新产业观方面，旅游业发展非孤军奋战，而是在多个产业的融合中共同发展，有些形成了产业之间的相互交叉，有些形成了产业之间的相互渗透，有些则通过产业之间的聚变反应创造形成了全新的产业，比如旅游与农业的交叉融合形成的观光农业，文化与旅游渗透融合形成的文创基地等。

在全新市场观方面，游客与居民并不是非此即彼的关系，其市场主体也不局限于外来的基于旅游目的的游客，也包括内在的基于休闲需求的居民。居民可以从休闲中享受高品质的生活，休闲中的居民本身也是游客体验的兴趣点。全域旅游不仅要为外来游客提供优质的服务，同时也要充分考虑“生于斯、长于斯”的本地居民的需求（见图 9–2）。

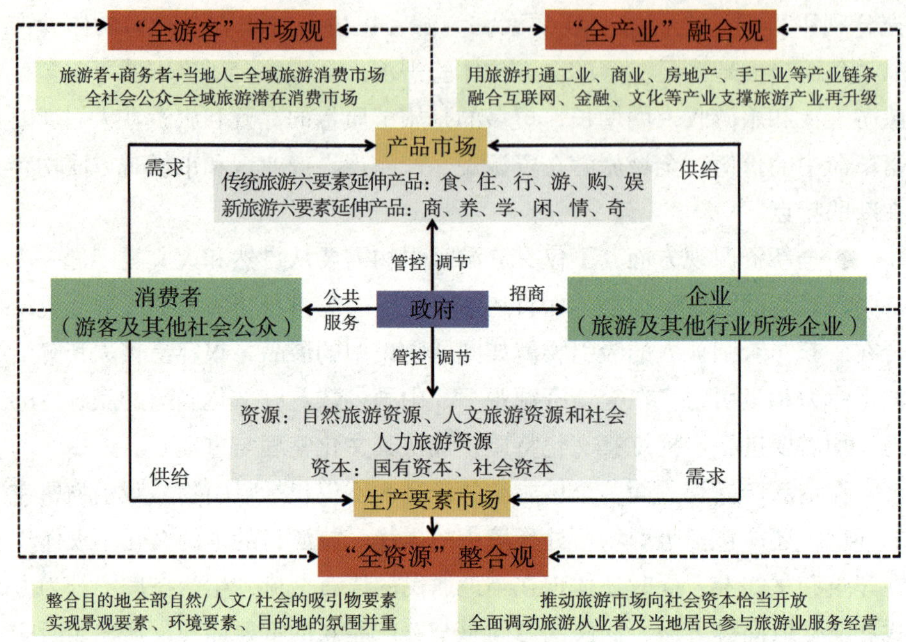

图9-2　全域旅游的特征

（四）发展全域旅游的意义

1. 发展全域旅游是旅游业贯彻落实新发展理念的重要体现

在创新发展方面，全域旅游是发展理念和模式的创新，也是旅游业转型升级的方向。发展全域旅游，需要拓展区域旅游业的发展空间，培育区域旅游业新的增长极，构建区域旅游产业的新体系，培育区域旅游市场的新主体和消费新热点。在协调发展方面，全域旅游是推进协调发展、提升发展质量的有效载体，有利于统筹实施供给侧结构性改革，促进供需协调；有利于推动区域特色化发展，促进景点景区内外协调；有利于推进乡村旅游提质增效，促进城乡协调；有利于完善产业配套要素，促进软硬件协调；有利于提升整体服务水平，促进规模质量协调。在绿色发展方面，发展全域旅游能把生态和旅游结合起来，把资源和产品对接起来，把保护和发展统一起来，将绿水青山变成金山银山，创造更多的绿色财富和生态福利。在开放发展方面，全域旅游更加注重拓展开放发展空间，打破地域分割、行政分割和各种制约，形成开放发展的大格局。在共享发展方面，发展全域旅游、促进城乡旅游互动和城乡发展一体化，不仅能改善农村基础设施，提高农村人民的福祉，还能提升城乡居民生活质量，形成统一高效、平等有序的城乡旅游大市场。

2. 发展全域旅游是促进旅游业高质量发展的必然选择

一个地区的旅游业发展质量不仅取决于旅行社、酒店和景区提供的服务质量，还取决于整个地区的综合环境。这就要求从整体上优化旅游发展环境和旅游全过程管理，支持旅游基础设施、公共服务体系和旅游服务要素配套。当前，一些地方旅游市场秩序混乱，旅游产品和以厕所为代表的公共服务及交通等基础设施供给与井喷式增长的旅游市场需求不相适应，企业对门票经济的过度依赖与广大游客的承受能力和期待不相适应等问题，都需要通过发展全域旅游来解决。

3. 发展全域旅游是推进城镇化和乡村振兴的有效载体

发展全域旅游能够有效改善城镇环境和农村基础设施，促进城镇优化发展与乡村振兴。就城市而言，能够促进城市人口向特色旅游小镇有序转移，聚集人气商机，带动现代生态农业和农副产品加工商贸物流、交通运输、餐饮酒店等行业联动发展，为城镇化提供有力的产业支撑。就农村而言，发展全域旅游，能改善农村生态环境，建设美丽乡村，实现城市文明和乡村文明的相融，带动农牧民实现就地、就近就业和就地市民化，加快实现传统生活方式向现代生活方式的转变。

4. 发展全域旅游是提升旅游业国际竞争力的有效途径

当前世界，旅游业对全域经济发展的贡献已超过 10%，美国、西班牙、德国、英国、俄罗斯、日本、韩国、巴西、印度、南非等众多国家纷纷将发展旅游业提升到国家战略层面。我国旅游业在发展初期，主要依托自然遗产和文化遗产进行项目开发，如今，游客更加注重对旅游目的地风俗习惯、人文情怀的深入探索、体验和交流。全域旅游倡导“全景、全业、全时、全民”四全发展模式，是顺应旅游业发展新趋势，全面提升我国旅游业国际竞争力的有效途径。

二、鄂尔多斯市全域旅游发展的条件

（一）通畅便利的旅游区位条件

鄂尔多斯市位于内蒙古自治区西南部，南临古长城，与晋、陕、宁三省区毗邻，西、北、东三面黄河环绕，与呼和浩特市和包头市隔河相望，构成内蒙古最具活力的经济“金三角”，与宁夏宁东、陕西榆林构成我国北方重要的能源“金三角”。此外，鄂尔多斯市还是当代草原丝绸之路的连接纽带，是贯彻内蒙古深度融入“一带一路”倡议的重要依托，是中俄蒙经济走廊中的重要节点。区位交通条件便捷，已初步形成由航空、铁路、公路组成的立体化交通网络。鄂尔多斯机场是华北地区首家支线 4E 级国际机场，截至 2019 年年底，共营运航线 56 条，通航城市 60 个，与周边呼和浩特机场、银川机场形成 2000 万的游客航空输送网络。铁路四通八达，通车里程达 2550 公里，已与呼包形成 1 小时交通圈，与晋陕形成 4 小时交通圈，未来与京津冀地区也将形成 4 小时交通圈。公路总里程 24239 公里，其中高速公路 1266 公里，荣乌高速、包茂高速两条高速公路组成全市大十字交通，域内共设置 5 条旅游专线，分别为东胜至成吉思汗陵、东胜至响沙湾、东胜至万通温泉水世界、东胜至恩格贝生态旅游区、东胜至七星湖沙漠生态旅游区。

（二）丰富独特的旅游资源条件

特殊的地理位置和悠久的文明历史赋予了鄂尔多斯市丰富多样的旅游资源。根据中华人民共和国国家标准《旅游资源分类、调查与评价》（GB/T 18972—2003）进行统计，全市旅游资源共有 7 个主类、21 个亚类、42 个基本类型，属于资源类型比较丰富的地区，且资源等级较高，空间组合度和资源开发程度良好。

从气候条件来看，鄂尔多斯市位于北纬 37°~40°，夏季清凉舒爽、温湿宜人，6—8 月平均气温 21.4℃，是休闲避暑的宝地。从自然景观来看，鄂尔多斯市拥有欧亚草原内陆东部最具代表性的自然资源，沙漠绿洲横贯东西、沙地纵贯南北，草原湖泊、黄土高原、峡谷奇观、温泉森林等景观错落有致。从历史文化来看，鄂尔多斯是人类文明的发祥地之一，拥有河套文化、匈奴文化、成吉思汗文化、苏力德文化、祭祀文化、民俗文化、红色文化、宗教文化、名人文化和工业文化等多种文化类型。从产业条件来看，鄂尔多斯市具有相当丰富的产业资源和非常优美的城市环境资源（见表 9–1）。

表9–1 鄂尔多斯市产业资源统计

序号	产业资源名称	产业资源内容
1	羊绒产业资源	羊绒制品产量约占全国的1/3、世界的1/4，是名副其实的中国绒城、世界绒都
2	煤产业资源	煤炭探明储量1930亿吨，约占全国的1/6，预测总储量在1万亿吨以上
3	天然气产业资源	天然气探明储量4.4万亿立方米，约占全国的1/3，世界最大的整装气田—苏里格气田位于境内，煤层气远景储量达5万亿立方米
4	高岭土产业资源	境内黏土、高岭土、铝矾土等一系列非金属矿产资源储量丰富、品位较高，极具开采价值
5	螺旋藻产业资源	境内鄂托克旗是世界螺旋藻主要供应基地，现已成为集螺旋藻产、学、研于一体的“中国藻都”
6	加工产业资源	包含羊绒加工、肉制品加工、奶制品加工等多种加工业态
7	新能源产业资源	风能、太阳能等新能源资源丰富，可大力发展光伏产业等新能源产业，促进新能源产业与旅游开发相结合
8	沙生植物产业资源	境内拥有库布其沙漠和毛乌素沙地，可发展沙柳、柠条、沙地柏、杨柴、花棒等沙生灌木及濒危植物种植
9	文创产业资源	蒙古族草原文化、节庆民俗、羊绒等文化可与旅游业结合，发展文化创意旅游产业

（三）发展壮大的产业基础条件

据鄂尔多斯市 2019 年国民经济和社会发展统计公报数据显示，2019 年全市完成地区生产总值 3605.0 亿元，按第四次全国经济普查修订数据后的同口径可比价计算，比上年增长 4.0%。分产业看，第一产业增加值 123.7 亿元，同比增长 1.5%，对经济增长的贡献率为 1.3%，拉动 GDP 增长 0.1 个百分点；第二产业增加值 2092.3 亿元，同比增长 4.3%，对经济增长的贡献率为 63.8%，拉动 GDP 增长 2.5 个百分点；第三产业增加值 1389.1 亿元，同比增长 3.6%，对经济增长的贡献率为 35.0%，拉动 GDP

增长 1.4 个百分点。三次产业增加值比例调整为 3.4 : 58 : 38.6。第一产业略有提升，第三产业在国民经济中的地位越来越高。

从旅游产业的基础条件来看，在产业规模方面，截至 2019 年年底，鄂尔多斯市拥有 A 级旅游景区 44 个，其中，国家 5A 级旅游景区 2 家，4A 级旅游景区 27 家，3A 级旅游景区 9 家；星级饭店 29 家，其中，五星级饭店 2 家，四星级饭店 8 家，三星级饭店 18 家；全市拥有旅行社 124 家，其中设立社 102 家，分社 22 家，出境社 7 家，国内社 95 家，各级各类农（牧）家乐 830 余家，旅游产业规模不断发展壮大。在客源市场方面，鄂尔多斯市旅游接待人次和旅游收入都实现了快速增长，2019 年，全市共接待旅游者 1736 万人次，比上年同期增长 19.4%，实现旅游收入 508 亿元，比上年同期增长 15.1%。

（四）支持有力的旅游环境条件

近年来，鄂尔多斯市出台了一系列支持促进全域旅游发展的相关政策措施，在加大文化旅游营销力度，强化文化旅游宣传，推进文化旅游全产业链协调发展，创新文化旅游金融服务，鼓励文化旅游产业创新创意发展，促进文化旅游人才队伍建设，开展文化旅游服务标准化评定管理七个方面创立了推动全域旅游健康发展的体制机制。《鄂尔多斯市旅游业“十三五”规划》中明确提出：按照全域旅游发展要求，加大旅游业改革创新力度，积极推动旅游业提质增效和转型发展，把鄂尔多斯市建成国家级全域旅游示范区和国家级旅游业改革先行区，努力将鄂尔多斯市打造成国内知名的休闲度假旅游目的地。在政策的支持和规划的引导下，鄂尔多斯市旅游发展环境得到改善，旅游发展空间得到拓展，旅游项目投资规模显著增长，新建项目和续建项目不断增加。

三、鄂尔多斯市全域旅游发展的成绩

2016 年，鄂尔多斯市被正式列入第二批国家全域旅游示范区创建名单，内蒙古全域旅游推进现场会在鄂尔多斯市召开，这标志着鄂尔多斯市进入全面开启全域旅游的新时代。全市认真贯彻落实国家关于全域旅游发展的决策部署，按照“旅游治理规范化、旅游发展全域化、旅游供给品质化、旅游参与全民化、旅游效应最大化”的目标，着力在改革体制机制、优化发展环境、提升供给和服务品质、强化综合治理等方面开拓创新，全域旅游发展成效显著，旅游业加快转型升级、提质增效步伐，已成为全市战略性支柱性产业。2020 年 12 月，康巴什区被文化和旅游部认定为第二批国家全域旅游示范区。

（一）突出党政统筹，形成全域旅游发展新合力

1. 组织体系健全

市委、市政府成立了市委书记任组长、市长任第一副组长的全域旅游发展工作领导小组，通过召开专题会议、实地调研、重点批示等方式，研究部署规划编制、项目建设、宣传营销等重点工作。市人大常委会自 2015 年起对旅游工作进行专题调研。市政协将发展乡村旅游、工业旅游作为重点协商问题加以推动。2019 年 1 月，市文化和旅游局正式挂牌成立，形成党委领导、政府牵头、部门协作的“综合产业综合抓”发展新局面。

2. 政策体系精准

市委、市政府连续出台了“管方向、能落地和有效激励”的三个政策文件，形成了较为完整的推进全域旅游发展的政策体系。“管方向”是指出台了一个总的指导文件，即《创建国家全域旅游示范区实施意见》，明确了落实创建国家全域旅游示范区的目标步骤和工作任务。“能落地”是指制定了年度任务清单,即《创建国家全域旅游示范区 2017 年工作方案》，将重点工作任务分解落实到各旗区和有关部门。“有效激励”是指激发市场主体活力的有效举措，即《鄂尔多斯市支持促进全域旅游发展若干政策措施》，对加快重点项目建设、全域优化产品体系、全方位开展宣传营销、加快完善公共服务、加大品牌创建力度和加强旅游人才队伍建设六个方面重点支持。为推进政策有效实施，鄂尔多斯市文化和旅游局联合市财政局制定印发了《鄂尔多斯市全域旅游发展专项资金使用管理办法》，明确了政策扶持项目的资金申报流程和要求。

3. 规划体系完善

组织专家团队在对全市旅游资源摸底调查的基础上，对旅游产业进行再审视、再定位，编制了全市《全域旅游发展总体规划》和品牌线路、自

驾车旅居车营地、公共服务体系建设3个专项规划。此外，还编制完成了《旅游厕所建设规划》《红色旅游线路规划》和《旅游标准化发展规划》，为全域旅游的有序健康发展指明了发展方向和实施路径。

（二）突出项目引领，集聚全域旅游发展新动能

1. 强化资金引导

鄂尔多斯市设立旅游发展政策资金，引导全域游、四季游、全时游加快发展。市政府剥离涉旅国有资产，组建了鄂尔多斯文化旅游发展集团。与鄂尔多斯市金融办等五部门共同印发了《关于金融支持旅游业加快发展的实施意见》，从丰富旅游信贷产品和服务、拓宽旅游企业投融资渠道等五大方面支持全域旅游发展。同时，建立了旅游重点融资项目库，支持七星湖、准格尔召旅游专线等9个旅游项目建设。

2. 加强招商引资

实施“招创意商、招营销商、招投资商、招管理商”四大招商引资引智工程。市政府与中青旅、携程等公司签订战略合作框架协议，重点在市场开拓、形象推广、产品开发等方面合作。鄂托克前旗引入宁夏同心圆文化产业公司，委托组建并管理运营鄂托克前旗文化旅游集团公司；伊金霍洛旗与海润影视制作公司合作，在蒙古源流旅游区共建影视拍摄基地，并托管北方民国城和摄影棚等；康巴什区引入陕西沣美文化产业发展有限公司建设康镇项目。

3. 紧盯重点项目

市级层面抓龙头带动项目，旗区层面抓旅游基础设施和乡村旅游等项目。2019年，全市重点调度响沙湾旅游区、成吉思汗陵旅游区5A整改提升项目、鄂尔多斯市万家惠欢乐世界项目等38个亿元以上重点文旅项目的建设和运营，截至2019年6月底，开复工项目29个，年内新增投入2.63亿元，累计完成投资47.72亿元。与此同时，着力抓好A级景区的品质提升和文化旅游基础设施配套建设，新增国家4A级景区1家，新改建旅游厕所93座。2020年，市文化和旅游局重点调度建设规模在500万元以上的50个文化旅游项目，总投资74.5亿元。同时，完善旅游重点项目库，蒙古源流和布龙湖温泉项目列入全国优秀旅游项目名录。

（三）突出创新融合，增添全域旅游发展新活力

1. 促融合发展

推动旅游与城镇建设、文化、体育等多产业融合发展。推进城川镇、龙口镇等旅游小镇建设，成功举办第二届鄂尔多斯美丽乡村旅游节；新评市级旅游示范村 9 个、农牧家乐旅游典型示范户 27 家；组织举办了中国户外大会、劲旅景区峰会等特色会议；推出了大型舞台剧《一代天骄》和《鄂尔多斯婚礼》实景演出等一批旅游演艺产品；以城川民院为核心的“1+6”红色教育基地建成开放。

2. 抓品牌创建

一是建品质酒店，提升度假型酒店服务质量。七星湖、响沙湾等旅游景区的度假酒店，皇冠假日、博源豪生、乌兰国际等中心城区的高端酒店入住率不断提高，旅游旺季入住率超过 85%。二是创品牌景区，提升景区等级建设。稳步推动康巴什创建国家级旅游度假区，推动七星湖、萨拉乌苏创建国家 5A 级旅游景区。三是育名牌商品，提升产品和服务质量。培育了荣朝文化、准旗国礼瓷等一批优质旅游商品企业。“匈奴金冠系列茶具”和“一跃成名”系列笔筒分别获得全国民族特色旅游商品银奖和铜奖。

3. 推全域线路

围绕全域游、四季游，策划推出了多条主题精品旅游线路和全域旅游线路，印制宣传折页、制作展板，在酒店、机场、旅行社等地高密度投放。同时，在旅游官方网站、微信、微博等线上平台开展宣传推广。

（四）突出品牌推广，拓展全域旅游发展新空间

1. 精准施策

全市每年投入大量资金用于营销推广，加大在中央电视台等媒体的广告投放力度。同时，在北京、上海等重点客源城市的高铁、机场、车站、楼宇、交通干道以及市内公交车、出租车等处，高频次、高密度宣传推广“鄂尔多斯温暖全世界”的旅游形象，加快开拓入境游和淡季游。

2. 做优基础

建立了鄂尔多斯旅游宣传图片库、视频库和文字库，收录了 1460 幅旅游美图、45 个共 130 分钟的旅游视频。制作了“四个一”宣传品，其

中“一册”包含自驾游手册等；“一书”包含《游遍鄂尔多斯》等；“一片”包含旅游宣传片、风光片、纪录片等；“一图”包含旅游手绘地图、旅游交通图等。几年来，在旅游宣传方面已形成了科学实用、种类丰富、特色突出的系列宣传品。

3. 精准营销

通过走出去、请进来、强合作、抓契机等多种方式做好精准营销。一是走出去，先后赴成都、深圳、南京等26个重点客源市场、通航城市举办旅游推介会。在广州国际旅游博览会上特装参展。多次走进榆林、包头、呼和浩特等周边城市，举办“周末内蒙古·鄂尔多斯游”专题推介和消夏路演等集中推广活动。赴北京、新加坡、俄罗斯等地参加国内外大型旅游展览会。二是请进来。邀请全国近百家旅行社、俱乐部和新闻媒体，举办旅游推介踩线活动。与市广播电视台等合作，邀请国内知名媒体人，组织举办“畅行中国·感受鄂尔多斯——全国交通广播记者走进21℃夏天”主题采访活动暨交广自驾游高峰论坛和中国广播联盟《飞越城市》广播节目协作体第十六届年会暨百城名嘴感受“魅力鄂尔多斯”等大型旅游主题活动。三是强合作。在第二届鄂托克前旗马兰花节期间，举办了蒙陕宁周边城市旅游合作论坛。组织举办首届“北方之路”航旅论坛，鄂尔多斯国际机场已联合东航、联航等多家航空公司及国内外近百家旅行社，加密旅游包机。“北方之路”开通以来，已组织旅游包机525架次，运送游客25万人次。与同程网合作，在其南京、上海、杭州的实体店设立了30个线下体验店，进行集中宣传，并在其官网进行线上同步推广。委托内蒙古易东联网络科技有限公司运维官网，累计推荐阅读量达1692万次，编发原创软文199篇。四是抓契机。抓住《联合国防治荒漠化公约》第十三次缔约方大会在鄂尔多斯市举办的契机，在会场和会议代表入住酒店设立旅游咨询服务中心，印制发放中英文旅游宣传资料6类8万份，向大会来宾宣传推介鄂尔多斯旅游资源和产品，提升国际影响力。

4. 精办活动

按照政企联动、旗区互动的思路，推出“文化+旅游”“体育+旅游”“舞蹈+旅游”等系列活动，形成了“1个大型国际性活动”加“百余个地区特色旅游节庆活动”的“1+N”产品体系。在康巴什区集中举办了鄂尔多斯首届旅游美食节、首届旅游商品展和自驾装备展三项大型系列旅游惠民活动。开展了世界旅游城市形象大使选拔赛全球总决赛，来自 62 个国家和地区的世界旅游城市形象大使体验、分享、传播了鄂尔多斯旅游之美。与东胜区政府共同主办“首届鄂尔多斯冰雪嘉年华暨第七届鄂尔多斯冰雪旅游文化节”。与此同时，还成功举办了圣火文化节、“爱在弓弦·爱在库布其”群英会、杏花节、牡丹花节、万人广场舞大赛等 200 多个文化体育旅游主题活动，吸引游客近 300 万人次。节庆活动成为聚人气、促消费的旅游亮丽名片。

（五）突出品质服务，优化全域旅游发展新环境

为提升旅游服务质量，全市以品质服务为目标，着力塑造“满意鄂尔多斯”旅游服务品牌。

1. 旅游便利化促提升

一是完善旅游公路配套。开通了中心城区至成吉思汗陵、响沙湾、鄂尔多斯草原、康镇等重点景区的旅游公交。二是完善旅游标识与厕所配套。目前已更新完善旅游标识牌 290 多块，安排 1000 万元专项资金用于旅游厕所建设，新建改建旅游厕所 270 座，荣获全国厕所革命综合推进先进单位。三是完善综合咨询服务。完成鄂尔多斯智慧旅游平台前期建设方案和招投标工作，按照国家一级标准建设鄂尔多斯市游客集散中心，同时整合官方微博、微信等线上资源，增设旅游线路、自驾游、重点景区 360° 全景漫游等功能。

2. 文明旅游促提升

与鄂尔多斯市文明办共同制定文明旅游工作方案，印制发放文明旅游宣传海报 1 万张、宣传资料 8 万份。原国家旅游局主办的“美丽公约”蓝丝带文明旅游公益活动连续两年在鄂尔多斯市成功举办，同时还评选表彰了一批优秀旅游志愿者。

3. 综合监管促提升

鄂尔多斯市旅游质量监督管理所更名为鄂尔多斯市旅游市场综合执法局，成为全市保留的 19 个行政综合执法机构之一。旅游、公安、质监等多部门联合开展旅游市场整治和旅游安全检查，已检查旅游企业346家次，下达整改通知书20份，受理旅游投诉88起，协调理赔金6.6万元。与呼市、包头等地进行了跨区域旅游市场联合大检查，组织展开“秋冬会战”督查暨全市旅游安全大检查。全市旅游安全形势稳定，市场运行有序。

4. 人才建设促提升

《鄂尔多斯市旅游休闲度假产品经营管理人才引育工程》成功入选自治区人才项目引领支持计划。组织举办旅游信息化、文明旅游、旅游标准化、行政执法、乡村旅游等各类培训班6期。采用“以赛代训”提升旅游从业人员素质，如全市导游员（讲解员）服务技能大赛和“中国梦·劳动美”第九届鄂尔多斯市旅游饭店服务技能大赛，通过比赛，提高了旅游从业人员的行业自信和自律，提升了旅游服务质量和水平。

四、鄂尔多斯市全域旅游发展的问题

尽管鄂尔多斯市旅游业发展成效显著，但从总体发展水平看，仍存在较多问题，距离国家制定的全域旅游基本标准还存在一定差距。

（一）管理体制机制不完善，部门协调较难

全域旅游是一个新名词，提出时间和发展过程相对较短，全国各地对如何发展全域旅游还处于探索阶段。在这一阶段，无论是规划设计、制度建设还是政策措施都相对滞后于全域旅游现实发展的需要。就鄂尔多斯市而言，一方面，行业管理标准和自律机制、服务质量监督机制、市场主体退出机制、监督考评机制等管理机制建设不完善。另一方面，投资机制、激励机制、保障机制等运行机制不健全，无法最大限度地激发市场主体的活力，这势必会影响鄂尔多斯市全域旅游战略的实施和开展。另外，全域旅游的发展涉及多部门、多领域、多行业、多区域。目前鄂尔多斯市各部门、领域、行业、区域间缺少一个可以统筹全局、协调各方的专门机构对全域旅游的发展进行全面统筹规划。各部门也没有将自身置于全域旅游发展的大格局之下，尚未认识到自身在全域旅游发展中的地位和作用。

（二）产业协同发展不显著，整合成效不高

目前，鄂尔多斯市全域旅游产业的整体布局相对较狭窄，主要表现在：

第一，旅游资源整合力度不够大，集约化程度不够高，产业融合多停留于农家乐、露营野炊、蔬果采摘等低层次，高层次的旅游产品严重不足。第二，随着时代的发展，旅游产业的形式也发生了显著的变化，旅游业和文化、体育、技术、农业、工业等产业的融合点也越来越多。然而，从实际情况看，鄂尔多斯市全域旅游的发展与其他产业的融合发展不够，"旅游 +" 开发不到位。第三，传统旅游六要素的产业链条各环节尚未打通，未形成有效的衔接，各产业、各部门间相对独立，缺乏联动。因此，如何基于鄂尔多斯市的各类产业资源，挖掘各自的优势，并且通过相应的措施将这些优势整合在一起，开拓多元化的旅游模式，进而形成旅游业的规模效应，保证鄂尔多斯市全域旅游战略的顺利实施是鄂尔多斯市未来全域旅游发展的关键和重点。

（三）旅游产品体系不健全，开发水平不高

在全域旅游发展的利好形势和优良环境的引领带动下，鄂尔多斯市全域旅游产品的有效供给水平不断提高，但总体来说，仍未摆脱"有资源少产品、有产品少品质、有品质少品牌、有品牌少服务"的局面，尚未形成健全完备的产品体系。从产品形态上讲，观光旅游产品仍占主导地位，高品质的休闲度假产品和专项旅游产品较为缺乏。从产品层次上看，以传统观光型的初级产品为主，参与式、体验式、沉浸式的高层次、特色化旅游产品偏少。从产品业态来讲，与其他产业融合催生的新产品，如高端休闲地产、邮轮旅游、旅游装备制造、文化创意、数字娱乐、旅游咨询等产品开发不足。从产品供给时间来看，夏秋季产品多，冬春季产品少，白天产品多，夜间产品少，与全域旅游所倡导的"全时"产品差距较大。从产业链角度讲，旅游六要素开发不均衡，"食住游"相对完善，"行购娱"环节较为薄弱。

（四）基础设施建设不完善，便利程度较低

近年来，鄂尔多斯市以"厕所革命"为总领的基础设施革命虽然在资源配备上取得了明显成效，但依旧存在诸多不足。首先，道路交通系统尚不够完善。公路运输方面，部分新建公路和主干道之间缺乏很好的衔接，还有一些乡村旅游点没有通柏油路；旅游专线主要在达拉特旗到

伊金霍洛旗南北线上，尚未形成覆盖全市的全域旅游专线交通网络；汽车站的规模和容量不足以支撑全域公共旅游交通网络的建设；准格尔旗内道路多为运煤专线，收费站较多，粉尘也较大。机场铁路方面，机场流量较小，连接的城市相对较少，低空飞行未得到充分利用；工业铁路弃用，旅游专列尚未正式开通，在一定程度上限制了全域旅游的发展。其次，景区配套设施不健全。大部分旅游景区一到节假日，停车场明显不足，车辆停放路边能绵延数公里。游客中心、公厕等配套设施缺乏，景区卫生状况差，水电路管网等级不高，无线宽带网覆盖面不足，有些较偏僻的旅游点，手机没有信号，安全监控建设不足，旅游标识标牌也需要进一步完善。再次，景区周边休闲、度假、购物、娱乐等设施服务配套跟不上旅游发展需要。一些景点周边的宾馆数量少、条件差，无法满足接待大型旅游团体的需要。最后，智慧旅游方面，尚未建立全市大数据中心和全市智慧旅游公共服务平台，也没建立起市、旗区全覆盖的智慧旅游系统，旅游、经信、商务、交通、公安、气象等部门数据还不能共享，不具备全域旅游数据分析、运行监测、智慧管理、智慧营销和智慧服务等功能。

（五）从业人员素质不够高，服务水平较低

旅游业从业者素质参差不齐，特色服务相对较少。从导游角度来看，全域旅游不同于传统旅游的一大特点是，导游不再受旅行社和区域限制，可以自由流动，满足游客自驾游、自助游等个性化需求。然而，鄂尔多斯市现有的导游管理体制还无法让导游真正“解放出来”，做到自由流动，导游受旅行社和地域的限制较大。从农牧民角度来看，在全域旅游发展中，一方面要面临征地问题，一些农牧民借此机会漫天要价，不支持政府的旅游开发；另一方面也有部分农牧民真正参与旅游业发展，但由于他们缺乏专业知识，加之大多未受过专业培训，直接上岗后，旅游投诉事件时有发生。从旅游开发者角度来看，伴随鄂尔多斯市全域旅游发展的浪潮，部分项目缺乏规划，盲目上马，造成自然环境破坏和资源浪费，影响全域旅游健康发展。

五、鄂尔多斯市全域旅游发展的策略

鄂尔多斯市应明确发展全域旅游的总体目标，应以“大产业、大融合、大营销、大产品、大服务”为基点，以具有一个国家改革旅游先行区、一批优质品牌旅游区、一批国内外知名旅游企业、一批本土旅游企业、一批旅游公共服务平台和一批旅游发展项目为基本条件，以景区依托型旅游模式为抓手，结合国内外经济发展和全域旅游发展趋势，构建旅游业全产业体系。具体可从以下几方面着手。

（一）推进制度建设

一是要把加强和完善旅游领域各方面制度作为旅游业改革发展的大事来抓，不断提高旅游业管理的现代化水平。二是要积极顺应综合产业综合抓的特点，建立旅游市场综合管理机制，健全旅游投诉和服务质量监督机制，完善行业管理标准和自律机制，构建旅游市场主体退出机制，制定旅游市场监管责任清单，推进旅游警察、旅游巡回法庭等监管载体建设，加强事前、事中、事后全过程监管。三是要理顺旅游资源管理体制机制，改革创新投融资模式，加强项目建设的资金保障，破除区域壁垒障碍，实现资源有效整合，更好地发挥市场在资源配置中的决定性作用，做到统一规划、整体开发、综合利用、利益共享，实现资源保护、管理、经营相辅相成、相得益彰。四是要创新旅游用地政策，在符合相关规划前提下，区分不同项目用地性质和途径，用好用足土地增减挂钩政策，鼓励农民通过转包、转让、入股、合作、租住、互换等方式为全域旅游发展提供用地。

（二）深化文旅融合

一是要按照“宜融则融、能融尽融，以文促旅、以旅彰文”的理念，持续推进文化和旅游融合发展再上新台阶。二是要有效提升和深入挖掘传统村落、文物遗迹、非遗文化以及博物馆、纪念馆、美术馆、艺术馆等文化产品的旅游体验和价值功能，进一步拓展剧场、演艺等文化产业与旅游业的融合。三是要深入挖掘中华优秀传统文化精髓和鄂尔多斯当地特色文化，努力打造既有文化底蕴又富有时代精神的旅游精品，开发具有文化内涵的旅游商品，推动旅游业成为传播中华优秀传统文化的重要渠道。四是要加大旅游文创产品开发力度，用文化创意提升旅游产品设计水平，推进旅游文创产业发展。

（三）推进产业升级

一是要继续加大旅游产业融合开放力度，顺应消费升级的变化，大力实施“旅游+”和“+旅游”战略，孵化一批新产业新业态，开发一批符合市场需求的好项目好产品，把全域旅游区域打造成产业转型升级的集聚区，加快构筑新的生产力和竞争力。二是要落实中小旅游企业扶持政策，促进旅游投资主体多元化，壮大旅游市场主体。三是要大力培育生态旅游、自驾车旅居车旅游、低空旅游、冰雪旅游、研学旅游、红色旅游、乡村旅游、探险旅游等旅游新业态。四是进一步提升旅游产品文化内涵、科技水平、绿色含量，注重打造精细化、差异化、个性化、特色化旅游产品，增加有效供给、优质供给、弹性供给，切实提升游客的体验度和满意度。

（四）补齐服务短板

一是要聚焦主攻方向，持之以恒地推进“厕所革命”，努力提高城乡公厕管理维护水平，重点推进乡村旅游、农家乐厕所整体改造，继续加大财政预算内资金、旅游发展基金和各级政府投资对“厕所革命”的支持力度。二是要主动顺应自助游、自驾游发展趋势，优化交通体系，健全交通网络，改善通达条件，重点提高旅游景区可进入性，切实强化旅游客运、城市公交对旅游景区、景点的服务保障，积极鼓励在国省干线公路和通景区公路沿线增设观景台、自驾车房车营地和公路服务区等设施，大力推进风景道、慢行系统、交通驿站等旅游交通休闲设施建设。三是要进一步完善机场、车站、乡村等重点地区旅游集散咨询服务体系，有效提供景区、线路、交通、气象、安全、医疗急救等信息与服务。四是要着力打造智慧城市、智慧景区、智慧酒店和智慧旅游乡村，让游客消费更便捷。

（五）加强人才建设

一是要深入实施“人才强旅、科教兴旅”战略，加强文化旅游人才队伍建设，鼓励规划、建筑、设计、艺术、管理等各类专业人才通过到基层挂职等方式帮扶指导旅游业发展。二是实施“旅游英才计划”，重点培养旅游研究型专家、高级技术技能人才和职业经理人，重点加强对旅行社总经理、星级饭店总经理、A级景区总经理和乡村旅游管理人员的全域旅游和经营管理知识培训。三是要大力发展旅游职业教育，深化校企合作，在导游考试、员工技能、管理人才、旅游商品研发和旅游新业态等方面开展人才培养合作。四是积极推进涉旅行业全员培训和大练兵，开展文明旅游、旅游安全、志愿服务、职业素养和职业技能培训，组织开展“导游云课堂”和“名导大培训”等国家和省级培训，持续开展岗前培训、在岗培训和学历培训，不断提高旅游行业一线员工的服务水准和职业素养，提升鄂尔多斯市的服务接待水平。

第十章　伊金霍洛旗全域旅游发展的典型研究

伊金霍洛旗地处鄂尔多斯高原东南部、毛乌素沙地东北边缘，北靠东胜区、与康巴什区隔乌兰木伦河相望，东与准格尔旗相邻，西与杭锦旗接壤，南临乌审旗、隔长城与陕西省交界。总面积 5600 平方公里，辖 7 个镇 138 个行政村。作为内蒙古自治区重点旅游旗县，伊金霍洛旗近年来凭借深厚的历史文化底蕴、丰富的旅游资源、优美的旅游环境，荣膺“全国文明旗县”“中国优秀文化旅游名县”“中国优秀民族特色旅游县”等称号，旅游产业保持快速发展态势，为全域旅游发展奠定了坚实基础。

本章以伊金霍洛旗为研究案例，从发展现状、发展经验等方面对其全域旅游发展进行梳理，力求为新时期鄂尔多斯市全域旅游的规划与发展提供经验借鉴和创新思路。

一、全域旅游发展的基础

（一）地理位置独特，区位交通优越

伊金霍洛旗地处内蒙古呼包鄂经济圈腹地，是鄂尔多斯风土人情和文化汇集地，独特的地理位置、深厚的历史文化积淀、优越的自然生态环境和天朗气清的怡人气候，造就了伊金霍洛旗文化旅游业得天独厚的发展优势。

伊金霍洛旗区位交通优势突出，拥有集公路、铁路、航空于一体的立体交通网络。鄂尔多斯飞机场、火车站坐落于此，目前共运营国内国际航线 41 条，通航城市 43 个，包括北京、上海、西安、济南、南京、宁波、汕头、青岛、太原、武汉、杭州、厦门、福州、西宁、贵阳、海口、三亚等国内城市，以及泰国曼谷、泰国普吉岛、泰国芭提雅、伊尔库茨克、莫斯科等国际城市，还计划开通至菲律宾、柬埔寨、越南、新加坡、日本、蒙古、我国香港等国际及地区航线。鄂尔多斯火车站于 2016 年 5 月 15 日开通动车。随着国际航班、动车的开通和高铁的开工建设，伊金霍洛旗旅游市场辐射半径得到快速扩容，来自四面八方的游客将享受到更为快捷便

利的交通服务。

（二）资源要素齐全，景观壮美

自然景观壮美。5600 平方公里土地上分布着 60 多处旅游景点，从海拔最高的刀劳岱山到全国最大的沙漠淡水湖红碱淖尔，从马奶飘香的柒盖淖尔到山环水绕的转龙湾，还有北方城市罕有的红海子湿地旅游区，无不闪烁着灵秀；苏泊罕大草原以内蒙古西部最大的沙漠草原而著称；甘德尔草原则以秀美的湿地风景而驰名；国家 4A 级景区蒙古源流文化产业园，全力打造鄂尔多斯影视文化产业试验区和全境影视基地；横空出世的“花园煤都”，足以让人领略现代工业文明和一连串“世界第一”的风采。

历史文化炫美。3500 年前的朱开沟文化，2000 多年前修筑的战国秦长城和秦直道，保存完好的郡王府，共同彰显着这块土地上文明进步的悠久历史和原生文化根基；世界唯一的成吉思汗陵，八百年不灭的圣灯和达尔扈特人世代守护的忠诚，震撼游客心灵。

民族风情大美。伊金霍洛旗有鄂尔多斯七旗会盟之地、国内首家游牧文化活态博物馆、国家 4A 级景区苏泊罕大草原旅游区，国家非物质文化遗产鄂尔多斯婚礼实景演出享誉全国；甘德尔敖包、吉祥福慧寺、陶亥召、苏布尔嘎庙等各具特色的敖包和寺庙吸引大量游客，这些文化景区、人文遗产都彰显着这里独特的风情和文化。

（三）综合实力强，产业体系完善

“十三五”期间，伊金霍洛旗旅游业综合实力得到显著提升。五年来，伊金霍洛旗旅游业始终坚持集约发展、集群发展、持续发展，突出“文化体验、生态自然、休闲度假”三个重点，着力搞好“地域文化旅游带”“生态工业旅游区”、“自然风光旅游圈”“游客集散旅游核”四大板块建设，积极打造“成吉思汗陵—蒙古源流文化产业园—苏泊罕大草原—乌兰活佛府—郡王府—红海子湿地”精品旅游线路，全面提升了旅游产品和服务质量。近年来，伊金霍洛旗先后荣获“中国优秀文化旅游名县”“中国优秀民族特色旅游县”等荣誉称号，已成为中国西部闻名的以历史文化和自然风光为特色，具有区域性吸引力的旅游目的地。

目前，伊金霍洛旗旅游业在食、住、行、游、购、娱等产业要素建设方面都获得了良好的发展，产业体系完善。全旗现有景区景点 60 多处，其中有国家 A 级以上旅游景区 7 处，星级酒店 1 家，旅行社 26 家，涉旅企业 60 余家，旅游餐馆 480 余家，可提供住宿的酒店、宾馆 150 余家。伊金霍洛旗的文化旅游产品丰富，已建成多处特色鲜明的博物馆，各类文化娱乐演出节目丰富多彩；旅游交通便捷，旗政府所在地阿勒腾席热镇到各旅游景区行程不超过半小时；电信网络无盲区，实现了全覆盖。旅游综合服务水平大幅提升，已经形成了比较完备的旅游产业服务体系，区域旅游吸引力和竞争力获得大幅提升。

（四）投资环境优越

伊金霍洛旗是国家重要的能源重化工基地，是自治区重点旅游旗县，是鄂尔多斯城市核心区的重要组团。伊金霍洛旗生态环境良好，基础设施完善，人居环境适宜，先后荣膺“全国绿化百佳县”“全国绿化模范县”、“中国绿色名旗”“全国文明旗县”首届“中国十佳绿色城市”“中国十佳和谐可持续发展城市”“中国全面小康生态文明县”“全国优秀文化旅游名县”“全国优秀民族特色旅游名县”“中国西部最具影响力十大旅游休闲示范县”等荣誉。

近年来，旗委、政府审时度势、发挥优势，确立建设“宜居宜业宜游伊金霍洛”的战略目标，把发展全域旅游作为资源型地区转型发展的突破口和发力点，着力推动伊金霍洛旗旅游由“景点景区”模式向“全域旅游”模式转变，提出打造“大成吉思汗陵”的发展目标，努力把旅游业培育成为伊金霍洛旗战略性支柱产业和人民群众更加满意的现代服务业。同时，旗委旗政府不断加大改革力度，简政放权，不断完善住房、教育、医疗、就业等社会保障体系，大大激发了全社会创新和创业活力，经济社会发展环境得到大幅改善，这些都有助于全面提升伊金霍洛旅游投资经营环境。

二、全域旅游发展的典型模式

在鄂尔多斯发展全域旅游过程中，伊金霍洛旗以其独特的区位优势和资源禀赋，根据国家、自治区、市政府的统一部署，在旗委旗政府的全力推动下，从政策、人力、资金等方面发力，形成了自己特有的全域旅游发展模式，走在了自治区和鄂尔多斯市的前列。在伊金霍洛旗全域旅游示范区建设发展过程中产生了很多好的举措和办法，值得借鉴和推广。

（一）核心景区带动——大成陵景区模式

成吉思汗陵是全国重点文物保护单位、国家级文化产业示范基地、国家5A级旅游景区。成吉思汗陵旅游区包括两大主体、五大区块，两大主体是指历史传承的成吉思汗陵园及管委会所属文化旅游产业项目、东联集团投资的成吉思汗陵旅游景区；五大区块包括成吉思汗陵园、成吉思汗陵旅游景区、伊金霍洛旅游新镇、巴音昌呼格草原蒙古浩特和周边牧民的牧家乐。如果半径再扩展20~30公里，可以包括蒙古源流、郡王府、乌兰活佛府，形成具有集群效应的大景区。目前成吉思汗陵旅游区正在进行景区一体化运营改革，将陵园区域与东联景区进行资源整合，提升游客接待能力和保障水平，避免出现“新陵”与“旧陵”、“真景区”与“人造景区”的误解，且整体运营后可以充分挖掘旅游资源优势，最大限度地规避旅游资源无序开发和旅游产品同质竞争，提升区域性竞争合力。并可以统一规划景区基础设施建设、服务质量水平的提升，改善目前与旅游发达地区5A级景区相比整体发展相对滞后、景区智慧化程度不高等问题。最终有效实现打造“一轴、两翼、四组团”（一轴：成吉思汗祭祀轴；两翼：巴音昌霍格草原民俗体验翼，伊金霍洛镇休闲娱乐翼；四组团：沙巴日太保护区组团，石灰庙保护区组团，布拉格保护区组团，都希保护区组团）的目标。

在全域旅游示范区创建过程中，具有特色的发展成效突出表现在巴音昌呼格草原蒙古浩特、周边牧家乐的升级改造和经营整顿方面。巴音昌呼格草原蒙古浩特有46家经营户，在未改造升级前存在多种问题，如蒙古包使用多年比较陈旧、拉客现象严重、承包给外地经营户丧失本地特色、监管不力标准不一等。针对这些问题，2016年开始对巴音昌呼格草原蒙古浩特经营户进行了集中改造升级，蒙古包翻改新建形象改观；规范经营避免恶性竞争拉客；清退外地经营户，保持本地民俗特色；当地成立餐饮协会，由餐饮协会评定星级，提升餐饮品质；经营户向政府主管部门提供产品服务名录进行备案，有效制止随意涨价等行为；同时政府与工商、食药部门根据调查信息进行有针对性的检查，在食品安全方面对经营户形成监管压力，制止不良行为；此外，“旅游＋公安、工商、法庭”的“1+3”综合执法监管模式对于快速解决旅游纠纷十分有效，给游客留下了良好的印象。

周边牧家乐比较典型的区域有布拉格嘎查和沙巴日太草原。这两处地区利用新农村建设提升的机会，改善基础设施、美化环境、提升牧家乐品质，经营内容既相似又有区别。布拉格嘎查与巴音昌呼格草原蒙古浩特类似，提供以民族餐饮、歌舞娱乐、篝火晚会等为主的娱乐活动；沙巴日太草原则更倾向于展示达尔扈特人原生态的生活方式，形成差异化经营，旅游部门和政府主管部门同样对这两处有监管与指导。巴音昌呼格草原蒙古浩特、布拉格嘎查、沙巴日太草原共同形成了成吉思汗陵周边有机互补、富有活力的民俗体验和餐饮娱乐场所，有助于游客深度体验成吉思汗祭祀文化、马背文化、蒙古族民俗文化和达尔扈特守陵人文化等地方特色文化。而且景区发展对于农牧民脱贫致富发挥了极好的带动作用，该区域的农牧民均已完全脱贫，有些牧家乐的经营者年收入颇丰，并不断升级换代自己的经营场所及产品，对于未来的经营发展十分有信心。

（二）引进专业团队运营开发——红海子及蒙古源流模式

“红海子湿地公园”是北方城市罕见的大型湿地生态环保的新型公园，位于阿勒腾席热镇东南，地处毛乌素沙地东北边缘，海拔高度在1282~1303米。其中，东红海子湿地占地10.2平方公里，蓄水面积6.2平方公里，功能是城市湿地公园；西红海子湿地占地15.93平方公里，蓄水面积3.53平方公里，功能是自然生态保护。红海子湿地公园以原生态为主，在设计上以生态、和谐、平衡为主，尊重自然、科学规划，最大限度地保留了原汁原味的大自然风光。东红海子湿地公园建有采摘野炊区、垂钓区、沙雕广场、湿地科普馆，以及金马湾、日光浴场、水源广场、水印长堤（包括芳桃居、锦菊居、香梅居三个小岛）、水上娱乐区和秘力雅帐篷营地、红海子木屋假日酒店、汽车房车营地等观光游览设施，2017年又新建沙山公园。

蒙古源流文化产业园区位于阿勒腾席热镇南部，规划总用地面积8平方公里，概算投资56亿元，2009年开始创意策划，2010年启动设计施工。园区主体定位是“民族影视产业基地、草原文明博览园区”，分为文化、旅游、影视三大功能区。主要建设项目有腾格里广场、崇天门、元大都、元上都、哈喇和林、鄂尔朵金帐、元朝小镇、北方民国城等。园区以草原文明发展历程为主线，以现代影视文化为引领，以文化旅游为主要业态，立足于鄂尔多斯独特的地域文化，把历史传承、现代精神和国际化诉求充分展示出来，形成文化产业的整合型平台，目前处于边建设边运营的状态。

红海子湿地与蒙古源流景区的共同特点是均为国有景区，但由政府主导组织了多元化投资建设和运营。如东红海子有代表性的秘力雅帐篷营地、木屋酒店、汽车房车营地、沙山公园都由不同的经营主体投资、建设、运营，把专业的事交给专业的开发建设、经营团队来做，效率高且效果好。蒙古源流景区的一些功能区域也引进了投资建设和运营主体，开发不同类型的主题活动和旅游产品，如举办了鄂尔多斯第二届体育文化旅游周、三八亲子健康徒步、骄傲的色彩、美在蒙古源流、首届七夕草原狂欢节等大型活动，带动人气，推动景区运营机制持续完善。目前不仅是国家4A级景区，也是国家级文化和科技融合示范基地、自治区级服务业集聚区、中国人民大学·鄂尔多斯考古文博实习基地、北京电影学院·鄂尔多斯教学实践创作基地。当然，在经营过程中，投资建设主体、主管部门、运营主体有时也会因具体事务产生分歧，这需要各方从景区总体运营出发，提出合理解决方式。但总体来说对于一个规模较大的景区，引入不同的专业团队进行共同开发，这样的模式合理可行、效率也更高。

（三）景区与乡村互补互利——苏泊罕模式

苏泊罕游牧草原是鄂尔多斯非物质文化遗产传承保护示范基地，整个景区也是鄂尔多斯博物馆分馆——“苏泊罕游牧文化活态博物馆”，在苏泊罕草原人们可以体验到历史悠久且传承至今的游牧文化。景区由东联集团开发，经营中采取了灵活的政策，和当地牧民形成了良好互惠互利的合作关系。具体表现为：一是景区服务工作大多招募当地牧民承担；二是景区中体验区的风俗活动吸引当地牧民参与，如鄂尔多斯婚礼，蒙古族舞蹈与歌曲表演，挤牛奶羊奶，剪羊毛捻毛线，制作奶皮、奶酪、奶豆腐等奶制品及酥油茶，搭建传统蒙古包，制作蒙古族手工艺品，骑马，驾驶勒勒车，祭祀敖包等，均是如此；三是景区中出售的奶食品、手工艺品、土特产等很大一部分来源于当地农牧民自己的产出；四是景区与当地农牧民合作良好，但政府相关部门也并不放松监管，在游客接待、价格变动方面进行指导，使市场秩序规范井然，保障游客有良好的旅游体验。

整个苏泊罕草原景区形成了专业团队入村打造、景区规模发展后吸引农牧民参与服务的良好合作局面，在扶贫富民方面具有实效，得到了当地农牧民的支持。

（四）多方合作丰富乡村业态——哈沙图模式

乌兰木伦镇哈沙图四社的“哈沙部落”依托便利交通、地势高低起伏、有山有水、有树林、有草原的优势，由企业（光亚集团）、文化机构（鲁迅美术学院）、村集体三方合作，将全村变为一处旅游景区，村舍房屋全部进行了改造，环境设置力求既有乡村的氛围、又有城市的品质。

哈沙图模式具有三个典型特点：一是业态丰富，功能齐全。有农牧家乐特色餐饮、田园采摘、自驾营地、乡村旅店、水上娱乐、休闲垂钓、儿童乐园、演艺舞台、酒吧派对、茶吧休闲、特产购物、绘画摄影、书法写真等，“部落”的称谓名副其实，小范围内休闲要素齐全，符合游客短期度假需求。同时便于开展多种活动，带动人气。比如2016年“首届鄂尔多斯美丽乡村旅游节暨首届伊金霍洛乡村旅游季”活动在哈沙部落举办，当年还举办了“行走生态乡村”百人徒步游、“骑行原野乡村”百人骑行游、“驾临美丽乡村”百人自驾游、“一口锅百只羊千人宴”美食品鉴、美丽乡村书画展、美丽乡村摄影展、百人垂钓赛等多项娱乐活动，活动期间累计接待游客2.4万人次，效果十分明显。二是合作机制有活力。企业、文化机构、村集体三方合作，企业负责整体规划、运营，使景区发展有方向有主导；文化机构填补景区文化氛围淡薄的缺陷，增强艺术感染力，并具有实际的教学研究、文化交流、艺术品交易功能，提升了景区的格调与品味，并可打造为乡村文创艺术主题村；村集体支持企业、文化机构的发展，积极带动村民参与。三方形成了良好的合作关系，加上政府主管部门的监管与指导，景区运营态势良好。三是富民效果明显，景区中很多服务人员就是当地村民，部分餐饮、住宿等设施就是改造村民的房屋而成，农副产品、土特产为当地产出，直接带动了所在村的经济发展和村民致富。

（五）发展特色项目以农促游——龙虎渠模式

龙虎渠村是伊金霍洛乡村旅游的“明星村”，明末清初“走西口”而来的山西人、陕西人在此落脚，农耕文化与游牧文化相映成趣，多元文化习俗在这里扎根。立足地处阿康城市核心区城郊接合部的地理优势及良好的生态环境，深度挖掘当地文化，将民俗风情自然体现于田园景观之中，形成了独特的乡村旅游发展格局。

龙虎渠的特色主要体现在创新农业发展模式上。该村以幸福田园为主题，以“土地认养”项目为切入点，以有机蔬菜水果为主导产业，通过“农户＋农户合作组＋农村合作社＋企业”的多元组织模式，发展“开心农场”产业，为农村土地经营提供了新模式，提高了农牧民的经营积极性，创新了农业经营方式，有效激发了农村经济活力，实现了农业增效、土地增值、农民增收。同时带动了周边产业发展，促进了城乡信息的互联、城乡人流的互动和城乡产业的互补。目前正在积极探索“认养农业＋餐饮”“认养农业＋文化”模式，带动城郊采摘、农家乐、牧家乐等周边产业的快速发展，龙虎渠村已发展采摘园5处、农家乐5家，年接待游客达3万人次。这样的发展方式因地制宜，一方面，直接增加了土地收益，另一方面，发展“认养农业”后，从土地上解放出来的劳动力可以在认养公司工作或进城务工，获得了更多的经济收益。

此外，龙虎渠村也积极发展“乡村集市”项目。在新型城镇化加速发展的过程中，“乡村集市”之所以没有被淘汰掉，而且还占据了一席之地，是因为集市上的蔬菜水果、农副产品多数是当地农民自己种养殖的产品，品质有保障，价格也相对便宜，发展“乡村集市”能为本地农副产品打出品牌，农民直接收益也较多。

（六）举办连续性大型活动——品牌节庆模式

近年来，伊金霍洛旗不断举办大型活动，是助力全域旅游发展的又一种有效方式。比如每年5月至次年2月期间，有纯血马速度赛、鄂尔多斯体育文化旅游周、中国户外大会、成吉思汗旅游文化周暨那达慕大会、伊金霍洛乡村旅游季、鄂尔多斯婚礼文化节、鄂尔多斯国际驭马文化节、冰雪节、冬捕开渔节、乌兰活佛府米拉哈祈福节、圣火文化节等。

目前这些每年都举行的系列活动产生了良好的社会经济效益。比如"成吉思汗旅游文化周"，自 2005 年以来已成功举办了十二届，成为伊金霍洛旗乃至内蒙古重要的旅游节庆品牌，品牌知名度和文化影响力与日俱增，成为彰显成吉思汗文化内涵和旅游节庆感召力的标志性节庆活动，对地区经济文化和旅游业发展产生了极大的推动作用，具有明显的社会效益和经济效益。2010 年和 2014 年，成吉思汗旅游文化周分别被评为"最佳民俗风情旅游节庆奖"和"最具创新价值奖"。

在"体育文化旅游周"举办的 2017 年庆祝内蒙古自治区成立七十周年"炫舞草原壮美内蒙古"万人广场舞邀请赛在伊金霍洛旗蒙古源流旅游区举行，来自山西、陕西、河北、山东、湖南、湖北、江苏、贵州、云南、内蒙古 10 个省（区）的近万名广场舞爱好者汇集在此，内蒙古广播电视台新闻综合频道对活动现场进行了同步直播，线上线下共舞同欢，万人盛况，场面空前。2017 年 8 月，首届中国围棋大会在伊金霍洛旗开幕，会期共 11 天，这是一项首次面对所有围棋爱好者的大型赛事活动，约有 5000 人参加；大会项目有 16 项之多，创国内综合性围棋赛事项目之最。2017 年，"中信证券杯"首届世界智能围棋公开赛在伊金霍洛旗举行，来自中国、日本、韩国、欧美等的 12 支人工智能围棋团队参赛。

截至 2019 年，"鄂尔多斯婚礼文化旅游节"在苏泊罕草原已经成功举办 7 届，每年都有大量游客在节庆举办期间涌入旅游区，活动项目丰富多彩，主要围绕爱情、婚姻的主题，集娱乐性和互动性于一体，游客可参与婚博会、美食节、万国婚服秀、鄂尔多斯婚礼表演、空中看草原、乡村趣味活动、亲子体验活动、篝火晚会等共计 22 项娱乐活动，充分体验鄂尔多斯婚礼文化和蒙古族传统民俗。

"国际驭马文化节"已在伊金霍洛旗连续举办三届，这是中国大陆首个获得国际认可，集高水平、高奖金、高市场化运作的无博彩性商业品牌赛事，每次赛事都有 1.5 万 ~2 万名观众前来现场观赏比赛。

“乌兰活佛府米拉哈祈福节”已连续举办三届，既方便和满足了广大蒙古族群众举行传统祭祀的需要，营造了良好人文环境，促进了民族团结进步，又弘扬了传统文化，助力全域旅游事业的发展，每年都有大量各族各界朋友共同参与和领略这一别具民族风情和传奇色彩的祭火仪式。

“冬捕开渔节”，主要在马奶湖旅游区举办，马奶湖的渔业生产有较长历史，1958 年即建立渔场，现已发展成为一个占地面积 1.5 万亩，集渔业生产和旅游为一体的休闲旅游区。目前已推出水上娱乐、沙滩浴场、骑马猎场、草原观光、钓鱼等娱乐项。马奶湖成功之处在于精准定位市场需求，举办伊金霍洛旗及周边旗县唯一的“冬捕节”，即“马奶湖文化旅游节暨冬季开渔盛典”活动。每次在活动开展之前即对陕西省相邻地区及周边旗县进行精准营销，通过与旅行社合作等，营造氛围、定位客源，2016—2017 年连续举办两届均很成功，不仅本地民众参与，外地游客也源源不断，参与人数众多，场面热烈壮观，获得了良好的社会效益和经济效益，品牌效应显现。

（七）智慧旅游助推模式

2014 年，国家旅游局将旅游业发展主题定为“智慧旅游”，之后“智慧旅游”成为众所周知的行业热词，不少景区纷纷使出智慧旅游营销的招数，运用手机 App、微信、微博以及微电影进行营销推广，引发广泛关注。

在智慧旅游的冲击下，伊金霍洛旗的旅游业也逐步“触网”。不少旅行社建起了自己的门户网站，或在其他网站设置网店，并借助第三方产品打造一站式的旅游电子商务 B2C 平台。伊金霍洛旗还利用“2 微”和“6 端”为主的线上平台进行旅游宣传，目前累计粉丝量已达到近 3 万人。在伊金霍洛旅游官方网站及微信公众平台上开辟了“旅游微网”，微网站设有“一键导航”功能，并与百度地图、高德地图合作，将全旗的农牧家乐地理信息全部上传，便于游客了解详细信息，让游客智慧出行，方便快捷。与此同时，伊金霍洛旗大数据中心与中国移动共同开发景区智能监控系统，具有统计客流量、监控景区承载力、及时反馈数据等功能，还可实时监控景区的游客动态、客源地及游览偏好等行为，据此做出有针对性的营销策略。通过努力，伊金霍洛旗已初步构筑起能够分析市场以及为游客提供咨询服务的智慧旅游系统。

三、全域旅游发展的经验

（一）以“创造人民美好生活”为核心目标

党的十九大报告指出：“我国社会主要矛盾已经转化为人民日益增长的美好生活需要和不平衡不充分的发展之间的矛盾。”无论是对历史方位的定位，还是对主要矛盾转化的洞察，党的十九大报告都提到了“美好生活”这个关键词。而旅游正是“美好生活”的重要组成部分，全域旅游则是落实“美好生活”的重要抓手。2016 年以来，伊金霍洛旗以全域旅游为契机，立足“旅游 + 富民”，通过延伸和健全旅游产业链，让更多的农牧民参与到旅游产业中来。2017 年，伊金霍洛旗实施“红色领航行动”，按照“旅游发展带动扶贫开发，扶贫开发促进旅游发展”的思路，以旅游为载体，以脱贫为目的，通过“5 带 5 促”，即以“项目带动”模式，促进旅游富民市场化；以“景区带动”模式，促进乡村旅游品牌化；以“旅行社带动”模式，促进乡村旅游特色化；以“酒店带动”模式，促进旅游商品发展；以“企业带动”模式，促进农牧民脱贫致富，做大做强乡村旅游。通过旅游富民扶贫工程的打造，让更多年轻人留在农村、建设农村，带动农牧民致富。目前，全旗 5 家 3A 级以上景区带动周边 5 个乡村旅游点；12 家旅行社带动 41 家农牧家乐；4 家规模酒店与 16 户特色种养殖户合作，实现了农牧民的就业比例占企业总员工的 15%。同时，积极引进“蚂蚁短租”开发民宿旅游、“美团网”推荐乡村美食、百度地图和高德地图精准“乡村智导”以及与旅行社合作推出“情定乡村”“乡村煤海”“相约民国”等特色项目，带动全旗乡村旅游走出了一条别具特色、充满活力的发展之路。截至目前，已有 36 家农牧户与美团网签订协议并已上线 24 家，30 户农牧家乐经营户已与蚂蚁短租签约合作，给游客提供了多元化需求，提升了农牧经营户的效益。截至目前，伊金霍洛旗有国家 5A 级景区 1 家，4A 级景区 3 家，3A 级景区 1 家，2A 级景区 2 家；三星级酒店 1 家；26 家旅行社；44 家旗级以上农牧家乐；旅游直接从业人员 9500 人；间接从业人员 27500 人。乡村旅游从业人员 4200 人，带动周边农牧民 27500 人；全旗接待游客 384.89 万人次，同比增长 17.6%，过夜游客 154.11 万人次，同比增长 16.2%，入境游客 1.1583 万人次；旅游总收入 431820 万元，同比增长 15.1%。可以说党的十九大以后，全域旅游成为实现人民美好生活的重要工具和手段，起到了为地区经济社会发展提质增效的作用。

（二）以“完善旅游顶层设计”为首要抓手

伊金霍洛旗是鄂尔多斯风土人情和民俗文化的汇集地，也是鄂尔多斯市旅游业发展最快的地区之一。基于得天独厚的旅游条件及转型发展的时代浪潮，伊金霍洛旗率先提出了“旅游兴旗”发展战略，以民俗文化为主线，坚持规划引领，突出问题导向和市场导向，着力推动全旗旅游由“景点景区”模式向“全域旅游”模式转变，着力把旅游产业培育成伊金霍洛旗经济发展的“新动能”。

为全面推动全域旅游发展，加快旅游产业步伐，伊金霍洛旗提出了创建“全域旅游”示范区，打造“中国国际特色旅游目的地”和“国内知名休闲度假旅游目的地”的工作目标。将旅游发展作为重要内容纳入经济社会发展、城乡建设、土地利用、基础设施建设和生态环境保护等相关规划中。政府通过组建各类机构，出台各种政策及实施各类工程等方式塑造旅游产业的强壮骨骼。第一，成立了由领导主抓、涵盖全旗 40 多个部门的高规格“文化旅游产业委员会”。全域旅游被列入政府工作重点，成为“一把手工程”，并将全域旅游任务细化分解到各镇、各部门，纳入年底实绩考核，形成了多部门综合联动的工作机制。文旅委每月召开两次调度协调推进会，切实保障多项工作任务落到实处，实现了全域旅游由单一部门推动向多部门综合联动的转变。第二，制定和出台了有关旅游投资、招商引资、人才培养引进、宣传营销等一系列优惠政策。旗财政每年安排 1 亿元旅游发展专项资金，用于支持全域旅游发展，在 2017 年年初召开的全域旅游推进会上，对符合奖励的单位和个人，发放了 781.5 万元的奖励，发挥了政策的聚合效应和引导作用。第三，编印《创建国家全域旅游示范区实施方案》，进一步增强旅游管理部门工作综合协调。出台《伊金霍洛旗旅游顶层设计及三年行动计划》等多项政策措施，为全域旅游发展创造优质的政策环境。第四，调整伊金霍洛旗旅游产业联盟，充分发挥联盟统筹和协调的作用，使全旗旅游企业凝聚在一起。第五，各镇各部门在编制土地利用规划、城乡建设规划时，充分考虑相关旅游项目建设要求，使各类规划与旅游发展规划相衔接、相促进。有力推动了“多规合一”，全旗规划“一体化”、旅游规划“一张图”的实现。第六，在全区率先成立了旅游警察大队、旅游巡回法庭和旅游工商分局，率先推行“1+3”综合执法模式，“1”指文旅委，即以文旅委牵头，旅游局具体协调；“3”指旅游工商分局、旅游警察大队、旅游巡回法庭。截至目前，“1+3”联合综合执法 9 次，联合处理案件 12 件，游客满意度 100%，全旗旅游市场迈入了规范化、法治化轨道。第七，深化旅游标准化机制改革，不断完善招商引资和人才培养政策，优化了发展环境和考核督查机制，为全域旅游打造了良好的发展空间和服务环境。

（三）以“推进旅游基层实践”为基本方向

全域旅游的主体是全民，全民既是全域旅游的消费者，同时也是全域旅游的建设者。伊金霍洛旗在推进全域旅游建设中，不断依靠人民群众，发挥基层的积极性、能动性和创造性。一是以“旅游 + 富民”为出发点，把发展乡村旅游作为旅游产业培育的重要抓手，按照“一村一品牌、一户一特色”，形成了 4 镇 6 村 8 点（伊金霍洛镇、乌兰木伦镇、札萨克镇、苏布尔嘎镇；龙虎渠村、哈沙图村、苏布尔嘎嘎查、布拉格嘎查、查干柴达木村、花亥图村；幸福田园、哈沙部落、吉祥牧村、守护者部落、草原骑游部落、山水田园、大西沟牧场、巴音昌呼格草原）的乡村旅游格局。二是建设特色餐饮、住宿街区，使精品饭店、文化主题饭店、经济型和度假型酒店、旅游民宿、露营、帐篷酒店等新型餐饮、住宿业态成为地区特色。三是依托“红色领航行动”和“5 带 5 促”工程，借助人民群众的集体智慧，打造村、镇、县、市、省不同层次的有影响力的目的地品牌，形成了“项目带动”“景区带动”“旅行社带动”“酒店带动”和“企业带动”五种旅游富民模式。四是尊重乡韵乡情、民风民俗，强化对自然生态系统、生物多样性、田园风光、传统村落和历史文化等的保护，保持生态系统完整性、生物多样性、环境质量优良性、传统村镇原有肌理和建筑元素的承续性。五是按照“立足当地，突出特色”的思路发展乡村旅游，避免同质化竞争。如龙虎渠的幸福田园，哈沙图四社的哈沙部落，苏布尔嘎嘎查的吉祥牧村，布拉格嘎查的守护者部落，查干柴达木的草原骑游部落，花亥图的山水田园，哈沙图一社、二社的大西沟牧场，巴音昌呼格草原的牧家乐等。建设落脚点不同、发展重点不同、承担功能不同、满足需求不同，这样就可以让游客有多种选择，避免了主题相同、重复投入、竞争力弱化局面的出现。

实践证明，只有把顶层设计扎根于基层实践，依靠广大群众、当地居民以及一线旅游经营者，才能做好文化挖掘和传承、保持特色和风格、提高人民收入，让政府与社会、旅游者与当地居民皆大欢喜。

（四）以“公共服务体系提升”为基本前提

按照《伊金霍洛旗旅游标准化建设三年行动计划》，完善旅游硬件服务体系，丰满旅游产业坚实肌肉。一是充分利用成吉思汗陵5A级景区的龙头引领，辐射带动苏泊罕大草原旅游区、蒙古源流旅游区，全力完善乌兰活佛府、郡王府、红海子湿地公园、沙山公园等景点旅游功能，有序推进全域旅游服务功能的配套完善，逐步形成伊金霍洛“大旅游”格局。二是完善各类旅游服务设施，如道路旅游指示牌、临时停靠点导览图等。建立游客集散中心、酒店、购物、景区等一站式服务的模式，形成合力，完善产业链条，为游客提供一站式旅游服务。着力打造特色商业街区，打造集现代时尚休闲、草原风情、特色美食、特色工艺品等为一体的特色街区，延长旅游休闲产业链条。三是结合新农村建设工程，着力推进苏布尔嘎嘎查、布拉格、龙虎渠、活沙图村、柴登村等8个（嘎查）村发展乡村旅游生态观光旅游项目，升级打造30户农家乐、牧家乐示范户。四是构建旅游信息体系，启动运行游客服务中心和智慧旅游服务大厅，全旗各主要景区景点、交通沿线、公园广场等重点区域实现了无线网络全覆盖、标识标牌全覆盖、电子商务全覆盖。同时，积极推进“旅游厕所革命”，从景区和城区逐步向镇区、交通沿线和农村延伸。五是构建统一的旅游公共安全机制，包括旅游公共安全设施、旅游安全检测和服务、紧急救援体系。六是构建旅游者权益体系，包括旅游者满意度调查、第三方独立评估机构、从业单位人员诚信等级评定制度、对旅游投诉的执法检查。

在加强硬件配套的同时，伊金霍洛旗非常重视对各级各类旅游人才的引入和培养，以完善其旅游软件服务体系。一是在人才招募环节，启动实施“伊金霍洛旗旅游人才智囊团计划”，拟引进数名旅游界知名人士担任全旗旅游产业发展顾问，定时召开伊金霍洛旗旅游发展高层论坛，为全旗旅游发展提供强有力的高层次智力支持。二是在人才培养环节，采取理论学习、现场教学、实地调研等形式对本地旅游从业人员进行多层次、全方位的专题培训。理论学习主要从生态旅游、智慧旅游、旅游产业规划与发展、乡村旅游、旅游产业融合发展等方面讲授，让学员对怎么发展当地的旅游业有了更深刻的认识和更清晰的思路。现场教学和实地调研方面，组织旅游相关部门负责人到生态旅游建设和乡村旅游发展较好的上海崇明岛、整村发展农家乐的前卫村和古镇朱家角等进行实地观摩，把培训与现场指导有机结合起来，在理论上升华，在实践中提高。三是利用旅游淡季，组织全旗各景区、旅行社和酒店行业的一线服务人员进行培训和考核，从源头上提升其服务意识和服务能力。比如2017年上半年伊金霍洛旗共组织研学旅游专题讲座、乡村旅游专题讲座、从业人员培训、全旗窗口行业文明礼仪培训等各类行业培训15次，参训人数5000余人。

（五）以“改革管理运行机制”为重要依托

一是着力推动国有旅游资产的整体开发和管理运营，成立了国有控股的旅游产业投资公司，通过市场化运作，将其境内的赛马场、曲棍球场、全民健身中心、影剧院等国有资产划拨给旅投公司，旅投公司通过举办大型的演出、组织各类活动等进行市场化运营，盘活了国有旅游资产，有效地促进了资源优化配置。二是激活了旅游产业多元投融资模式，推动了文旅产业全面转型升级。比如2017年伊金霍洛旗人民政府和中青旅资源投资有限公司签订了全域旅游战略合作协议，以蒙古源流旅游区为起步区，逐步开展全旗全域旅游PPP合作模式，以此为契机，吸引更多有意向的投资人参与项目的投资开发，使对外招商引资的渠道更加开阔。2018年继续良好的发展态势，截至10月，伊金霍洛旗续建和新建旅游重点项目30个，总投资49.9亿元。三是引导有条件的企业对乡村旅游进行开发和运营，深化“公司+支部+农牧户”“公司+合作社+农牧户”“农牧户+农牧户”等经营管理模式，实现周边农牧民产业互补，就业互动的协作模式。并支持符合条件的农民合作社、家庭农场优先承担政府旅游项目。上述举措，对于盘活资产、激发景区活力十分有效。

（六）以“产业立体融合互动”为动力引擎

让旅游业从产业自循环走向开放融合，与一、二、三产业结合发展实现互利共赢，是旅游业对于地区发展更大的贡献，也是全域旅游建设者最期望出现的局面。在积极出台各项政策和完善各项配套的同时，伊金霍洛旗特别注重各行业、各部门之间的协调和对接，采用多项措施实现全域旅游的健康持续发展。目前伊金霍洛旗在“旅游+文化”“旅游+农业”“旅游+工业”“旅游+康体养生”“旅游+研学”“旅游+体育”“旅游+会展”等多方面拓展，突出旅游产业与康体养生、现代农牧业和现代工业的融合，发挥旅游产业的辐射带动作用。其中，最有代表性的当属“旅游+体育”的发展。伊金霍洛旗在推进全域旅游创建中，精心打造体育品牌赛事，依托全民健身中心、体育馆、赛马场、曲棍球场、影剧院等场馆设施，成功举办了鄂尔多斯国际那达慕大会、国际竞走挑战赛、国际马拉松赛、内蒙古鄂尔多斯国际驭马文化节、中国马术大赛、全国大学生游泳锦标赛、第30届全国花样轮滑锦标赛、全国少儿毽球赛、第三届鄂尔多斯国际马拉松赛等大型文体活动80次。同时，成立了自行车协会、徒步协会、垂钓协会等各类户外运动机构，依托得天独厚的旅游资源，拓展户外运动，举办自行车锦标赛、户外活动嘉年华、徒步挑战赛等，累计组织各类户外旅体活动千余次，通过组织大规模户外运动，助推“旅游+体育”实现跨越式发展。2017年举办了首届中国围棋大会、鄂尔多斯国际驭马文化节、中国户外大会等多项国家级的大型体育活动。总体上“旅游+体育”发展效果显著，带动示范效应也很强，未来目标是将伊金霍洛旗建成国家级体育旅游示范基地。在产业融合的同时，伊金霍洛旗还构建起旅游交通全域体系，包括完善交通节点的服务设施和集散中心交通，构建自驾游服务体系，如车联网和绿道体系。通过打造“5大特色小镇、8大精品度假区、11大精品景区、14大精品乡村、6大示范基地、3大精品线路”特色项目，实现伊金霍洛旗全域旅游的落地实践。目前，伊金霍洛旗已成功打造乡村旅游示范点8个，乡村旅游从业人员4200人，带动周边农牧民27500人，农牧民收入稳步增长，旅游产品供给能力进一步提升，旅游产品供给体系不断完善。

（七）以“营销方式创新提效”为重要手段

为增强伊金霍洛旗全域旅游的对外影响力和市场吸引力，伊金霍洛旗不断增强旅游营销力度，大力拓展旅游市场。以多元化、全方位、多平台为理念，采取旅游产品包装、借力展会平台、精选媒体范围、深化交流合作、谋划节庆活动等宣传营销方式，不断提升地区美誉度与影响力。

一是构建了涵盖形象宣传口号、形象主题曲、宣传画册、形象宣传片、宣传书目、旅游攻略、推介会讲解词、PPT电子图片、视频资料等一系列品质优良的伊金霍洛旅游形象资料库，并通过对传统媒体、新媒体的运用，让伊金霍洛旅游形象无处不在。二是巩固传统客源地，重点拓展周边市场，同时通过品牌活动，搭建营销新平台。按照“走出去、请进来”的思路，划定伊金霍洛旗500公里半径内重点客源城市为周边客源市场，联合旅游文化主管部门、旅游文化企业在北京、陕西等重点客源市场开展宣传推介、业内交流及战略合作等活动。参加鄂尔多斯市旅游局组织的“鄂尔多斯温暖全世界”旅游推介会，分别赴22个重点客源城市和周边8个城市进行旅游推介。与此同时，邀请国内知名的“百家旅行社”和媒体记者走进伊金霍洛，实地踩线考察。组织了“2017年百家旅行社伊金霍洛踩线考察”“2017·百家自驾俱乐部走进鄂尔多斯”自驾游踩线活动、2017劲旅景区峰会、中国户外大会、“炫舞草原·壮美内蒙古”万人广场舞邀请赛、伊泰大漠马业“鄂尔多斯金杯”“旅游文化杯”速度赛马、全国业余排球邀请赛、第二届乡村旅游季、鄂尔多斯中国围棋大会等赛事活动。截至目前，共举办30余项活动，吸引游客80余万人次，为伊金霍洛与客源地城市进一步增进交流、加深友谊、深化合作搭建了重要平台。三是打破行政地域，加强与业界和旗区的联手发展。主动与鄂尔多斯市、康巴什区、东胜区对接，立足鄂尔多斯中心城区旅游联动宣传营销，搭建伊金霍洛旅游宣传推广平台。

（八）以“智慧旅游平台应用”为实现载体

在全域旅游环境下，伊金霍洛旗的智慧旅游系统也在不断完善，在旅游营销和推广、旅游服务和配套等方面发挥着重要作用。目前，伊金霍洛旗已建成了由官方网站、微博、微信公众平台、腾讯客户端、腾讯订阅、天天快报、今日头条、搜狐媒体、搜狐客户端等客户端及各大主流网络媒体、平面媒体、主流论坛、旅游专业网站等组成的多角度、多层次网络宣传系统，并利用伊金霍洛大数据平台实现了景区内客流量的实时监控。在旅游配套服务方面，积极与蚂蚁短租、美团网、途家、支付宝、微信、易宝支付等支付平台进行合作，并建成了伊金霍洛旗智慧旅游服务大厅，利用智能技术构建三维立体旅游环境，让游客足不出户，就能在虚拟环境中遍览伊金霍洛旗的美景。

智慧旅游系统的使用为伊金霍洛旗全域旅游的发展提供了自动化的服务系统和管理系统，实现了旅游公共管理和旅游公共服务的无缝对接，改变了旅游企业的组织和管理方式，突破了传统的旅游营销方式，升级了旅游经济的增长方式。智慧旅游在优化要素配置并改变旅游产业结构的同时，也带动了旅游界之外其他产业的发展，让更多的剩余资本进入旅游市场，促进了旅游产业结构的优化和发展，为全域旅游的发展提质增效。

四、全域旅游发展的启示

总体而言，伊金霍洛旗发展全域旅游的经验具备了全域旅游发展的五大特征，对鄂尔多斯市全域旅游的发展具有较大的启示意义。

（一）全域优化配置经济社会发展资源

全旗生态建设，除了满足生态功能要求外，还形成特色景观吸引和配套旅游服务功能。农业发展，除了满足农业生产需要外，也满足了采摘、休闲等需求。阿勒腾席热镇这样的中心城镇不仅满足了居民居住和生产功能，又注重特色、注重服务。美丽乡村建设，不仅建成当地农民的幸福家园，也建成了城市居民休闲度假的幸福乐园。再比如城市建设和管理，截至目前，全旗新建、改扩建旅游厕所 76 座，其中按照 3A 级旅游厕所标准打造 25 座，按照 2A 级旅游厕所标准打造 35 座，按照 A 级旅游厕所标准打造16座，累计投入2192万元，并被国家旅游局评为“旅游厕所革命政企联动先进集体”，不仅满足了旅游发展的需要，也使得城市公共服务功能品质有所提升。此外，联动成吉思汗陵、马奶湖、转龙湾、波浪谷、龙虎渠的旅游环线、专线，通往重点乡村的旅游公交线路，不断优化的风景道、马道、自行车道、骑行道、徒步道都在持续完善中。

（二）逐步推进全域按景区标准统筹规划建设

20世纪80年代以来，阿勒腾席热镇因连续三夺内蒙古自治区城镇爱国卫生“阿吉奈（骏马之意）”奖杯，被自治区命名为全区第一个“文明镇”、被国家命名为全国“卫生镇”。干净、整洁、绿色、秀美一直是伊金霍洛旗的标志。近年来，伊金霍洛旗以旗府所在地阿勒腾席热镇为中心，按照建设宜居、宜业、生态文明现代化城市的要求规划建设阿勒腾席热镇，不断向西、南两区拓展，进一步拉大城市框架，壮大城市体量，提升了城市景观品质，建设了全民健身体育活动中心、赛马场、东西红海子湿地保护公园、母亲公园、乌兰木伦湖南岸公园等融功能与景观为一体的设施。并在美丽乡村建设的浪潮中不断提升其他六个乡镇的城镇化建设水平与特色草原、田园乡村的建设，让草原、田园与景区融为一体。全域旅游的提法出现于2016年，但正因为伊金霍洛旗有良好的前期基础，所以能够在开展全域旅游示范区创建工作后更快地推动推进全域按景区标准统筹规划建设，这一点在旗府所在地阿勒腾席热镇的建设和各乡镇乡村旅游品质提升方面体现得最为明显。

（三）构建全域大旅游综合协调管理体制

在这一点上伊金霍洛旗比较突出的方面是围绕形成旅游发展合力，通过综合改革，破除制约旅游发展的资源要素分属多头的管理瓶颈和体制障碍，更好地发挥了政府的导向引领作用，更充分地发挥市场配置资源的决定性功能。比如伊金霍洛旗成立了由旗委主要领导任主任的文化旅游发展委员会，主要领导亲自挂帅抓旅游，并配备了专职旅委办副主任，成员单位多达40余部门，几乎囊括了旅游的方方面面。各成员单位通过组织协调、优化配置、科学指导，并将工作与实绩考核挂钩，切实将全域旅游创建工作落到实处。此外，深化旅游景区运营机制改革，进一步激活了产业多元投融资模式；深化旅游综合执法体制改革，在全区率先成立文旅委+旅游警察、旅游巡回法庭、旅游工商分局的“1+3”的综合执法监管模式，在维护旅游市场秩序、旅游治安环境和为游客提供安全保障方面提供了机制保障；深化旅游标准化机制改革，大力推广旅游业国家标准、行业标准，结合伊金霍洛旗实际，建立了涵盖“食、住、行、游、购、娱”基本要素和“商、养、学、闲、情、奇”发展要素在内的全齐旅游服务标准体系。对于创建国家旅游标准化示范区具有意义。

（四）充分全域发挥“旅游+”功能

伊金霍洛旗在推进全域旅游示范区的建设过程中充分发挥旅游业的拉动力、融合能力及催化、集成作用，为相关产业和领域发展提供旅游平台，插上“旅游”翅膀，形成新业态，提升了其发展水平和综合价值。积极打造中国国际特色旅游目的地、国家级体育旅游示范基地和国家工业旅游基地，着力从产业自循环向开放融合转变，实现旅游与一、二、三产业互利共赢。旅游+文化、旅游+农业、旅游+工业、旅游+康体养生、旅游+研学、旅游+体育、旅游+会展等方面都做得比较突出。

（五）推动全民共建共享全域旅游

全域旅游形成新型的目的地，要求是一个旅游相关要素配置完备和全面满足游客体验需求的综合性旅游目的地、开放式旅游目的地。旅游质量和形象由整个社会环境构成，这就要求全域旅游必须走共建共享道路。在景点旅游模式下，旅游从业者只是导游、服务员等，而在全域旅游模式下，整个区域的居民都是服务者，都是主人，他们由旁观者、局外人变为参与者和受益者。全域旅游既要让建设方、管理方参与其中，更需要广大游客、居民共同参与。既要考虑让游客游得顺心、放心、开心，也要让居民生活得更方便、更舒心、更美好。要通过旅游发展成果为全民共享，增强居民获得感和实际受益，来促进居民树立人人都是旅游形象，自觉把自己作为旅游环境建设一分子，真正树立主人翁意识，提升整体旅游意识和文明素质。在这一点上，前文总结的哈沙图模式、苏泊罕模式、龙虎渠模式等都是比较典型的调动当地村民积极参与旅游发展、推动乡村经济发展、共建共享全域旅游成果的代表性模式。

以上的经验均有实践范例，因而是比较成熟可供推广的经验。未来伊金霍洛旗应在已有发展成就的基础上，继续打造以草原民俗风情旅游、融合游牧文化与晋陕农耕文化的乡村旅游为核心的独特旅游文化；同时，向旅游发展先进地区学习，提升创新水平，不断推出融合地方文化、形式新鲜多样、具有吸引力的旅游产品。此外，从地缘文化相关性、自然禀赋相似性的角度来说，伊金霍洛旗的发展经验在鄂尔多斯市其他旗区发展全域旅游，乃至自治区其他盟市发展全域旅游的过程中都可以借鉴采用。

第四篇
文化篇

第十一章　鄂尔多斯市非物质文化遗产及其旅游开发研究

自 20 世纪 50 年代起，如何保护非物质文化遗产成为一个非常重要的问题。1998 年 10 月，联合国教科文组织正式提出了“人类口头与非物质遗产”这个概念，2001 年 5 月，联合国教科文组织公布第一批人类口头和非物质遗产代表作项目名录，2003 年 10 月，联合国教科文组织通过了《保护非物质文化遗产公约》。截至目前，世界上有 170 多个国家成为《保护世界文化和自然遗产公约》的缔约国，已有 90 项世界遗产列入非物质遗产名录。我国作为文化大国，一直积极参加非物质文化遗产的申报活动。2005 年，国务院审议通过了《关于加强我国非物质文化遗产保护工作的意见》和《关于加强文化遗产保护的通知》，2006 年，我国第一批国家级非物质文化遗产名录公布。截至目前，我国已经公布了四批国家级非物质文化遗产名录，共计 1372 项。

非物质文化遗产是传统文化的一种表现形式，它以无形的形式存在，并由人类通过口头方式传承下来，包括各种类型的语言、表演、节庆、知识、传统手工艺等。伴随着社会的发展，旅游开发成为保护和传承非物质文化遗产的一种新途径。意大利在“文化遗产周”内，所有可以参观的非物质文化遗产项目全部免费开放，日本、韩国颁布了完善的法律法规为非物质文化遗产的保护与开发奠定了基础，中国致力于打造一批以非物质文化遗产为载体的主题公园、生态文化村等。鄂尔多斯市非物质文化遗产历史悠久，蕴含着重要的历史文化价值。

一、非物质文化遗产的类型

（一）总体概况

鄂尔多斯市从 2005 年开始进行非物质文化遗产的申报工作，截至 2020 年 3 月，全市拥有各级非物质文化遗产代表性项目 470 项，其中国家级代表性项目 6 项、自治区级代表性项目 92 项、市级代表性项目 212 项、旗级代表性项目 160 项。根据国家级非物质文化遗产名录的分类标准，可将非物质文化遗产分为十大类，分别为民俗、曲艺、传统音乐、民间文学、传统舞蹈、传统戏剧、传统美术、传统技艺、传统医药及传统体育、游艺与杂技。按照这一标准，鄂尔多斯市非物质文化遗产的类型和数量如表 11–1 所示。

表11–1　鄂尔多斯市非物质文化遗产类型和数量（项）

类型	国家级	自治区级	市级	合计
民间文学	0	6	9	15
传统音乐	3	9	17	29
传统舞蹈	0	5	6	11
传统戏剧	0	3	7	10
传统体育、游艺与杂技	0	4	16	20
传统美术	0	3	15	18
传统技艺	0	16	62	78
传统医药	0	10	22	32
民俗	3	36	57	96
曲艺	0	0	1	1
总计	6	92	212	310

从横向来看，鄂尔多斯市国家级非物质文化遗产的数量明显少于自治区级和市级。国家级非物质文化遗产只有 6 项，自治区级和市级的遗产项

目分别为 92 项和 212 项。国家级的非物质文化遗产主要集中于传统音乐类和民俗类，都为 3 项，其他类型全部为零，缺乏多样性，并且数量太少。自治区级非物质文化遗产共 92 项，并非均衡分布于十大类，曲艺这一项为零，民俗类数量最多，占总数的 1/3 左右。传统美术、传统戏剧、传统舞蹈及传统体育、游艺与杂技数量较少，四项总和只有 15 项。市级非物质文化遗产传统技艺与民俗数量最多，共计 119 项，占总数的一半以上，其他类分布较为均衡，曲艺类稀缺。

从纵向来看，鄂尔多斯非物质文化遗产类型多样，从数量上可以分为四大类。第一类为民俗和传统技艺，数量最多，共 174 项。第二类为传统医药、传统音乐，数量较多，分别为 32 和 29 项。第三类分布最广，数量较为均衡，包括传统体育、游艺与杂技以及传统美术、民间文学、传统舞蹈、传统戏剧五类，数量分别为 20 项、18 项、15 项、11 项、10 项。第四类为曲艺类，数量最少，只有 1 项（见图 11–1）。

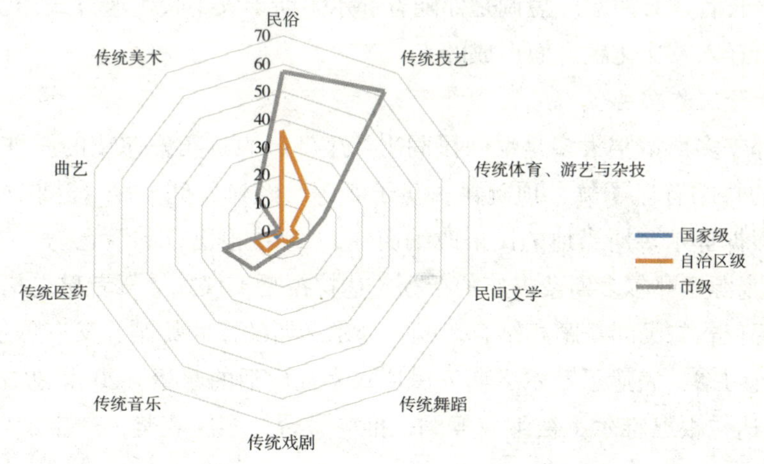

图11–1　鄂尔多斯非物质文化遗产项目类别分布图（项）

综上所述，无论是从横向还是纵向来看，鄂尔多斯市非物质文化遗产的分布都不均衡，具体表现为以民俗类和传统技艺类为主，传统音乐、传统医药较多，民间文学、传统舞蹈、传统戏剧、传统体育、游艺与杂技及传统美术较少，曲艺类稀缺。

（二）具体类型

1. 民间文学类

鄂尔多斯民间文学以传说故事和诗歌为主，内容大多来源于民间，反映了民间的生产生活情况。以祝颂词为代表的民间文学，内容大多反映人民生产生活和各种祭祀活动，包括蒙古族新婚嫁娶、婴儿诞生、敖包祭祀、那达慕等，用于表达祝福、赞美和歌颂。祝颂文化作为起源于民间的口头文化，分为赞词和祝词，其方式是口头传播与即兴创作，赞词与祝词有一定的区别，赞词是对美好事物的一种赞美，表达了人们对美好事物的追求。例如，乔迁新居、收到礼物都会用赞词来表达喜悦之情，而祝词则是对祖先的歌颂或者长辈对晚辈的祝福。

2. 传统音乐类

鄂尔多斯传统音乐按照曲调可分为长调与短调。长调舒缓悠长、高亢豪放，短调节奏欢快、明朗动听。长调的宫廷色彩浓厚，一般只有在正式的场合长者才会演唱。短调是伴随着鄂尔多斯半农半牧生产方式开展和晋陕人口迁入及文化融合而形成的。

3. 传统舞蹈类

鄂尔多斯舞蹈大多是反映民间生产生活，表达美好愿望的一种形式。常见的舞蹈有盅子舞、顶碗舞、筷子舞等。经典民间舞蹈《达拉根巴雅尔》根据鄂尔多斯当地的民俗改编而成，“达拉根巴雅尔”意为“招福庆典”，来源于鄂尔多斯蒙古族的招福（达拉拉嘎）仪式。舞者敲击招福鼓，将招福仪式与民间舞蹈相结合，既有鄂尔多斯的民间舞蹈，又有鄂尔多斯的传统习俗，表达了鄂尔多斯人民追求幸福生活的愿望。20 世纪 70 年代末，《达拉根巴雅尔》被编成舞蹈，推向舞台，多次获奖，产生了广泛的影响。

4. 传统戏剧类

鄂尔多斯传统戏剧包括达拉特道情戏、二人台等。鄂尔多斯是一个蒙汉混居的城市，又与陕西山西相邻，长期以来在生产生活方式上互相影响，体现出蒙汉交融的特点。晋剧又被称作山西梆子，原是山西的地方戏，因鄂尔多斯与山西接壤，并且有部分鄂尔多斯人祖籍山西，所以 20

世纪 20 年代流入鄂尔多斯地区后迅速传播，经过几代人的努力传承和大胆创新，如今已具备了鲜明的鄂尔多斯地域特征。

5. 传统体育、游艺与杂技类

鄂尔多斯传统体育受游牧文化影响较大，游牧民族崇拜、依赖自然，"男儿三艺"、蒙古族搏克、走马驯养技艺等很好地体现出这一特点。蒙古鹿棋是鄂尔多斯传统的娱乐项目，起源于七八世纪，现广泛流传于河套平原和鄂尔多斯高原一带。蒙古鹿棋的棋盘变幻无穷，"鹿吃狗"的游戏规则表现出了蒙古族人民驯服动物的过程，体现出游牧民族与牲畜之间的密切关系。经过漫长的历史，蒙古鹿棋顽强地传承下来。它是蒙古族人民智慧的结晶，是一项非常重要的非物质文化遗产。

6. 传统美术类

鄂尔多斯传统美术主要分布在达拉特旗和鄂托克旗。乌审草原的民间雅西乐雕刻传统，大多雕刻草原生物和图腾。墙围画、烫画、剪纸等大多以农村生活为题材，反映民间生产生活状态。达拉特旗纪事剪纸以农村生产生活和重要的社会事件为题材，用细腻的手法描绘出鄂尔多斯农村从建国到现在的发展变化，体现了农牧民对美好生活的憧憬。还有很多濒临失传的农村生产工具和生产方式都可以在剪纸中找到，有很高的研究价值。

7. 传统技艺类

传统技艺体现在鄂尔多斯民间生产生活的诸多方面，鄂尔多斯头饰、服饰具有鲜明的地方特征，具有典型性和代表性；鄂尔多斯七旗各具特色，均具有蒙古族精湛技艺。饮食文化中的新庙炒米制作技艺，目前已被列入自治区级非物质文化遗产名录。

8. 传统医药类

鄂尔多斯传统医药以蒙医学为主，是牧民在长期游牧过程中，观察动物所总结出来的经验，具有很好的民间基础，包括茶酒疗法、震脑疗法、传统正骨术、火罐疗法、体质辨识等。"阿日苏拉乎术"是蒙古语，即披羊皮疗术的意思，它是蒙医传统疗法之一，2009 年入选自治区级非物质文化遗产名录，主要适用于皮肤病、脏器的气寒症等。此疗法需要满 3 周岁纯白色绵羊的皮、羊肚、肾、跟骨等器官，该疗法分布于整个鄂尔多斯地区，在民间广为流传，但是掌握这项疗法的人员不断减少。

9. 民俗类

鄂尔多斯民俗类非物质文化遗产以祭祀文化和节庆礼仪为代表。察干苏力德祭祀形成于13世纪，已经传承了八百年，在鄂尔多斯乌审旗保留和传承最为完整。察干苏力德在汉语中的意思是“九斿白旗”或者“白纛”，察干意为白色，象征着吉祥、和平。鄂尔多斯婚礼是一种礼仪化、规范化、风俗化和歌舞化的民俗文化现象，它以其浓郁的生活气息、悠扬的歌舞形式和热烈隆重的场面，表达了勤劳、勇敢、智慧的鄂尔多斯人民对美好生活的热情追求和粗犷、豪爽、善良的性格。

10. 曲艺类

鄂尔多斯的曲艺文化较少，查尔给（马头响板）是唯一一个曲艺类的非物质文化遗产，具有很强的宫廷祭祀色彩。它是在成吉思汗祭祀中所用的一种打击乐器。查尔给长约0.7米，上方的马头由匠人雕刻而成，下方是打击板和用五色做成的穗子，分别为蓝、红、黄、白、绿，与五色哈达颜色一样。查尔给发出的声音清脆，只有达尔扈特守陵人中专门唱祭歌的人才能演奏。

二、非物质文化遗产的分布特征

（一）总体分布特征

鄂尔多斯市三面环河、一面环山，清朝以来实行的盟旗制度，使鄂尔多斯地域文化在进入河套地区以来被基本保留下来，成为内蒙古地区的文化标本。鄂尔多斯地区非物质文化遗产的特征形成与地理环境密切相关，不同的地理特点形成了不同风格的文化遗产特征。

鄂尔多斯各个旗区均有非物质文化遗产，部分非物质文化遗产同时分布于不同旗区（见图11-2）。如灯游会分布在东胜区和准格尔旗，蒙古族传统熟皮制作技艺主要分布在乌审旗和鄂托克旗，祭火主要分布在鄂托克前旗和乌审旗等。部分非物质文化遗产为鄂尔多斯地区所共有，已经形成了文化共识，如鄂尔多斯蒙古族交往礼俗和年俗等，并且市级的非物质文化遗产名录里包括了国家级和自治区级的项目，故本章只对分布在旗区的市级非物质文化遗产进行分析研究，范围包括民间文学类 9 项、传统音乐类 17 项、传统舞蹈类 6 项、传统戏剧类 7 项、传统美术类 15 项、传统技艺类 62 项、传统医药类 22 项、民俗类 57 项、曲艺类 1 项以及传统体育类、游艺与杂技 16 项，共计 212 项。

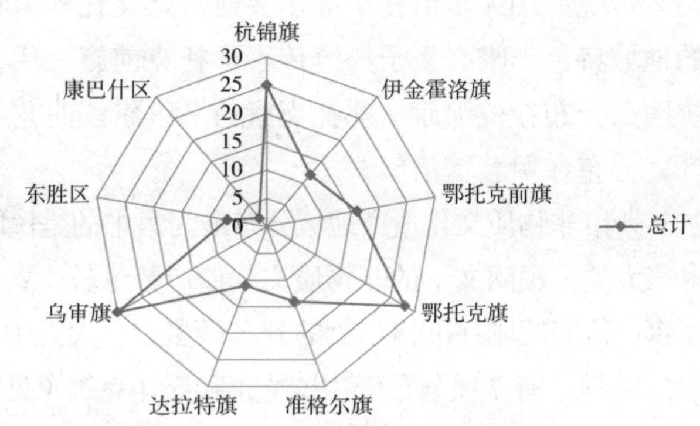

图11-2　鄂尔多斯市非物质文化遗产的地区分布

（二）区域分布情况

从数量来看，鄂尔多斯市非物质文化遗产的地区分布极不均衡，非物质文化遗产分布最多的为鄂托克旗、乌审旗和杭锦旗，这三个旗的非物质文化遗产最为丰富，数量占全市总量的一半以上。其次为鄂托克前旗、达拉特旗、伊金霍洛旗、准格尔旗和东胜区五个旗区，除鄂托克前旗位于鄂尔多斯西部以外，其他都集中在鄂尔多斯的东部，这五个旗区的非物质文化遗产数量较少，但分布较为均衡，每个旗区均有 10 个左右。非物质文化遗产数量最少的为康巴什区，只有 3 项，2 项是传统体育、游艺与杂技类，1 项是传统医药。

从种类来看，鄂尔多斯市非物质文化遗产分布区域最广泛的是传统技艺、民俗、传统音乐和传统体育、游艺与杂技四大类。民俗类分布较均匀，每个地区都有，但主要集中在杭锦旗，在鄂托克旗和乌审旗分布也较为密集。传统技艺类主要分布于杭锦旗和乌审旗，两地总数为 26 项，接近总数的一半，分布最为密集，鄂托克旗和鄂托克前旗也分布较为集中。

传统音乐在各旗区均有分布，鄂托克旗和乌审旗分布相对密集。传统体育、游艺与杂技分布较为零散，9 个旗区分布了 6 个，以伊金霍洛旗分布最为集中。

鄂尔多斯市非物质文化遗产分布范围最少的是传统舞蹈、传统医药和曲艺三类。传统舞蹈大多依托于鄂尔多斯宫廷文化和游牧文化，并未体现出鲜明的地域特色，唯有筷子舞流传于鄂托克前旗一代，是筷子舞的发祥地。传统医药分布在杭锦旗、鄂托克旗与乌审旗。曲艺类只有一项非物质文化遗产，分布在伊金霍洛旗。

鄂尔多斯市非物质文化遗产地域分布最为集中的是民间文学、传统戏剧、传统美术三大类。民间文学的非物质文化遗产数量较少，共 7 项，主要集中在鄂托克旗。传统戏剧在准格尔旗的分布最多。三大类中尤以传统美术分布最为集中，10 项中有 7 项分布于达拉特旗和鄂托克旗（见图 11–3）。

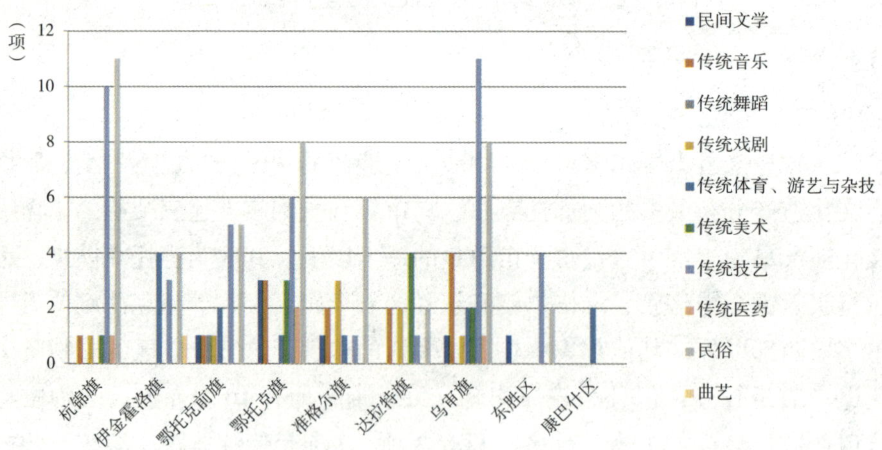

图11–3　鄂尔多斯市非物质文化遗产的区域分布

三、非物质文化遗产的旅游开发

随着城市化进程的加快，非物质文化遗产的生存空间越来越小，在保护非物质文化遗产的同时，如何更好地传承非物质文化遗产，成为一个亟待解决的问题。与此同时，随着旅游业的发展，走马观花式的旅游活动已经无法满足游客需求，人们对旅游活动的文化诉求不断增强，他们渴望参与到旅游活动过程中，去亲身体验文化中所蕴含的魅力。因此，从旅游体验的视角出发，打破以往静态的、片面的保护方式，为非物质文化遗产的保护与传承提供了一些思路。

（一）非物质文化遗产旅游开发的成效

1. 兴起了体验式博物馆旅游

随着非物质文化遗产受到越来越多的关注，博物馆成为保护和宣传这些文化的最佳场所，体验式博物馆旅游在鄂尔多斯城市和乡村如雨后春笋般蓬勃发展。鄂尔多斯博物馆以其奇特的建筑外形、源远流长的草原文明、延续八百年的祭祀文化吸引着众多游客前来参观。同时博物馆还经常举办丰富多彩的文化活动，可以让游客参与其中。鄂尔多斯非物质文化遗产展览馆隶属于鄂尔多斯市群众艺术馆，位于康巴什区乌兰木伦湖区的3号石窟和5号石窟，总建筑面积约5000平方米，于2016年8月正式对外开放，是集展览、传习、互动体验等功能为一体的综合性展馆，2017年1月命名为康巴什区爱国主义教育示范基地。3号石窟展览主题为民族之魂，以全国各民族文化为主，5号石窟展览主题为草原瑰宝，以内蒙古各民族文化为主。展馆将鄂尔多斯蒙古族刺绣的传人姚凤琴、短调民歌的传人哈拉珍请到现场进行宣传，互动体验的方式使越来越多的人开始走进展馆，了解这些珍贵的非物质文化遗产。

2. 形成了有影响力的演艺品牌

20世纪70年代末，人们将鄂尔多斯婚礼搬上了舞台，使其从草原走进都市，从中国国内走向世界，成为一种瑰丽的民俗艺术奇观，2003年以来，鄂尔多斯歌舞剧团以全新的创作思路和理念，对《鄂尔多斯婚礼》进行了打造，几经有关专家审定并五易其稿，以大型民族舞蹈诗的形式于2006年8月首演，2007年获得国家舞台艺术精品工程提名剧目奖。目前，《鄂尔多斯婚礼》已经在国内20多个省市进行演出，并且走出国门，前往10多个国家进行展演。歌舞剧的形式和舞台灯光的配合让观看者深深地融入角色当中。尤其是在伊金霍洛旗苏泊罕草原，鄂尔多斯婚礼采用实景式互动演出，每年都会吸引大量游客来此参观体验。如今，“鄂尔多斯婚礼”已经成为内蒙古最有影响力的演艺品牌之一。这种非物质文化遗产与体验式演艺节目相结合的方式得到了广大游客的认同，同时对非物质文化遗产的保护与传承具有显著意义。

3. 开展了大型的旅游节庆活动

鄂尔多斯的节庆活动本身就具有很高的知名度，如那达慕大会，已经成为内蒙古地区具有一定知名度和影响力的旅游节庆品牌，每年的七八月举行，内容包括蒙古族的衣食住行和礼仪风俗等。这些活动每年都会吸引大量的游客前来，不仅可以展示鄂尔多斯的非物质文化遗产，还可以促进当地旅游业的发展。游客在大会上，可以尽情地参与摔跤、骑马、射箭等独具特色的活动。非物质文化遗产与节庆活动相结合的方式，可以提高游客的参与度，让游客充分感受到鄂尔多斯非物质文化遗产的魅力。

（二）非物质文化遗产旅游开发的瓶颈

1. 非物质文化遗产处于静态保护

目前鄂尔多斯的非物质文化遗产大部分被作为展品陈列于博物馆和展览馆，民众只是走马观花式的参观一番，并不能留下深刻的印象。对一些民间文学的保护是将其记录在文献中，民间音乐是将其刻录在碟片上，传统手工技艺也只是将其做成工艺品出售或展览，制作的过程不被公众所知，这样静态保护的方式没有与游客形成充分互动，在一定程度上会对非物质文化遗产的保护与开发造成影响。

2. 游客对非物质文化遗产的了解不够

虽然鄂尔多斯市政府和企业投入了大量的人力、物力、财力去保护和开发非物质文化遗产，但由于很多游客对鄂尔多斯文化的了解不够深入，不少“非遗”项目并不能触动游客内心的情感，让游客产生共鸣。例如，在国家 5A 级景区成吉思汗陵旅游区，很多游客均感受到了景区的壮观，但大部分游客对其文化了解不够，对景区建筑背后的故事也知之甚少。由于缺乏体验的兴趣，参与感也不强，很多游客在游玩后并没有愉悦的感受，甚至产生了无聊的情绪。

3. 游客对“非遗”旅游项目的参与不足

目前，鄂尔多斯市的非物质文化遗产开发项目较少且缺乏创新。例如，鄂尔多斯草原、苏泊罕草原等都主打草原游牧文化，游客可以在草原观光的过程中体验各种有代表性的文化项目，但是这些旅游景区的旅游产品都缺乏特色，同质化严重，景区未能根据当地所特有的文化开发出独具特色且具有创新性的旅游产品。游客在鄂尔多斯草原体验到的项目在苏泊罕草原依然可以体验到，游客的新鲜度下降，回头率变低。

四、非物质文化遗产的旅游开发策略

对于非物质文化遗产旅游开发，要明确保护与开发的关系。对非物质文化遗产的保护绝不可以像物质文化遗产一般静态保护，这样会阻碍它的传承，无法发挥它的价值，让它“活起来”才是意义所在。体验视角下的非物质文化遗产的旅游开发就是一个理想的平衡点。体验经济时代的到来，使旅游的方式也发生了改变。体验式旅游的出现，可以让游客在旅游活动过程中，形成良好的互动，参与其中，身体、情感都得到最优的体验。非物质文化遗产本身所具有的传承性、大众性和活态流变性的特点必定会带来广泛的群众基础和游客强烈的参与感。

鄂尔多斯非物质文化遗产不仅数目多、类型多样，而且大部分都是民间歌舞、传统技艺等游客可以充分参与互动的项目。比如鄂尔多斯的古如歌、短调、筷子舞等歌舞形式可以让游客学习唱跳，鄂尔多斯刺绣、剪纸可以让游客学习制作，祭祀活动可以让游客参与其中，了解鄂尔多斯独特的祭祀文化，传统医药类可以开发健康医疗和体验式旅游相结合的方式，推动蒙医的发展。鄂尔多斯非物质文化遗产中的大部分项目可以进行体验式旅游开发，开发的空间巨大。鄂尔多斯非物质文化遗产的体验式旅游开发应以保护为前提，以当地的旅游资源为载体，以适度开发为原则，设计出有针对性、体验感良好的旅游产品。

（一）充分发挥政府的主导作用

1. 制定合理政策，加强市场监管

体验式旅游对于市场来说是一个比较新的领域，政府需要制定针对体验式旅游的政策，保证市场健康发展。体验式旅游的主体以散客为主，散客的权益往往会得不到维护，政府要根据调研结果出台一系列的地方法规政策，规范体验式旅游市场的秩序，对于一些商业化严重的景区进行规范整顿，建立完善的投诉渠道，做到政府、企业、游客全方位的监管。对于一些旅游工艺品要严格把控标准，出台相关的标准文件，杜绝出现质量问题。

2. 加大宣传力度，创新营销方式

利用电视、广播、报纸等传统的宣传方式，大力投入广告，在主要的客源市场及包头、呼和浩特市等交通口岸，设立鄂尔多斯旅游宣传牌和宣传片，拍摄非物质文化遗产的纪录片，或者通过有影响力的电视节目向大众介绍鄂尔多斯的文化。在合适的街区或场所增设一些音像设施，播放一些鄂尔多斯文化及非物质文化遗产的电影、纪录片等，在一些主题雕塑建筑旁边放置自动讲解机或者电子导游设施等。利用新媒体，如微博、短视频等，借名人效应对鄂尔多斯非物质文化遗产进行宣传。

3. 保护培养非物质文化遗产继承人

继承人是开发非物质文化遗产体验式旅游中最重要的因素。非物质文化遗产传承方式特殊，需要用口头和言传身教的方式进行。继承人大多是民间艺人，基本都生活在旗县地区，缺乏稳定的经济来源，生活困难，而且现在的继承人年龄偏大，很多非物质文化遗产都后继无人，甚至都因为民间艺人的离世而失传。政府需要保障继承人的相关利益，进行财政拨款，提供专项保护与培养资金，建立非物质文化遗产体验机构，为其提供平台传承非物质文化遗产。

（二）积极设计旅游体验型产品

鄂尔多斯非物质文化遗产类型多样，数目繁多，特色突出，随着社会的发展，游客对产品的要求更趋向于个性化和多样化，所以旅游企业需要将非物质文化遗产按照不同的类型分类，有针对性地开发旅游体验型产品，满足体验经济时代下游客对旅游产品的不同需求。

1. 设计静态展示型的旅游体验产品

构建数字化的博物馆，将鄂尔多斯非物质文化遗产中的工艺品、服饰、音乐等进行数字动画展示，通过 VR 技术让游客有身临其境之感，增强游客的体验感，实现鄂尔多斯非物质文化遗产静态展示的创新。将工艺品做成旅游纪念品，按照游客的要求制作出属于游客自己的产品，比如在旅游产品上雕刻上名字、属相，或者让游客自己选图案材料进行制作。这样不仅可以让游客对工艺品产生难忘的记忆，还可以使游客与非物质文化遗产之间产生深度的交流。

2. 设计动态参与型的旅游体验产品

动态参与型的旅游产品，就是将非物质文化遗产与游客充分结合，让游客参与到过程中去，产生互动。比如可以在鄂尔多斯举办非遗博览会，做一个活态保护的展览区，让非物质文化遗产的传承人到现场进行制作，游客可以在专业人士的指导下进行制作。还可以在有专人保护的情况下，对“男儿三艺”进行开发。摔跤、骑马、射箭这三项活动具有很强的特色和趣味性，但是现在精通此项技艺的人屈指可数。充分调动游客的积极性，使游客在参与互动的情况下对鄂尔多斯文化产生认同感。

3. 设计演艺型的旅游体验产品

以鄂尔多斯非物质文化遗产为载体，设计更多的、有特色的、文化内涵丰富的演艺节目，但这些演出不可以是纯观赏类的，应该在节目设计合理的情况下增加一些与观众的互动。并且用舞台灯光布景等烘托气氛，让游客产生深度的体验感。例如，“鄂尔多斯婚礼”就已经排演成节目，在全国有了一定的影响力，在苏泊罕大草原旅游景区《鄂尔多斯婚礼》是实景体验式的表演，游客可以与演员形成互动。我们可以参照《鄂尔多斯婚礼》排演更多的精品体验式的文艺节目，做到既可以满足游客的观赏欲望，又可以满足他们的体验欲望，将这些节目都打造成有影响力旅游体验品牌，扩大鄂尔多斯体验旅游的知名度。

4. 设计节庆型旅游体验产品

节庆活动是一个民族、一个地区风土人情的集中体现，让游客参与到当地的节庆活动中，不仅可以在参与的过程中得到愉悦和放松，还可以了解和体验当地的民俗文化。将鄂尔多斯已有的节庆活动做大做强，加大宣传，再开发几个有代表性、娱乐性强、文化底蕴丰厚的节庆活动，举办各种类型的民俗风情活动和祭祀活动，丰富活动的内容，比如诈玛宴作为蒙古族第一大宴，要举行三天三夜，我们可以将其做成一个像那达慕一样的一年一度的大型节庆活动，而不局限于景区和五星级酒店，歌舞、饮食、服饰、竞技文化等都可以在这个活动上得以展现，游客可以在这个过程中穿蒙古袍、吃蒙古餐、观看蒙古歌舞表演，充分地体验特色民俗活动。

（三）大力引入社区居民参与

非物质文化遗产一定是依托当地的环境产生的，与当地的生产生活方式息息相关。如果离开了它赖以生存的环境，就失去了创作的源泉。在鄂尔多斯风景优美、非物质文化遗产丰富的地方建立生态文化旅游村，不仅可以保持文化的完整性，游客也可以在此地体验到最本真的非物质文化遗产，感受当地居民的生产生活、习俗文化。生态文化村内的当地居民是当地文化的创造者、保护者和传承者，让居民充分地参与到生态文化村的经营与决策中去，是体验式旅游开发中最重要的一环。

社区可以为非物质文化遗产的旅游开发提供场所，当地的习俗、节庆、文化等可以被最本真地保留下来。居民作为社区的一员，是非物质文化遗产“活”的传承载体，可以对非物质文化遗产进行活态传承，居民展示传统手工艺的制作过程，游客参与当地节庆、祭祀活动等。游客在生态文化村内可以体验到最本真的文化，亲身去感受和体验鄂尔多斯非物质文化遗产所具有的魅力。

1. 提高社区居民参与的意识

通过培训的方式，提高社区居民的参与意识。建立生态文化村，对当地居民来说，是一个全新的概念，大部分人并不了解当地所特有的非物质文化遗产所蕴含的价值，他们只是将其作为赚钱的工具和手段，商业气息严重，失去了建立生态文化村的初衷，而且也不利于提高他们的文化认同感和自豪感。当地居民的年龄、受教育的程度有很大的差别，需要通过培训提高居民的水平，让游客在体验的过程中得到更好的服务。

2. 提高社区居民的决策权

当地居民最了解当地文化，居民才是旅游开发的主体，让生态文化村当地的居民参与到体验式旅游开发中，在规划与建设的过程中政府和旅游企业可以建立征集意见的平台和渠道，充分地听取社区居民的建议，让鄂尔多斯非物质文化遗产在保证原真性的前提下得到最大限度的开发，发挥出最大的社会、经济、文化价值。

3. 社区居民参与利益分配

让居民参与生态文化村的利益分配，增加居民的收入，有利于提高当地居民的积极性，更好地传承非物质文化遗产，保证鄂尔多斯非物质文化遗产的原真性。游客还可以体验到原汁原味的非物质文化遗产的生产活动，提高了游客互动的积极性，增强了体验的满意度。居民可以将土地进行出租，收取租金或是入股到旅游企业中，按股分红，还可以让居民成为各种体验项目中的经营者，获取收益。

第十二章 鄂尔多斯市非物质文化遗产的典型研究

一、成吉思汗祭典

2006 年 5 月 20 日，成吉思汗祭典经国务院批准被列入国家级第一批非物质文化遗产保护名录，项目序号：482 ，项目编号：X–34，属地为鄂尔多斯市伊金霍洛旗，属于一种民俗。2019 年 11 月，《国家级非物质文化遗产代表性项目保护单位名单》公布，成陵管委会文化和旅游局（鄂尔多斯市成吉思汗陵园管理局）获得“成吉思汗祭典”项目保护单位资格。

（一）主要内容

成吉思汗陵是历史伟人成吉思汗的英灵供奉之地，位于内蒙古自治区鄂尔多斯市（原伊克昭盟）伊金霍洛旗霍洛苏木。成吉思汗祭典是流行于内蒙古自治区鄂尔多斯市的传统民俗，是成吉思汗陵独有的非物质文化遗产。

成吉思汗祭典历史悠久，1227 年成吉思汗病逝后，按照当时的习俗实行了秘葬。蒙古族为了纪念自己的杰出领袖，在漠北高原建立了成吉思汗陵寝“八白宫”（即八座可以移动的白色蒙古包），收集成吉思汗遗物供奉在“八白宫”中的灵柩内。八白宫，亦称成吉思汗“八白室”。

至元元年（1264 年），忽必烈在元上都建成吉思汗“失剌斡耳朵”（黄色宫殿）。至元三年（1266 年），在元大都建太庙“八室”，祭奉祖宗，完善祭祀制度。至元十九年（1282 年），忽必烈进一步钦定成吉思汗“四时大典”，并册封专门管理祭祀事务的官员编写祭文、祭词、祭歌，使成吉思汗祭典日趋规范。康熙三十五年（1696 年），重新组成 500 户达尔扈特，专门从事成吉思汗宫帐的守护、管理与祭祀事务，使成吉思汗祭典日益完善，完整地传承至今。

成吉思汗祭祀每日举行一次，专项祭奠一年举行六十多次。成吉思汗祭祀主要表达对长生天、祖先、英雄人物的崇拜，祭奠中再现了蒙古族古老的牲祭、火祭、奶祭、酒祭、歌祭等形式，诸多富有特色的珍贵祭器则表现了草原民族对大自然和动物的艺术审美观念。成吉思汗祭祀内容包括“八白宫祭祀”和“苏力德祭祀”两个部分。

八白宫祭祀由日祭与奉祭、月祭、米里亚古德祭（点奶祝福祭）、公羔祭、台吉祭、香火（灶）祭和四时大典组成。四时大典为春季查干苏鲁克大典、夏季淖尔大典、秋季斯日格大典、冬季达斯玛大典。祭祀仪式包括敬献哈达、神灯、全羊、圣酒及祭圣火、念诵祭词等多种。

查干苏鲁克大典为一年四季中规模最大、最隆重的祭祀，查干苏鲁克蒙古语意为“洁白的畜群”。查干苏鲁克大典于每年农历三月十七至三月二十四举行，三月二十一为主祭日，前后历时八天。在大典期间，分布在鄂尔多斯各旗的八白宫集聚大伊金霍洛。这一庆典式的祭祀活动，具有多种礼仪和仪式，伊克昭盟盟长、济农及各旗札萨克王爷都要前来参加，各地群众来的最多，持续时间又长，是蒙古族一年一度的盛大祭典大会。查干苏鲁克大典中所举行的各种祭祀仪式包括：八白宫聚集仪式、嘎日利祭、祭天仪式、金殿大祭、巴图吉勒祭、招福仪式等，这些仪式分几日进行。在大典期间，八白宫聚集的巴音昌霍格草原蒙古包、帐篷林立，人山人海，呈现一派热烈、壮观景象。

查干苏鲁克大典既是成吉思汗祭典活动，也是一次群众大集会，更是大规模的集市贸易活动。大典期间从各地来很多商人，铺开摊子做买卖。中华人民共和国成立之后，查干苏鲁克大典期间举行盛大的那达慕大会，进行赛马、摔跤、射箭、文艺演出等各项活动，使大会更加隆重、热烈。

苏力德，又译“苏勒德”“苏鲁锭”，意为“徽”，是蒙古族古代的旗帜，象征至高无上和战无不胜。依据它的形状，汉语称“神矛”或“纛”。成吉思汗时期的哈日苏力德（黑纛）、查干苏力德（白纛）和阿拉格苏力德（花纛），被称为蒙古汗国三面旗徽。这些旗徽作为成吉思汗时期的圣物，在历史的变迁中，逐渐都集中于鄂尔多斯，与成吉思汗八白宫一起进行供奉。

成吉思汗哈日苏力德是战神的标志，象征战无不胜、威猛无敌，由一柄主苏力德和四柄陪苏力德组成，因而亦称“四斿哈日苏力德”“镇远哈日苏力德”。1510 年（正德五年）巴图孟克达延汗重新统一蒙古诸部以后，哈日苏力德作为成吉思汗遗物，与八白宫一同供奉于鄂尔多斯。哈日苏力德祭祀分为日祭、小祭、年大祭、龙年威猛祭和特殊祭，这项祭祀活动一是为了歌颂成吉思汗和苏力德的赫赫战功，二是寓意人民生活吉祥、平安和风调雨顺。哈日苏力德祭祀，是成吉思汗祭典的一个重要方面，它与成吉思汗八白宫祭祀一样，在长期的历史演进中形成了一整套祭祀礼仪、祭祀制度和祭祀程序。其形式独特、内容丰富、内涵深刻，集中体现了蒙古族战胜邪恶、渴望平安的心理。

（二）基本特征

鄂尔多斯的成吉思汗祭典形式独特、内容丰富、规模宏大，显示着古老、神秘的传统文化特点。成吉思汗祭典在历史长河中不断完善，形成鲜明的基本特征，体现了祭祀内容的原始性、祭祀内涵的神秘性、祭祀形式的独特性和祭祀传承的唯一性。这些基本特征，使成吉思汗祭典在崇拜对象、崇尚内容、思想内涵、表现形式等诸多方面，构成了具有系统性、完整性的独具特色的成吉思汗祭祀文化形式。成吉思汗祭典完整地保留了成吉思汗时期的原始祭祀，集中体现了崇拜长生天、崇拜祖先和崇尚大自然的理念。

（三）文化价值

被称为成吉思汗亲兵卫队的达尔扈特人世代祭奠成吉思汗，使成吉思汗祭典完全保留着 13 世纪以来蒙古族帝王祭祀仪式的原貌，成为形式独特、内容丰富、内涵深刻的文化。

成吉思汗祭典有诸多祭词，这些祭词大多为诗歌体，包括祭文、祝颂词、祝福词、祝祷词等，祭词内容丰富、形式多样，内涵深刻，涵盖了蒙古族古老、原始的历史、文化、风俗、礼仪、观念、信仰、语言、文字、礼法等诸多方面。祭典中应用的祭词有 50 多部（篇），篇幅近 5000 行，形成丰富多彩的长篇韵文，具有相当高的文学水准，以口头文学形式一代代相传。成吉思汗祭典祭词在近 800 年的历史变迁中不断修订、丰富和完善，完整地保留至今，为继承和弘扬中华民族优秀文化做出了特殊贡献。

成吉思汗祭典祭歌是专门为祭祀所创作的歌曲。祭歌是伴随查尔给（马头响板）的打击声唱的，因此称“查尔给之歌”，其歌词与现代蒙古语完全不同，守陵人称之为“苍天语言”，所以祭歌也称为“天歌”，以口传形式承继。成吉思汗祭典的祭词和祭歌体现了人与自然、人与人之间和谐共处的基本理念和思想，这些传统文化既是鄂尔多斯蒙古族所创造的和谐文化，更是中华民族乃至人类珍贵的文化遗产。

（四）保护与传承

成吉思汗祭典能够完整地保留古老、原始的特点，主要取决于传承。第一是传承对象的特殊性。成吉思汗八白宫及苏力德等圣物都集中在鄂尔多斯，使鄂尔多斯传统祭祀保留了诸多世界唯一的内涵。第二是传承人的特殊性。鄂尔多斯蒙古族自古以来肩负守护、祭祀成吉思汗八白宫及苏力德等圣物的神圣使命，特别是作为鄂尔多斯部组成部分的成吉思汗守陵人达尔扈特，近800年来以氏族世袭制的形式传承成吉思汗祭典，使神秘的成吉思汗祭典完整地保留至今。

随着旅游业的发展和社会文化的变迁，在几百年传承的过程中，成吉思汗祭典不断融进新的因素，发生了一系列变化。达尔扈特这一群体的思想意识也在发生变化。达尔扈特除经营畜牧业外，生产方式已向多元化发展。在成吉思汗陵附近，达尔扈特所从事的行业涉及各个领域，如开办传统蒙古包厂，开餐馆发展旅游项目，经营民族用品店铺等。达尔扈特集中居住的霍洛镇，生活社区该有的设施和服务基本都有，如医疗卫生、学校、交通、餐饮、娱乐、小商品市场、清洁服务等。集中居住范围内职业结构发生分化的同时，达尔扈特人也正走出伊金霍洛不断向外发展。达尔扈特后代中有行政干部、军人、商人、记者、企事业单位人员，也有走出国门的学者。这些发展对于推动民族文化的传承保护和创新交融，树立和突出各民族共享的中华文化符号和中华民族形象，构筑各民族共有精神家园、铸牢中华民族共同体意识具有重要的现实意义。

（五）代表性传承人

郭日扎布，男，蒙古族，2018年5月入选第五批国家级非物质文化遗产代表性项目代表性传承人。

郭日扎布是达尔扈特第三十六代传人，他的祖先是成吉思汗当年的手下重臣博尔楚。郭日扎布14岁开始学习祭祀的各种礼仪，当时年幼的他并不知道这些烦琐复杂的步骤到底意味着什么。郭日扎布回忆说:“那时候我不理解，爷爷为什么不让我上学，而是跟着他学习祭祀，甚至有时候拿着鞭子教我，他只是告诉我，不能把这些事情丢了。跟着爷爷学习了三年后才慢慢开始意识到这种感情多么神圣”。郭日扎布至今还记得，小时候跟着爷爷到各地筹措资金用于各方面开销，他说:“以前没有经济来源，只能到各地‘讨吃’，现在好了，国家给我们相应的工作职务，每个月有工资，大家的生活越来越好了。”

郭日扎布是目前达尔扈特人中年纪最老的守陵人之一，而且他的一家在达尔扈特人中地位特殊。目前掌握成吉思汗祭祀中神秘的“十二首马头板歌”唱法的，只有郭日扎布和他的儿子哈斯毕力格。

祭祀中唱响的神秘歌曲之所以被称为“马头板歌”，是因为演唱时要敲击马头板。而这些歌曲的神秘之处，首先就在于只能家族内部传承。郭日扎布说:“按照祖上的规矩，这十二首马头板歌只能由我们家族的人来传唱，绝不能外传，我爷爷教会了我，我又教会了我儿子，现在我的孙子也开始学习了”。马头板歌的神秘之处还在于，没有人知道这十二首歌的歌词是什么意思，在学习的过程中只能口耳相传、一句一句学唱。郭日扎布说:“因为不知道歌词什么意思，所以学唱很难，既要记旋律、又要背歌词，我学了 3 年才学会。为了弄清楚歌词的意思，很多专家学者都来研究过这些马头板歌，但目前还没有人能破译唱词的真正含义”。尽管目前无人知晓歌词的含义，但这十二首马头板歌的旋律却十分优美，因此也被称为“天歌”，即“长生天的歌声”。

二、鄂尔多斯婚礼

2006 年 5 月 20 日，鄂尔多斯婚礼经国务院批准被列入国家级第一批非物质文化遗产保护名录，项目序号：503 ，项目编号：X-55，属地为鄂尔多斯市，属于一种民俗。2019 年 11 月，《国家级非物质文化遗产代表性项目保护单位名单》公布，鄂尔多斯市文化艺术创作研究所获得“鄂尔多斯婚礼”项目保护单位资格。

（一）主要内容

鄂尔多斯婚礼，这里特指鄂尔多斯蒙古族婚礼，它集鄂尔多斯蒙古族传统的宗教文化、祭祀文化、宫廷文化、饮食文化、服饰文化、礼仪习俗、民族歌舞于一体，是我国重要的、具有鲜明地域色彩的少数民族非物质文化遗产之一。

鄂尔多斯婚礼起源于成吉思汗时代，随着蒙古族鄂尔多斯部进入鄂尔多斯地区，鄂尔多斯婚礼便以其特有的仪式程序流传在鄂尔多斯民间，成为一种礼仪化、规范化、风俗化和歌舞化的民俗文化现象。近 800 年来，鄂尔多斯婚礼以其独特的民族特色、浓郁的生活气息、悠扬的歌舞形式和热烈隆重的场面，表达了勤劳、勇敢、智慧的鄂尔多斯人民对美好生活的热情追求和粗犷、豪爽、善良的性格。

传统鄂尔多斯婚礼，举行三天两夜，有诸多的礼仪程序，其中包含哈达定亲、佩弓娶亲、拦门迎婿、献羊祝酒、求名问庚、卸羊脖子、分发出嫁、母亲祝福、抢帽子、圣火洗礼、跪拜公婆、掀开面纱、新娘敬茶、大小回门等一系列特定仪式和活动内容，成为展示鄂尔多斯蒙古族民俗文化的大殿堂。

鄂尔多斯各地蒙古族的婚宴礼仪在某些方面虽有所区别，但大致相同。婚礼中的送娶亲仪式体现了古老的文化特点。日暮时分，由男方能说会道的祝颂人领头，吉利双数组成的娶亲队伍肩负着娶亲使命准备出发。新郎父亲将自己珍藏的传家弓箭正式移交给儿子（新郎），象征儿子传承自家的门户。接着到屋外给新郎佩弓箭，挂五彩绸条进行装饰。娶亲队伍在“黑慕日”（蒙古语，意为“天马旗”“禄马风旗”）神台前跪拜，在火光下举行出发前的祭祀仪式。祝颂人用箭杆蘸着鲜奶，敬天地神灵，点祭新郎和弓箭，并高声咏诵《弓箭赞》《新郎赞》和《骏马赞》，为娶亲队伍送行。鄂尔多斯婚礼中选择夜晚娶亲，新郎背负弓箭，武士装扮，是成吉思汗时期游牧民族常遇抢亲而遗留下来的习俗。

娶亲队伍经过长途跋涉，到达女方家，在院落左边煮全羊的大锅旁，男方祝颂人在马背上念诵锅灶祝词，捧起哈达递给掌管锅灶者。接着，女方在天马旗神台前举行隆重的迎接仪式，娶亲队伍坐于白毡上，新郎连马站在白毡上，双方祝颂人轮流念诵《骏马赞》《弓箭赞》《弓赞》和《添箭赞》，并在新郎背负的10支白箭上面再添加一支白箭。

鄂尔多斯婚礼中，双方祝颂人和女方伴娘是蒙古族智慧的化身，是鄂尔多斯民间口头文学的传播者。正因为有了他们，婚礼场面显得更加隆重、热烈、幽默。当娶亲队伍准备进屋时，女方四位伴娘突然出现，拦住祝颂人和新郎。机智的双方祝颂人和伶俐的女方伴娘经过一番舌战，最后将男方祝颂人和新郎请进家门。

鄂尔多斯婚礼中的求名问庚仪式非常特殊。男方祝颂人领着新郎在女方伴娘前摆放羊背子、礼品、金银耳环等，新郎在手掌上端四盅酒，跪在地上问新娘姓名、属相。双方祝颂人以祝颂形式长时间进行问答，幽默地解释用公驼驮来的礼物是什么。最后，伴娘接收金银耳环和哈达，告诉新郎新娘的姓名及属相，将金银耳环递给新娘。

新娘出嫁时，要举行“分发仪式”。送亲当日早晨，新娘父母手捧哈达，邀请梳头父母给女儿分辫。梳头父亲端来白、黑色水各一碗递给梳头母亲。梳头母亲将新娘的单辫发揭开洗头。梳头父亲将新郎佩戴的象牙筷子递给祝颂人，祝颂人念诵祝词并将筷子还给梳头父亲。梳头父亲用象牙筷子把新娘的头发从正中分开，梳头母亲蘸上放入鲜奶的白色水梳理新娘头发，并为其戴上头戴。

送新郎及娶亲人员仪式在念诵《弓箭赞》和《骏马赞》中进行。站在新白毡子上的新娘由别人扶持上马，母亲为女儿举行祝福仪式。离男方家不远的地方，由男方12人举行迎接女方送亲队伍仪式。

迎亲人员再次邀请送亲队伍后，便匆匆离开。送亲队伍中的几名年轻人快马加鞭追上去，抢男方祝颂人的帽子，这叫“追赶迎亲之礼”。送亲人员到达男方家时，几个嫂子前去用鲜奶点画箱子等新娘陪嫁，这叫“点画陪嫁之礼”。送亲队伍到达男方家时，举行新娘圣火洗礼仪式。新郎骑马迎新娘，并牵着新娘骑的马从两堆旺火中间穿过去。然后，新郎站在天马旗前，双方祝颂人念诵《骏马赞》《弓箭赞》，并与两位新人一起进入婚礼主屋，新娘举行祭火仪式，成为守护这家香火的人。

婚礼举行到半夜时，摆放全羊之后举行别有特色的“白公马宴”，这是新人入洞房仪式。洞房两侧各立一根拴马桩，左侧拴一匹白公马，右侧拴一匹白骒马。将两条九九八十一尺（27 米）的白绸缎，一端系在马嚼子环上，另一头穿过蒙古包的哈纳，压在新人褥子、枕头下面。祝颂人念诵《白公马宴祝颂》，用鲜奶涂抹两匹白马、洞房、新郎、新娘等。洞房内举行双方亲人中的女性参加的宴礼。次日清晨，新娘拜见婆婆之后，从婆婆手中接过茶勺，在伴娘的陪伴下礼节性地为客人倒茶。这一礼俗，表达了婆家让新娘继承自家香火之意。接着举行婚礼结束的一系列仪式。

（二）基本特征

鄂尔多斯婚礼以男方娶亲为主线，浓缩了蒙古族娶亲礼俗的精华内容，寓情于歌舞，场面热烈欢快、诙谐喜庆，内容健康，品格高雅，突出表现了蒙古族人民粗犷剽悍、豪爽热情、讲究礼仪的性格。

鄂尔多斯婚礼的音乐具有鲜明的地域特色，婚礼宴歌的内容和题材、歌词的韵律、旋律、节奏及演唱风格等，都显示出它特有的形态特征。这种婚礼仪式音乐需通过表演语境，即婚礼场合才能完全表现其自身所具有的各种功能和作用，它对婚礼的每项环节产生影响。如参加婚礼的个人和群体之间形成了一种相互交流、完成所承担的仪式任务及相互协作的特殊关系，这种交流的基本方式或手段，就是演唱和表演完整的婚礼宴歌。这一系列的习俗行为，在音乐中得到了传承和延续。

鄂尔多斯婚礼的祝词贯穿于婚礼仪式的各个环节，伴随着婚礼的每一个步骤，烘托以华丽的辞藻，使全部婚礼仪式环环相扣、浑然一体。婚礼祝词起着引导、推动婚礼向前发展的特殊作用，婚礼的参与者以生动通俗的语言，以载歌载舞的形式表达自己的心声，传递内心的情感。

鄂尔多斯婚礼的服饰做工精细、花样繁多、花色美观，特别是用珊瑚、玛瑙、宝石、金银制作的鄂尔多斯妇女头戴具有华丽、富贵的特点，男性的挂饰包括蒙古刀、火镰、鼻烟壶袋、烟荷包、碗袋等，花样繁多，花色美观，做工精细。

鄂尔多斯婚礼的饮食种类繁多、制作精巧，保留着游牧民族及宫廷饮食文化特征。婚礼饮食主要有奶食、肉食、茶食和米面食等。婚礼特色饮食与传统的民俗民间文化融为一体，形成具有浓郁地方特点的饮食文化。

摆放全羊是婚礼最高礼节，摆放全羊时，祝颂人捧着哈达，端着银碗奶酒，高唱《全羊赞》，将宴席推向高潮。

（三）文化价值

鄂尔多斯婚礼是蒙古族婚礼中最具特色、最有吸引力、最隆重的形式之一，从婚礼筹备到婚礼结束以及每个人的服饰都将民俗文化展现得淋漓尽致，它凝聚了蒙古族礼仪风俗的精华，成为迄今保留最完整、内容最丰富的一部蒙古族风情画卷。鄂尔多斯婚礼集鄂尔多斯蒙古族传统的祭祀文化、宫廷文化、饮食文化、服饰文化、礼仪习俗、民族歌舞之大成，以幸福、吉祥、喜庆、热烈的情绪贯穿始终，展示了民俗文化的魅力，表达了人们追求幸福生活的美好愿望，具有丰富而深刻的文化内涵与价值。

（四）保护与传承

能说会道、能言善辩的祝颂人是鄂尔多斯婚礼的象征性人物，在鄂尔多斯民间曾经有过很多祝颂人手写的婚礼版本。1976 年，鄂尔多斯著名祝颂人策·哈斯毕力格图，根据民间口头资料，整理出版了第一本《鄂尔多斯婚礼》；1977 年，鄂托克旗乌兰牧骑用歌舞形式，首次将《鄂尔多斯婚礼》搬上舞台，并拍摄成专题片；1989 年，伊金霍洛旗乌兰牧骑和成吉思汗陵文艺队又先后将《鄂尔多斯婚礼》以民族风情歌舞的表演形式搬上旅游文化舞台；2003 年，鄂尔多斯文联正式编辑出版《鄂尔多斯婚礼大全》一书；2005 年，由鄂尔多斯歌舞剧团创作排演的大型音舞诗《鄂尔多斯婚礼》首演大获成功；2006 年，鄂尔多斯婚礼经国务院批准列入第一批国家级非物质文化遗产名录；2009 年，第十一届亚洲艺术节晚会开场歌舞《鄂尔多斯婚礼》雄浑大气，展示出蒙古族深厚的文化底蕴；2010 年和 2012 年举办的鄂尔多斯国际那达慕大会通过鄂尔多斯婚礼表演，向世界展示了鄂尔多斯特色鲜明的婚礼文化；2014 年，大型原创舞蹈诗《鄂尔多斯婚礼》在美国华盛顿肯尼迪艺术表演中心演出；2015 年，第三届鄂尔多斯婚礼文化旅游节在伊金霍洛旗开幕，通过大型群众参与性节庆活动，继续传承和弘扬鄂尔多斯婚礼文化；2019 年，《国家级非物质文化遗产代表性项目保护单位名单》公布，鄂尔多斯市文化艺术创作研究所获得“鄂尔多斯婚礼”项目保护单位资格。

随着文化和旅游业的发展，以鄂尔多斯婚礼为内容的歌舞史诗、歌舞剧等每年在鄂尔多斯市各旅游景点演出千余场次，向各方来客展现鄂尔多斯婚礼的独特魅力。同时，鄂尔多斯婚礼仪式也在一定程度上吸收汉族以及其他民族婚礼特点，不管是婚礼仪式还是音乐都加入了现代元素，呈现出了多元化发展特征，在实现民族文化传承保护的同时，推动了中华民族多元文化的创新交融。

（五）代表性传承人

曹纳木，中共党员，1934 年 9 月出生于内蒙古鄂尔多斯市鄂托克前旗城川镇克珠日嘎查牧民扎巴家，国家级非物质文化遗产“鄂尔多斯婚礼”项目代表性传承人，是非物质文化遗产的重要承载者和传递者，掌握着“鄂尔多斯婚礼”的丰富知识和精湛技艺，是“鄂尔多斯婚礼”活态传承的代表性人物，是中国蒙古语文学会理事、中国民间文艺家协会会员、中国歌谣学会会员、中国民俗学会会员、成吉思汗研究会副理事长。先后在鄂托克旗人民法院、旗委、旗人民政府等单位工作，从事翻译和蒙古语文等工作。退休后坚持从事翻译工作，兼顾民间文学的收集、整理及研究工作。

早在 1978 年，曹纳木先生与学者陈育宁等人一同撰写《漫话鄂尔多斯婚礼》长篇文章；1984 年他以民俗顾问和演员的身份参加由鄂尔多斯电视台拍摄的电视纪实片《鄂尔多斯婚礼》，这一纪实片的拍摄和播映，在当时引起了极大的轰动效应，对重新恢复鄂尔多斯婚礼的原貌起到了助推作用；20 世纪 80 年代以后，经常受邀在鄂尔多斯民间婚礼中担任祝颂人、迎亲人和主持人。20 世纪末与他人合作撰写专著《鄂尔多斯婚礼》；2018 年 5 月入选第五批国家级非物质文化遗产代表性项目代表性传承人；2020 年 12 月，入选 2020“中国非遗年度人物”候选名单。

曹纳木先生对鄂尔多斯婚礼的所有礼仪进行了系统研究，收集、整理了丰富、完整的资料。老先生还收藏了众多古老的鄂尔多斯婚礼服饰和用具等；他先后编著、出版了与鄂尔多斯婚礼有关的《鄂尔多斯民歌集成》《鄂尔多斯民歌经典》《蒙古族肉食文化》《鄂尔多斯妇女首饰追溯》《鄂尔多斯文献》《鄂尔多斯民间故事》等 27 部专著，多次获得内蒙古自治区各类成果奖。现在，曹纳木先生已是年过八旬的老人，但仍然精力充沛，为了传承鄂尔多斯婚礼及民俗文化，老先生建立书屋，收藏了几万册图书，并且肩负着培养更多年轻传承人的职责。

三、漫瀚调

2008 年 6 月 7 日，漫瀚调经国务院批准被列入国家级第二批非物质文化遗产保护名录，项目序号：591，项目编号：II–92。属地为鄂尔多斯市准格尔旗，属于一种民间音乐。2019 年 11 月，《国家级非物质文化遗产代表性项目保护单位名单》公布，准格尔旗漫瀚调艺术研究所获得“漫瀚调”项目保护单位资格。

（一）主要内容

漫瀚调产生于内蒙古自治区准格尔旗，广泛流传于黄河流经的内蒙古地区和晋陕蒙接壤地区。至今已有上百年的历史，清嘉庆、道光时期对蒙旗实行“借地养民”政策，使大量汉族移民流入鄂尔多斯市准格尔旗，形成了蒙汉杂居、农牧兼营的局面，移入的汉民不仅开拓了农业经济的发展，同时也促进了蒙汉民族之间的文化交流，人们经常在一起吹拉弹唱，起初蒙古族唱蒙古民歌，汉族唱晋陕民歌，时间一长，一些蒙古族短调被汉族接受，而且还按着即兴填词方法随意编词，听起来备感新鲜，很快又被蒙古族人民所欣赏。漫瀚调是蒙古族和汉族群众在长期的劳动与生活中，在文化艺术方面广泛交流，共同创造的独特艺术形式，所以“漫瀚调”又叫“蒙汉调”“蛮汉调”。另一种解释认为“漫瀚”二字，是蒙古语“芒赫”的译音，意为“沙丘”“沙梁”“沙漠”。漫瀚调发祥地的准格尔旗正是沙丘、沙梁、沙漠遍布的地区，生活在这里的蒙汉人民，以漫瀚调为自己的歌种命名。

漫瀚调曲目繁多，按原调词意大体可分为思苦、歌颂、情爱、渴盼、哀怨、离愁、新声七种类型。漫瀚调属于民间小调，多在室内演唱，由笛子、四胡、扬琴等乐器组成的乐队伴奏，此外还用到梆子、四块瓦等打击乐器。与山歌体裁的民歌相比，漫瀚调具有较多的艺术加工成分，曲调流畅，表现力较强。

1996年，准格尔旗被国家文化部命名为中国民间文化艺术（漫瀚调）之乡；2008年，民间艺术漫瀚调被列入国家级非物质文化遗产名录；2011年，准格尔旗被国家文化部重新命名为中国民间文化艺术（漫瀚调）之乡。漫瀚调在准格尔旗及周边的山西、陕西等地久盛不衰，在鄂尔多斯市达拉特旗、包头市土默特右旗、呼和浩特市土默特左旗等地也有传唱。

（二）基本特征

漫瀚调是以鄂尔多斯短调民歌为母曲、揉入晋陕民歌音乐元素的一种独特民歌歌种，吸收了爬山调的特点，唱词以汉语为主，但又吸收了蒙语词汇，使两种风格的旋律互相糅合，两个民族的语言混合使用，如《王爱召》《栽柳树》均属此例，其他还有《阿拉坦岱日》《扫帚花日》等。在漫瀚调的表演形式上，有一种表现手法叫“风搅雪”，所谓“风搅雪”就是演唱者在演唱漫瀚调时，一句歌词中同时出现蒙古语和汉语。例如“毛日呀呼奎（蒙古语，汉语译为马儿不走），拿上鞭子打（汉语）。努胡日依日奎（蒙古语，汉语译为朋友不来），捎上一句话（汉语）”。

漫瀚调多由两个或四个乐句构成单乐段，属于简单的一种结构，具有完整性和周期性的特点。其调式有羽、宫、徵、商四种，而以羽调式居多，大约占到三分之一。漫瀚调的音阶跳动幅度大，六度、七度、八度的大跳表现尤为明显，用得最多的是九度、十度、十一度的大跳，有时还会出现十二度的大跳。漫瀚调音域宽广，既可以表达奔放激切的炽烈情感，也可以塑造舒展洒脱、深沉委婉的音乐形象。代表性作品有《大河畔上栽柳树》《天下黄河九十九道湾》等。

漫翰调的演唱形式有独唱、齐唱、对唱。因蒙汉人民在长期的融合之中，互相邀请聚会，即兴编词演唱，有问有答，一唱一和，因此，漫瀚调的主要表现形式为对唱，其唱腔洒脱奔放，旋律朴实舒展，曲调简洁明快，男女歌手们在演唱漫瀚调时，男的嗓音高亢、强劲、明亮；女的嗓音清脆、柔和、甜美。“漫瀚调”的曲名有40多个，绝大多数仍保留着蒙古曲名，如“广林召”“韩庆达哇”等；部分为汉名，如“白菜花”“双山梁”等；部分为蒙汉音合成，如“哈岱沟”“合彦梁”等；有的则保留蒙汉两种称谓，反映出鄂尔多斯地区蒙汉两族人民水乳交融的和谐生活，也展现了中华民族礼仪之邦的传统美德。

漫瀚调歌词题材广泛，采用叙事、抒情两种方式，既有时政内容，又有生活反映。例如，对当地壮美自然景物和美好人情的赞颂，热情洋溢的唱词中满是对家乡的自豪感；又如，歌颂民族情谊、欢迎远方客人。漫瀚调唱词三十句、五十句不限，即兴出口，一气呵成。

漫瀚调不仅音乐本身具有丰富的特点，其伴奏乐器也同样很讲究。漫瀚调以民族传统乐器四胡、粗管笛子（俗称梅）、扬琴、三弦等伴奏。在漫瀚调发展早期，伴奏乐器的制作工艺与性能比较落后，如最初的扬琴为八音扬琴；笛子只是采用平均孔制的 D 调曲笛；四胡定弦：一、三弦为 G，二、四弦为 C。四胡的演奏融入了二人台和蒙古族的手法及特点，使其特色更为鲜明。

（三）文化价值

漫瀚调是蒙汉民族在长期的同生共荣中，两种文明碰撞与交融的产物，是蒙汉两族共同享有的艺术形式，也是蒙汉人民在音乐与文学领域智慧的结晶。漫瀚调具有独特的艺术风格和宝贵的艺术价值、鲜明的地区特色和丰富的文化内涵，也有着丰富人民群众文化生活、促进民族团结的社会功能，是鄂尔多斯地区特有的民间文化遗产和宝贵的文化资源。

漫瀚调艺术的发展与人民的生产生活密不可分，其内容非常丰富，既有反映生产劳动和日常生活的，也有反映爱情和风俗礼仪的。例如，“城墙上跑马扭不回个头，甚时候能活在个人前头？”此段漫瀚调歌词，形象地表达了中华人民共和国成立前生活穷苦的人们对美好生活的渴盼。一代代勤劳朴实的蒙汉人民在平凡的劳动和生活中创造了漫瀚调，通过这种独特的艺术歌种表达着他们对苦难生活的不满，抒发着对心上人的思念，也表达了对美好爱情和幸福生活的憧憬。

漫瀚调淋漓尽致地体现出蒙汉两族人民在长期生产生活中宽厚和包容的精神。没有宽厚包容就没有长期共存，没有宽厚包容就没有交流融合。漫瀚调所体现出的宽厚和包容精神为后人树立了良好的榜样，值得任何个人和集体以至于民族去学习。正是这些朴实生动的语言和深入人心的曲调，记录了几辈人的酸甜苦辣和悲欢离合，同时给后人留下了“漫瀚调”

这个耀眼的瑰宝。“漫瀚调调脆个铮铮音，蒙汉兄弟越唱越惹亲。漫瀚调是那盘根根柳，笑声声唱出个手拉手。黄河水绕着准格尔旗流，流进蒙汉人民心里头。天又长来地又久，蒙汉人民的情谊万辈留……”在我国晋陕蒙交界、黄土高原与鄂尔多斯高原交汇地区，诸如此类的漫瀚调歌词层出不穷，唱出了蒙汉人民团结友爱的心声。

漫瀚调是真正的群众艺术，是当地群众最喜欢的娱乐形式。因其歌词的不固定性，演唱者往往会根据当时的场合和心情即兴演唱，再加上亲切朴实的当地方言，使漫瀚调有很好的娱乐功能。所以在内蒙古西部地区，不论是喜庆节日、还是婚丧嫁娶，从朋友聚会到集体劳作，到处都有漫瀚调的身影。每当唱起漫瀚调时，歌者和听众都会有一种莫名的愉悦感和亲近感。正因为如此，很长一段时间内，漫瀚调几乎都是民间自娱自乐的小型演出。近年来，在政府的扶持和推广下，社会各界对漫瀚调越来越重视，漫瀚调渐渐走向正式演出的舞台。一方面，作为当地流行的艺术形式服务大众；另一方面，也作为当地民间文艺的代表形式向外界展示，这使得更多人了解漫瀚调，欣赏并喜欢漫瀚调，也使漫瀚调丰富了更多人的文化生活。

（四）保护与传承

从诞生至今，漫瀚调一直在准格尔旗各个时期的政治、经济、文化生活中起着重要的作用，特别是被列入国家级非物质文化遗产名录后，已逐渐成为当地政府的名片。为保护和传承漫翰调这一文化艺术，弘扬民间文化，准格尔旗出台了文化艺术乡土人才选拔管理办法，设立了文化艺术乡土人才政府津贴，先后组建了漫翰调艺术研究所和民间文化研究促进工作组。

准格尔旗这片热土培养了众多优秀的漫瀚调歌手。1955 年，在第一届全国民族民间艺术音乐舞蹈戏剧观摩演出大会上，准格尔旗漫瀚调歌手改利古以一曲《乌苓花》获得了个人一等奖，漫瀚调从此登上大舞台；1964 年，漫瀚调歌手张美蓉、奇二秃在北京参加了全国业余文艺会演，这是漫瀚调首次在北京唱响，张美蓉等受到党和国家领导人的亲切接见；在国家文化部与中国音乐家协会举办的第一届、第二届全国农民歌手大奖赛中，准格尔旗漫瀚调歌手杨锁柱、杨毛毛都以较强实力获得奖项；2000年，由众多原生态漫瀚调歌手参演的漫瀚调剧《纳林河畔》荣获自治区“五个一工程”奖；与此同时，准格尔旗还成功举办了多届漫翰调艺术节，为进一步传承、弘扬、发展、繁荣漫瀚调艺术做出了很大贡献。在往届的漫翰调艺术节上，来自晋陕蒙三个省区的漫瀚调歌手同台表演，特别是准格尔旗漫翰调传承人奇附林和歌手王凤英演唱的漫翰调对唱《天下黄河》，赢得了观众长时间热烈的掌声；2018 年 8 月，漫瀚调艺人们通过直播，让漫瀚调通过互联网走上了更大的舞台；2019 年 5 月，国家文化和旅游部发布第十八届群星奖决赛入围作品名单，准格尔旗文化馆选送的漫瀚调情景表演《美好家园人情厚》成功晋级全国决赛，成为音乐类 21 强之一，也是内蒙古自治区唯一入围的音乐作品；2019 年 11 月 1 日，由准格尔旗文化和旅游局主办，准格尔旗漫瀚调艺术研究所协办的 2019 年漫瀚调声乐器乐培训班举行结业仪式；同月，《国家级非物质文化遗产代表性项目保护单位名单》公布，准格尔旗漫瀚调艺术研究所荣获漫瀚调项目保护单位资格。

（五）代表性传承人

奇附林，男，1953 年 11 月出生，蒙古族。第二批国家级非物质文化遗产项目漫瀚调代表性传承人，中国民间文艺家协会会员，内蒙古民间文艺家协会会员，漫瀚调艺术研究所顾问，被授予“中国民间文化杰出传承人”“西部歌王”“百灵歌手”“中国原生态十大歌王”等荣誉称号。

奇附林出生于准格尔旗大路镇一个民间艺人家庭，从祖辈到父辈，都是唱蒙古族民歌和汉族山曲儿的高手。奇附林说：“周围乡邻的婚庆喜宴都找我们去为场面助兴。从我记事起，就跟着父辈们参加这种活动，耳濡目染，久而久之自己也就钟情于漫瀚调的演唱艺术”。

奇附林从 10 岁开始学唱漫瀚调，20 多岁就成为闻名百里的漫瀚调演唱高手。1986 年至 1988 年连续三年参加准格尔旗农牧民歌手大赛均获一等奖；1988 年参加伊克昭盟民歌大赛荣获桂冠，同时为电视剧《鄂尔多斯鸿雁》配唱了片头曲；1995 年参加内蒙古西部地区地方民歌大赛荣获“桂兔圆”特别奖；1996 年参加晋陕蒙三省区民歌大赛荣获二等奖；1999

年参加中央电视台七套《春满大地》春节联欢晚会，成为名扬全国的漫瀚调民歌之王；2000 年参加自治区“农牧民歌手电视大奖赛”获得一等奖；2002 年参加“中国西部十二省区民歌大赛”获得银奖；2004 年参加“清逸·佳雪杯”CCTV 西部民歌电视大奖赛荣获漫瀚调最佳歌手奖、优秀民歌手奖；2007 年参加原生态“十大歌王”世界巡回演唱会，同年参加“陕西西安·2007 中国原生民歌大赛”荣获优秀传承奖；2009 年参加陕西神木“酒曲山歌擂台赛”获得总擂主；2010 年参加中国农民艺术节“全国乡村歌手大赛”获原生态金奖；2011 年参加中国民歌原生态盛典获金奖；2012 年被中国文学艺术界授予国家级最高奖项“山花”金奖，同年参加第六届中国原生民歌大赛获得优秀传承奖；2013 年参加山西省运城“大运汽车杯”全国老年人才大赛获得“风华奖”。曾于 1989 年录制专辑《准格尔山曲》，2011 年至 2013 年参与录制《准格尔民歌经典》《唱响准格尔》等光盘。他把漫瀚调唱到了大江南北，唱进了中央电视台。《音乐周报》一篇《西部歌王到京打擂》的报道说：“凡是听过漫瀚调歌手奇附林演唱的人，必定会为他中音明亮、高音尖锐的演唱所震撼。如果说通常意义上的男高音能达到高 8 度，那么奇附林可以称为超男高音，因为他能轻而易举地达到高 11 度。他久唱不衰的铁嗓子和朴实无华的表演技能让我们不得不感叹原汁原味、土生土长的传统民歌那顽强的生命力和非凡的艺术魅力。”

通过不懈努力，奇附林把漫瀚调从乡村小调唱到了北京人民大会堂，从公社广播站唱到了中央电视台春晚节目，凭着洪亮、清脆、憨厚的带有浓郁山野风格的漫瀚调演唱闻名全国，如今他依然活跃在舞台上，同时培养了岳文祥、王慧萍、谢二东等众多漫瀚调演唱人才。

四、鄂尔多斯短调民歌

2008 年 6 月 7 日，鄂尔多斯短调民歌经国务院批准被列入国家级第二批非物质文化遗产保护名录，项目序号：604 ，项目编号：II–105，属地为鄂尔多斯市，属于一种民间音乐。2019 年 11 月，《国家级非物质文化遗产代表性项目保护单位名单》公布，鄂尔多斯市群众艺术馆获得“鄂尔多斯短调民歌”项目保护单位资格。

（一）主要内容

鄂尔多斯地区素有“歌海”之称，这里有着十分深厚的传统音乐文化底蕴，尤其是短调民歌与歌舞艺术，更是闻名遐迩。鄂尔多斯短调民歌属于内蒙古自治区境内六大色彩区之一的鄂尔多斯色彩区，该色彩区包括鄂尔多斯市、巴彦淖尔市阴山山脉以南的部分地区，以鄂尔多斯高原为中心地带是蒙古族人民历史上的“礼乐之邦”。首先，该地区有着十分优越的地理条件，处于内蒙古自治区中、南部，三面有黄河环绕，与陕西、山西部分地区接壤，良好的地理条件促进了该地区音乐的发展，更促进了多民族音乐文化的交流交融；其次，鄂尔多斯地区历来就属于战略要地，受统治者的高度重视，元代的军事重镇察汗淖尔就在鄂尔多斯境内。元明时代的军垦和清末“移民实边”政策的实施，使大量内地人口迁徙到该地区，带来了内地先进的生产方式和劳动技术，为该地区经济、文化、艺术的发展奠定了坚实的物质基础。

短调民歌是鄂尔多斯色彩区中最为重要、最具代表性的组成部分。从题材内容和音乐风格来看，主要包括抒情歌曲、叙事歌曲、宗教歌曲和民俗歌曲四类，如牧歌、酒歌、儿歌、摇篮曲、葬礼歌、祭典歌等，涵盖了鄂尔多斯人民生产、生活的各个方面。鄂尔多斯短调民歌是我国传统音乐中不可缺少的一部分，尤其它的演唱技巧已达到相当高的难度，有了一套系统的表现它音乐风格的演唱方法。

（二）基本特征

蒙古族民歌内容丰富、节奏自由、情感细腻、曲调高亢、悠扬婉转、回味深长，它可分为长调民歌和短调民歌两类，长调民歌一般以蒙古语演唱，篇幅广、气息长、情感深，颤音运用细腻独特、曲调悠远，旋律、唱腔体现出草原民歌辽阔、粗犷的特色；短调民歌节奏齐整，节拍固定，喜用叠字、歌词简单、自由灵活。

鄂尔多斯短调民歌流的风格形成可上溯到元代，与长调民歌不同，短调民歌结构短小精悍、句法整齐、节奏明快、情绪欢快活泼、音乐形象鲜明、曲调优美动听，具有强烈的舞蹈性。其旋律多以五声音阶构成，也有一些隐伏“商”音后留下四个音阶以构成旋律的作品，如《协布仁喇嘛》《阴山》等；六声音阶的歌曲也不少，如《森吉德玛》《山头》《西召》等；此外还有七声音阶的歌曲，如《巴音杭盖》等。六声音阶和七声音阶构成的歌曲中，“4”与“7”两个音在旋律间多以经过音的形式出现。

鄂尔多斯短调民歌的调式以蒙古族音乐特有的羽调式为主，兼有其他调式，其中尤以宫、徵调式居多。宫调式的歌曲有《金色的百灵鸟》《嫦娥》等；商调式的歌曲有《瞭望》《乌达高勒》等；角调式的歌曲有《稽骇滩》《哈地温都尔》等；徵调式的歌曲有《巴音杭盖》《我有钱的弟弟呀》等。另外，鄂尔多斯短调民歌还在传统五度调式的民歌中加入七度调式的引子和过门，别具一格。鄂尔多斯短调民歌采用有韵的两句式或四句式，节拍比较固定，多为即兴歌唱，以四胡、扬琴、笛子、三弦、筝、马头琴等乐器伴奏。歌词简单而不呆板，音韵上广泛运用叠字，歌词内容风趣、幽默、欢乐俏皮，充满调侃倾向。往往只抓住一个小小的点，来刻画出一幅幅生动的生活场景，来表达生活中的微妙情趣。

（三）文化价值

鄂尔多斯短调民歌以声音宏大、曲调高亢悠扬而闻名。其内容反映着不同年代当地社会生活的各个方面。鄂尔多斯短调民歌为“定词定调”的歌曲，即一词一曲，曲目有数千首之多，无不是历史事件和历史人物的客观反映。它记载了鄂尔多斯地区的历史、政治、经济、文化、思想、感情和生产、生活，折射出鄂尔多斯人追求进步、崇尚先进、反对黑暗、反对压迫、热爱祖国、热爱家乡、热爱生活的思想境界，体现出鄂尔多斯人民宽阔的胸怀和无限的创造力。

鄂尔多斯短调民歌是鄂尔多斯音乐艺术的典型代表，是鄂尔多斯人民生产生活的真实写照，也是鄂尔多斯地区历史、文化、生活的集中表现。鄂尔多斯短调民歌文化是人与自然和谐相处的文化，是各民族沟通交融的文化，对于中华民族传统文化的传承与融合创新具有重要价值。

（四）保护与传承

鄂尔多斯短调民歌的独特风韵与地理环境和人文环境密不可分，历史上游牧民族交替入驻鄂尔多斯，留下了各自的音乐印记。随着鄂尔多斯人民生产生活方式由游牧经济到半农半牧经济、再到现代经济的转型，其短调民歌的保护和传承方式也随之发生变化。在过去，鄂尔多斯短调民歌主要以口耳相传的方式传承，如通过日常生活中的大小型活动或者仪式被不断上演。到了现代，鄂尔多斯短调民歌在保留传统传承方式外，又以新的方式和规则出现。一方面，短调民歌与迁入鄂尔多斯的晋、陕地区民间文化融合，使得鄂尔多斯地区的音乐文化出现了草原音乐文化与农耕音乐文化的相互碰撞与交融现象。另一方面，伴随着现代社会的发展，短调民歌被搬到舞台由专业歌者来展演，或是走进课堂，抑或是通过电视、网络、收音机等各种媒体广泛流传和承继。

（五）代表性传承人

哈拉珍，女，蒙古族，1950 年 11 月出生。现为鄂尔多斯短调民歌国家级传承人、中国民间文艺家协会会员、内蒙古自治区民间文艺家协会会员、内蒙古三弦协会副主席、鄂尔多斯短调民歌协会主席。

哈拉珍出生于鄂托克前旗昂素镇巴音柴达木嘎查的仁庆道尔吉艺术世家，家中五代都是音乐艺人，哈拉珍从 8 岁开始学习四胡、三弦等民族乐器，掌握了大量的鄂尔多斯短调民歌，并精通扬琴、四胡、三弦等鄂尔多斯传统乐器，34 岁成为家喻户晓的民间歌手。哈拉珍较好地传承了鄂尔多斯特有的短调民歌文化，唱伴结合、能歌能奏，且与独特的鄂尔多斯“乃日”文化相结合。

哈拉珍长期致力于鄂尔多斯民歌的传承工作，制作了《成吉思汗两匹骏马》《鄂尔多斯民歌联唱》等 10 多盘磁带，2001 年收集整理 200 多首鄂尔多斯民歌，并出版了《鄂尔多斯婚礼大歌曲》，该书已成为比较标准的鄂尔多斯民族原生态教科书；2008 年出版了《多彩人间》专辑。至今，哈拉珍已培养出 80 多名年轻一代传承人，组建民间艺术团，长年活动于基层，在当地有着广泛的影响力。2007 年，内蒙古自治区民间艺术家协会授予其民间文化杰出传承人和自治区演唱大师的称号；2010 年，内蒙古自治区文化厅授予其鄂尔多斯短调民歌传承人称号；2018 年获批为第五批全国非物质文化遗产保护工作先进个人。

为了更好地传承和保护鄂尔多斯短调民歌，2011 年到 2014 年，哈拉珍参与到鄂尔多斯原生态民间文化工作中，在鄂尔多斯西部五个旗进行鄂尔多斯民歌、蒙古三弦弹唱培训，共培训出1000多位优秀学员。2015年，哈拉珍创办了鄂尔多斯短调民歌微信教学基地，通过微信平台开展民歌教学工作，目前已教授民歌100首，学员遍布鄂尔多斯9个旗区，人数达400多名。教学基地自创办以来，共出版发放了900本教学书籍以及200本宣传书籍，并接受了北京、呼和浩特、鄂尔多斯等地多家知名媒体的采访。目前鄂尔多斯短调民歌微信教学基地已经发展成为民歌爱好者学习、掌握鄂尔多斯短调民歌的最大平台，能够让人们在学习鄂尔多斯民歌技艺的同时，感受到非物质文化遗产的魅力，并不断为发扬传统文化艺术做出更多贡献。

五、鄂尔多斯古如歌

2008年6月7日，鄂尔多斯古如歌经国务院批准被列入国家级第二批非物质文化遗产保护名录，项目序号：604，项目编号：II–105，属地为鄂尔多斯市杭锦旗，属于一种民间音乐。2019年11月，《国家级非物质文化遗产代表性项目保护单位名单》公布，杭锦旗文化馆获得“鄂尔多斯古如歌”项目保护单位资格。

（一）主要内容

古如歌，也称“古如都”，是蒙古语的汉文译音，被誉为蒙古族古典音乐的“活化石”及蒙古族古老文明的“活标本”。“古如”在蒙古语里有着“国度”“朝政”“大众”之意，在梵语里有着“师祖”之意，“都”也是蒙古语音译，其汉语意思就是“歌”。

古如歌产生于蒙古汗国时期，是皇室贵族在宫廷举行隆重仪式时演唱的大型声乐组曲的仪式歌曲，是鄂尔多斯蒙古族长调最古老的形态。蒙古王权衰落之后，古如歌流传于民间，成为一种古老的民间音乐体裁。鄂尔多斯市杭锦旗是“古如歌”的发源地和传承地，其原生态演唱仅流传于杭锦旗北部一带，以独贵特拉镇、吉日嘎朗图镇为主，另外，梁外原白音恩格苏木靠近沿河一带也有传唱，传唱者多为老人。古如歌是以祝福、赞美、说教为主的无伴奏长调歌曲，其内容正统、主题严肃，一般包括赞颂可汗、朝政、家乡山水、骏马良驹、亲情友情、礼教训谕、宣扬宗教教义以及婚礼节日庆典等内容。

（二）基本特征

古如歌的基本特征是无伴奏，一般只在隆重而盛大的宫廷或国宴庆典仪式上演唱，主题非常严肃，内容相当正统，旋律优美独特，节奏舒缓自由，演唱细腻独到，风格高贵典雅，以唱时政、唱佛教、唱父母、唱故乡、唱骏马和说教为主，亦有一部分是唱咏爱情的。鄂尔多斯古如歌吟唱都有规矩，平时不能随便哼唱，演唱者在宴会中需要站着唱完每首歌，演唱中不得随意打乱演唱顺序，不得删减内容与中途中断演唱，不得有乐器伴奏等，演唱时以三首为一组，称为“三支首歌”或“三首正歌”。这些歌曲都是一些正统的说教歌曲，旋律缓而不拖、慢而不沓，节奏若隐若现、若即若离，旋律大跳大落、跌宕起伏。

古如歌属于长调体裁，也是游牧民族生产生活方式创造的草原标志性音乐文化。古如歌这种仪式性的象征符号，其博大肃穆是由它的演唱形式而定的。在特定的场合内，众人同时以单旋律齐唱形式展现粗犷苍劲的长调风格，气势恢宏博大。不仅如此，古如歌在结构形式上也非常严谨，由优美华丽的羽调式图日勒格（引子）开场，唱腔由四句式曲调构成，节奏自由缓慢，字少腔多、音调高亢、音域宽广、曲调气息悠长。虽然没有固定节拍，但唱词固定，不能有任何修饰及更改。图日勒格后接三首古如歌主歌，主歌采用四行歌词的民间诗歌形式，由多段体形式组成，这也是区别于图日勒格四句式一段体的最大特征。最后才回到刚健、明亮的宫调式图日勒格，演唱结束。

古如歌遵循鄂尔多斯长调歌曲行平腔直、较少华彩性装饰音的普遍特征，有着苍劲幽深、朴质无华的音乐风格。不像其他类型歌曲一样，具有明显均分律动、节奏规整的特点，演唱时均用舒缓、悠长的慢板。与蒙古族传统音乐调式一样，古如歌以五声音阶为基础。

古如歌的歌词文学性强、概括精练、含蓄深刻，多以四行一段式结构为主，段落内每一诗行的字词字数基本统一，有两字诗行、三字诗行、四字诗行三种情况。运用押韵、比兴、对仗等一整套音韵格律和修辞手法，体现了蒙古族诗歌艺术的主要特征。与此同时，古如歌的旋律舒展宽阔、优美动听，是当地久经流传的诗歌文学与独具鄂尔多斯区域特色的长调歌曲的完美结合。

（三）文化价值

古如歌的魅力在于，即便你听不懂歌中的语言，仔细聆听旋律，仿佛也有某种东西揪住你的心，让你肃然起敬，让你心灵豁达。古如歌的价值不仅体现在音乐学、文艺学和语言学方面，在人类学、历史学、民族学和民俗学研究方面也有很高的价值。古如歌是历史，是浓缩的历史，是传承的历史，是唱出来的历史，是人类文明的结晶、优秀民族文化的瑰宝。

岁月如歌古风传，作为宫廷歌曲，古如歌流传了800多年，后由宫廷走向民间，如今依然保留了它原来的模样。《政务大厦》《圣主成吉思汗的两匹骏马》《歌唱家乡》《绵羊白的房子》《上都河》《桑杰道尔吉》，一首首歌颂国家和英雄、赞美家乡和山河、感恩父母、歌唱佛祖的悠长曲调，从古代唱到今天，那种崇高和庄严从未改变过。

（四）保护与传承

杭锦旗是古如歌的重要发源地和传承地。中华人民共和国成立后，其原生态传唱者是为数不多的、年龄在66~90岁的老年人，古如歌几近濒临失传。为了更好地保护、传承、发展这一优秀、古老的文化，使这一国家级非物质文化遗产绽放光华，杭锦旗从1979年开始抢救性挖掘、整理古如歌，多年来通过政府支持、传承人主导、学校配合、群众参与等多种形式，积极推进古如歌的传承与发展。

2009年杭锦旗成立古如歌协会，同时相继成立鄂尔多斯市杭锦旗安达民间艺术团、杭锦旗沙日召古如歌组合、杭锦旗独贵塔拉镇七星湖民间文艺队等多个民间古如歌艺术团体。先后设立了七星湖牧民新村传承基地、杭锦旗蒙古族实验小学古如歌传承基地、杭锦旗蒙古族中学古如歌培训基地、巴音恩格尔嘎查古如歌传承基地4个古如歌传承培训基地。开设“古如歌”培训班，由古如歌传唱人进行手把手传授“古如歌”，现已培训45岁以下的古如歌传唱人百余名，年龄最小的仅7岁。此外，举办“古如歌”大赛，召开“古如歌”研讨会，到区内外演出交流，与内蒙古大学、内蒙古师范大学等高等院校合作，将古如歌列入学院科研教学内容之一。每年有计划向区内外高等院校输送“古如歌”专业音乐人才，使他们能够更加系统专业地学习声乐等相关知识，理论联系实际，提高音乐方面的造诣，学成后开展“古如歌”相关研究与教学活动，形成“输送、培养、反哺”的良性循环链条，强力推动“古如歌”的传承与发展。在传习的同时有计划地对专家和民间艺人的演唱进行录制，把这些珍贵的音乐资源转化为教育资源，使这一古老的艺术得以进一步保护和传承。

2013 年，杭锦旗被中国文艺家协会授予“中国古如歌之乡”称号；2017 年 5 月杭锦旗建成古如歌音乐博物馆，为揭开古如歌的神秘面纱搭建了新的平台。该博物馆由演出大厅和展厅两部分组成，演出大厅可容纳 151 人观看演出，展厅内陈列着民族乐器、古如歌传承保护的实物资料等，对古如歌的起源、演变发展、特点、传承保护进行了详细展示，并设有 3 处古如歌音乐体验区，放置 10 台触摸式电子显示屏，供参观者聆听和欣赏古如歌。

（五）代表性传承人

古日巴斯尔，男，蒙古族，1947 年出生。2018 年 5 月 8 日，入选第五批国家级非物质文化遗产代表性项目代表性传承人。

古日巴斯尔出生于鄂尔多斯杭锦旗，他从小受到古如歌的熏陶，作为本家族第四代传承人，向祖父巴雅尔芒来、外祖父图海、母亲南斯乐玛学习古如歌。20 世纪 70 年代起，古日巴斯尔开始着手收集、整理、录制濒临失传的古如歌，并把多年收集的近百首曲目集结成《鄂尔多斯古如歌》一书。2009 年，杭锦旗“古如歌”研究协会成立，古日巴斯尔担任协会会长，如今协会已有近 150 名会员，古日巴斯尔每个星期都要组织会员排练 2~3 次。他们的古如歌老年合唱团经常到基层牧民中演唱，参加各类比赛，开展“古如歌”进校园等活动。合唱团参加过第七届中国 · 内蒙古草原文化节，上过鄂尔多斯春晚、杭锦旗春晚，2016 年参加全国中老年合唱比赛获得金奖，更是集体赴北京，受邀参加“纪念中国工农红军长征胜利八十周年 · 庆祝合唱协会成立三十周年——走进国家大剧院高雅艺术殿堂文明行”演出，唱响国家大剧院，并夺得了银奖。古日巴斯尔在“古如歌”的传承、传唱、教学、普及等方面做出了突出贡献。

六、察干苏力德祭

2014 年，察干苏力德祭经国务院批准被列入第四批国家级非物质文化遗产名录，项目编号：X–147，属地在鄂尔多斯市乌审旗，属于一种民俗。2019 年 11 月，《国家级非物质文化遗产代表性项目保护单位名单》公布，乌审旗非物质文化遗产保护中心获得“察干苏力德祭”项目保护单位资格。

（一）主要内容

察干苏力德是蒙古汗国建国时所树立的国旗，由一柄主察干苏力德和八柄陪察干苏力德组成，察干苏力德的缨子用银白色公马鬃制作，因而称九斿察干苏力德，即“九斿白旗”（亦称九足白徽）。“九斿白旗”祭坛由主旗、斿旗、护旗神戟三部分组成。主旗顶部为山形镀金镔铁铸成，高一尺三寸，用九数（带九的数字）白公马鬃作缨，旗杆高十三尺，杆径三寸，杆身白色，主旗基座为龟形石（也称负旗神龟），右边立有护旗神戟，左边立有与主旗样式相同的小白旗是斿旗，由于主旗一旦设坛就不轻易动摇，所以游走他方受部众祭拜的就是斿旗，游走四方八部回来后有专门的复位仪式。

据历史编年体巨著《蒙古源流》记载，1206 年成吉思汗建立蒙古汗国时，察干苏力德是蒙古汗国的旗纛；1217 年，察干苏力德被授予木华黎，辗转大江南北；1223 年，木华黎病逝，安葬于鄂尔多斯南部金肯敖包，而象征其权威的察干苏力德也留在了鄂尔多斯乌审旗境内。乌审旗的察干苏力德祭祀集中在 2 个地方，第一个祭祀点在无定河镇毛布拉格村，祭祀的是成吉思汗于 1206 年宣告成立蒙古汗国时所建察干苏力德，第二个祭祀点在苏力德苏木塔莱乌素嘎查，祭祀的是 1217 年成吉思汗授予国王（丞相）木华黎的察干苏力德。

（二）基本特征

察干苏力德祭祀是鄂尔多斯流传最为久远、仪式规范保存最完整的苏力德祭之一。察干苏力德祭祀分日祭、月祭、四季小祭、大祭（每逢辰年的威猛大祭）等多种形式。祭祀活动完毕后一般要举行骑马、摔跤、射箭等男儿传统竞技活动。察干苏力德祭祀保留着蒙古族原始文化特点，体现了内容的原始性、内涵的神秘性、形式的独特性和传承的唯一性特征。

察干苏力德祭祀的日祭与月祭是由守护人完成的例行祭奠。日祭的执行祭祀者图克庆（旗手），每日清晨太阳出来之前打扫干净祭坛，献香柏，吹响海螺号，跪下念诵《察干苏力德桑》（察干苏力德颂），叩三头。月祭在每月的固定日期举行，早期为农历每月初一和初三，后来为农历每月初二和十六。祭奠时，向苏力德献神灯、献香，熏烧香柏，念诵《察干苏力德桑》，吹奏海螺号三下，敲锣三下。

四季小祭包括过年祭与季祭。过年祭主要由察哈尔哈然的图克庆（旗手）完成，正月初一黎明时分，由图克庆（旗手）摆放过年素食祭品，举行祭洒仪式，叩拜九次，给“黑慕热”（天马旗）献神灯、吹奏海螺号，敲锣，念诵《察干苏力德桑》，再向苏力德叩三头，点燃昼夜神灯，然后离开祭坛。季祭由乌审旗察哈尔哈然所属大苏木、第二苏木、第三苏木、珠拉札干苏木四个苏木和图克庆氏族轮流准备祭品，每季度举行一次祭奠。

每逢龙年十月初三，举行察干苏力德威猛大祭。威猛大祭亦称“换缨祭奠”。每到龙年，由乌审旗王府正式批准察干苏力德大祭，从九月初开始进行大祭准备工作。举行威猛大祭仪式时，九名图克庆和希利彼庆（柄手）抬着察干苏力德进行祭奠。

（三）文化价值

从成吉思汗建立蒙古汗国至北元灭亡，在这四百余年的历史长河中，逐渐有了专司祭祀苏力德的机构和祭祀仪式。公元 1634 年，北元林丹汗病逝青海后，其妻儿率部归降皇太极，该部中负责守护苏力德的部众则守护着察干苏力德留驻于鄂尔多斯高原。其后代在三百余年波澜壮阔的历史中，从未间断过举行察干苏力德的祭拜活动，使苏力德文化得以传承和发扬。

察干苏力德祭祀仍保留着古代蒙古族的礼节，反映了不同历史时期的状况，并且在祭祀的时间、内容、形式方面，都达到了高度规范化。苏力德文化不仅体现着蒙古族传统文化的完整传承，它还演绎着一段沉甸甸的历史，具有重要的史学意义，更具有与时俱进的现实意义。

（四）保护与传承

苏力德，在蒙古语中有吉祥、崇高、和谐、团结、祥和之意。察干苏力德祭是蒙古族在漫长的岁月中逐渐形成的对天地宇宙的自然崇拜。察干苏力德祭至今已传承了 800 多年，在乌审旗保留和传承得最为完整。

在这里生活的蒙古族牧民，门前大多立有苏力德形状的“赫依莫力”，每天清晨牧民们都在“赫依莫力”前焚香祈祷，这是察干苏力德文化在这一地区的集中体现。因当地苏力德文化保存较为完整，2006 年，乌审旗被中国民间文艺家协会命名为“中国苏力德文化之乡”；2014 年，察干苏力德祭入选中国国家级非物质文化遗产名录。察干苏力德祭，充分体现了蒙古族崇尚圣洁、渴望和谐的心理，表达了人民群众天地人和、安居乐业、民族振兴的意愿。近年来，在社会各界的大力支持下，乌审旗察干苏力德祭祀的人数逐年增加，传统的祭祀活动增添了诸多地方民俗文化内容，从传统的祭祀、婚庆喜事前的许愿祈祷到现代文化信息传递及经济物资交流等方面有着广泛的社会经济文化影响。在保护和传承的同时，察干苏力德祭紧扣“中华民族一家亲，同心共筑中国梦”总目标，不断与其他民族文化融合发展，谱写了各民族共同团结奋斗、共同繁荣发展的新篇章，2018 年 12 月 29 日，乌审旗被国家民委命名为第六批全国民族团结进步创建示范区。这是乌审旗开发文化旅游产业、铸牢中华民族共同体意识的又一重要成果，为今后更好地保护、传承、发展苏力德文化，推动鄂尔多斯文化和旅游产业的高质量发展搭建了平台。

（五）代表性传承人

嘎尔迪脑日布，男，蒙古族，1948 年 1 月出生，察干苏力德祭传承人。2018 年 5 月 8 日，入选第五批国家级非物质文化遗产代表性项目代表性传承人。

嘎尔迪脑日布 1954 年在舅舅教学下识字，1956 年就读于普通学校，1958 年就读于达布察克完小（今乌审旗第一实验小学），随即考上伊克昭盟第二中学（今鄂尔多斯市蒙古族中学）师范班，毕业后成为一名老师，后来在乌审旗教育研究室专攻语言历史工作。嘎尔迪脑日布先后六次获得乌审旗学习使用蒙古语言文字先进个人奖。1984 年获得了鄂尔多斯文学艺术奖，论文《鄂尔多斯蒙古作家们半个世纪的脚印》在 1992 年伊克昭盟举办的首次文艺理论批评作品审核中荣获二等奖。1998 年荣获了由内蒙古社会科学院、作家协会、文联、内蒙古大学授予的“收集研究贺希格巴图作品的学术事业杰出贡献”一等奖。

为了更好地传承察干苏力德祭祀文化，嘎尔迪脑日布走访 300 多名察干苏力德祭祀传承人，挖掘整理察干苏力德祭祀文献，成立了察干苏力德祭祀会，成为察干苏力德祭祀的重要传承人。

第十三章 鄂尔多斯市文化旅游产业发展潜力评价

旅游产业发展潜力是指旅游产业在发展过程中逐步呈现的，在满足特定要素和条件的情况下，能够促使旅游业持续发展的能力，是诸多影响旅游业发展的因素相互作用形成的旅游系统潜在的动态发展能力。关于旅游产业发展潜力的研究主要集中于两方面，一方面是对其影响因素的研究，如 McKercher B 指出，社会和环境因素是影响旅游产业发展潜力的关键因素；Hunter C 认为社区发展、游客安全、居民收入及文化氛围等都会对某地区旅游产业的发展潜力产生影响；Kelly 则进一步指出，政治环境、产业政策、微观管理、客源市场的文化价值取向会影响旅游产业的发展潜力。国内学者王兆峰、骆高远等则通过探索影响旅游产业发展的多项影响因素构建旅游产业的潜力评价体系。另一方面，针对旅游产业发展潜力评价方法的研究起步较晚，如 Julianna Priskin 以西澳大利亚中央海岸地区为例，应用矩阵法对其旅游产业发展潜力进行了评估。杨敏应用因子分析法对青海旅游产业的发展潜力予以评价。冯学钢、王琼英以旅游系统结构为切入点，通过计量方法从需求与供给结构研究旅游产业的发展潜力。丁建军、朱群惠运用加权主成分 TOPSIS 价值函数模型对我国 31 个省市旅游产业发展潜力进行了时空分析。杜焱应用主成分分析法对湖南省 2000—2012 年的旅游产业发展潜力进行了测度。综上，国内外学者的研究多集中于对旅游产业总体发展潜力的评价，而针对某一特定类型旅游产业发展潜力的测算相对欠缺，且没有在内蒙古的实证研究。内蒙古“十三五”旅游业发展的重点是继续打造草原文化大区和旅游经济强区，作为内蒙古呼包鄂城市群中心的鄂尔多斯具有中国优秀旅游城市、全国生态园林城市、全国文明城市和最具创新力城市等多项殊荣，文化旅游产业是其旅游业发展的重点之一。基于此，本部分采用层次分析法，建立文化旅游产业发展潜力的评价模型，对鄂尔多斯的文化旅游产业发展潜力进行定量测度与评价，旨在明确鄂尔多斯文化旅游产业的发展现实，并为促进其发展提供理论依据和政策支持。

一、发展条件分析

（一）资源条件

鄂尔多斯历史悠久、文化灿烂、资源富集，全市拥有各类文化遗址959处，国家级文物保护单位14处，自治区级文物保护单位65处，有6个项目进入国家级非物质文化遗产名录，4人被列为国家级非物质文化遗产代表传承人，全市文化类经营机构达2000余家。

（二）气候条件

将鄂尔多斯2001—2019各年5—10月气温、降水量和相对湿度的平均值列成表格并采用温湿指数[①]来评价其气候条件（见表13-1）。

表13-1　鄂尔多斯市气象要素均值（2001—2019年）

	5月	6月	7月	8月	9月	10月
气温（℃）	15.6	20.2	22.4	20.3	15.1	8.9
降水量（mm）	33.2	53.6	83.1	75.8	63.5	17.4
相对湿度（%）	36.0	45.0	53.0	55.0	59.0	52.0
温湿指数	14.9	20.0	22.3	20.1	14.2	3.6

数据来源：天气在线网

$$\text{温湿指数（THI）}=t-0.55\times(1-f)\times(t-14.74) \quad (1)$$

式中：t为温度（℃），f为空气的相对湿度（%）。在评价时，一般将温湿指数在15~27之间称为旅游适宜气候。设月份为字母i，每月温湿指数为字母W。计算可得：

$$\text{THI（average）}=1/6\sum_{i=5}^{10} W_i=15.8 \quad (2)$$

可见，鄂尔多斯5—10月温湿指数的平均值位于15~27之间，属于旅游适宜气候。除了良好的温湿环境，鄂尔多斯“天朗气清”的空气质量也为其文化旅游产业的发展提供了优质的气候支撑，据鄂尔多斯市环境保

① 温湿指数是指用气象要素中的温度和湿度表征人在环境中身体的舒适程度的指数。

护中心监测站数据显示，2019 年鄂尔多斯空气质量有效监测天数为 362 天，优良总天数为 302 天。其中，优 66 天，良 236 天，轻度污染 55 天，中度污染 3 天，重度污染 2 天，严重污染 0 天，优良率达 83.4%。

（三）产业条件

文化旅游产业是为满足旅游者文化旅游需求而开发的一种新业态，其开发基础在于人文旅游资源的充裕性和完整性。随着鄂尔多斯产业转型升级的推进，二、三产业尤其是第三产业对经济增长的贡献率逐年增加，2019 年第三产业对本地经济的贡献率达 34.2%。旅游业则成为国民经济新的增长点，2019 年，鄂尔多斯全年接待旅游者 1736 万人次，实现旅游总收入 508 亿元，旅游业总收入在 GDP 中的份额占 14.09%，比 2018 年增长 2.36 个百分点。与此同时，旅游配套基本完善，截至 2019 年年末，鄂尔多斯有 A 级旅游景区和全国工农业旅游示范点 44 个，其中，国家 5A 级旅游景区 2 家，4A 级旅游景区 27 家，3A 级旅游景区 9 家。全市旅行社 124 家，其中具有出境经营权的旅行社 7 家。

二、评价模型建立

层次分析法（The Analytic Hierarchy Process，AHP）最早由美国运筹学家萨迪（T. L.Saaty）教授在 20 世纪 70 年代初期提出，其特点是将庞杂的问题分解为多个层次，在更加简化的层面上逐渐分析，并将人的主观判断予以量化。其操作包含三个步骤：建立层次结构模型、矩阵判断、进行一致性检验并计算权重。层次分析法多与德尔菲法（Delphi Method）结合使用，德尔菲法又称专家意见法，是通过向专家多次发函和收函来获取专家意见的一种准确率很高的集体预测方法。

按照层次分析法（AHP）的基本原理，结合鄂尔多斯文化旅游产业的发展特点，以文化旅游产业发展潜力评价为总目标层，将资源价值、景点条件和旅游条件 3 个因素作为评价综合层，而后将这 3 个因素进一步细分出 7 个要素、18 个因子分别作为评价项目层和评价因子层（见图 13–1）。

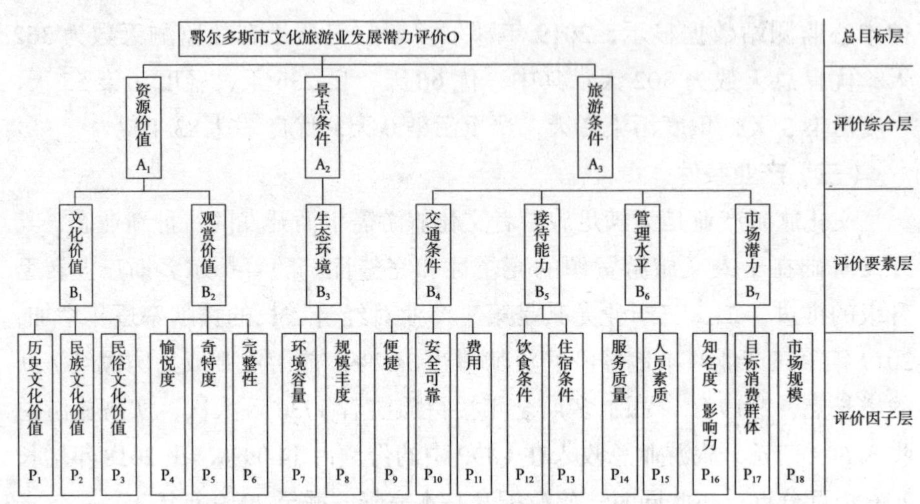

图13-1　文化旅游产业发展潜力评价分析

根据以上设计的文化旅游产业发展潜力评价项目设计调查问卷，并采用德尔菲法，邀请旅游行业的教师、科研人员及资深旅游从业人员共17位专家进行两两比较打分，针对O层次对综合层内A指标利用1—9标度法得到判断矩阵，见表13-2。

表13-2　判断矩阵

O	A1	A2	A3
A1	1	2	2
A2	1/2	1	2
A3	1/2	1/2	1

根据判断矩阵，利用方根法计算出判断矩阵的最大特征根 λmax 及其对应的归一化特征向量 Wm，即相应因素的单排序的权值。步骤如下：

（1）按行相乘（设其所有要素的乘积为 Pm）：$Pm=\prod_{n=1}^{k} Amn$（$m=1, 2, 3, \cdots, k$）

（2）开 k 次方（设 k 次方根为 $\overline{Wm}$ ）：$\overline{Wm}=\sqrt[k]{Pm}$（$m$=1，2，3，…，$k$）

（3）将向量 $W=(\overline{W1}, \overline{W2}, \overline{W3}), \cdots, \overline{Wk})^{T}$ 归一化处理（设归一化向量为 Wm）：$Wm=\frac{\overline{Wm}}{\sum_{n=1}^{k} Wn}$（$m$=1，2，3，…，$k$），则 W=（$W1$，$W2$，$W3$）就是所求的特征向量，即各元素的权值。

（4）最大特征根（设最大特征根为 λmax）：$\lambda max=\sum_{m=1}^{k}\frac{AWm}{kWm}$

$$(AW)=\begin{bmatrix}1 & 2 & 2\\ 1/2 & 1/2 & 1\\ 1/2 & 1/2 & 1\end{bmatrix}\begin{bmatrix}W_1\\ W_2\\ W_3\end{bmatrix}$$

，其中，kWm 是 Wm 的第 k 个分量。

在判断一致性的过程中，引入随机一致性比率C.R.（Consistency Ratio）。

$C.R.=\frac{C.I.}{R.I.}$，其中，C.I.（$\frac{\lambda max-n}{n-1}$）是一致性指标，R.I. 为平均随机一致性指标，见表 13-3。

表13-3　判断矩阵平均随机一致性指标R.I.值

n	1	2	3	4	5	6	7	8	9	10	11	12	13	14	15
R.I.	0	0	0.58	0.90	1.12	1.24	1.32	1.41	1.46	1.49	1.52	1.54	1.56	1.58	1.59

当 C.R.<0.10 时，表示判断矩阵具有满意的一致性，无须调整矩阵。经过 4 轮判断和调整，最终通过检验，确定了各评价项目相对于目标层的重要性及权重，进一步将权重向下级逐层分配，得到表 13-4 所示的评价因子及其权重。

表13-4　文化旅游产业发展潜力评价指标体系及因子权重

总目标层（O）	评价综合层（A）	评价要素层（B）	评价因子层（P）	
目标及权重	指标及权重	因素及权重	因子	权重
鄂尔多斯市文化旅游产业发展潜力评价（O）	资源价值A_1 0.4934	文化价值B_1 0.2697	历史文化价值P_1	0.1331
			民族文化价值P_2	0.0528
			民俗文化价值P_3	0.0838
		观赏价值B_2 0.2237	愉悦度P_4	0.0695
			奇特度P_5	0.0438
			完整性P_6	0.1103

总目标层（O）	评价综合层（A）	评价要素层（B）	评价因子层（P）	
目标及权重	指标及权重	因素及权重	因子	权重
鄂尔多斯市文化旅游产业发展潜力评价（O）	景点条件A_2 0.3108	生态环境B_3 0.3108	环境容量P_7	0.1616
			规模丰度P_8	0.1492
	旅游条件A_3 0.1958	交通条件B_4 0.0793	便捷P_9	0.0246
			安全可靠P_{10}	0.0391
			费用P_{11}	0.0155
		接待能力B_5 0.0620	饮食条件P_{12}	0.0281
			住宿条件P_{13}	0.0339
		管理水平B_6 0.0358	服务质量P_{14}	0.0155
			人员素质P_{15}	0.0203
		市场潜力B_7 0.0187	知名度、影响力P_{16}	0.0092
			目标消费群体P_{17}	0.0037
			市场规模P_{18}	0.0058

在专家评价的基础上，依托上述 18 个因子设计通俗易懂的问卷，在景区、公园等地向普通大众发放问卷 300 份，有效回收 297 份。最后将德尔菲法确定的因子权重和大众问卷得到的大众评分相结合，得出鄂尔多斯文化旅游产业发展潜力的综合得分（见表 13–5）。为方便分析，对其大众评分进行如下等级定义：10 分为满分，10~8 分为 5 级，8~6 分为 4 级，6~4 分为 3 级，4~2 分为 2 级，2~0 分为 1 级，分别表示极高、较高、一般、较低和很低。

表13–5　文化旅游产业发展潜力评价因子得分

评价因子	因子权重	大众评分	综合得分
历史文化价值	0.1331	6.94	0.9237
民族文化价值	0.0528	7.22	0.3812
民俗文化价值	0.0838	7.22	0.6050
愉悦度	0.0695	7.03	0.4886

评价因子	因子权重	大众评分	综合得分
奇特度	0.0438	6.66	0.2917
完整性	0.1103	7.34	0.8096
环境容量	0.1616	8	1.2928
规模丰度	0.1492	7.12	1.0623
便捷	0.0246	6.29	0.1547
安全可靠	0.0391	8.19	0.3202
费用	0.0155	4.06	0.0629
饮食条件	0.0281	7	0.1967
住宿条件	0.0339	7.16	0.2427
服务质量	0.0155	6.88	0.1066
人员素质	0.0203	7.06	0.1433
知名度、影响力	0.0092	7.21	0.0663
目标消费群体	0.0037	6.59	0.0244
市场规模	0.0058	6.85	0.0397
最终结果	1（总分）	10（满分）	7.2124（总分）

三、评价结果分析

在构建评价体系并进行评价的基础上，将大众问卷所得的大众评分和其与因子权重结合所得的综合得分绘制雷达图，如图 13–2 和图 13–3 所示。

从文化旅游产业发展各因子的大众评价来看，除了交通的安全可靠性得分 8.19、交通费用得分 4.06 外，其他各因子得分均处于 6~8 之间，属于 4 级，说明在社会大众看来，鄂尔多斯发展文化旅游产业的交通安全可靠性极高，而旅游交通的费用不太合理，其他条件均比较好。从文化旅游产业发展各因子的综合评价可进一步得出如下结论：

首先，文化价值中，历史文化价值的得分最高，为 0.9237，其次是观赏价值中的完整性，得分为 0.8096；民族文化价值、民俗文化价值和愉悦度得分均在 0.4~0.6 之间；得分最低的是奇特度，为 0.2917。可见，鄂尔多斯文化旅游资源的价值水平普遍较高，即文化底蕴深厚且文化资源完整性较好，不足之处在于奇特度不够，对游客的长效吸引力不足。

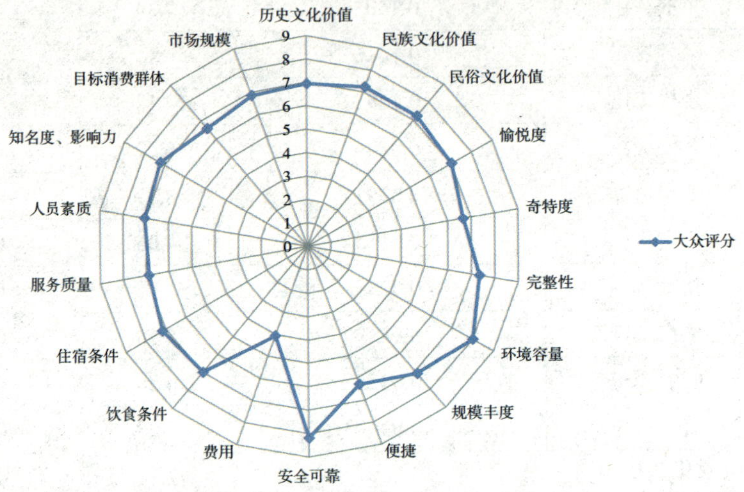

图13-2　文化旅游产业发展潜力评价因子的大众评分

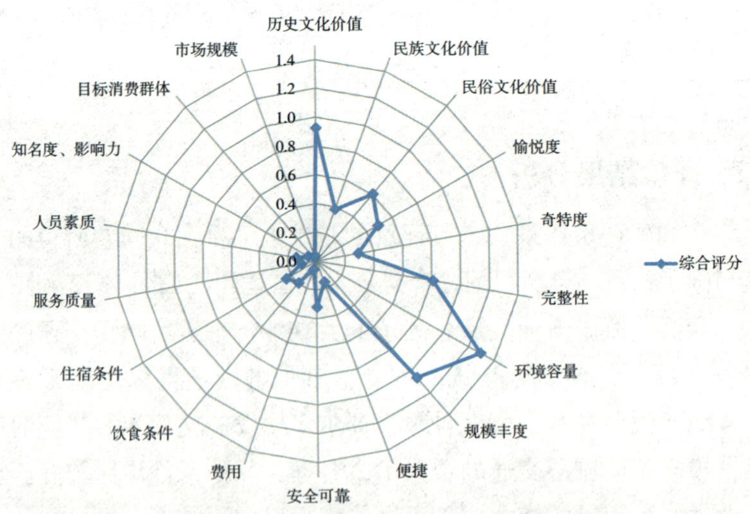

图13-3　文化旅游产业发展潜力评价因子的综合得分

其次，环境容量在所有因子中的综合评价值最高，为1.2928，规模丰度的评价值为1.0623。可见，鄂尔多斯的景点条件水平在所有要素中得分最高，环境容量和规模丰度都较好。说明在不影响资源质量的情况下，鄂尔多斯的游客接待量很大，文化旅游资源的类型较多，分布较为合理。

最后，旅游条件各因子的综合得分均在 0.3 以下，说明鄂尔多斯的旅游条件普遍偏低，在旅游接待、管理、市场等一系列服务方面仍不健全，这与本地旅游业起步较晚有一定关系。交通费用评分很低，说明其交通费用太高，但另一方面其安全可靠性非常高，便捷程度良好。

四、结论与启示

（一）研究结论

本章根据旅游产业发展潜力的相关理论及前人研究，将影响文化旅游产业发展潜力的因素归纳为资源价值、景点条件和旅游条件，采用层次分析法建立鄂尔多斯市文化旅游产业发展的评价模型，并采用德尔菲法确定了资源价值、景点条件和旅游条件这三大要素的权重分别为 0.4934、0.3108 和 0.1958，据此得到评价因子的得分，并依据其结果绘制雷达图。研究发现，鄂尔多斯市的资源价值、景点条件和旅游条件基本处于 4 级水平，其中比较突出的几个因子为历史文化价值、完整性、环境容量和规模丰度以及交通条件的安全性。而交通条件中的费用指标和市场潜力中的知名度、影响力及目标消费群体和市场规模则有待进一步提高。

（二）政策启示

综上所述，在影响鄂尔多斯文化旅游产业发展的三大要素中，资源价值是举足轻重的，其权重接近于一半；其次是景点条件和旅游条件，因此，应从上述三个方面加强文化旅游产业的发展。

第一，发挥资源价值。鄂尔多斯市应盘点自身具有的优势文化旅游资源，将其进行合理的整合和规划建设，并在其基础上，重新对文化旅游资源进行产品开发和营销宣传。同时，应着力打造精品文化旅游线路和产品，将目前游览性较强的文化旅游产品进行适度改进，增加其体验式旅游的开发，并加大文化旅游产品电子解说系统的使用范围。

第二，改进景点条件。景点条件的改进主要着眼于生态环境方面，首先应提高本市居民的环保意识，使其为旅游者树立良好的环保榜样。同时应注重文化旅游资源，尤其是非物质文化旅游资源的保护，加强对保护的宣传与引导，从而保证其质量，提高其可持续性。

第三，改善旅游条件。旅游条件的改善首先从交通入手，在现有旅游交通线路和旅游大巴的基础上，可将鄂尔多斯的机场巴士、火车站巴士及市内公交线路与比较有吸引力的文化旅游景区相衔接。根据旅游淡旺季以及游客量的大小调整鄂尔多斯机场大巴、市内公交休息时间及班次。同时，完善旅游租车服务，并对出租车计价等因素进行统一管理。其次，应完善旅游接待能力，鼓励多样化且文化气息浓烈的饮食和住宿服务。再次，应提高景区管理水平，除了完善景区内部硬件设施外，还应加强景区从业人员的培训和管理，健全考核与奖惩机制，并设立专门的管理机构对文化旅游景区进行分区管理。最后，应着力提高文化旅游产业的市场发展潜力，对鄂尔多斯地区的优势文化旅游产品进行市场细分，确定目标消费群体，并有针对性地进行旅游客源地对口宣传，积极召开和参加旅游推介会，并利用网络营销途径，着力推动“互联网 + 文化旅游产业”的线上旅游产品开发，创建“人无我有、人有我优”的独特品牌。

第五篇 专题篇

第十四章　鄂尔多斯市乡村旅游发展研究

一、乡村旅游概述

（一）乡村旅游的内涵

乡村旅游是指发生在乡村地区，以具有乡村性的自然和人文客体为旅游吸引物，依托乡村区域的优美景观、自然环境、建筑和文化等资源，在传统农村休闲游和农业体验游的基础上，拓展开发会务度假、休闲娱乐等项目的新兴旅游方式。

乡村旅游的内涵应包含以下内容：一是空间属性，即旅游活动的发生地位于乡村。乡村是与都市相对的地理空间，是指以从事农业生产为主的农民居住的地区。二是资源属性，即旅游活动开展所依托的乡村物质和非物质资源。乡村旅游资源是指存在于乡村的资源，因其所具有的审美和愉悦价值而使旅游者为之向往的自然存在、历史文化遗产和社会现象。它是以自然环境为基础、人文因素为主导的人类文化与自然环境紧密结合的文化景观，是由自然环境、物质和非物质要素共同组成的和谐的乡村地域复合体。三是客源主体，即旅游活动的目标市场应主要定位为城市居民，满足都市人享受田园风光、愉悦身心的愿望。

（二）乡村旅游的特征

1. 丰富的景观资源

乡村景观是一个受人类调控的半自然半人工生态系统，它既有自然景观，又有人文景观，既有农业资源，又有文化资源，既有物质形态，又有非物质形态。各具特色的乡村自然风光，丰富多彩的乡村民俗风情，充满情趣的乡土文化艺术，风格迥异的乡村民居建筑，富有特色的乡村传统劳作，形态各异的农用器具，乡土气息浓郁的农事活动等，都是乡村旅游可以挖掘利用的资源。

2. 分散的时空结构

一方面，我国乡村旅游资源大多以自然风貌、劳作形态、农家生活和传统习俗为主，农业生产各阶段受水、土、光、热等自然条件的影响和制约较大，导致乡村旅游在时间上具有可变性特点。季节与气候的不同变化，赋予了乡村旅游资源的不同风貌，可以满足游客多方面的需求。另一方面，乡村旅游资源分布广泛且分散，导致乡村旅游在空间上具有分散性特点。这种空间上的分散扩大了旅游环境容量，可以避免都市旅游出现的拥挤和杂乱，缓解游客游览时的紧张情绪。

3. 主体的参与行为

乡村旅游不仅指单一的观光游览项目和活动，它是包括观光、娱乐、康疗、民俗、科考、访祖等在内的多功能、复合型旅游活动。乡村旅游的复合性导致游客在主体行为上具有很强的参与性和体验性，如垂钓、采茶、采莲、捕鱼、挖笋、舂米、日常劳作活动等。游客可通过直接品尝农产品或直接参与农事活动，体验农民的生产劳动和乡村的民风民俗，并获得相关的农业生产知识和农业生活乐趣。

4. 可持续的旅游发展

现代乡村旅游能够将乡村自然意象、文化意象和现代科技融为一体，也可以将旅游发展与农业生产融为一体，同时还可以将城市旅游与乡村旅游融为一体，是一种可持续的旅游发展业态。乡村景观所反映出的人类自然的生存状态，如古朴的村庄作坊，原始的劳作形态，真实的民风民俗，原生态的土特产品等，是人类长期以来适应和改造自然创造出来的，既保持了原始风貌，又有浓厚的乡土风情，这种在特定地域上形成的“古、始、真、土”，使乡村旅游具有城市旅游无可比拟的贴近自然、返璞归真的优势，充分体现了人与自然和谐共生的特点。

（三）发展乡村旅游的意义

现代旅游业发展协同创新中心主任石培华认为，发展乡村旅游是解决“三农”问题的一个全新的突破口：一是可与全面建设小康社会、解决“三农”问题和扶贫开发紧密结合起来，将发展乡村旅游作为农村脱贫奔小康、改造农村和使农民就地走向现代化的新途径；二是可与加快发展旅游业结合起来，成为一些地区的旅游优势和品牌；三是可使乡村旅游成为落实科学发展观的新样板，成为实现五个统筹的最佳载体，形成特殊产业，减少城乡差距，增强农民的环保意识，促进可持续发展。乡村旅游在解决中国“三农”问题上，其经济价值和社会意义至少表现在以下几方面。

1. 拓宽农民增收渠道

乡村旅游是一种充分利用农村资源开展的旅游活动，其依托的资源主要是城市周边以及比较偏远地带的自然景观、田园风光和农业资源，而这些资源的所有者和创造者都是当地居民。乡村旅游强调当地社区和农民的参与，通常一个乡村旅游景区的发展历程就是当地农民直接参与旅游业发展、改变自身经济发展模式的过程。农民可以将一般的生活资料和生产资料转化为经营性资产，具有投资少、风险小、门槛低、经营灵活等特点。同时，农民依旧保留这些经营性资产的所有权，治理成本较低，产权回报直接。农民作为所有者、经营者和劳动者三位一体，劳动力与土地、资本相结合投入自主经营，创造财富，避免旅游开发中因土地和资源被占用而返贫或受益不均的问题。

2. 吸收农村剩余劳动力

农村产业结构单一，农民就业不充分，长期处于“隐性失业”状态，造成了大量的农村剩余劳动力，既有总量剩余，也有季节剩余。旅游业的乘数效应可以让农民在既不离乡也不离土的情况下再就业。例如，在节假日展开的乡村旅游活动，已经成为许多城市居民周末生活不可缺少的部分。既保证了农民在农闲时能够获取收益，剩余劳动力得到有效利用，也消除了不安定因素。

3. 提高农业生产附加值

乡村旅游植根于农村，与农业生产息息相关，发展乡村旅游可使农产品跳过流通环节直接到达消费者手中，适时解决当地农业产业化中购销体制不畅等难题。旅游需求还直接增加了农产品的需求量，提高了农业附加值，推动了农村产业结构调整，为发展农业产业化经营提供了一个良好的平台。

4. 改善农村人居环境

大部分游客对乡村旅游目的地的餐饮和住宿卫生状况、接待服务水平和服务态度十分关注，尤其是对卫生与安全的要求更高。这必然促使乡村旅游景区加大基础设施投入，改善人居环境，健全农村社会化服务体系，如给排水建设、道路改善、住房改造、卫生厕所建设、垃圾处理等。

5. 促进城乡精神文明对接

在旅游活动过程中，农牧民需要通过多种形式参与游客的文化和精神追求，从而丰富自己的精神世界和文化生活。有些地方为提高接待服务水平，举办乡村旅游从业人员培训班，学习接待礼仪、外语口语会话和其他旅游服务知识技能，有效地促进了城乡精神文明的对接。

6. 保护乡村生态文化环境

生态环境是乡村旅游吸引游客的最初动因，保持和突出农村自然特色及其原始、淳朴的风情是乡村旅游景区的基本条件，也是当地农牧民的首要职责。在规范的乡村旅游开发中，通过深入挖掘、拯救、复原、宣传等一系列活动，原本鲜为人知、已濒临绝迹的历史传统得以发扬光大，从而有效保护乡村的生态文化环境。

二、我国乡村旅游的发展概况

（一）我国乡村旅游的发展现状

1. 产业规模不断扩大

2012—2018 年，我国休闲农业与乡村旅游人数不断增加，从 2012 年的 7.2 亿人次增至 2018 年的 30 亿人次，年均复合增长率 27.9%，尤其是 2015 年，增长率高达 83.3%（见图 14-1）。乡村已经成为城市居民休闲、旅游和旅居的重要目的地之一。

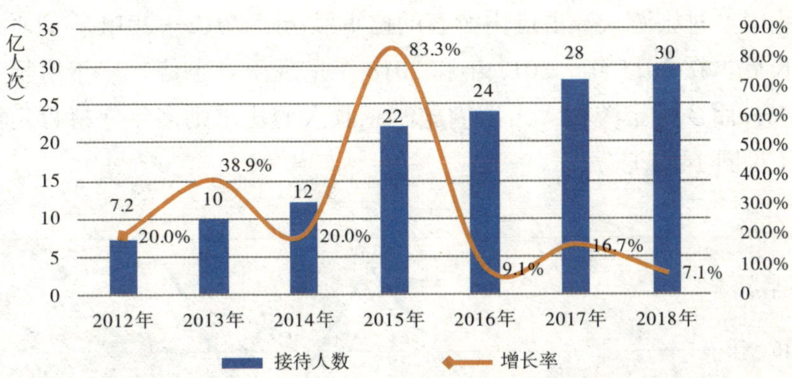

图14-1 2012—2018年我国休闲农业与乡村旅游接待人数

2012—2018 年，我国休闲农业与乡村旅游营业收入增长十分迅速，从 2012 年的 2400 亿元增长到 2018 年的 8000 亿元，2015—2018 年，年均增长率超过 30%；从趋势线上看，乡村旅游收入还将继续保持增长态势（见图 14-2）。乡村旅游成为乡村产业的新亮点，也成为旅游产业最活跃的业态和最重要的增长极。

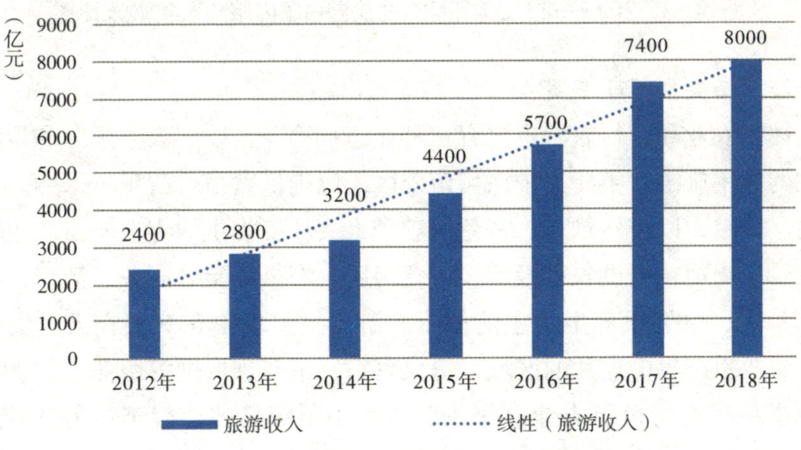

图14-2 2012—2018年我国休闲农业与乡村旅游收入

2018 年，我国乡村旅游接待游客 30 亿人次，占国内游客总人数的 54.2%；营业总收入超 8000 亿元，占国内旅游总收入的 15.6%。数据显示，我国乡村旅游人数占国内游客的比重经历了2012—2014年的平稳快速增长后，在2015年、2017年和2018年呈现激增态势，三年增幅均超过50%；而乡村旅游收入占国内旅游总收入的比重则多年保持稳定增长趋势（见图14-3）。

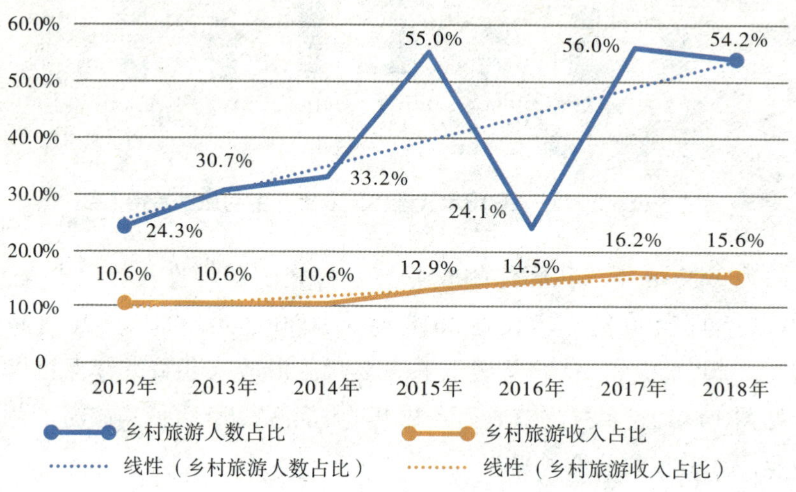

图14-3　2012—2018年我国乡村旅游占国内旅游人数/收入比重

2. 业态类型不断丰富

休闲农业和乡村旅游主要有三种业态：第一，以“农家乐”和聚集村为主的休闲旅游。主要集中在城市郊区，以提供食宿、游乐、采摘、购物为主。第二，以自然景观、特色风貌和人文环境为主的生态旅游。主要集中在景区周边，提供农家饭菜、宿营房屋、农事体验等服务。第三，依托田园景观，以健康养生为主的休闲旅游。主要集中在气候宜人、资源独特、农业生产集中连片的区域，提供食宿、康养、保健等服务。此外，也形成了一些有特色的农业嘉年华、特色小镇等品牌。截至2018年年底，全国已创建388个全国休闲农业和乡村旅游示范县（市），推介了710个中国美丽休闲乡村。

3. 产业内涵不断拓展

乡村旅游产业由原来单纯的休闲旅游，逐步拓展到文化传承、涵养生态、农业科普等多个方面，更加注重开发“好山好水好风光”的农业农村资源，发掘资源潜在价值。通过拓展科普教育、农事体验等功能，让人们近距离参与农业生产，了解乡村民俗；通过拓展养生养老、健身运动的功能，让城市居民到乡村居住，感受田园和农耕生活。

4. 就业增收不断增加

发展休闲农业和乡村旅游带动了餐饮住宿、农产品加工、交通运输、建筑和文化等关联产业，农民可以就地就近就业，还能把特色农产品变成礼品，把特色民俗文化和工艺变成商品，把特色餐饮变成服务产品，增加了经营性收入。一些地方把民房变成民宿，把农家庭院变成农家乐园，增加了财产性收入。特别是一些贫困地区，通过发掘独有的稀缺资源，有效带动农民脱贫致富。

5. 政策环境不断优化

“十三五”以来，我国先后出台了多项政策，推进乡村旅游快速、健康发展（见表 14–1）。

表14–1　“十三五”以来部分与乡村旅游有关的政策与条例

政策名称	发布时间	政策内容
《关于进一步促进旅游投资和消费的若干意见》	2015年8月	到2020年，全国建成6000个以上乡村旅游模范村，每个重点村乡村旅游年经营收入达到100万元；建成10万个以上休闲农业和乡村旅游特色村、300万家农家乐，乡村旅游年接待游客超过20亿人次，受益农民5000万人
《中共中央、国务院关于落实发展新理念加快农业现代化实现全面小康目标的若干意见》	2016年1月	大力发展休闲农业和乡村旅游。强化规划引导，采取以奖代补、先建后补、财政贴息、设立产业投资基金等方式扶持休闲农业与乡村旅游业发展。大力发展休闲度假、旅游观光、养生养老、创意农业、农耕体验、乡村手工艺等，发展具有历史记忆、地域特色、民族风情的特色小镇，建设一村一品、一村一景、一村一韵的魅力村庄和宜游宜养的森林景区
《关于加大脱贫攻坚力度支持革命老区开发建设的指导意见》	2016年2月	依托老区良好的自然环境，积极发展休闲农业、生态农业，打造一批具有较大影响力的养生养老基地和休闲度假目的地

政策名称	发布时间	政策内容
《关于进一步促进旅游投资和消费的若干意见》	2017年1月	利用“旅游 +”“生态 +”等模式，推进农业、林业与旅游、教育、文化、康养等产业深度融合；丰富乡村旅游业态和产品，打造各类主题乡村旅游目的地和精品线路，发展富有乡村特色的民宿和养生养老基地；打造“一村一品”升级版，发展各具特色的专业村
《关于推动落实休闲农业和乡村旅游发展政策的通知》	2017年5月	促进引导休闲农业和乡村旅游持续健康发展，加快培育农业农村经济发展新动能，壮大新产业、新业态、新模式，推进农村一、二、三产业融合发展
《关于政策性金融支持农村一二三产业融合发展的通知》	2017年6月	一是运用农业资源优势发展特色旅游产业；二是加大力度支持贫困地区农业绿色生态功能开发
《关于开展休闲农业和乡村旅游升级行动的通知》	2018年4月	推动业态升级、设施升级、服务升级、文化升级、管理升级，到2020年，产业规模进一步扩大，营业收入持续增长，力争超万亿元，实现乡村休闲旅游高质量发展
《关于促进乡村旅游可持续发展的指导意见》	2018年12月	要优化乡村旅游环境，丰富乡村旅游产品，到2022年，实现乡村旅游服务水平全面提升，基本形成布局合理、类型多样、特色突出的乡村旅游发展格局
《中共中央国务院关于坚持农业农村优先发展做好“三农”工作的若干意见》	2019年2月	发展适应城乡居民需要的休闲旅游、餐饮民宿、文化体验、健康养生、养老服务等产业

（二）我国乡村旅游的发展模式

我国乡村旅游经过 30 多年的发展，在自我探索和经验借鉴的基础上，已形成了较为成熟多样的发展模式，具体可分为 7 个大类共 25 种类型。

1. 田园农业旅游模式

以农村田园景观、农业生产活动和特色农产品为休闲吸引物，开发农业游、林果游、花卉游、渔业游、牧业游等不同特色的主题休闲活动来满足游客体验农业、回归自然的心理需求。（1）田园农业游以大田农业为重点，开发欣赏田园风光、观看农业生产活动、品尝和购置绿色食品、学习农业技术知识等旅游活动，以达到了解和体验农业的目的。如上海孙桥现代农业观光园，北京顺义“三高”农业观光园。（2）园林观光游以果林和园林为重点，开发采摘、观景、赏花、踏青、购置果品等旅游活动，让游客观看绿色景观，亲近美好自然。如四川泸州张坝桂园林。（3）农业科技游以现代农业科技园区为重点，开发观看园区高新农业技术和品种、温室大棚内设施农业和生态农业，使游客增长现代农业知识。如北京小汤山现代农业科技园。（4）务农体验游通过参加农业生产活动，与农民同吃、同住、同劳动，让游客接触实际的农业生产、农耕文化和特殊的乡土气息。如广东肇庆广新农业生态园。

2. 民俗风情旅游模式

即以农村风土人情、民俗文化为旅游吸引物，充分突出农耕文化、乡土文化和民俗文化特色，开发农耕展示、民间技艺、时令民俗、节庆活动、民间歌舞等旅游活动，增加乡村旅游的文化内涵。（1）农耕文化游。利用农耕技艺、农耕用具、农耕节气、农产品加工活动等，开展农业文化旅游。如新疆吐鲁番坎儿井民俗园。（2）民俗文化游。利用服饰民俗、饮食民俗、礼仪民俗、节令民俗、游艺民俗等，开展民俗文化游。如山东日照任家台民俗村。（3）乡土文化游。利用民俗歌舞、民间技艺、民间戏剧、民间表演等，开展乡土文化游。如湖南怀化荆坪古文化村。（4）民族文化游。利用民族风俗、民族习惯、民族村落、民族歌舞、民族节日、民族宗教等，开展民族文化游。如西藏拉萨娘热民俗风情园。

3. 农家乐旅游模式

即指农民利用自家庭院、自己生产的农产品及周围的田园风光、自然景点，以低廉的价格吸引游客前来吃、住、玩等。（1）农业观光农家乐利用田园农业生产及农家生活等，吸引游客前来观光、休闲和体验。如四川成都龙泉驿红砂村农家乐、湖南益阳花乡农家乐。（2）民俗文化农家乐利用当地民俗文化，吸引游客前来观赏、娱乐、休闲。如贵州郎德上塞的民俗风情农家乐。（3）民居型农家乐利用当地古村落和民居住宅，吸引游客前来观光旅游。如广西阳朔特色民居农家乐。（4）休闲娱乐农家乐以优美的环境、齐全的设施、舒适的服务，为游客提供吃、住、玩等旅游活动。如四川成都碑县农科村农家乐。（5）食宿接待农家乐以舒适、卫生、安全的居住环境和可口的特色食品，吸引游客前来休闲旅游。如江西景德镇的农家旅馆、四川成都乡林酒店。（6）农事参与农家乐以农业生产活动和农业工艺技术，吸引游客前来休闲旅游。

4. 村落乡镇旅游模式

以古村镇宅院建筑和新农村格局为旅游吸引物，开发观光旅游。（1）古民居和古宅院游大多数利用明、清两代村镇建筑来发展观光旅游。如山西王家大院和乔家大院、福建闽南土楼。（2）民族村寨游利用民族特色的村寨发展观光旅游。如云南瑞丽傣族自然村、红河哈尼族民俗村。（3）古镇建筑游利用古镇房屋建筑、民居、街道、店铺、古寺庙、园林来发展观光旅游。如山西平遥、云南丽江、浙江南浔、安徽徽州。（4）新村风貌游利用现代农村建筑、民居庭院、街道格局、村庄绿化、工农企业来发展观光旅游。如北京韩村河、江苏华西村、河南南街。

5. 休闲度假旅游模式

依托自然优美的乡野风景、舒适怡人的清新气候、独特的地热温泉、环保生态的绿色空间，结合周围的田园景观和民俗文化，兴建一些休闲、娱乐设施，为游客提供休憩、度假、娱乐、餐饮、健身等服务。（1）休闲度假村以山水、森林、温泉为依托，以齐全、高档的设施和优质的服务，为游客提供休闲、度假旅游。如广东梅州雁南飞茶田度假村（2）休闲农庄以优越的自然环境、独特的田园景观、丰富的农业产品、实惠的餐饮和住宿，为游客提供休闲、观光旅游。如湖北武汉谦森岛庄园。（3）乡村酒店以餐饮、住宿为主，配合周围自然景观和人文景观，为游客提供休闲旅游。如四川郫县友爱镇农科村乡村酒店。

6. 科普教育旅游模式

利用农业观光园、农业科技生态园、农业产品展览馆、农业博览园或博物馆，为游客提供了解农业历史、学习农业技术、增长农业知识的旅游活动。（1）农业科技教育基地是在农业科研基地的基础上，利用科研设施，以高新农业技术为教学内容，向农业工作者和中、小学生进行农业技术教育，形成集农业生产、科技示范、科研教育为一体的新型科教农业园。如北京昌平区小汤山现代农业科技园、陕西杨凌全国农业科技农业观光园。（2）观光休闲教育农业园利用当地农业园区的资源环境、现代农业设施、农业生产过程、优质农产品等，开展农业观光、参与体验、DIY教育活动。如广东高明霭雯教育农庄。（3）少儿教育农业基地利用当地农业种植、农耕文化、农业技术等，让中、小学生参与休闲农业活动，接受农业技术知识的教育。（4）农业博览园利用当地农业技术、农业生产过程、农业产品、农业文化进行展示，让游客参观。如沈阳市农业博览园、山东寿光生态农业博览园。

7. 回归自然旅游模式

利用农村优美的自然景观，发展观山、赏景、登山、森林浴、滑雪、滑水等旅游活动，让游客感悟大自然、亲近大自然、回归大自然。

三、鄂尔多斯市乡村旅游资源的分类与特点

（一）乡村旅游资源的分类

根据鄂尔多斯市乡村旅游资源类型现状和乡村旅游属性，参考中华人民共和国国家标准《旅游资源分类、调查与评价》（GB/T 18972—2017），构建鄂尔多斯市乡村旅游资源分类统计标准。经综合分析，鄂尔多斯市乡村旅游资源共分为乡村自然生态景观、乡村田园景观、乡村遗产与建筑景观、乡村旅游商品、乡村人文活动与民俗文化、乡村景观意境6个主类、18个亚类、47种基本类型共384个旅游资源单体（见表14–2）。

表14–2　鄂尔多斯市乡村旅游资源分类统计

主类	亚类	基本类型	类型特征	资源实体名称
A 乡村自然生态景观	AA 山地生态	AAA山丘型旅游地	乡村自然生态风光反映乡村自然山、水、生物等风光与特征，体现了传统农业社会的天人合一的精神实质，是乡村旅游发展的基底和背景	千亭山、双峰山等
	AA 山地生态	AAB沟谷型景观		蒙晋黄河大峡谷、准格尔黄河峡谷等
		AAC滩地型景观		马兰滩、娘娘滩等
		AAD台丘状地景		库布其沙漠、毛乌素沙漠等
		AAE沟壑与洞穴		阿尔寨石窟、大沟湾窑洞等

<table>
<tr><th>主类</th><th>亚类</th><th>基本类型</th><th>类型特征</th><th>资源实体名称</th></tr>
<tr><td rowspan="8">A
乡村
自然
生态
景观</td><td rowspan="4">AB
水域
风光</td><td>ABA游憩河段</td><td rowspan="8">乡村自然生态风光反映乡村自然山、水、生物等风光与特征，体现了传统农业社会的天人合一的精神实质，是乡村旅游发展的基底和背景</td><td>黄河准格尔段、纳林河、无定河等</td></tr>
<tr><td>ABB游憩湖区</td><td>泊江海子、乌兰木伦湖、红碱淖尔等</td></tr>
<tr><td>ABC泉</td><td>恩格贝矿泉、碧海阳光温泉、布龙湖温泉等</td></tr>
<tr><td>ABD湿地</td><td>红海子湿地、吉劳庆川湿地、黄河滩涂湿地等</td></tr>
<tr><td rowspan="4">AC
生物
生态</td><td>ACA林地</td><td>神山原始次生林、沙地柏天然林、沙棘育种林等</td></tr>
<tr><td>ACB独树与丛树</td><td>中国油松王等</td></tr>
<tr><td>ACC花卉地</td><td>陶利马兰花基地、向日葵摄影基地等</td></tr>
<tr><td>ACD动植物栖息地</td><td>遗鸥国家自然保护区、鄂尔多斯世珍园、鄂尔多斯野生动物园等</td></tr>
<tr><td rowspan="6">B
乡村
田园
景观</td><td rowspan="2">BA农业生产景观</td><td>BAA农业生产场景</td><td rowspan="6">田园风光是乡村景观中最主要的构成部分，是乡村生活的真实写照，也是乡村旅游发展的基础</td><td>纳林河农业区、无定河农业区、五七农场、康宝生态农业示范基地等</td></tr>
<tr><td>BAB景观农田</td><td>特蒙哈达摄影基地、稻草人长廊、小淘气亲子农场、“哈尼”亲子菜园等</td></tr>
<tr><td>BB林区风光景观</td><td>BBA景观森林</td><td>沙地柏天然林保护区、阿贵庙自然保护区、杏花观赏基地等</td></tr>
<tr><td>BC沙漠风光景观</td><td>BCA景观沙漠</td><td>响沙湾、夜鸣沙旅游区、大沙头等</td></tr>
<tr><td>BD渔区风光景观</td><td>BDA渔场景观</td><td>大树湾黄河渔村、黄河鲶鱼山庄等</td></tr>
<tr><td>BE草场景观</td><td>BEA草原景观</td><td>苏泊罕大草原、巴音昌呼格草原等</td></tr>
</table>

主类	亚类	基本类型	类型特征	资源实体名称
C 乡村遗产与建筑景观	CA 乡村历史遗迹和遗址	CAA建筑遗迹	乡村遗产与建筑景观是人们居住、生活、休息和进行社会活动的场所，以聚落和建筑等为物质载体，记载和反映了当地的人文活动和文化特色	朱开沟文化遗址、王爱召遗址、郡王府等
		CAB军事遗址与古战场		明长城遗址、秦直道遗址、纳林塔秦长城遗址等
		CAC纪念地与纪念活动场所		成吉思汗天骄英灵供奉地、西口古道、萨拉乌苏河套人遗址等
		CAD陵墓		成吉思汗陵、汉代古墓群等
		CAE渡口码头与水井水库		黄河古渡、万家寨水利枢纽、巴图湾水库等
	CB 乡村聚落文化	CBA宗教与祭祀活动场所		乌审召庙、王爱召、展旦召、木华黎神矛祭祀区、准格尔召等
		CBB文化活动场所		赵大剪文化大院、西口风民俗风情园、鄂尔多斯婚庆文化园等
		CBC特色聚落		康巴什区、伊金霍洛旗阿勒腾席热镇、罕台镇、伊金霍洛镇、城川镇等
		CBD康体游乐休闲度假地		万通旅游度假村、布龙湖温泉度假区、恩格贝生态示范区、神泉生态旅游区、九城宫旅游区等
D 乡村旅游商品	DA 乡村旅游商品	DAA风味食品	乡村旅游商品是乡村居民在生产生活过程中不断挖掘地方特色而形成的食品、特产和传统工艺等，是乡村文化的重要表现形式	蒙古族肉食、奶食、茶食，罕台米凉粉，荞面圪团、“诈马宴”等
	DA 乡村旅游商品	DAB乡村特产		甘草、鄂托克旗螺旋藻、巴图湾鲤鱼、鄂尔多斯羊绒等
	DB 乡村传统工艺与手工艺品	DBA传统工艺		鄂尔多斯蒙古族刺绣，准格尔植物染色技艺、粗瓷制作技艺、传统面塑、民间剪纸、民间刺绣、民间雕塑，鄂尔多斯皮雕、烫画、鄂尔多斯蒙古包营造技艺等

主类	亚类	基本类型	类型特征	资源实体名称
D 乡村旅游商品	DB 乡村传统工艺与手工艺品	DBB手工艺品		蒙古族民族工艺品、手工地毯、蒙古刀、银碗等
E 乡村人文活动与民俗文化	EA 认识活动记录	EAA地方人物	乡村民俗文化景观是一定地域乡村居民的风土人情和生活习惯，是乡村旅游体验的重要内容	乌兰夫、马良诚、顾寿山、奇金山、腾格尔等
		EAB地方事件		鄂尔多斯旅游联盟、鄂尔多斯市民间文艺家协会、鄂尔多斯徒步协会、“青克尔呼德”牧民艺术团等
	EB 艺术与文化	EBA地方文化		鄂尔多斯婚礼、鄂尔多斯蒙古族歌舞、鄂尔多斯蒙古族象棋文化、鄂尔多斯蒙古族乐器文化、漫瀚调文化、七旗会盟文化、蒙藏宗教文化、蒙古族达尔扈特文化等
		EBB民间文学艺术		准格尔山曲儿、鄂尔多斯民歌、鄂尔多斯民间故事、谚语拾零、森吉德玛等
	EC 民间习俗	ECA传统服饰装饰		鄂尔多斯蒙古族服饰、头饰、长袍、腰带、蒙古靴等
		ECB传统医药		蒙医药、五味阿尔汕疗术等
E 乡村人文活动与民俗文化	EC 民间习俗	ECC传统演艺		《鄂尔多斯婚礼》《圣地古韵》《永远的成吉思汗》《成吉思汗大典》等
		ECD地方习俗与礼仪		蒙古族生活礼仪习俗、蒙古族丧葬习俗、成吉思汗祭奠、那达慕大会、篝火晚会、苏力德祭祀、敖包祭祀等

主类	亚类	基本类型	类型特征	资源实体名称
E 乡村人文活动与民俗文化	ED 岁时节庆	EDA宗教活动与庙会	乡村民俗文化景观是一定地域乡村居民的风土人情和生活习惯，是乡村旅游体验的重要内容	佳米高拉庙会、玛尼会、雅尼会等
		EDB文化旅游节庆		鄂尔多斯美丽乡村旅游节、达尔扈特文化节、添漫梁村周末休闲文化节、龙虎渠村乡村狂欢节、准格尔旗“高原露”杏花节等
		EDC现代节庆		圣火祭祀节、漫瀚调艺术节、马奶节、敖包会等
F 乡村景观意境	FA 乡村景观通道	FAA 乡村景观生态廊道	乡村景观意境是以乡村区域自然景观、区域文化景观共同构成的整体人文生态系统，是对整体景观的感受，是超越物质景观实体的旅游资源	沿黄乡村旅游带、G109乡村旅游景观带、鄂尔多斯乡村风景道、毛乌素沙地风景道、鄂尔多斯草原乡村旅游带、库布其沙漠乡村旅游带等
		FAB 乡村山水环境意境		昆都仑生态湿地景观河、红海淖尔、黄河大峡谷、七星湖、镜泊湖等
	FB 乡村景观意境	FBA鄂尔多斯市“农（牧渔）家乐”典型示范户		大秦避暑山庄、云祥种养殖避暑山庄、山翠农家乐、王家大院、丽景园度假村、绿野农庄、德都蒙古农家园、金鼎牧人家、鄂尔多斯市晶旭旅游度假村、林中地休闲观光生态园等
F 乡村景观意境	FB 乡村景观意境	FBB鄂尔多斯市乡村旅游示范村	乡村景观意境是以乡村区域自然景观、区域文化景观共同构成的整体人文生态系统，是对整体景观的感受，是超越物质景观实体的旅游资源	折家梁村、灶火壕村、撖家塔村、添漫梁村、五股地村、林原村、蒲圪卜村、小滩子村、兴胜店、杜家峁、长滩村、查干柴达木村、哈沙图村、花亥图、龙虎渠等

（二）乡村旅游资源的特点

1. 种类丰富，数量众多，品质优良

鄂尔多斯市乡村旅游资源不仅类型多样，数量也很丰富，既有自然旅游资源，又有人文旅游资源，既有物质文化遗产，又有非物质文化遗产。其中，乡村遗产与建筑景观、乡村自然生态景观分别占 28.6% 和 22.4%，两者合计占比 51%，属于丰富种类；乡村人文活动与民俗文化、乡村田园景观和乡村景观意境分别占 15.1%、13.0% 和 12.8%，属于较丰富种类；乡村旅游商品占比 8.1%，属于未来重点开发项目（见表 14–3）。

表14–3　鄂尔多斯市乡村旅游资源基本类型统计

主类	数量（个）	总占比（%）
乡村自然生态景观	86	22.4%
乡村田园景观	50	13.0%
乡村遗产与建筑景观	110	28.6%
乡村旅游商品	31	8.1%
乡村人文活动与民俗文化	58	15.1%
乡村景观意境	49	12.8%

根据中华人民共和国国家标准《旅游资源分类、调查与评价》（GB/T 18972—2017）中有关旅游资源评价体系和计分方法，对鄂尔多斯市乡村旅游资源进行综合评价。评价结果显示，鄂尔多斯市所有乡村旅游资源单体中，五级乡村旅游资源 11 项，四级乡村旅游资源 43 项，三级乡村旅游资源 109 项，二级乡村旅游资源 157 项，一级乡村旅游资源 64 项，其中优良级乡村旅游资源共计 163 项，占乡村旅游资源总量的 42.3%（见表 14–4）。

表14–4　鄂尔多斯市乡村旅游资源评价

划分	资源等级	数量（个）	总占比（%）	代表资源
优良级	五级	11	2.8%	成吉思汗陵、康巴什区、萨拉乌苏河套人遗址、响沙湾、黄河峡谷、漫瀚调文化、那达慕大会等
	四级	43	11.1%	恩格贝生态旅游区、鄂尔多斯婚礼、蒙古族达尔扈特文化等
	三级	109	28.4%	转龙湾、红碱淖尔、大沟湾、蒙医药、《圣地古韵》、鄂尔多斯美丽乡村旅游节、圣火祭祀节等

划分	资源等级	数量（个）	总占比（%）	代表资源
普通级	二级	157	40.9%	千亭山、纳林河、无定河、鄂尔多斯蒙古族象棋文化、蒙藏宗教文化、准格尔饮食文化等
	一级	64	16.8%	向日葵摄影基地、稻草人长廊、小淘气亲子农场、杀猪烩菜文化节等

2. 分布广泛，组合良好，差异明显

鄂尔多斯市乡村旅游资源广泛分布于全市下辖的2区、7旗，具有整体散状分布、小范围集中的特点，多数乡村自然资源、遗存资源、村庄建筑、文化活动等资源多元组合。其中，东胜区和伊金霍洛旗由于地缘接近，乡村旅游资源丰富。达拉特旗、准格尔旗濒临黄河，是鄂尔多斯市农业较为发达、农业景观较为突出的地区；乌审旗虽位于毛乌素沙漠腹地，但河流、湖泊较多，为发展农牧业提供了较为充足的水源，且乌审旗历史文化悠久，境内的“河套人遗址”证明这里是古人类栖息繁衍的场所；另外，由于这三个旗都靠近水源，因此渔业养殖也具有一定优势。鄂托克旗、鄂托克前旗和杭锦旗位于鄂尔多斯西部，主要发展草原畜牧业，牧业景观突出，草原风情独特（见表14–5）。

表14–5　鄂尔多斯市各旗（区）乡村旅游资源统计

辖区	数量（个）	总占比（%）
东胜区	72	18.75%
康巴什区		
伊金霍洛旗	65	16.93%
达拉特旗	52	13.54%
准格尔旗	46	11.98%
乌审旗	49	12.76%
鄂托克旗	36	9.38%
鄂托克前旗	33	8.59%
杭锦旗	31	8.07%

3. 特色鲜明，风情浓郁，吸引力强

鄂尔多斯市域内草原广布，草场面积 9785.2 万亩，其中可利用草原面积 8739.1 万亩，有巴音淖尔草原、察罕陶亥草原、苏泊罕大草原、巴音昌呼格草原、哈拉色日草原、展旦召草原、鄂尔多斯草原、伊和乌素草原等，境内乡村依托草原，生活多以游牧为主，形成了独特的游牧乡土文化，如鄂尔多斯蒙古族饮食文化、服饰文化、歌舞文化、乐器文化、祭祀文化等，具有很强的吸引力。

由此可见，鄂尔多斯市乡村旅游资源禀赋良好，基础优势明显，资源可开发利用价值较高，在区域市场开发与竞争中具有很强的竞争力。

四、鄂尔多斯市乡村旅游发展的现状

鄂尔多斯市历史悠久、文化厚重、环境优美、民俗多彩，是内蒙古的旅游大市。21 世纪初，在国家政策的驱动和居民消费需求的拉动下，鄂尔多斯市开始发展乡村旅游，经过十几年的不断总结，初步探索出了一条具有鄂尔多斯特色的乡村旅游发展之路，取得了较为显著的成效，产业布局和产业结构不断优化，产品形式和业态日益丰富，乡村旅游投资活跃，乡村旅游在全域旅游发展中的分量越来越重。

（一）市场规模不断扩大

近年来，鄂尔多斯市始终把乡村旅游作为旅游产业发展的重中之重，在市域范围内开展了卓有成效的工作，为乡村旅游发展奠定了坚实基础。2019 年，全市乡村旅游接待游客 495.94 万人次，实现乡村旅游总收入 9.64 亿元，分别同比增长 15.1%、13.9%，乡村旅游发展粗具规模，已具备一定市场影响力和号召力。

（二）发展环境不断优化

鄂尔多斯市委、市政府将乡村旅游作为发展全域旅游的重要抓手，出台了《关于加快推进美丽乡村建设的实施意见》《鄂尔多斯市实施乡村振兴战略产业振兴资金扶持办法（试行）》《乡村人才振兴实施方案（2018—2022 年）》等多项政策为乡村旅游发展提供资金、人才等支持。同时，不断加强顶层规划与设计，编制了《鄂尔多斯市旅游业“十三五”

规划》《鄂尔多斯市两河流域乡村旅游发展提升规划》《鄂尔多斯乡村旅游发展暨旅游扶贫专项规划》。各旗区也将乡村旅游发展纳入重要工作部署，加强统筹安排、规划引导和政策保障，市旗两级联动，强化资源整合，为全市乡村旅游发展营造了良好的环境。

（三）示范集聚初步形成

目前，鄂尔多斯市乡村旅游向沿河、沿线、环重点城镇和景区集聚，形成了片区、示范旗（区）、示范村、示范户四级集聚发展梯次，国家、自治区、市、旗、乡镇五级示范引领格局。截至 2019 年年底，全市有国家休闲农业与乡村旅游示范县 2 个，自治区休闲农（牧）业与乡村（牧区）旅游示范旗（区）2 个，全国休闲农业与乡村旅游示范点 5 个，自治区休闲农（牧）业与乡村（牧区）旅游示范点 13 个，中国乡村旅游创客示范基地 1 个，全国一村一品示范村镇 4 个，中国乡村旅游模范村 1 个，鄂尔多斯市乡村旅游示范村 49 个，各级特色名镇名村 25 个，各类乡村旅游接待户 830 余家，其中中国乡村旅游模范户 2 户，中国金牌农家乐 20 家，自治区星级接待户 85 家（5 星级、4 星级、3 星级接待户分别为 28 家、29 家、28 家），市级“农（牧）家乐”旅游典型示范户 185 家，中国乡村旅游致富带头人 15 人（见表 14–6）。

表14–6　鄂尔多斯市乡村旅游评定项目统计

评定荣誉	数量	评定对象
国家休闲农业与乡村旅游示范县	2个	1.乌审旗 2.伊金霍洛旗
自治区休闲农（牧）业与乡村（牧区）旅游示范旗（区）	2个	1.东胜区 2.鄂托克旗
全国休闲农业与乡村旅游示范点	5个	1.鄂尔多斯天福祥生态农业旅游区 2.鄂尔多斯九成宫生态科技有限公司 3.鄂尔多斯水镜湖农业开发有限公司 4.鄂尔多斯万通旅游度假村 5.鄂尔多斯萨拉乌苏生态农业示范园区

评定荣誉	数量	评定对象
自治区休闲农（牧）业与乡村（牧区）旅游示范点	13个	1.鄂尔多斯明禾绿色产业发展有限公司 2.鄂尔多斯广源肉牛养殖有限责任公司 3.鄂尔多斯沙沙滩生态农庄 4.鄂尔多斯萨拉乌苏生态农业示范园区 5.鄂尔多斯兴昌渔村 6.鄂尔多斯水镜湖农业开发有限公司 7.鄂尔多斯万通旅游度假村 8.鄂尔多斯美好农场 9.鄂尔多斯亿茂农牧业开发有限公司 10.鄂尔多斯察罕苏力德旅游区 11.鄂尔多斯王窑湾村 12.鄂尔多斯市鄂托克旗锡林塔拉草原旅游区 13.鄂尔多斯市乌审旗嘎鲁图镇神水台村
中国乡村旅游创客示范基地	1个	伊金霍洛旗哈沙图
全国一村一品示范村镇	4个	1.达旗树林召镇林原村（宝善堂蔬菜）2.达拉特旗昭君镇沙圪堵村（二沟湾大米）3.乌审旗嘎鲁图镇布赛嘎查（鄂尔多斯细毛羊）4.鄂托克前旗城川镇黄海子村（宥州辣椒）
中国乡村旅游模范村	1个	鄂尔多斯市杭锦旗独贵塔拉镇刀图嘎查
鄂尔多斯市乡村旅游示范村（鄂尔多斯乡村旅游示范村于2015年开始评定，2015年评定13个、2016年评定17个、2017年评定9个，2018年评定10个，全市目前共有49个市级乡村旅游示范村）	49个	1.尔圪壕嘎查 2.兴胜店村 3.巴图湾村4.无定河村 5.包日塔拉嘎查 6.大沟湾新村7.隆茂营村 8.刀图嘎查 9.希日摩仁嘎查10.侯家营子村11.五股地村 12.撖家塔村13.龙活音扎巴村14.折家梁村 15.灶火壕村16.林原村 17.二狗湾村 18.大口村19.黑圪崂湾村 20.查干柴达木村21.哈沙图村22.布拉格嘎查23.神水台村 24.王窑湾村25.山湾村 26.乌吉尔嘎查27.额尔和图嘎查28.乌兰乌素嘎查29.三道泉则村30.巴彦希泊日嘎查31.添尔漫梁村32.东海心村33.小滩子村34.花亥图村35.苏布尔嘎嘎查36.达汗庙嘎查 37.陶赖高勒 38.碱柜村39.呼和陶勒盖嘎查40.恩格贝镇蒲新社区41.木凯淖尔镇察汗敖包嘎查42.苏米图苏木苏里格嘎查43.塔班陶勒盖嘎查44.高潮畔村 45.陶尔庙嘎查 46.胜利村47.滩村 48.杜家峁村 49.巴润哈岱村
中国乡村旅游模范户	2户	1.达拉特旗兴昌渔村 2.伊金霍洛旗珠拉格牧家乐

评定荣誉	数量	评定对象
中国金牌农家乐	20家	1.沙沙滩生态农庄园（五星）2.兴昌渔村（五星）3.熙泰吉旅游度假村（五星）4.德都蒙古农家园（五星）5.锡林塔拉草原度假村（五星）6.华翼农庄（五星）7.牧人牧家乐（五星）8.佳日湾婚礼文化城（五星）9.苏力德文化牧家乐（四星）10.布日烨木都牧家乐（四星）11.金鼎牧人家（四星）12.十斤半牧家乐（四星）13.大秦避暑山庄（四星）14.忽鸡图碧水湾农庄（四星）15.晶旭旅游度假村（四星）16.赵大剪文化大院（三星）17.云祥种养殖避暑山庄（三星）18.万家乐食府农家乐（三星）19.南迪娜牧家乐（三星）20.顺富牧家乐（三星）

（四）产品体系不断延伸

乡村旅游产品供给已从原来的简单餐饮、住宿、观光服务，向“食、住、行、游、购、娱”全产业链供给转变。农（牧 / 渔）家乐除开展农牧畜产品销售、民宿体验、美食品尝、农牧渔事体验等活动外，农牧民运动会、小型那达慕大会、“杀猪烩菜节”、钓鱼比赛、徒步比赛、跑（走）马比赛、摄影展、非物质文化遗产展、医疗养生、艺术写生和研学体验等深度乡村旅游体验项目日益丰富。伊金霍洛旗整村运营推进、乌审旗特色主题户培育、准格尔旗“百里长川”、达拉特旗“相约乡居”等一批发展模式，有效带动了乡村旅游供给的提档升级。

同时，乡村旅游节庆活动与观光游览、民俗活动、美食体验、传统那达慕、群众体育、研学旅游等广泛结合。从 2016 年开始，鄂尔多斯市已连续举办了四届美丽乡村旅游节，各旗区组织开展了“珠拉格那达慕大会”“百里长川油菜花节”“魅力乌兰陶勒盖 · 美丽乡村游”等多个节庆活动，有效地集聚了人气，带动了农牧民增收致富，丰富了群众的文化生活，同时有力提升了鄂尔多斯市乡村旅游品牌的影响力（见表 14–7）。

表14-7 鄂尔多斯市各旗区部分乡村旅游节庆活动一览

区/旗	活动时间	节事活动	特色内容
东胜区	12月至次年1月	冰雪旅游文化节	冰雪户外体验、冰雪祭祀及冰雪主题休闲度假等
准格尔旗	12月至次年1月	黄河冬捕节	冰湖捕鱼、头鱼竞拍、鱼塘溜冰等
乌审旗	1—2月	腊月祭祀节	腊月祭火、特色美食体验等
达拉特旗	1—3月	黄河开河节	祭网捕鱼、品文艺表演、摄影书画展等
东胜区	4—5月	风筝旅游文化节	风筝比赛、亲子娱乐、民俗体验等
准格尔旗	4—5月	乡村旅游杏花节	文艺演出、摄影展、诗歌那达慕、书法绘画展、相亲活动、展销会、产业论坛等
乌审旗	5—6月	蒙古族民风民俗旅游风情节	非物质文化遗产“察干苏力德祭”夏季祭祀、察罕苏力德金牛宴烤全牛文化展演和世界烤肉品鉴、那达慕大会和文化独贵龙演出、鄂尔多斯婚礼文化演艺、饮食文化研讨会等
伊金霍洛旗	6—7月	乡村旅游文化节	特色演艺、非遗美食比赛、乡村旅游论坛、篝火晚会、摄影展、旅游商品展销等
达拉特旗	6—8月	剪纸非遗文化节	赏荷花、垂钓、剪纸、学生研学等
伊金霍洛旗	7—8月	民俗风情艺术节	体验特色舞蹈、音乐等
东胜区	7—8月	鄂尔多斯婚礼文化节	民族婚礼体验
伊金霍洛旗	8—9月	成吉思汗文化周	文化研学、特色户外运动体验等（如射击、骑马）
鄂托克前旗	8—9月	马兰花草原那达慕大会	速度马竞技表演及比赛、博克竞技表演及比赛、射箭竞技表演比赛等
东胜区	8—9月	草原丝路文化旅游节	文化旅游论坛、特色演艺、推广大会
达拉特旗	9—10月	原乡采摘节	瓜果蔬菜采摘、农事体验、特色饮食体验等
杭锦旗	10—11月	动物宝宝运动会	小猪赛跑、亲子游戏等

（五）经营类型不断丰富

鄂尔多斯市乡村旅游经营的类型大致可分为六种，已初步形成了以中、低档发展为主的层次结构，基本能够满足游客食、住、行、游、购、娱等方面的需求。具体分为：第一，以品农家菜、尝渔家鲜为主的农（渔）家乐类型，如沙沙滩农家生态庄园和兴昌渔村。第二，以乡土文化、休闲娱乐为主的乡村旅游地，如灶火壕村和撖家塔村。第三，以草原景观、蒙古族文化为主的民俗风情依托型，如伊金霍洛旗的巴音昌呼格草原、杭锦旗的希日摩仁嘎查、乌审旗的巴音淖尔草原、鄂托克前旗的佳日湾婚礼文化城等，这是鄂尔多斯市最具特色、最有优势的乡村旅游类型。第四，以自然风光和绿色生态为主的乡村旅游地，如地处库布其沙漠南缘准格尔旗的尔疙壕嘎查，是凭借土地广阔、林草茂盛、水塘密布、湿地连绵和近库布其沙漠、塞外草原的地理优势打造的“沙漠水乡”。第五，以传承地方性文化为主的博物馆型。如塞外农耕文化体验园是一座全面展示农耕文化历史及实物的主题园区。第六，现代特色主题农园类型。如哈沙部落以鲁美写生基地为基础，不断开发和完善摄影绘画、书法写生等教育培训功能，同时围绕艺术创作，开发游客参与体验的娱乐活动，打造乡村文创艺术主题村，是第三批中国乡村旅游创客示范基地。

（六）发展模式不断完善

经过多年的实践探索和经验总结，鄂尔多斯市乡村旅游发展模式不断创新，形成三种模式：一是“能人带动型”发展模式，即通过选择一些掌握特殊工艺技能，或具有经营管理经验的人作为带头人，来引领当地村民参与乡村旅游服务和接待的发展模式。这些“能人”可分为两类，一类是“本土能人”，他们熟知当地的自然资源和文化内涵，能够因地制宜，且由于其掌握较多的社会资源，能够很好地协调利益相关者之间的关系。另一类是“外来能人”，以大学生、专业技术人才、文艺工作者、青年创业团队为主体，他们通过先进的经营理念、新奇的创新创意、丰富的宣传手段等方式，带动农牧民积极投入乡村旅游开发中来，如赵大剪文化大院。二是“景区带动型”发展模式，即依托重点旅游景区，将其部分服务功能分离出来，吸引周边村民参与接待和服务，以实现共兴共荣的发展模式。如 5A 级旅游景区成吉思汗陵旅游区附近的巴音昌呼格草原蒙古浩特及其周边的牧家乐、苏泊罕草原附近的牧家乐。三是“多方合作型”发展模式，即在资源条件良好、区位交通优越的乡村，通过村集体组织或引入有经济实力和市场经营能力的外来企业，引导农户发展乡村旅游的模式。主要包括“合作社＋农户”“企业＋农户”等模式，如伊金霍洛旗哈沙图村的哈沙部落，按照“村集体为主、企业参股、人人受益”的原则，引进了光亚现代农业发展公司，建立了“公司＋村委会＋农牧户”和“公司＋农牧户”的利益联结机制。

（七）扶贫效益不断显现

自2017年以来，鄂尔多斯市充分发挥乡村旅游在脱贫攻坚和乡村振兴中的作用，持续推进旅游扶贫富民工程，为贫困村免费提供乡村旅游规划设计、项目建设、商品研发、经营管理等方面的专业指导和跟踪服务。一方面，积极引导农牧民开发休闲农庄、民宿、品牌餐饮、四季蔬菜种植、观光采摘等产品，分享旅游红利。另一方面，倡导推动旅游企业参与旅游扶贫工作，其中，旅行社与农牧家乐结对扶贫、景区参与所在村镇扶贫均取得了重要成果。如苏泊罕大草原旅游区与周边农牧民建立了稳定的羊肉、奶食品供求关系，吸收60名农牧民就业，同时与周边33户牧民联合成立了马队合作公司，收入对半分成，农牧家乐实现了收入倍增，部分接待户年收入由1万元增至10万元。农牧民既是乡村旅游的建设者和经营者，又是乡村旅游发展的受益者和乡村美好生活的享受者。

五、鄂尔多斯市乡村旅游发展的问题

（一）顶层设计缺失，联动发展不足

截至目前，鄂尔多斯市尚未出台全市乡村旅游专项规划，大多数旗区也未编制乡村旅游发展规划，推动乡村旅游发展的政策与措施大多嵌入在旅游业发展规划中，乡村旅游发展缺乏指导性纲领文件。由于缺乏统一规划，旅游开发的盲目性和随意性比较大，且接待户的地域分布较散，有些乡村旅游接待户与景区之间相距较远，组织线路的难度较大。乡村旅游项目与传统旅游景点之间缺乏有机联系，共生性及借势效果不明显，联动发

展效果不佳。

（二）产业链条不齐，结构不够合理

从产业发展来看，鄂尔多斯市乡村旅游产业总量规模较大，但单体规模小，产业布局分散，难以形成规模效应和集聚效应。从产品结构来看，鄂尔多斯市乡村旅游产品以农牧家乐、特色蒙餐、垂钓、草原骑行、沙漠观光、特色村寨观光、果蔬采摘等项目为主，产品结构不合理，观光型旅游产品比重大，度假型旅游产品和专项型旅游产品开发不足。同时，产品档次偏低，很多项目开发不是深入挖掘“在地文化”和推动创新创意，而是盲目跟风、相互克隆，导致产品类型趋同、功能单一，深度体验型产品匮乏，无法满足游客在感官、情感、思维、行动等方面的体验价值。此外，鄂尔多斯市现有的乡村旅游项目中真正具有较高知名度和市场效益的项目较少，且核心乡村旅游景区尚未形成龙头带动效益。特别是缺乏具有全国影响力的特色精品乡村旅游景区，能够凸显鄂尔多斯特色的节事活动，能够将鄂尔多斯市全境特色资源联动起来的精品旅游线路。

（三）季节效应明显，产品梯度不全

淡旺季明显是鄂尔多斯旅游，甚至是内蒙古旅游和中国北方旅游发展的客观制约因素和瓶颈。受气候影响，乡村景观尤其是乡村自然景观在四季呈现出不同的特点，夏秋季节气候温暖，草场丰美，牛羊肥壮，良田沃野，一派丰收景象，每年 5 月至 10 月是鄂尔多斯市乡村旅游的旺季。冬春季节气候寒冷，景象萧瑟，约从每年 11 月到来年 4 月。强季节性导致旺季客源过于集中，旅游服务设施无法满足游客的需要，淡季客源不足全年的 20%，大量旅游接待设施闲置，不利于吸引资金进行再投入，许多经营户不得不停业，限制了旅游规模的扩大。

（四）基础设施滞后，接待能力有限

鄂尔多斯市乡村的旅游服务设施建设水平大多不高，旅游标识标牌、停车场、旅游厕所、游客服务中心等公共基础设施建设还不健全，乡村旅游接待能力有进一步提升空间。市内乡村道路体系不完善，如准格尔旗旗区内的道路大多数以运煤专线为主，旅游专线尚未普及，重点旅游村镇之间、重点乡村旅游景点与中心城镇之间缺乏便捷的互联互通。部分乡村旅

游区的洗手间、停车场等公共设施简陋，卫生状况和设备条件令人担忧。另外，智慧旅游信息化建设滞后，面对消费个性化和多样化趋势，现有条件无法提供与之匹配的服务保障。

（五）市场营销不足，品牌意识不强

鄂尔多斯市绝大多数的乡村旅游经营者和管理者市场观念较为淡薄，重建设、轻营销，还停留在各自为政和自我推销层面，以政府和团体进行集中营销的较少。营销手段滞后，口碑效应和大众传媒依然是主流宣传方式，新媒体传播手段运用不足，未形成线上、线下互动的格局。除此之外，现有乡村旅游项目品牌意识不强，还处于价格竞争阶段，已形成的品牌影响力薄弱，市场认可度不高，品牌效应彰显不足，缺乏具有较高知名度和区域影响力的乡村旅游品牌。

（六）专业人才匮乏，服务水平不高

乡村旅游的短期效益明显，进入门槛低，农牧民多是自发经营和参与，在乡村旅游整体发展中高层次旅游人才匮乏。目前，鄂尔多斯市乡村旅游实际管理人员多由当地村干部或农民企业家担任，他们对乡村旅游行业知之甚少，管理理念陈旧，缺乏市场思维，主动性较差。乡村旅游服务人员大多为农民的就地转化，总体上思想封建保守，科学文化水平和综合素质偏低，服务意识淡薄，服务技能和水平有限，经常成为游客投诉的对象。人才的稀缺使得旅游发展缺少新鲜的血液、创新的思路。

六、鄂尔多斯市乡村旅游发展的策略

（一）推动乡村旅游产业升级

1. 优化产业结构

乡村旅游产业结构调整面临的主要任务：一是补齐“行、购、娱”的短板，完善乡村交通设施，尤其是规划科学、生态优良、文化性强的慢游系统；加强乡村土特产品的就地销售，开发传统手工艺等特色旅游商品；丰富娱乐项目内容，突出乡野趣味，增加互动体验。二是提升“食、住、游”的质量，开发健康养生的食品，打造“小而精”的生态环保民宿，营造特色突出的“原乡”意境。

2. 培育产业集群

培育乡村旅游产业集群是实现乡村旅游规模化发展的重要途径。第一，要统筹规划，以龙头项目建设为核心，引导乡村旅游经营项目向集聚方向发展，形成基于整体功能定位的彼此协调、相互匹配的乡村旅游产业集群。第二，要加强对产业整体的布局管理，完善功能分区，打造相对集中、业态丰富、功能完善的乡村旅游片区和园区。

3. 深化产业融合

首先，充分发挥本地农业资源基础优势，促进乡村旅游产业与农业的融合。其次，积极寻求乡村旅游产业与第二产业和第三产业中其他现代服务业融合发展的有效形式，丰富“乡村旅游 +”的内涵和外延，不断更新产品业态，例如“乡村旅游 + 互联网”催生出旅游电子商务、在线物流等新业态，利用新业态实现乡村旅游营销和服务能力提升。

（二）推动乡村旅游产品升级

1. 优化产品结构

一方面，继续开拓乡村观光型旅游产品，使一般观光产品向组合观光产品发展，大力发展非乡村观光型旅游产品，如休闲度假旅游产品和养老保健、修学科研、会展商务、体育探险等专项或主题型旅游产品。另一方面，根据游客需求，适度发展高档乡村旅游产品类型，如乡村俱乐部、现代商务度假与企业庄园模式等，逐步形成观光、度假、特种三种产品类型合理组合，自然、人文、社会三类资源相互补充，团体、家庭、散客三种旅游模式多元结合，高端、中端、大众三个档次齐备的乡村旅游产品结构，才能满足日益个性化的旅游消费需求。

2. 提升产品品位

产品品位高低与其文化含量关系紧密，乡村旅游产品要提档升级，必须高度重视“在地文化”的深度挖掘和乡村旅游文化产品体系的构建。“在地文化”即本土文化，是在一定历史条件下，因地域社会的组织结构、经济形态、宗教信仰等而形成的某种特定的意识形态、价值观念与行为方式，它是乡村旅游产品开发的“魂”，也是产品的核心竞争力。“在地文化”必须通过一定的文化载体向旅游者传递文化内涵，由此构成乡村旅游文化产品体系。要通过深度挖掘特色文化，发挥创意思维等方式，实现产品项目差异化开发，针对市场需求转型特征，注重进行产品的年轻化、创新化、产业化，打造休闲度假、民间工艺、游学体验、文化创意体验、红色旅游等特色乡村旅游项目。

3. 增强产品创意

开发乡村创意旅游产品，首先，要抓住乡村传统文化和特色文化这一根本，通过产品的外观、材质、技法或包装，诱发游客的文化情愫发酵。其次，将现代科技融入乡村旅游产品当中，提高产品的观赏性、体验性。同时，还需重视引进和培养创意人才，创意产品研发人才要具有天马行空的想象力、敏锐的市场洞察力和丰富的实践经验，而创意产品营销人才则需具备良好的沟通才能和理解能力。

（三）推动乡村旅游市场升级

1. 精准市场定位

在以产业形态划分的乡村旅游发展阶段中，“乡村度假”是更高级的发展形式，是中国未来度假市场的主体之一。另外，乡村旅游具有寓学于游、寓教于乐的特点，是最好的第二课堂。而伴随中国人口老龄化社会的到来，健康颐养也备受关注。因此，休闲度假市场、科教研学市场、养老养生市场是未来乡村旅游应大力开发的市场。

2. 丰富营销手段

要充分发挥传统媒介与新媒体的优势，形成线上、线下互动的多渠道营销网络。一方面，通过旅游分销商、推广推介会、节庆活动等传统方式开展宣传；另一方面，采用智慧营销新模式，将乡村旅游关键吸引要素，通过网络终端、手机终端等宣传出去。如与携程、去哪儿等网络平台合作，开通官方微信、微博账号，开通旅游电子商务，拍摄微视频、微电影等。尤其是要利用好近两年兴起的网络直播形式、云旅游形式，做好营销推介。

3. 加强品牌建设

创建乡村旅游品牌是一项复杂而持久的工程。首先，应强化经营管理者的品牌意识，树立品牌思维。其次，根据乡村的历史文脉、资源禀赋和产业特点，因地制宜，量身打造，创建乡村旅游特色品牌，实现差异发展和错位经营。最后，加强品牌的形象设计与传播，品牌名称要简洁明快，能够激发游客的想象；标识应形象生动，表达回归自然的人性本质；宣传口号要朗朗上口，突出资源特色优势。

（四）推动乡村旅游管理升级

1. 注重规划设计

乡村旅游开发要坚持规划先行，先规划后建设。要全面普查乡村旅游资源，明确资源结构、优势特色、开发条件、客源承载等问题，以旅游者需求为导向，综合考虑交通、区位、市场等因素，突出主题，强化差异，统筹编制乡村旅游发展专项规划。同时，乡村旅游发展专项规划要与其他规划相互衔接，且符合新农村建设及乡村振兴的总体要求。

2. 健全制度体系

出台资金、人才、用地、税收等方面优惠政策，鼓励社会资本、优秀人才、农村闲置资源投入到乡村旅游建设中来。要进一步完善规章制度和行业标准，研究制定《鄂尔多斯市乡村旅游接待设施管理规范》《鄂尔多斯市乡村旅游服务管理规范》等系列标准，提升标准化服务水平。有意识地培养乡村旅游行业协会，一方面，赋予协会一定的行政权力，帮助协会树立权威；另一方面，要加强对协会成员的教育培训，提高其组织联络、协调沟通能力。

3. 完善设施建设

多渠道筹集资金，改造提升乡村路网、水网、电网、通信网等硬件基础设施及停车场、环保厕所、污水垃圾处理站点、标识系统等配套设施。将绿道建设作为重点，串联乡村旅游景点和驿站，打造乡村慢行系统。

（五）推动乡村旅游服务升级

1. 加强人才引进

通过与高等院校合作，开展“订单式教育”，培养乡村旅游规划开发、经营管理的专业人才。利用“一村一大”等国家政策优势，吸引旅游专业毕业生、科技工作者、艺术创作者等驻村帮扶，为乡村旅游发展提供智力支持。建立乡村旅游创客基地，支持大学生、专业技术人员通过发展乡村旅游实现自主创业。

2. 强化培训教育

让村干部、致富带头人等“走出去”，到乡村旅游发展先进的地区学习经验，到旅游院校进行系统培训。同时，把乡村旅游方面的知名专家“请进来”开展讲座和现场教学，提高乡村旅游经营管理人员和服务人员的能力与素质，增强农民的文明开放意识和知识水平。

3. 推进智慧服务

充分利用移动互联网、移动智能终端等现代通信技术，实现信息实时交互传递，使游客在进行信息搜索、计划制订、预订支付、导游导航、导览导购和回顾、评价服务质量时更加便捷。同时，加强公共服务体系建设，建立安全预警系统、交通和医疗保障系统、信息化游客中心等。

七、案例研究：伊金霍洛旗乌兰木伦镇哈沙图村

（一）哈沙图村概况

哈沙图村位于鄂尔多斯市伊金霍洛旗东南部，毗邻鄂尔多斯飞机场、鄂尔多斯火车站、成吉思汗陵旅游景区、蒙古源流影视基地，距伊金霍洛旗旗政府所在地阿拉腾席热镇 12 公里，是伊金霍洛旗全力打造的一个乡村旅游示范点。全村占地面积 58 平方公里，辖 7 个社，共 520 户 1210 人，常住 205 户 350 人。耕种面积 1843 公顷，水灌溉地面积 350 公顷，林地面积 1931 公顷，牧场面积 2513 公顷，牲畜（以绵羊单位计）存栏量 2328 只。2014 年开始，哈沙图村充分利用阳光充沛、土壤肥沃、水源清洁、土地平整、交通便利等优势，大力打造乡村休闲度假产业，积极推动发展庭院经济和特色种养殖等配套产业。2017 年，哈沙图村被评为全国第三批“中国乡村旅游创客示范基地”，2019 年，入选“2019 年中国美丽休闲乡村”名单，成为鄂尔多斯市唯一获此殊荣的村落。

在哈沙图村的七个社中，一社和三社为种植基地，通过引进新技术发展特色种养殖业；二社为食品加工基地，发展村集体经济；六社和七社以户发展散养模式，主要以各类蔬菜种植以及鸡、兔、羊养殖为主，为周边旗县区提供绿色无公害食品；四社和五社发展休闲观光、体验农业项目。其中，位于哈沙图村四社的哈沙部落，是伊金霍洛旗乡村旅游发展的一个

缩影。该部落引进光亚现代农业和鲁迅艺术学院，以“村集体为主、结合精准扶贫、企业参股、人人受益”为模式，打造涵盖摄影绘画、书法写生等教育培训功能和乡村旅店、餐厅、果蔬采摘、水上娱乐等现代农业观光、休闲度假功能为一体的田园综合体。

（二）哈沙图村乡村旅游发展概况

1. 规模不断扩展

截至 2019 年 5 月，哈沙图村全年接待游客 5.2 万人次，同比增长 37%，旅游人数实现了跨越式发展。其中，接待过夜游客 2.8 万人次，同比增长 16.4%，占游客总人数的 53.8%，反映出哈沙图村较强的旅游综合接待能力。而停留时间的延长促进了游客的消费，哈沙图村乡村旅游总收入也有了显著提高。

2. 产品不断丰富

哈沙图村原来以天骄驿站养生餐饮区、牧民人家蒙古包区、户外烧烤区等传统食宿项目为主，现在重点发展青少年农耕文化基地和鲁美写生基地，增加和完善摄影美术、书法写生等教育培训功能，不断开发游客参与体验的娱乐活动，将其打造成集文化体验和景观体验于一体的乡村旅游特色村（见表 14-8）。

表14-8　哈沙图村乡村旅游开发项目

景点系列	具体内容
天骄驿站养生餐饮区	可以容纳500人就餐，会集窑烤、东北菜、有机时蔬等地方乡村特色美食
牧民人家蒙古包区	烤全羊、炖羊肉、蒙古歌手、奶酒等特色蒙古族特色美食
户外烧烤区	蒙古烧烤
青少年儿童农耕文化教育培训基地	涵盖民俗、农事、农耕文化培训教育基地，有原始部落民俗、农耕文化体验（春耕、夏锄、秋收、冬储）、鲁美写生、摄影
拓展训练基地	高空秋千、软梯、攀岩、低空滑道、巨人梯、勇攀珠峰、跋山涉水、彩石过桥、高空爬网、高空站立、勇敢者道路
大棚采摘项目	以采摘时令与反季水果蔬菜为主，体验田园风光和农家生活
亲子项目	亲子游戏互动区、动物喂养区、亲子娱乐项目比赛区
水上项目	游船区、水上脚踏车、垂钓区

3. 经营模式不断创新

哈沙图的集体经济公司伊金霍洛旗广霖生态农业有限责任公司与鄂尔多斯市圣圆乌兰木伦实业有限责任公司合作，共同成立哈沙图旅游发展有限公司。集体经济公司建立了企业、合作社、农牧民利益结合的互助体制。2016 年，内蒙古光亚现代农业发展有限公司，按照国家 4A 级旅游景区的标准，在哈沙图村打造了自治区首家经果林主题田园综合体项目。

4. 综合效益不断提升

光亚公司 2016 年进驻哈沙图村以来，极大地助推了村里的产业发展和农牧民持续增收致富。首先，公司征用和租赁了农牧民的部分土地。其次，公司从村民手中流转了 600 亩土地，村民以保底加利润分成的形式入股，每亩耕地保底收益 180 元，项目收益后纯利润的 30% 归村民。另外，公司每年还给村民和 10 户建档立卡贫困户无偿提供蔬菜苗进行种植并帮助销售，而且公司每年雇用的工人都是当地的村民，固定岗位达 25 人，月平均工资在 3000 元以上，受雇用村民年收入增加 30000 元以上。这样，农民既有流转土地的收益，还有企业雇用他们进行田间管理的收益。

5. “田园 +”带动效应显著

哈沙图村以五大“田园 +”板块，深度开发农、林、牧、渔等农业资源，形成三生同步（生态、生产、生活）、三产融合、三位一体（农业、文化、旅游）的田园综合体，全力蓄势乡村振兴新动能。

（1）“田园 + 观光农业”。是哈沙部落规划的五项“田园 +”之一，其中还包括 100 亩林果经济示范基地，基地专门引进外地特色农作物进行试种，吸引游客观赏体验，丰富观光农业资源。

（2）“田园 + 现代农牧业”。着眼于提升农业产值，解决土地碎片化经营投入多产出少的难题。哈沙图村四社投资 300 万元整合耕地 500 亩，并完成水电管网配套设施建设，种植优质金花葵和蒙雪菊，以“党支部 + 企业 + 合作社 + 农户”模式，探索优良精品经济作物在园区内试点示范，为适度规模化经营创造条件。此外，哈沙图村还整合土地 700 亩发展优质牧草种植基地，为伊泰大漠马业、天骄育马苑、骄羊牧业等大型养殖场供应优质饲草料。通过统一规划、集中运营，土地资源被进一步盘活。

（3）“田园 + 生态”。流动的小河是乡村的脉搏，鸡鸣犬吠是乡村的声音，牛羊成群是乡村的符号。漫步在哈沙部落，仿佛置身林隐秘境，偶遇老树木屋，沏一壶茶，静看小桥流水。哈沙部落用“田园 + 生态”重拾乡村记忆，保留住了自然朴素的美感。

（4）“田园 + 康养”。乡村振兴，既要塑形，也要铸魂。哈沙部落以文化为内涵，加强村庄产业机能，引进国学教育基地、蒙古族礼仪培训基地及养老康养基地，规划了“田园 + 康养”版块，将国学教育、农耕文化、文化创意融入研学培训，让乡村振兴的过程中既有产业基础，也有颜值担当，更有文化支撑。

（5）“田园 + 民宿”。为提升餐饮住宿接待能力，哈沙图计划投资1200 万元，以展现传统二十四节气文化为核心，按照四季划分院落，改造民居 24 套，总占地面积 7000 平方米。民宿改造完成后将实现年接待能力 3 万人次，同时可鼓励带动周边村民开发居家式的民宿服务，打造融乡村特色民宿、文化体验、研学住宿等多功能于一体的田园社区居所。

（三）哈沙图村发展乡村旅游的 SWOT 分析

1. 优势

（1）优越的区位条件。乌兰木伦镇地处鄂尔多斯市伊金霍洛旗东南部，与陕西省大柳塔镇隔河相望，哈沙图村是乌兰木伦镇的一个行政村，位于乌兰木伦镇西北部，距离旗政府所在地阿拉腾席热镇 12 公里，距离鄂尔多斯飞机场和阿康物流园区 2.5 公里。村内贯穿有 210 国道，东有包茂高速公路，西有包南线、伊金霍洛旗国际机场、鄂尔多斯火车站、空港物流园区，是伊金霍洛旗周边地区的重要交通枢纽。

（2）丰富的资源条件。哈沙图村乡村旅游资源丰富，特色鲜明，不但有发展观光农牧业的优势，又具有开发草原景观、民族风情、历史文化的潜力。优越的生态资源环境，浓郁的乡土文化氛围，独特的民俗风情展现，作为连接成吉思汗陵和蒙古源流旅游线路上的节点景区，哈沙图村是得天独厚的天然牧场，也是避暑、养生、观光胜地。

（3）特色的经营优势。哈沙图村大力扶持乡村旅游产业合作社发展，加入合作社的农牧民可以通过土地流转、工程外包、股权分红、资产收益等方法增加收入。如光亚·哈沙图田园综合体项目，通过政府带领、企业经营、市场化运作，推行了“公司+合作社+农户”的模式，建立起企业、合作社、农牧民利益结合的互助体制。

2. 劣势

（1）旅游产品缺乏特色。哈沙图村的乡村旅游产品结构不合理，现有产品中观光型产品比重大，度假型产品占比小，中、低档产品多，高档产品开发不足。产业链发展不成熟，尚未形成一条龙服务，购物、娱乐等环节薄弱，游览中体验完整性缺失。产品与周边区域差异性不强，特色不鲜明，在地文化产品挖掘不足。

（2）基础设施不够完善。哈沙图村的乡村道路路面较窄、坡度大、拐弯多，导致游客可进入性较差。村落附近没有旅游专线，游客只能自驾出行，一定程度上限制了客源数量。道路标识系统不完善，标识牌数量不足，指示内容单一，游客到达当地只能通过手机地图定位寻找。而乡村通信网络未实现全覆盖，很多地区信号较弱，降低了旅游的体验感。

（3）宣传推广力度不足。随着科学技术和移动互联网的发展，人们了解旅游地信息的方式和渠道日益多样化。根据鄂尔多斯市旅游大数据分析报告，游客了解哈沙图村的主要方式是经熟人介绍和宣传册推广，通过微信、微博等新媒体了解信息的游客占比很小，反映出哈沙图村旅游宣传方式单一、宣传力度不足，未形成线上、线下互动的营销格局。

（4）从业人员水平不高。哈沙图村的乡村旅游从业人员大多是当地农牧民，由于文化素质偏低，也没有经过专业的培训和学习，他们在服务意识与态度、服务水平与质量、语言沟通与表达等方面都有所欠缺，成为引发游客投诉的主要原因。乡村旅游管理者多由当地村干部或农民企业家担任，他们对乡村旅游行业知之甚少，管理理念也较为陈旧。

（5）季节性影响较大。哈沙图村地处鄂尔多斯高原，属北温带半干旱大陆性气候区，四季分明，温度变化大，夏季凉爽，冬季酷寒，乡村旅游发展受季节因素影响非常大。旅游旺季，景区人满为患，基础设施供不应求，游客体验感降低；旅游淡季，门可罗雀，设施闲置，景区内的很多景点被迫关闭。

3. 机遇

（1）政府的大力支持。为全面推进国家乡村旅游示范点的创建工作，鄂尔多斯市多措并举，统筹推进乡村旅游发展，使政策红利不断释放，全社会关注、支持、参与乡村旅游发展的氛围更加浓厚。同时，哈沙图村乡村旅游是伊金霍洛旗打造全域旅游下乡村旅游的核心示范点，不仅有着灵活的政策支持，更有着充足的项目资金保障，为哈沙图村的旅游基础设施完善创造了良好条件。

（2）市场的内在潜力。快节奏的生活和单调乏味的工作，加之日益突出的城市环境问题，使越来越多的城镇居民渴望回归自然、放松身心。随着我国假日制度的改革，游客在出游目的地的选择上更倾向于花费时间较少的近郊游。哈沙图村临近伊金霍洛旗政府所在地阿拉腾席热镇，距离鄂尔多斯市东胜区车程 40 分钟，自然田园景观优美，乡土气息浓郁，是游客周末游、自驾游、短途游的首选。

4. 挑战

伊金霍洛旗乡村建设环境良好，苏布尔嘎查、布拉格嘎查、查干柴达木、花亥图、哈沙图四社、龙虎渠、巴音昌呼格草原等重点乡村旅游业态已初步建设完成。一般同类的乡村旅游地在资源、产品和吸引力上具有一定的同质性与竞争性，游客大多数只会选择其中一个。因此，哈沙图村的乡村旅游发展面临激烈的市场竞争。

5. 小结

伊金霍洛旗哈沙图村依托当地丰富的旅游资源和有力的政策支持，在推进乡村旅游发展中取得了很大成效。尽管如此，哈沙图村乡村旅游的发展仍存在较多问题。因此，在未来发展中，哈沙图村既要发扬优势，又要补齐短板。针对优势和机遇，采取增长型战略；针对优势和挑战，采取多种经营战略；针对劣势和机遇，采取扭转型战略；针对劣势和挑战，采取防御型战略（见表 14–9）。

表14-9　哈沙图村发展乡村旅游SWOT分析

优势（S）	劣势（W）
1.优越的区位条件 2.丰富的资源条件 3.特色的经营优势	1.旅游产品缺乏特色 2.基础设施不够完善 3.宣传推广力度不足 4.从业人员水平不高 5.季节性影响较大
机遇（O）	**挑战（T）**
1.政府的大力支持 2.市场的内在潜力	同行业竞争激烈，产品同质化

（四）哈沙图村乡村旅游发展的对策

1. 挖掘文化内涵，创新旅游产品

文化内涵是乡村旅游的核心，为了有效避免旅游产品同质化的问题，需要根据当地资源禀赋培育和发展地方特色旅游产品，实现旅游产品的阶梯开发，同时对旅游产品的文化内涵进行深度挖掘，增加旅游产品的附加值。哈沙图村应充分挖掘乡村旅游体验新“亮点”，优化“食、住、行、游、购、娱”和“商、养、学、闲、情、奇”等旅游要素供给。挖掘当地特色饮食文化，开发绿色健康的食品，优化餐饮环境；扶持、规范民宿建设和经营，建设精品民宿、乡村度假酒店、乡村露营地等；加强乡村特色农副加工品、手工艺术品、商贸产品的开发，对商品进行包装和策划，打造特色伴手礼。同时，挖掘田园风光、农牧业生产、民族民俗风情等资源，从赏、采、尝、耕、戏、憩等入手，重点建设独具特色的农牧观光体验、民俗文化、野外露营、户外运动、休闲垂钓等地方特色旅游品种，以满足各个年龄层次的游客需求。

2. 完善基础设施，提高便利程度

要推进哈沙图村乡村旅游发展，必须进一步完善旅游基础设施和公共服务体系，重点推进景区内外道路、停车场、旅游交通标识、旅游厕所、游客服务中心和 Wi-Fi 全覆盖建设。

首先，补齐乡村道路建设短板。要整合优化现有各级农村道路，提高乡镇旅游公路等级和标准，完善旅游交通标识引导体系，提高可进入性，

确保哈沙图村出口通道内畅外联。其次，推进“厕所革命”。按照经济、实用、卫生的原则，建立“以商建厕、以商管厕、以商养厕”机制，解决旅游厕所建设与管理问题。再次，提高哈沙图村旅游接待设施的接待能力。继续扶持有条件的农户修缮、改造自有住房发展民宿。鼓励城镇有意愿的组织和个人通过租赁民房开办民宿。最后，优化旅游服务体系。哈沙图村要借助网络和科技手段提升服务水平，积极搭建智慧旅游平台，为不同需求的人群提供智慧导游、智慧管理、智慧营销服务。

3. 创新营销方式，扩大市场影响

哈沙图村要在充分发挥传统媒介优势的基础上，顺应时代发展的潮流和游客消费的特点，广泛运用新营销理念和新媒体平台，形成线上线下互动的多渠道营销格局。一是因地制宜，结合哈沙图村的环境、文化、民俗风情等，以一个或几个特定主题为突破口，进行主题营销。二是建立“互联网 + 乡村”模式，通过运用网络媒体将哈沙图村的旅游资源、旅游产品等宣传出去；还可以用微信、支付宝及各种旅游 App 等平台将游客从线下消费转变成线上消费，将潜在游客变为现实游客。三是开展自媒体营销。一般自媒体营销工具包括论坛、微博、博客、图片和视频等。随着网络的不断发展，动态视频所带来的方便性和深刻性远高于静态文字，如抖音、快手等，因此，哈沙图村应着力进行短视频营销。四是探索虚拟现实营销。通过对乡村实地取景，利用虚拟现实综合技术制作出实时动态的三维立体图像，让消费者能提前对哈沙图村进行初步体验，建立良好的感觉。五是进行网红营销。网红营销就是通过网红的巨大流量和影响力，运用 BAT（百度、阿里巴巴、腾讯）旗下的核心产品，通过网络红人传播信息扩大知名度，借此达到营销的目的。而在自媒体时代，镇长、村主任甚至普通村民都可以成为网络红人和带货达人。

4. 实施人才工程，重视人才培养

哈沙图村可通过实施四大人才工程，造就更多乡土人才。一是实施“项目引才”工程。围绕项目引进企业，依托企业引进高层次人才。同时，不断扩大乡村旅游影响力，吸引旅游人才带项目入村。二是实施“政策留才”工程。出台优惠政策和激励措施，支持大学生、返乡农民工等群体在哈沙图村通过发展乡村旅游实现自主创业，吸引科技工作者、艺术创作者等驻村帮扶，鼓励事业单位专业技术人员到哈沙图村挂职锻炼。三是实施“合作育才”工程。与地方高等院校、职业院校合作，创新人才培养模式，开展“订单式教育”。四是实施“培训强才”工程。让村干部、致富带头人、经营户“走出去”，到乡村旅游发展先进地区学习经验，到旅游院校进行系统培训。“引进来”专家学者开展讲座、现场教学，提高哈沙图村乡村旅游经营管理人员和服务人员的素质和水平。

5. 采取相关措施，促进淡季发展

第一，实行淡季价格优惠。一方面，哈沙图村可针对不同游客群体制定优惠价，如家庭折扣价、学生折上折、网友折扣价等；另一方面，可根据不同服务项目，如景区门票、娱乐项目、住宿餐饮等实行优惠价，让游客感受到物超所值。第二，开发特色旅游项目。哈沙图村可依托冬季冰雪旅游资源，开发滑雪、滑冰、冰雪乐园等娱乐项目，从而增加游客吸引力，丰富现有产品内容，形成四季游产品体系。第三，捆绑套票。捆绑套票可以与民宿、餐饮企业等合作，将哈沙图村内食、住、行、游、购、娱等项目一起打包销售，刺激游客在淡季出游，提高市场占有率和游客的重游率。

第十五章　鄂尔多斯市研学旅游发展研究

一、研学旅游概述

（一）研学旅游的兴起和发展

1. 研学旅游的兴起

在中国古代，文人一向有游学之风，既要读万卷书，又要行万里路，游与学一直紧密结合。孔子 56 岁率众弟子周游列国，先后到过卫国、曹国、宋国、郑国、陈国、蔡国、楚国，考察各地的风土人情，宣传礼乐文化，堪称世界研学旅游的先师和典范；晋代高僧法显、唐代高僧玄奘去印度取佛经也流芳千古；李白和杜甫也是游历了祖国名山大川才写出中国诗歌的巅峰之作，杜甫曾作《壮游诗》:“东下姑苏台，已具浮海航，到今有遗恨，不得穷扶桑。王谢风流远，阖庐丘墓荒。剑池石壁仄，长洲荷芰香……”；沈括自幼随父到处游历，成年后亦四处游学，这才有了《梦溪笔谈》；有“旅圣”之称的徐霞客在游历中学习研究并写下了《徐霞客游记》。

在欧洲，17 世纪兴起了“大游学”运动，英国、德国、法国和意大利人都崇尚“漫游式修学旅行”，起初是年轻人一到中学毕业，便被送往外国旅行，游学者一边游历名胜古迹，一边学习社交艺术等，并逐渐形成风气，后来修学旅行成为知识阶层和社会上层人士的一种生活方式。

现代“修学旅行”一词则源于日本，自明治维新时期开始鼓励修学旅行，政府在教学大纲中规定，小学生每年要在本市做一次为期数天的社会学习，初中生每年要在全国做一次为期数天的社会学习，高中生每年则要在世界范围做一次为期数天的社会学习。日本的修学旅行以学习为目的，可依据学习内容的不同细分成若干类别，如体验大自然的森林修学旅行和体验工厂劳作的工业修学旅行等。

2. 我国当代研学旅游的发展

研学旅游作为我国一种传统的旅游类型，在早期一直表现为修学旅行的形式，其历史最早可以追溯至春秋战国时期的“游学”，而这种“读万卷书，行万里路”的传统修学旅行观念也随着时代的发展延续至今。著名教育家陶行知先生倡导修学旅行，并积极推动“新安小学长途研学旅行团”开展全国性旅行，一路修学，一路宣传抗日，慰劳抗日军人，成为当时闻名国内外的“新旅”。

改革开放后，我国与世界各国的文化交往日益增加，作为一项有特色和有意义的专项旅游项目，在入境、出境和国内研学旅游三个方面都有较大的发展。2003 年，上海成立了“修学旅行中心”，还编写出版了《修学旅行手册》，又提出联合江浙皖等地区打造华东修学旅行黄金线路。2006 年，首届“孔子修学旅行节”在儒家文化的发源地山东曲阜举办，这是中国第一个修学旅行节庆活动。

随着我国教育模式由“应试教育”向“素质教育”的转变，国内研学旅行作为一种传统而现代的素质教育手段被广泛关注，正在逐渐兴起和推广。2008 年，广东省率先把研学旅行列为中小学必修课，写进教学大纲。2013 年 2 月 2 日，国务院办公厅印发了《国民旅游休闲纲要（2013—2020 年）》（以下简称《纲要》），《纲要》提出：要逐步推行中小学生研学旅行，鼓励学校组织学生进行寓教于游的课外实践活动，健全学校旅游责任保险制度，并选取合肥市、西安市、苏州市率先进行研学旅行试点，取得了丰富的经验和成果。2014 年 8 月 21 日，国务院印发的《关于促进旅游业改革发展的若干意见》中首次明确：将研学旅行、夏令营、冬令营等作为青少年爱国主义和革命传统教育、国情教育的重要载体，纳入中小学生日常德育、美育、体育教育范畴，增进学生对自然和社会的认识，培养其社会责任感和实践能力。2016 年 11 月，教育部等 11 个部门印发了《关于推进中小学生研学旅行的意见》，对全国中小学研学旅行工作的推进提出明确要求，要求将研学旅行纳入中小学教育教学计划，加强研学旅行基地建设，切实推动研学旅行健康、快速发展。2018 年，《教育部 2018 年工作要点》指出，研学旅行能帮助中小学生了解国情、热爱祖国、开阔眼界、增长知识，并提高其社会责任感、创新精神和实践能力。2019 年，内蒙古教育厅等 10 部门制定了《关于推进中小学生研学旅行工作的指导意见》，要求全区中小学原则上每学年安排 1~2 次研学旅行，并将研学旅行评价结果逐步纳入学生学分管理体系和学生综合素质评价体系。2020 年，教育部将“研学旅行管理与服务”列为《普通高等学校高等职业教育（专科）专业目录》。在政策的推动下，各种形式的课外实践游学活动、冬夏令营、境外游学活动逐渐走进人们的视野，全国各地的研学旅行也如火如荼地发展起来。各地均建立了研学旅行活动基地，组织培训、研讨，如西安、合肥、武汉等地均举办了全国及本地区的研学旅行论坛和研讨会。一些省市的旅游、文物、物价等部门积极支持工作，许多家长也成为研学旅行的志愿者，有的地区还将研学旅行纳入综合素质评价，制定了包括研学旅行在内的操行量表。各地运用社会力量，通过购买优质服务，同旅行社合作建设基地等方式，积极为研学旅行的发展创造条件。

（二）研学旅游的内涵与特征

1. 研学旅游的内涵

2014 年 4 月 19 日，国家教育部基础教育一司司长王定华在第十二届全国基础教育学校论坛上发表了题为“我国基础教育新形势与蒲公英行动计划”的主题演讲。在会上，他首先提出了研学旅行的定义：学生集体参加有组织、有计划、有目的的校外参观体验实践活动。研学以年级为单位，以班为单位进行集体活动，同学们在老师或者辅导员的带领下，确定主题，以课程为目标，以动手做、做中学的形式，共同体验，分组活动，相互研讨，书写研学日志，形成研学总结报告。

研学旅游有广义和狭义之分。广义的研学旅游，泛指所有涵盖满足求知欲的旅游资源，离开现居地，踏上异地寻求知识的旅途。狭义的研学旅游，即为研学旅行，是指由学校根据区域特色、学生年龄特点和各学科教学内容需要，组织学生通过集体旅行、集中食宿的方式走出校园，在与平常不同的生活中拓宽视野、丰富知识，加深与自然和文化的亲近感，增加对集体生活方式和社会公共道德的体验，培养自理能力、创新精神和实践能力的综合实践课程。研学旅游重在研究和学习两方面，旅行仅是一种手段，研学旅游重点在于设计制定内容适宜的研学课程，由具备专业资格素养的老师，带领研学者前往特定地点，按照相关研学课程，参加实践学习。

2. 研学旅游的特征

研学旅游作为学校基础教育课程体系中的有机组成部分，承载着基础教育阶段素质教育的重任，因而具有与传统修学旅行不同的特点，主要体现在以下几个方面。

（1）普及性。以往的修学旅行都是部分学生参与，而研学旅行面向全体中小学生，以班为单位，或以年级为单位，乃至以学校为单位进行集体活动，学校必须创造条件，让每一个学生都能享有参与研学旅行的机会。

（2）课程性。研学旅行是根据教育行政部门的规定在中小学实施的综合实践活动课程。学校必须根据学生不同年龄特点、不同地区、不同学段素质教育的需求，制订学校、学段、学期实施性课程计划，要有具体的课程目标、课程安排和课程评价，避免将研学旅行变为盲目的“放羊”式旅游活动。

（3）教育性。对学生进行素质教育是开展研学旅行活动的宗旨，因此研学旅行要遵循教育规律，注重知识性、科学性和趣味性，注重人文素养的培育，突出活动的教育目的和学生成长指向，特别要重视旅行过程中的良好习惯的养成，培养学生成为一名文明游客。通过研学旅行，学生不仅能收获知识和快乐，还能提高人文素养。

（4）体验性。研学旅行是让学生走出教室，走向自然，走向社会，让学生在亲力亲为的实践和体验中增长知识，实现人文素养的内化。因此，要对研学旅行活动精心设计和安排，让学生有动脑、动手和表达的机会，引导学生一起活动，共同体验，相互研讨，在过程参与和旅行体验中去拓宽视野、了解社会、亲近自然，培养团队合作能力和社会实践能力。

（5）公益性。现阶段我国中小学教育都属于国家承担主要费用的公共事业，研学旅行是学校开展的教育活动，是素质教育的一个重要环节。因此，活动具有公益性质。如果研学旅行所需费用由学生个人承担的，也只能适当收取成本费，随同老师费用由学校承担。学校不能开展以营利为目的的经营性创收，对特困家庭的学生要减免费用。既然是公益活动，政府行政部门就要统筹协调，划拨开展研学旅行的专款，尽量减轻学生的旅行经济负担。同时，要制定针对研学旅行的景点门票、经营税收有关优惠政策，奖励与推动旅游企业对研学旅行市场进行开发，促进研学旅行的可持续发展。

此外，国家教育部基础教育一司司长王定华针对研学旅行的特点提出了“两不算，两才算”。（1）校外。课后的一些兴趣小组、俱乐部的活动，棋艺比赛、校园文化，不符合研学旅行的范畴。（2）有意组织。有目的、有意识的，作用于学生身心变化的教育活动，如果周末三三两两出去转一圈，那不叫研学旅行。（3）集体活动。以年级为单位，以班为单位，乃至以学校为单位进行集体活动，同学们在老师或者辅导员的带领下一起活动、一起动手，共同体验相互研讨，这才是研学旅行。如果孩子跟着家长到异地转一圈，那也只是旅游。（4）亲身体验。学生必须有体验，而不仅是看一看、转一转，要有动手的机会、动脑的机会、动口的机会、表达的机会，在一定情况下，应该有对抗演练、逃生演练，应该出点力、流点汗，乃至经风雨、见世面。

（三）发展研学旅游的意义

对国家而言，发展研学旅游是贯彻《国家中长期教育改革规划和发展纲要》的行动，是践行社会主义核心价值观的重要载体。研学旅游帮助学生了解国情地情、乡土乡情，激发学生对党、对国家、对人民的热爱。从旅游业的角度讲，是拓展旅游发展空间，培育旅游新业态，促进旅游产业提质增效的有效途径。研学旅游更加关注目的地的文化旅游资源，是一种满足自我提升需求的高层次文化旅游。从学校层面来看，通过集体旅行、集中食宿方式开展的研究性学习和旅行体验相结合的校外教育活动，能够创新人才培养模式，引导学生主动适应社会，促进书本知识和生活经验的深度融合，是深化基础教育课程改革的重要途径，是推进实施素质教育的重要阵地，是学校教育与校外教育相结合的重要组成部分。对于学生来说，研学旅游有利于开阔眼界、增长知识，提高社会责任感、创新精神和实践能力，有利于满足其日益增长的旅游需求，从小培养文明旅游意识，养成文明旅游行为习惯。

二、鄂尔多斯市研学旅游发展的现状

（一）以全域旅游为契机，激发研学旅游产品开发

2017 年，鄂尔多斯市成立以市委书记任组长、市长任第一副组长的创

建国家全域旅游示范区工作领导小组，印发创建国家全域旅游示范区实施意见及年度工作任务，明确提出“打造和培育一批研学旅游示范基地”工作目标，先后出台《鄂尔多斯市全域旅游发展总体规划（2017—2025年）》和《鄂尔多斯市支持促进全域旅游发展若干政策措施》，对“旅游+”融合发展项目，按照项目创新性、市场影响力和示范带动力等择优进行奖补，单个奖补不超过100万元，极大激发了景区、旅行社等市场主体的积极性，开发出不同主题、不同时间段、不同特色的系列研学产品。针对暑期旅游市场特点，鄂尔多斯市于2019年7月组织举办了研学旅游市场治理专题培训班，加大研学旅游市场监督检查，全面提升研学旅游市场供给质量。

（二）依据区域资源特色，初步建成一批研学旅游基地

根据创建国家全域旅游示范区要求及文化旅游市场需求，鄂尔多斯市依托丰富的地质地貌资源以及青铜文化、河套文化、革命历史文化等历史文化资源，积极开展主题场馆类、人文主题类、自然资源类、主题公园类、营地类等研学旅游项目。截至目前，鄂尔多斯市已形成研学基地18个，鄂尔多斯少年宫、鄂尔多斯赛车小镇、鄂尔多斯草原丝路文化景区——康镇、恩格贝生态旅游区5个基地为营地级建设，其中恩格贝生态旅游区为全区爱国主义教育基地、内蒙古防沙治沙协会荒漠化培训中心基地、中国中亚友好协会活动基地、自治区关心下一代教育活动基地。

（三）根据市场主体需求，优化设计一批研学精品线路

鄂尔多斯市出台的《鄂尔多斯市全域旅游发展总体规划（2017—2025年）》明确提出：制定鄂尔多斯市红色旅游线路专项规划，专门规划设计研学旅游线路。按照研学市场需求、研学旅游年龄构成、身份差异、研学目的等因素，细分了研学旅游资源，初步形成“爱我鄂尔多斯·感悟圣地智慧”康巴什研学旅游、鄂托克前旗红色研学旅游等一批研学旅游精品线路，并加大线上线下推广力度，完善配套设施设备，研学旅游市场已具有一定影响力，特别是爱国主义教育（革命传统教育）——“红色旅游专线”、沙漠生态教育（沿黄河文化教育）——“穿越黄河与库布其线路”、工业文明教育——“工业之旅线路”及“史前探秘”“草原风情”研学旅游专线已形成一定市场规模。

（四）加强研学课程建设，有针对性地进行教育培训

2019 年 5 月，自治区教育厅等 10 部门出台的《内蒙古自治区关于推进中小学生研学旅行工作的指导意见》（内教办字〔2019〕96 号），明确要求加强研学旅行课程建设。鄂尔多斯市根据小学、初中、高中、大学不同学段特点，着力加强研学旅行专业教师培训，将研学旅行纳入教育教学计划，有针对性地开发优质研学旅行课程，促进研学旅行深入开展。

三、鄂尔多斯市研学旅游需求调查与分析

（一）调研情况简介

笔者于 2019 年 3 月 5—8 日，在东胜区东联中学和康巴什第三小学投放了 160 份调查问卷，回收了 156 份，其中无效问卷 24 份，有效回收率为 84.62%。调查问卷涉及两部分：第一部分是通过问卷调查获得受访者的基本信息以及研学旅游出行基本情况。第二部分是针对被调查者研学旅游意向地、研学旅游出行目的以及制约研学旅游的因素等方面做了调查。

（二）调研结果分析

运用 SPSSAU 软件，对调查结果进行了频数分析、描述性分析和信效度检验，以下是对数据的具体分析过程。

1. 频数分析

频数分析主要研究被调查者的个人基本信息和研学旅游开展情况。通过频数分析，可以了解到鄂尔多斯中小学生研学旅游开展的现状。

（1）对被调查者个人基本情况的频数分析。132 个样本中，男女生占比约为 4∶6，女生略多于男生。小学生、初中生、高中生各约占三成，样本采集年级分布均匀。从家庭月收入来看，月收入 5000~10000 元家庭占比最高，为 50%，说明被调查者大多为中等收入家庭，30% 左右被调查者家庭月收入低于 5000 元（见表 15–1）。

表15-1　被调查者个人基本情况频数分析

频数分析结果			
名称	选项	频数	占比（%）
您的性别	男生	54	40.91
	女生	78	59.09
您的年级	小学	41	31.06
	初中	44	33.33
	高中	47	35.61
您家庭月收入	3000元以下	14	10.60
	3000~5000元	26	19.70
	5000~10000元	66	50.00
	10000元以上	26	19.70

（2）对研学旅游基本情况的频数分析。在出行时间上，大多数被调查者倾向于寒暑假期 3~5 天的研学旅游，这主要是因为中学生面临中考和高考的备考压力，在学期内，学生的精力更多投入在学习上。小学生虽没有备考压力，但各类补习班和兴趣班挤占了很多休息时间。寒暑假期则是一个时间较长的休息过程，3~5 天的短期旅行能够丰富学生们的假期生活。在出行频率上，约 6 成被调查者选择“1~2 次”，这是因为研学旅游在鄂尔多斯市起步较晚，公众对研学旅游的了解和认知不高。在出行距离上，被调查者更倾向于省外游。进一步走访发现，选择省内研学旅游的大多是小学生，省外和境外研学旅游主力军则是高中生。这主要是因为小学生年龄小，辨别危险能力差，家长和校方出于安全的考虑，会选择距离较近的地区作为研学旅游目的地；中学生则是因为有升学或者留学的需要，倾向选择省外和境外的高校进行研学旅游（见表 15-2）。

表15-2 研学旅游基本情况频数分析

频数分析结果			
名称	选项	频数	占比（%）
您倾向于研学出行几天	3天内	19	14.39
	3~5天	55	41.67
	5~7天	40	30.30
	7天以上	18	13.64
您研学旅游频率大概是	0次	9	6.82
	1~2次	79	59.85
	3~5次	40	30.30
	5次以上	4	3.03
您愿意在下列哪个时间段参与研学活动	周末	22	16.67
	寒假	29	21.97
	暑假	56	42.42
	法定节假日	25	18.94
您倾向于哪种研学旅游	省内研学旅游	34	25.76
	省外研学旅游	70	53.03
	境外研学旅游	28	21.21

2. 描述性分析

描述性分析主要用于定量数据的整体情况分析。通过描述性分析，可以了解鄂尔多斯中小学生“研学旅游意向地调查”“研学旅游目的调查”与“制约研学旅游的影响因素”等问题的相关情况。

（1）对研学旅游意向地调查的描述性分析。将研学旅游意向地区域选择的样本答案录入 SPSSAU 中，结果如表 15-3 所示。

表15-3　研学旅游意向地调查的描述性分析

描述分析结果——基础指标						
名称	样本量	最小值	最大值	平均值	标准差	中位数
现代都市区	132	0	1	0.205	0.405	0
人文古迹区	132	0	1	0.538	0.500	1
娱乐活动区	132	0	1	0.227	0.421	0
民俗文化区	132	0	1	0.545	0.500	1
高校科研区	132	0	1	0.576	0.496	1
自然风景区	132	0	1	0.447	0.499	0

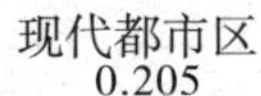

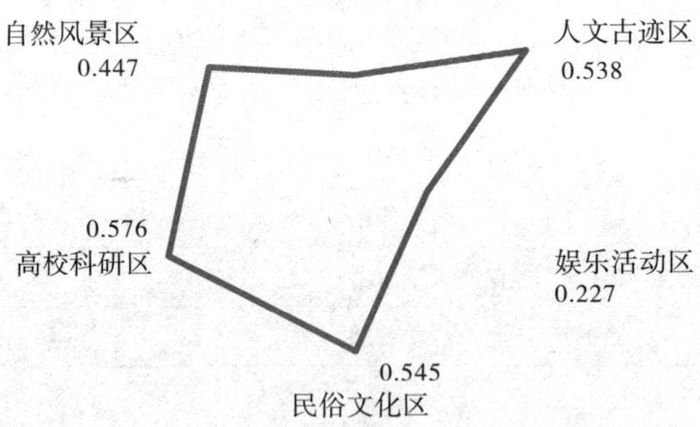

图15-1　研学旅游意向地调查的平均值对比雷达图

由图 15-1 可知，“高校科研区”均值为 0.576，分值最高，其次是“民俗文化区”和“人文古迹区”，均值分别为 0.545 和 0.538，“现代都市区”和“娱乐活动区”的均值较低。这充分体现了研学旅游探索和求知的活动本质。

（2）对研学旅游目的调查的描述性分析。将样本“研学旅游目的”的答案录入 SPSSAU，分析结果如表 15-4 所示。

表15-4 研究旅游目的调查的描述性分析

描述分析结果——基础指标						
名称	样本量	最小值	最大值	平均值	标准差	中位数
可以体验民俗风情	132	1	5	4.311	0.901	5
可以提高人际交往能力	132	1	5	4.091	0.833	4
能够培养团队合作精神	132	1	5	4.114	0.871	4
能够锻炼自理能力	132	1	5	4.227	0.825	4
可以亲近自然	132	1	5	4.250	0.823	4
缓解学习压力，放松心情	132	1	5	4.038	0.725	4
了解人文历史	132	1	5	4.220	0.794	4
丰富自己的阅历	132	1	5	4.098	0.799	4
体验不同的生活方式	132	1	5	4.295	0.826	4
可以丰富知识	132	1	5	4.470	0.786	5

由表 15–4 可知，被调查者对于研学旅游出行目的的选择因人而异，丰富多样，各项因素之间均值差距小。其中，平均值最高的三项分别是“丰富知识”“体验民俗风情”以及“体验不同的生活方式”，与前文研学旅游意向地分析结果相契合。表中十项因素也可以划分为三类研学旅游目的：求知探索类、提升能力类以及放松心情类。因此，在制定研学产品、规划研学课程时应开发设计指向性明确的产品，提升研学旅游产品的吸引力。

（3）对制约研学旅游影响因素的描述性分析。将样本“制约研学旅游影响因素”的答案录入 SPSSAU，得出结果如表 15–5 所示。

表15-5 制约研学旅游影响因素的描述性分析

描述分析结果——基础指标						
名称	样本量	最小值	最大值	平均值	标准差	中位数
研学旅游的费用高昂	132	1	5	2.886	1.144	3
认为研学旅游是浪费时间	132	1	5	2.144	1.140	2
认为研学旅游不够安全	132	1	5	3.061	0.897	3

描述分析结果——基础指标						
名称	样本量	最小值	最大值	平均值	标准差	中位数
认为研学旅游课程设置有问题	132	1	5	2.598	0.932	2
认为研学旅游耽误学习	132	1	5	2.045	1.025	2

由表 15-5 可知，安全、费用及课程设置是制约研学旅游发展的主要因素。一是研学旅游安全问题是学校和家庭最为关注的问题。研学旅游出行人数众多，在食、住、行、游、购、娱的每个环节都有可能出现意外和突发状况。二是从前文鄂尔多斯市中小学生家庭月收入调查结果来看，多数家庭属于中等收入家庭，因此较高的研学费用成为制约研学旅游的重要因素之一。三是课程设置是研学旅游最核心的问题，大部分研学产品内容设置“一刀切”，不够灵活多样，并未针对学生的学龄特点、学科内容特点加以区别。

（4）对研学旅游认知渠道的描述性分析。将样本关于“了解研学旅游的渠道”的答案录入 SPSSAU，结果如表 15-6 所示。

表15-6　研学旅游认知渠道的描述性分析

描述分析结果——基础指标						
名称	样本量	最小值	最大值	平均值	标准差	中位数
学校组织	132	0	1	0.712	0.454	1
旅行社宣传	132	0	1	0.242	0.430	0
同学介绍	132	0	1	0.258	0.439	0
父母报名参加	132	0	1	0.159	0.367	0
研学节目	132	0	1	0.083	0.277	0
其他	132	0	1	0.106	0.309	0

由表 15-6 的平均值可知，被调查者了解研学旅游的渠道主要来自学校，其他认知渠道作用都不明显，这是因为学校是研学旅游的主要组织者。因此，在研学旅游的宣传推广上应重点把握学校，同时也应注意从其他渠道普及推广研学旅游。

3. 信度和效度检验

（1）信度检验。信度分析用于测量样本回答结果是否可靠，即样本有没有真实作答量表类题项。信度分析仅针对定量数据，克隆巴赫信度系数（Cronbach α 系数值，下同）如果在 0.8 以上，则该测验或量表的信度非常好；信度系数在 0.7 以上都是可以接受的；如果在 0.6 以上，则该量表应进行修订，但仍不失其价值；如果低于 0.6，量表就需要重新设计题项。

在 SPSSAU 系统中录入“中小学生研学旅游目的”这项矩阵量题的样本答案后，得出信度检验结果如表 15–7 所示。

表15–7　研学旅游目的调查的量表信度检验

Cronbach信度分析			
题项	校正项总计相关性（CITC）	项已删除的 α 系数	Cronbach α 系数
可以体验民俗风情	0.594	0.881	0.889
可以提高人际交往能力	0.667	0.875	
能够培养团队合作精神	0.643	0.877	
能够锻炼自理能力	0.652	0.876	
可以亲近自然	0.597	0.880	
缓解学习压力，放松心情	0.647	0.877	
了解人文历史	0.528	0.885	
丰富自己的阅历	0.622	0.879	
体验不同的生活方式	0.682	0.874	
可以丰富知识	0.635	0.878	

从表 15–7 可知：信度系数值为 0.889，大于 0.8，说明研究数据信度质量比较高。针对“项已删除的 α 系数”，分析项被删除后的信度系数值并没有明显的提升，说明题项应该全部保留，并且可用于进一步分析。

在 SPSSAU 系统中录入“制约研学旅游的影响因素”矩阵量题的样本答案后，得出信度检验结果如表 15–8 所示。

表15–8　制约研学旅游的影响因素的量表信度检验

Cronbach信度分析			
题项	校正项总计相关性（CITC）	项已删除的α系数	Cronbach α系数
研学旅游的费用高昂	0.471	0.864	0.843
认为研学是浪费时间	0.799	0.766	
认为研学旅游不够安全	0.581	0.829	
认为研学旅游课程设置有问题	0.731	0.793	
认为研学旅游耽误学习	0.708	0.795	

由表 15–8 可知：Cronbach α 系数为 0.843，大于 0.8，说明研究数据信度质量比较高。针对“项已删除的 α 系数”，分析项被删除后的信度系数值并没有明显的提升，说明题项应该全部保留，并且可用于进一步分析。

（2）效度检验。效度研究用于分析研究项是否合理有效，分别通过 KMO 值、共同度、方差解释率值、因子载荷系数值等指标进行综合分析，以验证出数据的效度水平情况。KMO 值用于判断是否有效度，共同度值用于排除不合理研究项，方差解释率值用于说明信息提取水平，因子载荷系数用于衡量因子（维度）和题项对应关系。

针对“研学旅游目的”进行检验，将问卷数据录入 SPSSAU，检验结果如表 15–9 所示。

表15–9　研学旅游目的调查的效度检验

效度分析结果		
题项	因子载荷系数	共同度
	因子	
可以体验民俗风情	0.679	0.462
可以提高人际交往能力	0.735	0.540
能够培养团队合作精神	0.723	0.523

效度分析结果		
题项	因子载荷系数	共同度
	因子	
能够锻炼自理能力	0.732	0.536
可以亲近自然	0.684	0.468
缓解学习压力，放松心情	0.729	0.532
了解人文历史	0.609	0.471
丰富自己的阅历	0.705	0.497
体验不同的生活方式	0.757	0.573
可以丰富知识	0.710	0.504
特征根值（旋转前）	5.005	—
方差解释率%（旋转前）	50.052%	—
累积方差解释率%（旋转前）	50.052%	—
特征根值（旋转后）	5.005	—
方差解释率%（旋转后）	50.052%	—
累积方差解释率%（旋转后）	50.052%	—
KMO值	0.889	—
巴特球形值	538.822	—
df	45	—
p值	0	—

由表 15–9 可知，所有研究项对应的共同度值均高于 0.4，说明研究项信息可以被有效地提取。另外，KMO 值为 0.889，大于 0.6，意味着所研究数据具有效度。因子的方差解释率值是 50.052%>50%，意味着研究项的信息量可以有效地提取出来。

针对“制约研学旅游影响因素”进行检验，将问卷数据录入 SPSSAU，检验结果如表 15–10 所示。

表15-10 制约研学旅游影响因素的效度分析

效度分析结果		
题项	因子载荷系数	共同度
	因子	
研学旅游的费用高昂	0.621	0.485
认为研学旅游是浪费时间	0.896	0.802
认为研学旅游不够安全	0.739	0.547
认为研学旅游课程设置有问题	0.839	0.704
认为研学旅游耽误学习	0.835	0.697
特征根值（旋转前）	3.134	—
方差解释率%（旋转前）	62.689%	—
累积方差解释率%（旋转前）	62.689%	—
特征根值（旋转后）	3.134	—
方差解释率%（旋转后）	62.689%	—
累积方差解释率%（旋转后）	62.689%	—
KMO值	0.808	—
巴特球形值	298.592	—
df	10	—
p值	0	—

由表 15-10 可知：所有研究项对应的共同度值均高于 0.4，说明研究项信息可以被有效地提取。另外，KMO 值为 0.808，大于 0.6，意味着所研究数据具有效度。因子的方差解释率值是 62.689%>50%，意味着研究项的信息量可以有效地提取出来。

四、鄂尔多斯市研学旅游发展的问题

（一）标准建设滞后，部门联动缺乏

第一，规划、制度和标准建设相对滞后。鄂尔多斯市尚未出台《研学旅游专项规划》，推动研学旅游发展的政策与措施大多嵌入在旅游业发展

规划中，研学旅游缺乏统一规划和统筹布局。未结合地区实际出台《研学旅游基地（营地）评定与服务规范》《研学旅游服务机构评定与服务规范》《研学导师评定与服务规范》等行业标准，导致研学旅游市场虽热度高，但规范化程度低，市场秩序较为混乱。未制定《鄂尔多斯市推进中小学研学旅行工作实施方案》，研学旅游在工作推进机制、经费保障、出行保障、课程体系建设等方面缺乏纲领性指导文件。

第二，研学旅游是一个系统工程，需要各部门协同合作，分工负责，创新机制体制，资源共享。但目前，鄂尔多斯市尚未建立起一套完善的部门协调机制来统筹各单位分工，教育、公安、交通运输、财政、文旅等部门之间的有效联系与合作较少，也没有组建或明确研学职能部门。另外，研学旅游协会的缺失，也导致行业自律和维权体系的不完善。

（二）主题目标模糊，产品质量不高

研学旅游产品是为实现中小学生研学教育目标而设计的以探究式学习和综合实践体验为主要内容的旅游产品和服务。它具有知识教育性、梯度层次性、地域特殊性和开放灵活性等特点，必须针对不同需求者不断调整产品设计。研学旅游本质上是一种校外教育活动，因此，研学产品从根本应该是一种结合旅游体验性属性的“教育+”产品，而不是“旅游+”产品。旅游只是实现教育目的的载体和形式。

由于市场主体对研学旅游本质和内涵的把握存在误解和偏差，导致鄂尔多斯市研学产品的开发设计存在很多问题。目前最大的问题是产品设计缺乏统筹规划，同质化严重。当前的研学产品往往都是在传统旅游产品的基础上添加一些教育元素，将研学行程与校内课程进行表面上的结合，而不能从本质上做到两者的有机融合。很多机构把研学游等同于夏令营、冬令营、名校“打卡游”，对研学线路中的课程细节缺乏细致安排。有些研学项目甚至照搬户外亲子节目的流程和内容设置，或者将成人旅游项目改头换面冠上“研学”的名头直接推出，真正的研究式学习体验环节很少，产品同质化严重，并没有体现研学旅游的教育本质。

鄂尔多斯市研学产品开发设计的另一个问题是缺少对实际情形的具体考虑。一个完整的研学产品包括前期、中期和后期各个环节的准备。目前很多研学产品对参与主体的需求和动机研究不足，没有考虑到中小学生不同学段的知识储备不同，对研学内容的感知体验也会不同的问题，而是采取了同样的设计，缺乏差异性和互动性，难以满足不同群体的研学需求。

（三）资源挖掘不够，基地建设滞后

鄂尔多斯市是游牧文明与农耕文明交融荟萃之地，是内蒙古历史文化旅游资源和自然生态旅游资源最为富集的地区之一，在传统文化、红色文化、山水文化、民俗文化等方面有着很深的积淀，具备打造全国知名中小学生研学旅游基地的独特优势。但就目前鄂尔多斯市研学基地的建设情况来说，还存在诸多问题。第一，研学基地数量不足。截至 2019 年年底，全市挂牌的研学旅游基地不足 20 个，无法满足当地中小学生开展研学旅游的需要，距离打造“全国研学旅游示范基地”的目标差距很大。第二，制度和标准建设相对滞后。尚未结合地区实际出台《研学旅游基地（营地）设施和服务规范》《研学旅游基地（营地）和承办企业（机构）准入管理办法》等地方标准，也未制定研学旅游基地建设和经费保障等制度，导致基地的可持续发展受限。第三，基地内部建设问题突出，主要表现在以下几个方面:（1）课程体系不健全。在研学旅游基地的建设过程中，课程体系建设是重中之重，没有完整有效的课程，学生们很难从研学旅游中真正学习到东西，达到研学旅游的目的。但目前鄂尔多斯市绝大多数研学旅游基地没有建立系统的课程体系。（2）设备设施不完善。设备设施是学生安全以及学习效果的重要保障。但是有些研学旅游基地的设备设施很“将就”，缺少维修和护理，存在一定卫生和安全隐患。（3）运营管理不规范。研学基地建设投入资金较多，有些基地投资商为了快速回收成本，在学生研学活动中设置各种不合规范的收费。

（四）专业人才紧缺，素质参差不齐

研学活动的顺利开展需要大量懂教育规律和旅游经济的复合型人才。研学导师就是其中需求最大、要求最高的专业人才。而鄂尔多斯市研学旅游发展的现实情况却是从业人员的数量和质量都难以满足市场需求。

一方面，学校教师尚未完成从校内教学到校外研学的角色转变，难以承担研学过程中的导师职能。而如果教师缺乏相应的培训和经验，就很难

在校外环境中正常发挥作用。研学课程目标更加多元化，学科内容综合性强，实践性操作多，评价机制也不同于校内教学，没有经过足够的培训和实践的学科教师难以直接胜任。

另一方面，市场上的专业研学导师队伍数量有限，质量不高。按照国家有关规定，一个研学旅游团队配一名研学导师是最低标准。研学导师负责制定或实施研学旅游教育工作计划，通过创设一定的研学情境，指导学生进行各类探究性学习和体验性活动。这是一个综合性、全能型的专业角色，是研学活动实施的“灵魂人物”。但是为了应对这种需求，一些研学企业采取寻找业界知名人士充当招牌导师或者将普通导游稍加培训包装成研学导师的变通做法，实际上是违背导师角色设置初衷的。即便如此，人才缺口依然很大。另外，现阶段对研学导师的任职资格、能力水平还没有统一的标准要求或资格考核，从业人员素质参差不齐，直接影响到研学产品设计和研学活动质量。

（五）监督管理欠缺，评价机制缺失

目前，国家层面、自治区层面及鄂尔多斯市层面出台的一系列政策措施大多数是推动研学旅行的宏观性规定，涉及具体问题的规定较少，相关的监督管理及评估机制尚未建立。对学校而言，在没有明确的研学活动指导细则的情况下，或者不具备独立组织研学活动的条件时，最常用的解决办法就是交给旅行社或专业研学机构操作完成。学校这样做的缺点就是，在缺乏有效监管的情况下，相关的研学效果评估常常流于形式，既无法兼顾过程评价和结果评价，又无法科学衡量研学教育目标是否实现。学校这样做的原因有两个。一是因各个部门权责不明确造成学校左右为难，执行和推进力度不足。多部门联动协调机制不健全造成政策执行时标准不一、把握不准的混乱局面，影响推进效果。这也从侧面反映了政策的可操作性有待加强。二是中小学校观念尚未转变或实行条件有限导致推进研学不积极或研学形式化的问题。长期的“唯分数论”“唯升学率”的考核评价标准，难以迅速转变为积极执行研学要求的自我行动，主要采取外包形式完成任务。同时，由于地区发展不平衡，学校间或学生间存在经济能力差异，研学经费的筹措也在很大程度上影响了政策的执行效果，这一点从调

查问卷中得到了明确反馈。

五、鄂尔多斯市研学旅游发展的策略

一个新兴市场的健康发展，需要各个参与方的共同努力。市场竞争主体需要找准自身定位，提供符合市场需求的研学产品。作为市场活动监管方的政府有关部门要提供人才配套、政策配套、监管评价机制的配套服务。政府、企业、学校、家庭共同助力才能推动研学旅游市场做大做强，从而实现教育与旅游双赢的目标。

（一）加强顶层设计，实现协同发展

第一，强化顶层设计，聘请经验丰富、资质较高的规划机构编制《鄂尔多斯市研学旅游专项规划》，在市域范围内统筹推进研学旅游发展。

第二，围绕明确主管部门、机构准入、教师资格、教学内容等方面，制定相关的行业标准和管理细则，健全完善安全保障措施。根据研学旅游的特点制订详细的实施方案，从出行、食宿、活动等多方面设定标准，鼓励全市中小学校积极尝试开展研学实践活动。

第三，创新机制体制，建立包括教育、旅游、财政等在内的多部门协调机制，实现分工合作、资源共享。组建研学职能部门，专门负责研学旅游项目的行政管理、统筹协调、监督评价、保障服务等工作。在鄂尔多斯旅游协会下建立研学旅游分会，充分发挥行业协会的协调与监督作用。

（二）提升产品质量，实现游学相长

研学旅游产品是由多种要素构成的一个综合体。它要有完善的研学课程设计，有明确的研学线路，有配套的研学导师，有食宿、交通、安保等齐全的保障体系。这些因素相辅相成，缺一不可，其中的根本就是科学合理的高品质研学课程。第一，要明确课程设计的目标体系。要综合考虑学生的年龄特点和学段特点，结合鄂尔多斯市研学旅游资源特色，在融入课程规划的基础上确定研学课程的总目标和分目标。第二，选择合适的研学旅游课程资源。根据小学、初中、高中不同主体的兴趣爱好和接受能力对研学课程进行精细化区分设计，小学生以体验为主，初中生以价值观养成为主，高中生以实践为主；合理分配研学的游与学时间，结合社会热点知

识与科学文化知识，以活动形式教学，提高研学的趣味性与吸引力，真正做到做中学、学中做。第三，要真正发挥研学导师的作用。研学导师是研学活动开展过程中掌握节奏、控制局面的专业人员。只有他们从制定活动方案开始就亲自参与，深度介入研学课程设计和各个环节的实操体验，才能从源头上避免课程设计跑偏，确保研学活动目标的实现。

（三）加快基地建设，实现高效供给

研学旅游必须依托活动基地才能开展。2014 年，国务院 31 号文件《关于促进旅游业改革发展的若干意见》提出：支持各地依托自然和文化遗产资源、大型公共设施、知名院校、工矿企业、科研机构，建设一批研学旅游基地，逐步完善接待体系。研学旅游基地要利用自身的特色资源，根据不同学段和地区学生的素质教育需要，创设研学活动的情景，让学生动起来。就鄂尔多斯市而言，一是要对市域内研学旅游资源进行全面、系统、深入的普查、整合，深入挖掘资源的内涵和精髓，在此基础上，教育和文化旅游主管部门要规划建设一批研学旅游基地，为研学旅游免费提供教育实践课程服务，从而体现研学旅游公益性的特点；鼓励民营资本参与，建设一批高规格、专业化的研学旅游基地。二是要从产品开发、设施保障、管理运营、市场营销等方面，加强现有研学基地的持续建设和提升改造，努力打造“全国研学旅游示范基地”。

（四）加快人才培养，实现职业认证

在研学旅游活动中，研学导师的作用至关重要。他们一方面在前期参与产品研发，另一方面在整个研学过程中要依规保证工作足量足质完成，还要事后总结反馈以便进行改进。在当前人才紧缺的情况下，鄂尔多斯市可以从两个方面推动研学导师及相关人才的培养。

一方面，大力培养造就相关专业人才。一是给学校教师更多政策及培训支持，便于他们参与研学并提升研学教育质量。二是与高校合作，培养具备从事研学旅游方案的开发、设计和执行的理论知识和操作能力的毕业生。

另一方面，加强研学导师的培训认证工作。虽然目前国家还没有出台统一的研学导师标准，但部分城市走在前面推出了地方性标准，一些研学社团联盟也推出了团体标准。鄂尔多斯市可以和研学社团联盟合作，从团体标准做起，开展相关的认证培训工作。

（五）推进机制建设，实现良性发展

一是完善研学产品质量评估反馈机制。研学旅游活动的核心是研学产品，而研学产品的核心是研学课程。因此，研学效果评估机制就是围绕研学旅游课程效果而建立的。通过细化研学课程目标，分解研学课程阶段，推动课前、课中与课后评估，确保不同阶段的问题都能够得到有效反馈和解决。这个评估机制应吸纳研学活动各参与方的反馈意见。

二是完善研学旅游全过程监督指导机制。研学旅游活动的实施周期比较长，除了对研学课程质量进行重点评估反馈外，还要对研学旅游的全过程形成监督指导机制，即确保各个参与方都能够有合理的渠道和方式对研学旅游活动进行监督。要实现这一目标，就需要建立健全各项规章制度，形成能够全方位覆盖的系统的评价指标体系。在评估和监督机制形成的过程中，地方政府扮演着十分重要的角色，需要打破传统思维惯性，变管理为服务，变命令为参与，构建区域共同发展格局，同各方参与者共同建立和维护科学合理的评价及监督机制，推动研学旅游活动健康发展。

第十六章　鄂尔多斯市红色旅游发展研究

一、红色旅游概述

党的十九大提出，文化是一个国家、一个民族的灵魂。文化兴国运兴，文化强民族强。没有高度的文化自信，没有文化的繁荣兴盛，就没有中华民族伟大复兴。习近平同志指出，要把红色资源利用好、把红色传统发扬好、把红色基因传承好。红色文化是中国共产党领导中国人民在争取民族独立、民族解放和实现现代化进程中形成的优秀文化，是思想的积淀，是文化的沉浸。

1993 年 11 月，国务院办公厅转发国家旅游局的文件《关于积极发展国内旅游业的意见》，首次从国家层面明确指出旅游业和文化事业应融合发展、共同进步。2004 年 12 月印发的《2004—2010 年全国红色旅游发展规划纲要》指出了发展红色旅游的总体思路以及总体措施，首次从国家层面倡导发展红色旅游，是红色旅游开发的转折点，具有里程碑式的意义。在《2011—2015 年全国红色旅游发展规划纲要》和《2016—2020 年全国红色旅游发展规划纲要》中均提及通过旅游与红色文化融合，丰富红色旅游产品，增强感染力、影响力，建设品质化的红色旅游产品。

在国家政策的支持下，红色旅游经过多年的发展，取得了令人瞩目的成果。全国参加红色旅游的人数由 2004 年的 1.4 亿人次增至 2018 年的 66 亿人次，就 2018 年来看，全国红色旅游游客数量达 66 亿人次，同比增长 7.13%，占国内旅游总人数的 11.92%，旅游收入达 4257.78 亿元，占国内旅游收入的 7.9%。总体来看，全国红色旅游发展速度较快，以井冈山、延安、嘉兴、遵义、信阳、枣庄等目的地最为火热，经济效益持续增长，影响面逐步扩大。

发展红色旅游对培养人民高度的文化自觉和文化自信，坚定社会主义道路、理论、制度的自信，具有政治引导作用。对促进地区经济增长，提升人民的生活水平，助力贫困地区人民脱贫致富，具有经济拉动作用。让更多人共享红色旅游发展成果，还可以加强对革命文物的修缮和保护，具有资源保护作用。同时，传承红色文化，开发红色旅游资源和打造红色旅游品牌，还具有红色文化品牌塑造作用。

二、鄂尔多斯市红色旅游发展现状

（一）总体形势

纵观鄂尔多斯历史，红色文化具有标志性与举足轻重的地位，中国共产党在鄂尔多斯书写的传奇革命事迹成为鄂尔多斯历史上的华丽篇章。鄂尔多斯市是内蒙古著名的红色革命老区，从20世纪20年代开始，中国共产党在这里开展革命活动，历经革命时期和社会主义时期，在鄂尔多斯留下了许多可歌可泣的英雄事迹、革命遗迹和社会主义建设成果。因此，作为中国共产党历史进程中的一块特殊的革命基地，鄂尔多斯市拥有数量庞大、类型多样、特色鲜明且文化内涵丰富的红色旅游资源。

近年来，鄂尔多斯市认真持续贯彻实施《2016—2020年全国红色旅游发展规划纲要》和《鄂尔多斯市旅游业“十三五”规划（2016—2020）》，以十九大精神为指导，积极挖掘红色资源，不断开发红色旅游产品，弘扬鄂尔多斯特色红色文化精神，不断增强在内蒙古乃至全国红色旅游发展和爱国主义教育中的先导作用。

（二）主要进展

1. 红色旅游产品体系初步形成

鄂尔多斯市围绕红色文化保护传承，深挖红色资源，加快推进红色教育培训和红色文化旅游发展，初步形成了以鄂托克前旗“1+6”红色教育基地为核心，以桃力民革命抗日根据地、中共乌审旗旗委办公旧址、“独贵龙”运动纪念馆、鄂尔多斯革命历史博物馆等为节点的红色旅游产品体系。以城川民族学院为亮点的红色教育培训产品在内蒙古红色旅游发展中具有引领和示范作用。

2019年8月，内蒙古自治区发布十大红色旅游精品线路中，鄂尔多斯市城川民族学院旧址、三段地革命历史纪念馆、城川红色国际秘密交通站陈列馆等景点均位列其中。目前，鄂尔多斯市红色旅游年接待量已突破150万人次，红色旅游作为一个新兴业态正在鄂尔多斯市蓬勃发展。

2. 红色旅游脱贫效益逐步显现

鄂尔多斯市红色旅游发展火热，吸引了众多游客的关注。以鄂托克前旗城川干部学院为代表的旅游景区成了红色旅游的网红打卡地，吸引了众多游客前来。红色旅游活动带来的巨大流量，为地方经济增长提供了巨大动力。在红色旅游的拉动下，2019 年鄂托克前旗接待游客 125 万人次，实现旅游综合收入 38.51 亿元，分别较上年同期增长 16.7% 和 17.3%。一张红色名片将鄂托克前旗的红色资源变现，众多农民吃上了红色“旅游饭”。

发展红色旅游，一方面为当地居民提供了更多的就业机会，另一方面通过旅游消费促进民生，带动地方居民实现脱贫致富。苏坝海子模式是典型红色旅游扶贫代表。苏坝海子村以红色旅游为引领，在传统体验式教学的基础上，建成红色拓展训练基地，打造红色旅游精准扶贫片区，把农牧民和贫困户紧紧吸附在红色产业链上，通过合作社牵头、农牧民入股的方式，带动 3 户贫困户、58 户农牧民开办了“农（牧）家乐”、特色快餐点、旅游商店等，户均增收 2 万元以上，红色旅游有效带动了当地居民脱贫致富。同时，红色旅游产业链也向农牧区产业基地延伸，城川镇高标准、高质量打造了一批各具特色的研学实践户，辐射带动 1000 户农牧民从事红色旅游活动，当地老百姓正在生态秀美、产业富民、乡风文明的乡村振兴大道上阔步前进。

3. 红色文化教育功能日益彰显

近年来，鄂尔多斯市红色文化的教育功能日益彰显，主要表现在民族干部培训和青少年研学两方面。鄂尔多斯市城川民族干部学院围绕筑牢红色信仰、拓展文旅内涵，深入开展红色教育培训。重点在鄂托克前旗“1+6”红色教育基地等景区，实施了红色研学基地、教学培训点、拓展基地以及各类功能场馆建设工程；开发了一批独具特色的红色主题教育培训课程。城川民族干部学院挂牌命名“全国民族团结进步教育基地”“中央社会主义学院教学基地”等 18 个国家级、自治区级、市级培训教育基地，自 2017 年建成以来，累计举办培训班 62 期 375 班次，培训学员 4 万多人次，接待游客 10 万人次。

青少年教育是不容忽视的基础工程，只有引导青年大学生和中小学群体形成对革命历史的正确认识，才能坚定其对中国特色社会主义道路、理论、制度和文化的自信，形成完善的价值观和人生观。目前，鄂尔多斯市建成自治区级爱国主义教育基地 5 家，市级 9 家，旗区级 26 家，每年策划组织各类主题教育活动 500 多场，参观人数达 60 万人次。红色文化旅游活动丰富了青少年学生的校园生活，提升了他们的思想道德素养，为红色文化接班人的培育打下了坚实基础。

目前，鄂尔多斯市已构建起以城川为核心、鄂尔多斯辐射周边的红色研学、红色旅游发展格局。鄂托克前旗建设了红色教育培训中心、红色教育集训中心、人防应急疏散综合训练基地、红色教育拓展基地、民兵预备役训练基地和一批红色研学实践教学点，深入进行党史、军史和优良传统教育，将红色基因一代代地传承下去。鄂托克旗通过培植研学点和研学服务，在各个研学点之间成功探索出“资源共享”模式，形成了“研学＋旅游＋商贸”的链条式产业格局。与周边的陕西、甘肃、宁夏等红色旅游高地形成了资源互联共享的发展模式，红色品牌认知度不断提升，红色文化教育功能更加突出。

4. 红色旅游基础设施日益完善

鄂尔多斯市高度重视红色文物保护和红色景区建设工程，借助多方力量，推动修缮事业和基础设施改进。一方面全面加强红色旅游景区景点游客服务中心、旅游厕所等配套服务设施建设，另一方面将鄂托克前旗敖勒召其镇至乌审旗掌岗图村、鄂托克前旗城川镇至乌审旗通史嘎查的乡村小路扩建成为红色旅游专线，改善了通往城川民族干部学院等景区景点的交通条件。2019 年 7 月，鄂托克前旗通用机场正式通航，进一步增强了景区的通达性。

5. 红色旅游发展顶层设计日趋完善

近年来，鄂尔多斯市先后编制了《鄂尔多斯红色旅游线路规划》《鄂尔多斯红色旅游发展规划》《鄂尔多斯市红色旅游总体规划》《鄂托克前旗红色旅游总体规划》《大沙头生态文化旅游区红色旅游配套设施建设规划》等多项发展规划，为红色旅游的持续健康发展提供了顶层设计和规划指导，使红色旅游发展有章可循。同时，鄂尔多斯市还同周边省市建立旅游合作联盟，通过加强合作交流、互通有无，共同推进红色旅游形象的树立和红色旅游品牌的建立。

三、鄂尔多斯市红色旅游资源的特点

根据中共中央办公厅、国务院办公厅《2016—2020 年全国红色旅游发展规划纲要》对红色旅游资源的界定，对鄂尔多斯市红色旅游资源进行调查、分析、筛选，整理出鄂尔多斯市红色旅游资源 46 项，按照中华人民共和国国家标准《旅游资源分类、调查与评价国家标准》（GB/T 18972—2017），对有开发价值的红色旅游资源单体进行赋分评价。得分和等级情况如表 16–1 所示。

表16–1　鄂尔多斯市红色旅游资源概况

旗区	红色旅游资源名称	分值	等级
东胜区	鄂尔多斯革命历史博物馆	60	三级
	东胜烈士陵园	47	二级
康巴什区	鄂尔多斯博物馆	66	三级
	鄂尔多斯市委党校党史党建教育基地	40	一级
	日兴红色文化博物馆	60	三级
乌审旗	纳林河第一党组织旧址	32	一级
	1949年秋后中共乌审旗委办公旧址	49	二级
	巴图湾民兵检查站驻地旧址	33	一级
	大石砭庙旧址革命历史展览馆	32	一级
	牧区大寨乌审召展览馆	47	二级
	“独贵龙”运动内蒙古人民革命党活动遗址	55	二级
	城川干部学院红色培训教育基地（延安民族学院城川纪念馆）	85	四级
	王震井红色培训教育基地	50	二级
鄂托克前旗	三段地工委红色培训教育基地	60	三级
	马良诚顾寿山革命烈士红色培训教育基地	50	二级
	滴哨沟战场红色培训教育基地	47	二级

旗区	红色旅游资源名称	分值	等级
鄂托克前旗	国际共产主义战士阳早寒春红色培训教育基地	53	二级
	苏坝海子红色教育拓展基地	46	二级
	共产国际交通线红色培训教育基地	49	二级
	马占山抗日战场遗址	28	无
准格尔旗	准格尔旗革命历史纪念馆（新）	46	二级
	中共马栅区委革命活动展览馆	34	一级
	龙口镇李家大院日军机枪扫射痕迹	29	无
	沙圪堵革命烈士纪念碑	34	一级
	奇子俊纪念馆	49	一级
	中共葫芦头梁党小组活动遗址	30	一级
	中共魏家峁党总支部活动旧址	31	一级
	包子塔丹不勒纪念馆	27	无
	解放神山战斗遗址	26	无
伊金霍洛旗	成吉思汗陵旅游区	73	三级
	绥靖蒙政会旧址	31	一级
	新庙蒙古自治分会所在地	30	一级
	新庙毕鲁图香房院郡王旗第一个农会旧址	26	无
	伊金霍洛旗郡王府旧址	61	三级
	乌兰夫在伊金霍洛旗旧居	33	一级
鄂托克旗	桃力民抗日民主根据地遗址	63	三级
	桃力民爱国主义教育基地	66	三级
	木凯淖尔革命历史展览馆及革命烈士纪念碑	37	一级
	蒙西兵团知青博物馆	53	二级
杭锦旗	原北京军区内蒙古生产建设兵团二师二十团团部旧址	26	无
	原北京军区内蒙古生产建设兵团二师二十五团团部旧址	29	无
	七星湖旅游区（含知青战友博物馆）	67	三级
	原北京军区内蒙古生产建设兵团三师二十五团新华书店旧址	24	无
	原北京军区内蒙古杭锦旗生产建设兵团纪念馆	39	一级

旗区	红色旅游资源名称	分值	等级
达拉特旗	恩格贝生态旅区（黑赖沟抗日将士纪念碑、钱学森纪念馆）	65	三级
	万通生态旅游区红色亲子项目体验园	49	二级

从上表可以看出，鄂尔多斯市红色旅游资源具有如下特点。

（一）历史文化价值突出

鄂尔多斯是内蒙古自治区最早建立的革命根据地，是少数民族地区革命的萌芽区。从革命时期到社会主义建设时期，鄂尔多斯的红色旅游资源在民族团结方面发挥出独特的价值。抗日战争时期，鄂尔多斯是民族统一战线的先行区和民族区域自治的试验区；社会主义建设时期，鄂尔多斯树立了“牧区大寨”的典型，建设“穿沙公路”，为世界提供了治理荒漠的鄂尔多斯经验，是屯垦戍边的治沙典范区。这些宝贵的红色文化资源，具有鲜明的特色和历史文化价值，是鄂尔多斯红色旅游发展的根基。

（二）地域分布不均衡

鄂尔多斯市红色旅游资源的分布具有“大分散、小集中”的特点，鄂托克前旗、康巴什区、伊金霍洛旗及东胜区四个旗区红色资源较多，等级也相对较高，部分资源已进行了一定程度的开发，尤其是鄂托克前旗的红色旅游已形成一定规模，其他如鄂托克旗、杭锦旗、乌审旗等地的红色资源等级偏低，且数量较少，尚未形成规模，大部分处于未开发状态（见图 16–1）。

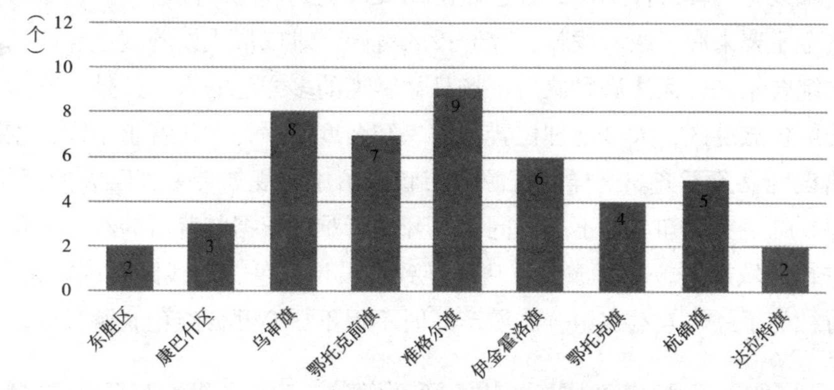

图16–1　鄂尔多斯市红色旅游资源各旗县分布统计

（三）整体质量偏低

鄂尔多斯市红色旅游资源的数量虽然较多，但资源的整体质量偏低。现有红色资源中，优良级旅游资源中，四级旅游资源仅有 1 个，三级旅游资源 10 个，占资源总量的 24%；普通级旅游资源中，二级旅游资源 13 个，一级旅游资源 14 个，无级别旅游资源 8 个，占资源总量的 76%，如图 16-2 所示①。同时，鄂尔多斯市目前尚无入选全国红色旅游精品线名录和全国红色旅游经典景区名录的红色旅游资源。

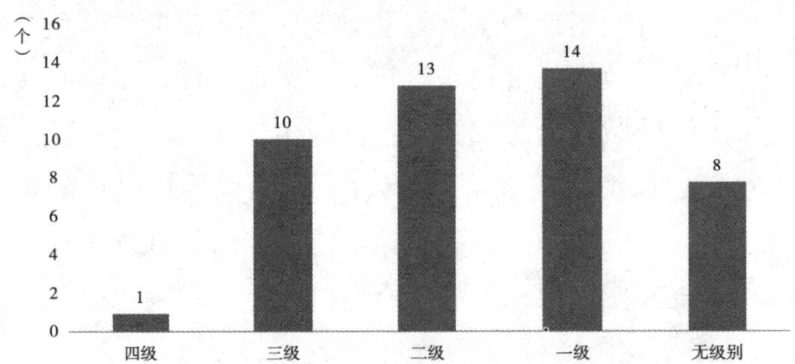

图16-2　鄂尔多斯市红色旅游资源的等级分布

四、鄂尔多斯市红色旅游的发展瓶颈

（一）公共服务供给不足，文化资源吸引力有限

鄂尔多斯市的红色文化资源大多位于边远穷困地区，交通的可进入性和基础设施配套条件不足，红色旅游的发展受到制约。同时，红色旅游开发资金主要来源于政府拨款，政府投入有限，难以形成设施健全、产品丰富的综合景区，无法满足旅游市场日益增加的多样化需求。此外，鄂尔多斯的红色旅游区，大多地理位置分散，知名度不一，文化背景不同，旅游供给设施良莠不齐。这样的资源分布状况给旅游规划带来了巨大的困难，考虑到红色文化知名度不一等问题，开发者难以根据其背后的红色文化价值进行区域规划、串联成线，从而导致在设计红色旅游线路时困难重重。旅行社为了经济效益在组合旅游产品时不得不摒弃部分红色旅游景区，出

① 五级、四级、三级旅游资源通称为“优良级旅游资源”，二级、一级旅游资源通称为“普通级旅游资源”。

现了红色景区发展两极化的现象，即地理位置好、知名度高的景区发展越来越好，而区位条件、知名度一般的景区则逐渐被边缘化。

（二）产品业态开发滞后，旅游体验深度不足

新时代、新需求迫切要求以“创新”为理念，大力推进红色旅游产品创新、服务创新、模式创新和体验创新。鄂尔多斯市红色旅游产品建设已初显成效，但是旅游产品的单一和同质化仍是束缚其红色旅游向优质化迈进的一大障碍，红色旅游产品大多还停留在观光层面，技术引用较少，文化挖掘深度不够，缺乏优质的旅游产品来支撑景区的发展。现有产品主要聚焦于纪念馆的参观学习，对于“互联网 +”的运用和体验型产品的打造比较欠缺。

（三）产业融合深度不足，旅游功能有待释放

“旅游 +”是一种创造价值，实现“1+1>2”的合作机制，而不是简单“1+1”的表面行动。多数红色旅游景区在打造“旅游 +”产品时，未能厘清深刻含义，实现本质的融合，仅仅停留在表面，打着旅游的空口号，进行走马观花的活动。“旅游 +”的功能未被完全发挥，与周围环境和人文氛围的适应度低，旅游功能释放不足。

（四）旅游宣传营销滞后，综合影响力亟待扩大

我国著名的红色旅游景区中，湘赣闽有井冈山、古田、八一南昌起义等知名景点，黔北黔西以遵义会议旧址、红军四渡赤水纪念馆等而闻名。而内蒙古地区在人们心中只能与草原旅游挂钩并且这种刻板印象已根深蒂固，因此，鄂尔多斯的红色旅游产品知名度远不及上述地区。近年来，鄂尔多斯市通过举办各项推介活动、节庆活动以及参加旅游博览会、举办文化论坛、座谈会、微信推广、创建新型旅游节日等方式开展推广营销，在一定程度上提升了知名度。但是，新型的自媒体传播、手机移动 App、直播软传、高铁营销、事件营销、名人效应等营销手段运用较少。流量巨大的新型推广方式未得到有效运用，导致红色旅游的影响力局限于自治区内城市和周边省份，对中西部地区的吸引力微乎其微。在携程与马蜂窝输入“红色旅游 + 国内知名红色旅游城市”以及“城川民族干部学院”进行检索，发现截至 2019 年 6 月，全国知名红色旅游景区的游客游记帖的数量统计如表 16–2 所示。

表16-2　我国知名红色旅游景区的游客游记数量

	井冈山	遵义	延安	西柏坡	瑞金	城川民族学院
携程	5	6	46	4	1	0
马蜂窝	18	79	76	38	44	0

资料来源：根据携程、马蜂窝游客发布游记整理。

五、鄂尔多斯市红色旅游的发展策略

文旅融合强调从文化旅游产品、旅游产品系统营销等方面着手来丰富红色旅游的文化内涵，以此推动文旅融合从被动向主动转变，使文旅融合产品更能代表红色文化，并达到创新红色文化传承的目的。

（一）增强旅游供给能力，提升旅游供给质量

鄂尔多斯市红色旅游发展必须从配套设施和人才保障入手，从供给端发力，实现供给侧结构性改革，提升供给品质，为需求端提供更加健全和完备的服务。一是完善“食、住、行、游、购、娱”六大要素，健全红色旅游配套体系，确保为游客提供全方位服务，增强可持续发展的基础动力。政府要起到牵头和统筹作用，引导社会资本投资基础设施建设，同时根据总体规划统筹安排，避免多建、乱建、少建。二是制定红色旅游人才发展规划，从政策、待遇等多方面给予支持，根据《鄂尔多斯市红色旅游发展规划（2019—2030年）》规划要求，建立鄂尔多斯市红色旅游人才库，加强培训、指导和素质考核，为红色旅游的发展匹配高素养和高水平人才。

（二）创建复合型旅游产品，增添旅游产品活力

旅游产品是鄂尔多斯市红色旅游亟须突破的一大难关。旅游产品的设计，一是要与市场贴合，要根据游客的需求进行调整，突出旅游产品的适用性、工艺性等特点。二是要挖掘文化内涵，打造具有红色文化寓意且能突出时代性、革命性、象征性的优质产品。三是要丰富旅游产品体系，建设多元文化旅游产品，打破旅游产品单一、同质的僵局。四是以讲好红色故事为主线，融合民俗体验和历史教育，主打四季红色旅游品牌。春季以“红古结合”，即以民俗文化为背景，把红色旅游产品内容化；夏季以“红绿结合”，将生态旅游与红色旅游相结合，培育“红＋绿”产品；秋季以

“红金结合”，树立“金秋红色”大旗；冬季以“红白结合”，以冰雪文化为背景，开发滑雪、徒步等活动。

（三）加强“旅游 +”产业融合，推进红色旅游全新体验

鄂尔多斯市要依托当地特有的自然、文化、生态环境，实行产业融合发展战略，深度发展旅游“1+N”发展内核，打造“红 + 绿”全面发展格局，融合特色农业、特色产业、特色文化优势，将红色旅游文化与民俗文化、乡村旅游、研学教育、休闲度假相融合，推动旅游的多样化整合、全域发展和优质建设，形成自身特有的魅力，扩大红色旅游吸引力。同时充分运用互联网的整合优势和大数据的快速便捷，引入社会科技“互联网 + 旅游”模式，给予游客新型旅游体验。

（四）创新营销方式，增强红色文化影响力

鄂尔多斯市红色旅游的影响范围较小，仅限于自治区内城市和临近省份。因此，对待红色旅游营销要积极主动作为，在原有营销手段的基础上大量运用高铁宣传、名人效应、联合营销、搜索引擎、微博、微信、在线旅行商、线上线下平台、图片视频社交媒体平台、移动终端等影响力较强的方式，打造宣传专题，软硬结合，不断优化传统传播媒介。一是通过印制高铁广告让游客在出行途中形成潜移默化的红色记忆，加深对红色旅游目的地的向往。二是借助名人效应，举办红色主题商演活动，依靠名人影响力吸引粉丝。三是加强区域联合营销，借助陕西、宁夏等省（区）的经典红色旅游口碑，串点成线。四是借助现代技术，打造沉浸式红色旅游体验空间，培育红色文化旅游节庆活动，增强红色文化价值传播。

第十七章　鄂尔多斯市工业旅游发展研究

一、工业旅游概述

工业旅游是将工业与现代旅游业有机结合，以工业生产过程、生产工艺、工厂风貌、工人工作生活场景以及工业遗址等为主要吸引物的旅游活动，目的是使旅游者获得相关知识和体验，为工业企业带来工业之外的收获，产生更大经济、社会和文化效益。

2016年12月，国家旅游局公布了《全国工业旅游发展纲要（2016—2025）（征求意见稿）》，拟建立1000个全国工业旅游示范点和100个工业旅游基地，10个以老工业基地为依托的工业旅游城市，初步构建起协调发展的产品格局。2018年，工业和信息化部印发《国家工业遗产管理暂行办法》（简称《办法》），提出支持有条件的地区和企业依托国家工业遗产建设工业博物馆，发掘整理各类遗存，完善工业博物馆的收藏、保护、研究、展示和教育功能。鼓励利用国家工业遗产资源，建设工业文化产业园区、特色小镇（街区）、创新创业基地等，培育工业设计、工艺美术、工业创意等业态。近年来，越来越多的现代化企业开始注重工业旅游，我国著名工业企业如青岛海尔、上海宝钢、广东美的、佛山海天、内蒙古伊利等相继向游人开放，许多项目获得了政府的高度重视。

二、鄂尔多斯市工业旅游的发展基础

鄂尔多斯市文化和旅游局等政府部门高度重视工业旅游的发展，紧紧抓住国家能源工业战略转移和西部大开发的有利机遇，较早提出产业结构转型升级的思路。发展工业旅游是鄂尔多斯市产业结构转型升级的重要举措，可以拓展旅游业与国民经济的整体联系，充分发挥旅游业拉动经济的效应。

（一）工业规模快速壮大，奠定工业旅游发展基础

鄂尔多斯市拥有丰富的能源资源，被称为“能源聚宝盆”，工业地位举足轻重，工业规模快速壮大。

一是工业营业收入显著提升，2018年全市规模以上工业实现主营业

务收入3650.1亿元，同比增长10.2%，以一城之力占据了内蒙古的半壁江山，工业收入占自治区总量的比例达到59.6%。全市规模以上工业企业户数发展至402家，位居自治区之首，规模以上工业发展大类行业26个（全国41个），中类行业40个（全国134个），小类行业74个（全国665个），大类产品60余种。

二是工业园区产业发展粗具规模。截至2019年，全市共建成18个重点园区，其中国家级2个、自治区级8个，初步形成煤炭、电力、冶金、氯碱化工、精细化工、天然气化工、新材料、建材、电子产品制造、云计算、食品医药加工以及农副产品精深加工等产业。

三是工业对经济社会的贡献程度不断增强。鄂尔多斯是保障京津、服务华北、面向全国的清洁能源主力输出基地，2017年全市煤炭、天然气发电量分别占全国的17%、20.2%。《2018年中国工业百强县（市）》名单中，内蒙古有5个县上榜，全部集中于鄂尔多斯市，具体包括位列第14的准格尔旗、位列第37的伊金霍洛旗，位列第51的乌审旗、位列第69的鄂托克旗、位列第78的达拉特旗。

四是拥有世界级的工业资源。鄂尔多斯集团羊绒加工生产能力世界第一，鄂尔多斯电力冶金铁合金单体产能世界第一，神华108万吨煤制油规模技术世界第一，中天合创300万吨二甲醚产能规模世界第一。

快速扩张的工业企业是工业旅游发展的强有力支撑。近年来，全市紧跟时代步伐，充分利用工业旅游资源，积极推动工业旅游平稳健康发展，逐渐形成了以“鄂尔多斯，温暖全世界”“煤海探秘”等为特色的工业旅游品牌，工业旅游发展初见成效。

（二）全域旅游势头良好，助推工业旅游纵深发展

近年来，鄂尔多斯市依托全域旅游的良好发展态势，改善旅游基础条件，优化旅游空间格局，提升旅游城市形象，为推进“旅游+工业”的发展奠定了良好的物质基础和市场条件。

一是旅游基础条件明显改善。目前，全市已实现乡乡通黑色路面公路，90%的旅游景区景点实现了公路交通畅通无阻，景区的可进入性条件明显改善，景区除自驾游线路通达外，通往各景区的公交线路都已开

通。在通信条件方面也实现了通信讯号全覆盖。

二是旅游空间格局不断优化。鄂尔多斯市在全域旅游规划中明确构建了“一区四带、双轴引导、全环贯通、多点支撑”的发展格局，旅游空间格局逐步从“景点旅游”向“全域旅游”转变。《规划》中提出的“旅游+工业”重点工作，就是要充分发挥鄂尔多斯市现代工业示范项目的优势，加强工业旅游创意设计和时尚品牌塑造，对工业园区、工矿企业、历史工业遗迹等进行旅游化改造，增加旅游服务设施，融入旅游观光、体验和参与功能，形成一批创新型工业旅游示范区。

三是旅游城市形象不断提升。通过多年坚持不懈的努力，鄂尔多斯市实现了由一个重工业能源城市向生态宜居宜游城市的成功蜕变。全国文明城市、全国绿化模范城市、国家园林城市、国家森林城市、中国优秀旅游城市、国家级文化和科技融合示范基地等城市殊荣，不断刷新着外界对鄂尔多斯的认识，吸引着不同类型的游客。

四是旅游产业地位不断提高。鄂尔多斯市极其重视工业旅游发展，工业旅游发展初见成效，在首部《中国工业旅游发展报告》中，鄂尔多斯市在中国城市工业旅游竞争力百强榜中排名第40位，在工业旅游资源及潜力竞争力百强榜中排名第59位。

三、鄂尔多斯市工业旅游资源概况

（一）工业旅游资源的分布

从工业的发展来看，鄂尔多斯市各旗区均有工业企业分布，因而，工业旅游资源的分布也比较分散（见表17–1）。

表17–1　鄂尔多斯市工业旅游资源的空间分布

旗区	工业资源名称	数量（个）
东胜区康巴什区	奇瑞汽车股份有限公司鄂尔多斯分公司、鄂尔多斯市源盛光电有限责任公司、内蒙古鄂尔多斯酒业集团有限公司、内蒙古鄂尔多斯资源股份有限公司、鄂尔多斯市东胜区中兴特种车辆制造有限责任公司、内蒙古东泉制衣有限公司、内蒙古大力神食品有限责任公司、鄂尔多斯市天骄食品有限公司、鄂尔多斯现代羊绒产业园、	17

旗区	工业资源名称	数量（个）
东胜区康巴什区	鄂尔多斯市高原圣果生态建设开发有限公司、鄂尔多斯市海明堡直升机制造有限公司、内蒙古中科世源生态科技有限公司、内蒙古蒙泰煤电集团有限公司、内蒙古荣朝文化产业有限公司、铜川汽车博览园、鄂尔多斯绒纺城、罕台食品加工厂等	17
伊金霍洛旗	纳林陶亥闫家渠煤矿、伊金霍洛旗自来水公司、鄂尔多斯市东方热电有限责任公司、鄂尔多斯市红河情实业有限公司“煤海探秘”矿山公园等	4
达拉特旗	达拉特发电厂、内蒙古东达蒙古王集团公司（羊绒产品）、内蒙古响沙酒业有限责任公司、鄂尔多斯市达瑞祥光电科技有限公司、风水梁园区、鄂尔多斯市兴辉陶瓷有限公司、鄂尔多斯市陶尔斯陶瓷有限公司、鄂尔多斯市四季青农业开发有限公司等	8
准格尔旗	鄂尔多斯市国礼陶瓷有限公司、内蒙古兴东实业有限公司、伊东力弘瓷业有限公司、准能集团国家矿山公园、天之娇高岭土有限责任公司、伊东高岭土有限责任公司、亿荣泰苦荞茶、蒙特酒业、内蒙古高原杏仁露有限公司、内蒙古现代煤业博物馆等	10
乌审旗	营盘壕煤矿、博源商学院、翰盖都仁特产加工厂、内蒙古毛乌素生物质热电有限公司、苏里格天然气田、阿腾莎民族银器厂、乌审旗布寨马头琴特色小镇、巴音嘎查牧民达布根雕博物馆、内蒙古阿尔法玻璃纤维制品有限公司、蒙元乳业有限公司等	10
鄂托克旗	螺旋藻工业园区、鄂尔多斯市天泰万欣生物科技有限责任公司、蒙西高新技术工业旅游区、鄂托克旗棋盘井矿业有限责任公司、鄂托克旗伊吉汗羊绒制品有限责任公司等	5
鄂托克前旗	鄂托克前旗上海庙镇工业园区、鄂托克前旗可汗苏力迪乳制品有限责任公司、曹纳木博物馆、孟根花民族服饰、鄂托克前旗敖包民族文化艺术品有限责任公司、内蒙古森泰天然气有限公司、鄂尔多斯恒科农牧业开发有限责任公司等	7
杭锦旗	伊和乌素风电场（蒙能集团新能源公司陶日木风电场）、独贵塔拉生态光伏园区、伊和乌素苏雅拉奶食品加工厂、鄂尔多斯新能源产业示范园区、杭锦旗业赫民族文化传播有限责任公司（杭锦旗民族手工艺文化传承基地——孔玉之家）、山路集团光伏小镇、杭锦旗乌兰木伦乳业有限责任公司、库布其酒业有限责任公司、杭锦旗华盛光伏能源有限公司、内蒙古杭锦旗苏里格玻纤有限公司等	10

鄂尔多斯市工业发展情况较好，拥有国家级工业园区、自治区级工业园区和其他工业园区。工业企业在各旗区均有分布，呈现“大集中、广分散”的结构特征。从行业类别来看，主要集中于煤炭、电力、煤化工、天然气化工、新材料、建材、装备制造、新能源、电子产品制造、云计算、农副产品精深加工以及绒纺、食品医药加工等产业，工业企业的数量分布情况（见图 17–1）。

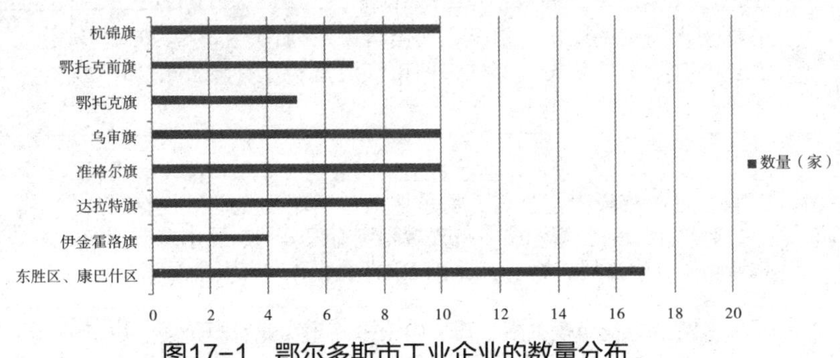

图17–1　鄂尔多斯市工业企业的数量分布

（二）工业旅游资源的类型

工业旅游资源属于人文旅游资源范畴。凡能对旅游者产生吸引力，可为工业旅游开发利用的企业生产场所、设施设备、生产过程、生活环境、管理经验、企业文化、生产成果及工业遗产、工程项目等都可成为工业旅游资源。根据国内外相关研究成果，可将工业旅游资源分为工厂企业、工业遗产和工业项目 3 类。其中，工厂企业类资源最为常见，我国目前的工业旅游示范点多属于此类；工业遗产是具有历史、工艺、建筑、科学和社会价值的工业文化遗迹和遗物；工业项目主要是矿产、电力和港口物流等领域户外露天的在建或建成的工业工程项目。鄂尔多斯市工业旅游资源的类型分布如表 17–2 所示。

表17–2　鄂尔多斯市工业旅游资源的类型分布

资源类别	资源名称	数量
工业企业（能源）	内蒙古鄂尔多斯资源股份有限公司、鄂尔多斯市东方热电有限责任公司、鄂尔多斯市达瑞祥光电科技有限公司、天之娇高岭土有限责任公司、伊东高岭土有限责任公司、蒙西高新技术工业旅游区、内蒙古森泰天然气有限公司	7个

资源类别	资源名称	数量
工业企业（重工业）	内蒙古阿尔法玻璃纤维制品有限公司、鄂托克旗棋盘井矿业有限责任公司、营盘壕煤矿、鄂托克前旗上海庙镇工业园区、内蒙古杭锦旗苏里格玻纤有限公司	5个
工业企业（装备制造）	奇瑞汽车股份有限公司鄂尔多斯分公司、鄂尔多斯市东胜区中兴特种车辆制造有限责任公司、鄂尔多斯市海明堡直升机制造有限公司、鄂尔多斯市源盛光电有限责任公司、铜川汽车博览园	5个
工业企业（生态）	内蒙古中科世源生态科技有限公司、风水梁园区、博源商学院、螺旋藻工业园区、鄂尔多斯市天泰万欣生物科技有限责任公司、独贵塔拉生态光伏园区	6个
工业企业（轻工业）	内蒙古鄂尔多斯酒业集团有限公司、内蒙古响沙酒业有限责任公司、鄂尔多斯绒纺城、罕台食品加工厂、内蒙古东达蒙古王集团公司、内蒙古东泉制衣有限公司、内蒙古大力神食品有限责任公司、鄂尔多斯市天骄食品有限公司、鄂尔多斯现代羊绒产业园、乌审旗布寨马头琴特色小镇、鄂尔多斯市高原圣果生态建设开发有限公司、内蒙古荣朝文化产业有限公司、伊金霍洛旗自来水公司、鄂尔多斯市兴辉陶瓷有限公司、鄂尔多斯市陶尔斯陶瓷有限公司、鄂尔多斯市四季青农业开发有限公司、鄂尔多斯市国礼陶瓷有限公司、内蒙古兴东实业有限公司、伊东力弘瓷业有限公司、亿荣泰苦荞茶、蒙特酒业、内蒙古高原杏仁露有限公司、翰盖都仁特产加工厂、阿腾莎民族银器厂、蒙元乳业有限公司、鄂托克旗伊吉汗羊绒制品有限责任公司、鄂托克前旗可汗苏力迪乳制品有限责任公司、曹纳木博物馆、孟根花民族服饰、鄂托克前旗敖包民族文化艺术品有限责任公司、鄂尔多斯恒科农牧业开发有限责任公司、伊和乌素苏雅拉奶食品加工厂、杭锦旗业赫民族文化传播有限责任公司（杭锦旗民族手工艺文化传承基地——孔玉之家）、杭锦旗乌兰木伦乳业有限责任公司、库布其酒业有限责任公司、内蒙古毛乌素生物质热电有限公司	36个
工业遗产	纳林陶亥闫家渠煤矿、鄂尔多斯市红河情实业有限公司“煤海探秘”矿山公园、准能集团国家矿山公园、苏里格天然气田、达拉特发电厂、内蒙古现代煤业博物馆、巴音嘎查牧民达布根雕博物馆	7个
工业项目	内蒙古蒙泰煤电集团有限公司、伊和乌素风电场（蒙能集团新能源公司陶日木风电场）、鄂尔多斯新能源产业示范园区、山路集团光伏小镇、杭锦旗华盛光伏能源有限公司	5个

从三类工业旅游资源的分布可以看出，工业企业所占比例最大，其次为工业项目和工业遗产。在工业企业中，工业旅游资源主要以轻工业为主，有 36 家企业，约占工业企业总量的 61%。能源、生态、制造业、重工业分列其后，鄂尔多斯市工业企业的分布情况如图 17–2 所示。

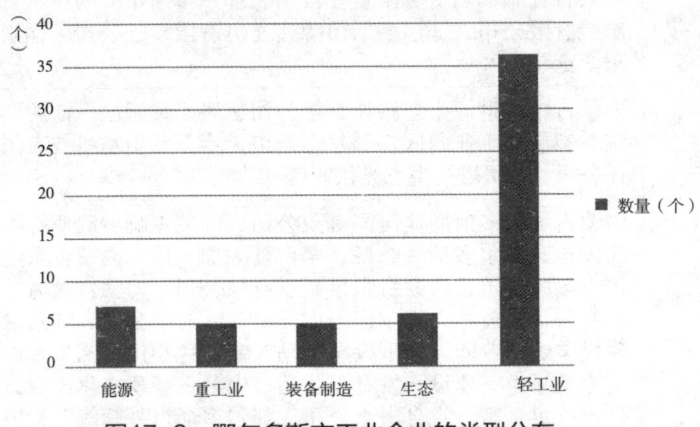

图17–2　鄂尔多斯市工业企业的类型分布

（三）工业旅游资源的等级

依据中华人民共和国国家标准《旅游资源分类、调查与评价》（GB/T 18972—2017）的“共有因子评价法”对旅游资源单体进行评价，即对旅游资源单体进行逐一赋分定量评价，通过去高低分均值计算得出单体资源的赋分值，可将鄂尔多斯市工业旅游资源分为五个等级，其中五级旅游资源 2 处，四级旅游资源 21 处，三级旅游资源 18 处，二级旅游资源 15 处，一级旅游资源 15 处（见表 17–3）。工业旅游发展优势明显，在区域市场开发与竞争中具有自身资源特色。

表17–3　鄂尔多斯市工业旅游资源的等级分布

资源等级	资源名称	分值	数量
五级	神华准能露天煤矿、鄂尔多斯现代羊绒产业园	≥90分	2
四级	内蒙古蒙泰煤电集团有限公司、螺旋藻工业园区、独贵塔拉生态光伏园区、内蒙古鄂尔多斯酒业集团有限公司、鄂尔多斯市天泰万欣生物科技有限责任公司、营盘壕煤矿、风水梁园区、	75~89	21

资源等级	资源名称	分值	数量
四级	苏里格天然气田、鄂尔多斯市红河情实业有限公司“煤海探秘”矿山公园、鄂尔多斯市国礼陶瓷有限公司、鄂前旗文化创意产业园、鄂托克前旗敖包民族文化艺术品有限责任公司、奇瑞汽车有限责任公司鄂尔多斯分公司、鄂尔多斯市海明堡直升机制造有限公司、铜川汽车博览园、内蒙古毛乌素生物质热电有限公司、蒙西高新技术工业旅游区、鄂尔多斯新能源产业示范园区、鄂尔多斯市天骄资源发展有限责任公司、鄂托克前旗上海庙镇工业园区、鄂尔多斯市源盛光电有限责任公司	75~89	21
三级	达拉特发电厂、内蒙古现代煤业博物馆、业赫民族文化传播有限责任公司、内蒙古荣朝文化产业有限公司、鄂尔多斯市兴辉陶瓷有限公司、鄂尔多斯市东胜区中兴特种车辆制造有限责任公司、内蒙古大力神食品有限责任公司、鄂尔多斯市高原圣果生态建设开发有限公司、鄂尔多斯绒纺城、罕台食品加工厂、内蒙古东达蒙古王集团公司、内蒙古高原杏仁露有限公司、内蒙古响沙酒业有限责任公司、蒙元乳业有限公司、孟根花民族服饰、杭锦旗乌兰木伦乳业有限责任公司、乌审旗布寨马头琴特色小镇	60~74	18
二级	内蒙古中科世源生态科技有限公司、鄂尔多斯市达瑞祥光电科技有限公司、鄂尔多斯市陶尔斯陶瓷有限公司、鄂尔多斯市四季青农业开发有限公司、内蒙古兴东实业有限公司、伊东力弘瓷业有限公司、亿荣泰苦荞茶、蒙特酒业、博源商学院、阿腾莎民族银器厂、巴音嘎查牧民达布根雕博物馆、鄂托克旗棋盘井矿业有限责任公司、鄂托克前旗可汗苏力迪乳制品有限责任公司、曹纳木博物馆、伊和乌素风电场（蒙能集团新能源公司陶日木风电场）、伊和乌素苏雅拉奶食品加工厂	45~59	15
一级	内蒙古东泉制衣有限公司、纳林陶亥闫家渠煤矿、伊金霍洛旗自来水公司、鄂尔多斯市东方热电有限责任公司、天之娇高岭土有限责任公司、伊东高岭土有限责任公司、翰盖都仁特产加工厂、内蒙古阿尔法玻璃纤维制品有限公司、鄂托克旗伊吉汗羊绒制品有限责任公司、内蒙古森泰天然气有限公司、鄂尔多斯恒科农牧业开发有限责任公司、山路集团光伏小镇、库布其酒业有限责任公司、杭锦旗华盛光伏能源有限公司、内蒙古杭锦旗苏里格玻纤有限公司	30~44	15

四、鄂尔多斯市发展工业旅游的SWOT分析

（一）优势

1. 资源优势

鄂尔多斯市具有类型丰富、特色鲜明的工业旅游资源，“羊煤土气”“装备制造”“民族工艺”“陶瓷工艺”“沙漠化产业”5大特色工业资源，奠定了鄂尔多斯市工业旅游的发展基础。从“羊煤土气”来看，鄂尔多斯市拥有世界顶级的羊绒生产基地、储量巨大的煤炭生产基地、迅猛发展的能源工业以及罕见的世界级整装气田。从“装备制造”来看，鄂尔多斯市拥有以园区为载体、骨干企业为主体、配套产业完善的装备制造产业集群，形成了自治区级别的高新技术特色工业产业化基地和产业转移示范园区。从“民族工艺”来看，鄂尔多斯民族服饰、弓箭、刺绣、雕刻，形成了鄂尔多斯民族工业文化的独特性和异质性。从“陶瓷工艺”来看，鄂尔多斯市是北方陶瓷之都，其陶瓷工艺填补了国内民族文化与陶瓷艺术结合的空白。从“沙漠化产业”来看，鄂尔多斯市沙漠化产业成绩突出，成为全球首个沙漠变绿洲的生态经济示范区，毛乌素世界奇迹和库布其沙漠治理模式是世界级的绿色治沙典范。

2. 区位优势

鄂尔多斯市位于内蒙古自治区西南部，南临古长城与晋、陕、宁三省区毗连，西、北、东三面被黄河环抱。鄂尔多斯是草原丝绸之路上的重要旅游廊道，是内蒙古深度融入“一带一路”的重要依托。作为能源金三角（宁蒙、陕蒙、晋蒙）重要节点城市，鄂尔多斯素有“塞外宝库”之称，对促进工业旅游发展起到关键作用。作为“呼包鄂榆”城市群的重要组成部分，鄂尔多斯拥有完善的交通配套，对于推动四市重点资源全面联动，实现跨区域工业旅游资源联动发展和全域化布局具有重要作用。

3. 交通优势

鄂尔多斯日益发达的交通条件，为解决工业旅游的进入性提供了重要保障。从航空交通来看，4E级鄂尔多斯机场可供波音747、空客A340等四发远程宽体客机起降。截至2018年，鄂尔多斯机场通航城市达56个，

其中11个国际城市，已获批国际航空口岸落地签证，与周边呼和浩特机场、包头机场、榆林机场、乌海机场、巴彦淖尔机场、大同机场、银川机场七大民航机场形成了便捷的区域航空网络。从铁路交通来看，鄂尔多斯市铁路交通四通八达，与呼包鄂形成1小时交通圈，与晋陕鄂形成4小时交通圈，未来将与京津冀地区形成4小时交通圈。火车站有东胜西站、东胜东站和鄂尔多斯站。高铁已开通呼包鄂动车和呼准鄂动车，包西高铁正在加快推进，未来呼包鄂高铁建成后，鄂尔多斯3~4小时可直达北京。从公路交通来看，鄂尔多斯市已形成以荣乌、包茂高速为核心的大十字交通网络。

4. 市场优势

鄂尔多斯市是呼包鄂榆城市群客源市场和旅游市场的重要组成部分。据统计，2019年，全市共接待游客1736万人次，同比增长19.4%，实现旅游总收入580亿元，同比增长15.1%，旅游业逐步发展为鄂尔多斯市新的经济增长点和重要支柱产业。随着青少年研学旅游的发展以及大众旅游消费需求的多元化和个性化趋势，人们对现代工业高科技知识的渴望日益突出，使得工业旅游消费蕴含了巨大的市场。

（二）劣势

1. 工业旅游发展模式尚未形成

我国工业旅游起步于20世纪90年代，至今发展不过二十几年，工业旅游在国际上的发展历史也不过五十多年，目前尚无一个完整成熟的工业旅游发展模式可供借鉴，只能借鉴国内、国外工业旅游相对成熟的案例，在对鄂尔多斯市工业旅游资源进行全面摸底的基础上，因地制宜地探索出适合鄂尔多斯的发展模式。因此，在起步阶段工业旅游发展会异常艰难，随时面临失败的困境，在资金投入与产出方面可能面临巨大的风险，前期的招商引资也可能存在加大难度。

2. 工业旅游市场培育力度不足

鄂尔多斯已形成以民族风情、大漠风光、休闲避暑为主体的旅游产品体系，在旅游客源市场上，已有一定知名度。但对工业旅游产品消费市场的培育还未形成，针对商务、研学市场游客群体的开发力度不足。工业旅游的营销和宣传尚未被充分纳入旅游营销宣传体系。此外还缺乏对工业旅游的顶层设计及经营管理标准，这些均制约了工业旅游在鄂尔多斯的发展。

3. 工业旅游认知程度偏低

鄂尔多斯大量的企业并未认识到工业旅游的价值，没有认识到工业旅游对企业核心品牌竞争力、消费者品牌忠诚度和企业文化塑造的关键作用，没有认识到工业旅游对拓宽经济增长空间，加快工业转型和培育新增长动力的重要作用。对于“旅游+工业”的新业态了解不够，创新意识不强，不少企业对工业旅游持观望态度，认为工业旅游可有可无，甚至会影响企业正常生产经营，当然也缺乏对工业旅游经营管理、产品创新等能力的培养。

4. 工业旅游限制性条件较多

工业旅游在开展中要考虑的限制性因素较多，比如建设成本高、品牌保护有风险、参观者人身安全有隐患，还需防范商业间谍行为，任何一个环节把握不好，均有可能对企业形象或产品品牌造成负面影响，因而很多企业不太愿意开展工业旅游。在开发工业旅游项目中会涉及企业产品技术的保密性和参观线路的安全性，也可能会影响到企业员工的正常生产活动。此外，企业自身实力不足也会影响工业旅游的开发。

（三）机遇

1. 政策扶持力度不断增强

从国家层面来看，工业旅游与“创新、协调、绿色、开放、共享”五大发展理念完全吻合，对促进工业转型升级和旅游业融合发展都具有特殊意义。从自治区层面来看，《内蒙古自治区“十三五”旅游业发展规划》提出发展“旅游+工业”，发挥特色产业优势，打造乳业、酒业、能源、羊绒、民族工艺品、军工等工业旅游景区。从地方层面来看，鄂尔多斯市相继出台相关政策和规划，提出促进旅游与工业的融合发展，对工业园区、工矿企业、历史工业遗迹等进行旅游化改造，增加旅游服务设施，融入旅游观光、体验和参与功能，加强工业旅游创意设计和时尚品牌塑造，形成一批创新型工业旅游示范区。通过各类旅游平台宣传展示鄂尔多斯市工业品牌形象，吸引各类人群，提高产业收益。

2. 旅游产业环境不断优化

“十三五”以来，鄂尔多斯市旅游产业持续壮大，整体实力持续增强，为工业旅游发展提供了重要的基础条件和客源市场。2019 年，鄂尔多斯市接待旅游者 1736 万人次，同比增长 19.4%；实现旅游收入 580 亿元，同比增长 15.1%。在呼包鄂区域中，鄂尔多斯市的旅游接待人次占呼包鄂总量的 37.78%，旅游收入占呼包鄂总量的 40.17%。与此同时，逐步完善的铁路、公路交通网以及不断开辟的国内国际航线，为鄂尔多斯市带来了更大的运输能力，开辟了更广阔的旅游市场。城市环境的优化、旅游接待水平的提高，均为鄂尔多斯市工业旅游的发展带来了新的机遇。

3. 市场影响能力不断提升

借助国家和地方的利好政策，鄂尔多斯市充分利用当地工业资源优势，积极打造自治区和国家级工业旅游名片。2016 年，鄂尔多斯现代羊绒产业园旅游区被批准为国家 4A 级旅游景区，当年接待游客 1289 人，2017 年接待游客 21010 人，2018 年接待游客 44131 人，工业旅游的市场规模日益扩大，市场影响能力不断增强，对其他工业旅游景区起到了示范和引领作用，也对鄂尔多斯市旅游形象的提升起到了促进作用。

4. 企业转型升级的需求不断扩大

创新是企业保持竞争优势、增强核心竞争力、保证可持续发展的动力源泉。鄂尔多斯市煤炭产业、羊绒产业经过多年发展，虽然在国内外已有一定地位，但受观念、资金和技术等条件的制约，依然处于材料初加工阶段，附加值产品较少。企业管理者重生产销售、轻技术研发，创新发展能力薄弱，特别是缺乏创新发展模式的战略部署。鄂尔多斯市以煤炭为中心的工业企业，要想适应新时代企业转型升级的要求，就应该将旅游业与工业生产有机融合，创新工业企业发展模式，增加工业产业附加价值，为企业转型升级提供一条合适的发展道路。

（四）挑战

1. 工业旅游市场供需不足

《中国旅游景区发展报告（2018）》指出，目前国民出行的主要目的仍集中在游览观光和休闲度假方面，出于科技文化知识交流目的占比不到1%。作为以文化、教育、科技交流为主要特征的工业旅游在这一方面没有明显优势，需求不足是进行工业旅游市场开发的一个较大威胁。鄂尔多斯市工业旅游要与休闲度假、游览观光争取市场占有度，就需要在产品开发和市场开拓上瞄准目标，用足力气。

2. 工业旅游处于初级阶段

鄂尔多斯已有的工业旅游产品数量较少，项目开发大多仍处于初级水平。一是工业旅游的产品多数仍为行业间学习交流、学生研学、企业拓展培训、生产线参观和产品推介等，尚未开通散客预约制参观。二是工业旅游纪念品开发层次偏低、同质化现象较为突出，缺少富有竞争力的工业旅游品牌。三是工业旅游产品体系尚不完整，深层次、复合型的创意体验型旅游产品较少，产品特色不鲜明、功能不完善、文化内涵挖掘不够，无法满足广大游客个性化、多样化的消费需求。

3. 工业旅游市场尚未形成

旅游市场包括旅游主体、旅游客体和旅游媒介三大要素。目前，鄂尔多斯市工业旅游市场尚未形成，突出表现为旅行社尚未将工业旅游产品融入其产品体系中。旅行社作为旅游媒介，是旅游产品的重要流通环节，是游客获悉旅游产品的重要渠道。工业旅游企业与旅行社合作关系的密切程度，将决定其旅游产品是否能够在旅游市场完全流通。

4. 工业旅游体验度偏低

目前，鄂尔多斯市工业旅游产品仅仅是对产品本身的参观游览，大多数企业没有将产品与企业文化、企业生产生活面貌及周边环境联系起来，工业旅游产品缺乏体验性与融合性，未能激发游客的互动性和参与性，也没有产生明显的经济效益。工业企业缺少以“食、住、行、游、购、娱”为核心的旅游配套设施，除了参观游览外，无其他体验项目供游客选择，游客的体验感和认同感均比较低。

五、鄂尔多斯市工业旅游的发展策略

随着新型工业化的深入推进和大众旅游时代的到来，工业旅游空间广阔，潜力巨大，综合作用明显。据测算，未来五年，我国工业旅游将进入一个黄金发展期，接待游客总量将超过10亿人次，旅游直接收入总量超过2000亿元，实现综合收入总量可能超过直接收入的10倍以上，新增旅游直接就业超过120万人，带动间接就业新增超过600万人。鄂尔多斯加强资源调研、重塑产品体系、提升品质、构建品牌、创新营销方式，是实现工业旅游提档升级、促进工业旅游品牌塑造的基本路径。

（一）政府部门

1. 做好顶层设计

政府应发挥工业旅游发展工作领导小组作用，依据鄂尔多斯市工业发展现状，制订工业旅游发展专项计划，出台鄂尔多斯市工业旅游总体发展规划，做好顶层设计，指导各旗区开展工业旅游活动。协调解决工业旅游发展中出现的困难和问题。委托高校专家团队，加强工业旅游资源的清点、归类、开发、保护。制定工业旅游管理体系，保护规划并建立工业旅游资源名录。

2. 建立专家团队

鄂尔多斯市文化和旅游局和各级发展委员会，应组建工业旅游专家指导团队，针对工业旅游发展中的空间布局、产品体系、产品展示、文化内涵挖掘等问题给予指导，并统筹各区域工业旅游的发展布局。同时，邀请国内外优秀工业旅游专家和行业团队到鄂尔多斯指导工作，组织本地工业旅游管理人员到先进地区观摩学习，积累工业旅游发展经验。

3. 创新营销方式

一是要分阶段确立营销目标，近期目标以推广品牌形象，推介品牌旅游项目为主。树立鄂尔多斯工业旅游的品牌形象，并持续加大推广力度，使工业旅游在内蒙古自治区及周边地区得到认可，并具有一定知名度。远期目标为深入拓展国内旅游市场，通过融入国际营销平台，加入旅游目的地营销组织，与周边区域建立营销合作平台，加大营销宣传力度。二是要培育工业旅游新兴消费市场，从旅游消费的角度做好工业旅游的宣传推广和市场培育工作。要将工业旅游纳入整体宣传推广计划，推出一批有影响的工业旅游品牌和活动，根据目标客群细分，制定精准营销方案，针对研学旅游、休闲观光、商务度假、自驾游等专项旅游，设计组合产品和线路，开展专项营销宣传。同时深入挖掘鄂尔多斯具有文化性的民俗活动，通过构建多层级的营销平台，提升旅游者对工业旅游的认知和兴趣，培育和挖掘潜在消费市场。

4. 搭建合作平台

依托政府部门建立的平台，能有效减少各行业之间的阻力，促进工业企业、旅游企业及其他行业建立起和谐发展的合作关系。在政策保障方面，简化工业旅游相关的工商、交通、卫生安全、环保等审批手续；积极引入社会市场机制，加强对工业旅游景区的深度开发和服务管理；建设功能健全、设施完善、服务便捷的配套项目；规划建设好道路设施和集散系统，完善道路交通系统和标识系统；改善工业旅游景区的环境，规范强化良好的发展环境，规划工业旅游集聚区或接待区来满足展示、体验、消费等功能。

（二）工业企业

1. 强化品牌建设

当前，工业旅游已经成为企业与顾客体验感十足的联系方式，形成了独特的工业旅游文化。游客参观游览企业，带走的不仅是旅游纪念品，还是对企业文化深刻体验后的口碑宣传。企业强化特色企业文化，通过工业旅游彰显企业建设、企业理念、企业服务等形象，将工业与旅游融合发展提升到一定高度。鄂尔多斯市在工业旅游品牌建设方面，应着力提高工业旅游项目的规划质量、工业旅游线路的设计质量、工业旅游产品的组织质量，以质量作为产品的核心竞争力，提高产品的吸引力和影响力，树立工业旅游品牌，特别是知名工业旅游品牌。

2. 强化体验设计

企业在工业旅游中应基于体验理论，探索体验项目的设计，在视觉、听觉、嗅觉等多方面，采用多感官刺激，丰富工业旅游项目，提升工业旅游质量，以提升游客的体验感，满足游客求新求异的消费心理。鄂尔多斯应着力优化其工业旅游产品，通过对资源的深度开发，进一步提高特色，形成内涵丰富、兼具参与性和观赏性的拳头产品。同时，还要着力抓关键、抓融合、抓创新，实现工业旅游发展的机制创新、模式创新、服务创新和产品创新。

3. 培育专门人才

鄂尔多斯市要想发展工业旅游，必须着力培养一批懂得工业旅游规划设计、创意策划和市场营销的专门人才，特别要培养既掌握工业知识又熟悉旅游规律的高层次、复合型人才。工业旅游企业应邀请专家对从业人员开展工业旅游景点管理、导游服务等技能的培训，提高工业企业中旅游讲解员、导游员以及其他人员的专业化服务水平。建立健全工业旅游培训机制，采取校企合作、企业互助、行业帮扶等多种形式，对各级组织者、管理者进行工业旅游发展理念、基础理论、管理理论的培训；对从业人员进行产品开发、导游接待、商贸接待等专项培训。

第六篇
人才篇

第十八章　鄂尔多斯市旅游人才总体概况

旅游业快速健康的发展，离不开旅游人才队伍的有力支撑。旅游人才既为旅游产业的蓬勃发展提供智力支持，又是旅游者顺利完成旅游活动的重要保障。因此，如何建设一支结构合理、规模适当、素质优良且与旅游业发展相适应的旅游人才队伍，是一项长期而艰巨的任务。

一、旅游人才的内涵

《辞海》将人才定义为有才能的人，通常把饱读诗书、博学多才之人称为人才。现代社会则将拥有良好职业素质看作人才的主要界定标准，《国家中长期人才发展规划纲要（2010—2020年）》中提出，人才是指具有一定专业知识或专门技能，进行创造性劳动，并对社会做出贡献的人，是人力资源中能力和素质较高的劳动者。本书认为人才是指具有一定的知识、素养和能力，具有良好人品，能够不断创造社会财富的人。

教育部工商管理学科教育指导委员会认为，旅游人才是指受到一定专业训练，具备一定的知识、技能或特长，具有合作能力、实践能力与敬业精神，能够圆满完成旅游组织目标而为组织所推崇的人。我国《"十三五"旅游人才发展规划纲要》提出，旅游人才是指旅游人力资源中能力和素质较高，具有一定旅游专业知识、专门技能，能够进行创造性劳动，提供高质量服务，并对旅游业发展做出一定贡献的人。按照这一概念，可将旅游人才分为三类：一是旅游企业经营管理人才，如旅游信息管理人才、会展活动管理人才；二是旅游教育和研究人才，如大中专院校师生、旅游研究人员；三是旅游服务技能人才，如景区、旅行社及酒店服务人员等。

二、鄂尔多斯市旅游人才基本情况

近年来，鄂尔多斯市文化和旅游局坚持以“科教兴旅，人才强旅”战略为指引，紧紧围绕“将旅游业建设成为国民经济战略性支柱产业和人民群众更加满意的现代服务业”的战略目标，努力营造旅游人才发展的良好氛围，积极探索旅游人才培养的有效机制和方式，大力加强旅游行业人才教育与培训，努力优化旅游人才结构，旅游人才队伍建设取得了显著成效。

截至目前，编制组统计了鄂尔多斯市 331 家旅游企事业相关单位，核实旅游人才总数为 12029 人，主要分布于旅行社、旅游景区（景点）、旅游住宿（星级酒店）、旅游餐饮（包括农家乐、牧家乐、渔家乐、生态农庄、养殖公司、特色食府等）和旅游教育部门。其中旅行社（含分社）共有 91 家，人才总数为 582 人；旅游景区（景点）45 家，人才总数为 4972 人；星级饭店 31 家，人才总数为 2956 人；旅游餐饮企业 142 家，人才总数为 2282 人；开设旅游管理及相关专业的本科、专科和中职（职高）院校 6 所，专业教师 31 人，年均输出毕业生 206 人。除此之外，鄂尔多斯市还拥有 17 家旅游相关单位，如工业旅游示范点、旅游咨询服务公司、旅游交通运输企业、旅游购物商店及旅游商品生产厂家等，共有旅游人才 1000 余人。

因为旅游行业没有专门的职称评定等级，高层次人才难以界定，且鄂尔多斯市旅游企业中高层管理人员较少，因此本章所表述人才是指旅游行业的从业人员[①]。

① 本章数据来源于编制组对市、旗区、管委会、文化和旅游局等单位的调研，数据截至 2020 年 8 月 25 日。

三、旅游行业及相关部门人才特征

（一）旅行社业人才特征

1. 基本状况

编制组本次共调查了 91 家旅行社（含 8 家分社），其中，东胜区 66 家、伊金霍洛旗 9 家、达拉特旗 5 家、鄂托克旗 4 家、准格尔旗 3 家、杭锦旗 2 家，鄂托克前旗、乌审旗各 1 家。

2. 主要特征

（1）区域分布特征：根据调查统计，鄂尔多斯市旅行社人才共 582 人，其中东胜区 430 人，占总人数的 73.88%；伊金霍洛旗 60 人，占总人数的 10.31%；准格尔旗 25 人，占总人数的 4.30%；其他旗区 67 人，占总人数的 11.51%（其中鄂托克前旗最少，仅占 0.52%；乌审旗和鄂托克前旗仅有 1 家旅行社，旅游人才均不足 10 人）。如果按旅行社从业人员数量进行横向对比，平均每个旅行社拥有的旅游人才数量为 6.40 人，低于全国平均水平（全国平均每社拥有人才量为 16~20 人），见表 18–1 和图 18–1。

表18–1　鄂尔多斯市旅行社业人才的区域分布

地区	东胜区	伊金霍洛旗	准格尔旗	其他旗区	总计
人才数量（人）	430	60	25	67	582
所占比例（%）	73.88	10.31	4.30	11.51	100

注：统计中不含兼职导游人员

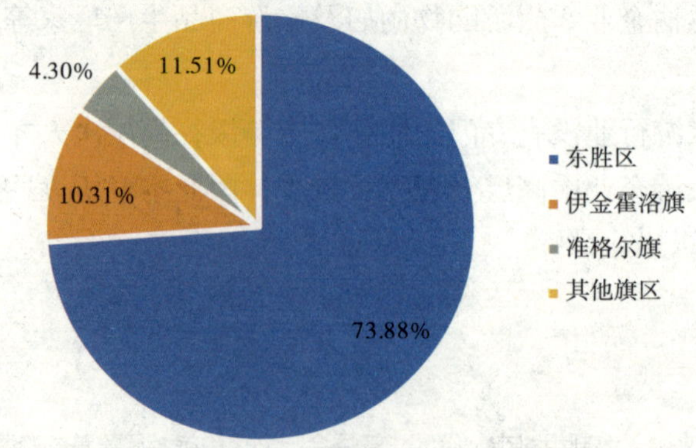

图18–1　鄂尔多斯市旅行社业人才的区域分布结构

（2）年龄特征：调查结果显示，旅行社从业人员年龄为25~34岁的人才占总数的59.45%，24岁以下占9.28%，35~45岁的占26.97%，45岁以上仅占4.30%（见表18-2）。

表18-2 鄂尔多斯市旅行社业人才的年龄分布

地区	人才总数（人）	年龄分布（人）			
		24岁及以下	25-34岁	35-45岁	45岁以上
东胜区	430	34	252	125	19
伊金霍洛旗	60	13	38	9	0
准格尔旗	25	0	14	10	1
乌审旗	6	3	3	0	0
鄂托克旗	24	1	14	6	3
鄂托克前旗	3	0	1	1	1
杭锦旗	13	0	8	4	1
达拉特旗	21	3	16	2	0
合计（人）	582	54	346	157	25

（3）性别特征：本次调查的91家旅行社中，旅游人才主要以女性居多，占总人数的67%，男性占33%（见表18-3、图18-2）。

表18-3 鄂尔多斯市旅行社业人才的性别分布

地区	人才总数（人）	性别分布（人）	
		男	女
东胜区	430	141	289
伊金霍洛旗	60	19	41
准格尔旗	25	8	17
乌审旗	6	2	4
鄂托克旗	24	7	17
鄂托克前旗	3	1	2
杭锦旗	13	8	5
达拉特旗	21	6	15
合计（人）	582	192	390

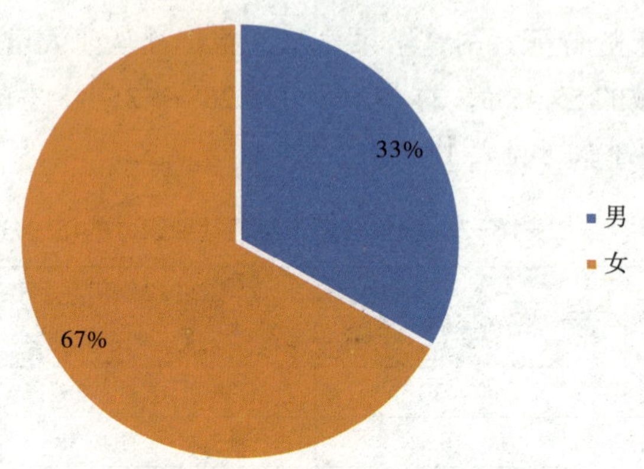

图18-2 鄂尔多斯市旅行社业人才的性别结构

（4）学历结构特征：旅行社业人才中，大专及以下学历者占多数，比例为 69.59%，本科学历者占 30.07%，高学历人才数量偏少，582 名从业人员中，只有 2 名硕士研究生，无博士及以上学历者（见表 18-4）。

表18-4 鄂尔多斯市旅行社业人才的学历分布

地区	人才总数（人）	学历分布（人）			
		大专及以下	本科	硕士	博士及以上
东胜区	430	297	132	1	0
伊金霍洛旗	60	39	20	1	0
准格尔旗	25	16	9	0	0
乌审旗	6	4	2	0	0
鄂托克旗	24	18	6	0	0
鄂托克前旗	3	3	0	0	0
杭锦旗	13	10	3	0	0
达拉特旗	21	18	3	0	0
合计（人）	582	405	175	2	0

（5）专业分布特征：从所学专业来看，旅行社业人才中，旅游类专业人才所占比例为 31.6%，非旅游类专业人才所占比例为 68.4%（见表 18-5、图 18-3）。

表18-5　鄂尔多斯市旅行社业人才的专业分布

地区	人才总数（人）	专业分布（人）	
		旅游类专业	非旅游类专业
东胜区	430	130	300
伊金霍洛旗	60	26	34
准格尔旗	25	12	13
乌审旗	6	1	5
鄂托克旗	24	3	21
鄂托克前旗	3	1	2
杭锦旗	13	8	5
达拉特旗	21	3	18
合计（人）	582	184	398

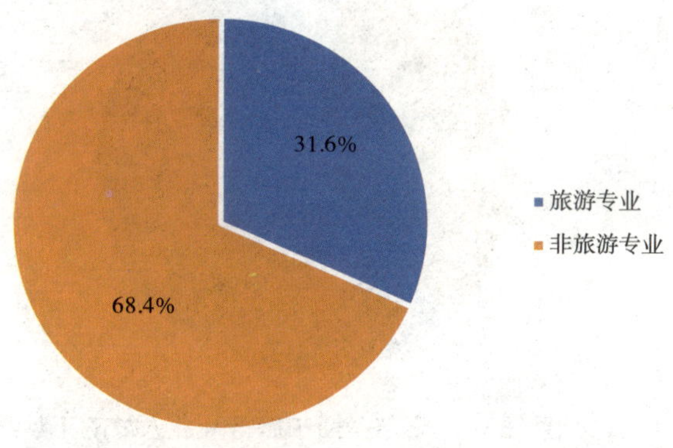

图18-3　鄂尔多斯市旅行社业人才的专业结构

（6）工龄结构特征：旅行社业人才中，从业3年及以下者人数最多，占比61.7%；从业4~9年者占比35.2%，从业10~20年占比2.8%，从业20年以上者所占比例甚微（见表18-6、图18-4）。

表18-6　鄂尔多斯市旅行社业人才的工龄分布

地区	人才总数（人）	从业时间分布（人）			
		3年及以下	4~9年	10~20年以上	20年以上
东胜区	430	272	143	14	1

地区	人才总数（人）	从业时间分布（人）			
		3年及以下	4~9年	10~20年以上	20年以上
伊金霍洛旗	60	42	18	0	0
准格尔旗	25	7	18	0	0
乌审旗	6	5	1	0	0
鄂托克旗	24	15	9	0	0
鄂托克前旗	3	1	0	2	0
杭锦旗	13	4	8	0	1
达拉特旗	21	13	8	0	0
合计（人）	582	359	205	16	2

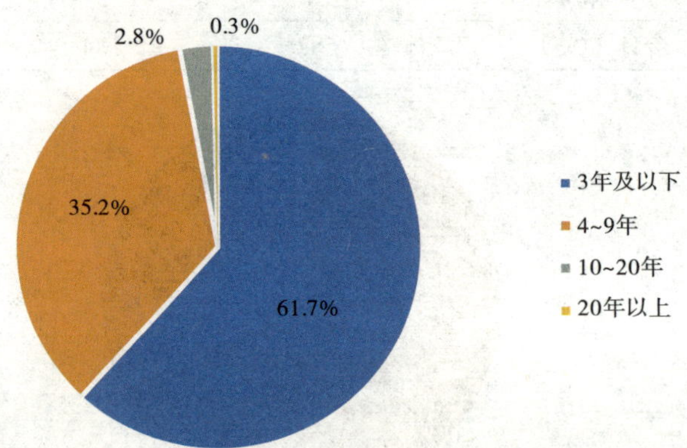

图18-4　鄂尔多斯市旅行社业人才的工龄结构

（7）语言结构特征：旅行社业人才大多只熟悉中文，所占比例为80.93%；中文之外还可以用英语交流的人才所占比重为6.53%；熟悉蒙语的人才比例为12.54%（见表18-7）。

表18-7　鄂尔多斯市旅行社业人才的语种分布

地区	人才总数（人）	语种分布（人）		
		汉语	蒙语	英语
东胜区	430	365	31	34
伊金霍洛旗	60	50	9	1

地区	人才总数（人）	语种分布（人）		
		汉语	蒙语	英语
准格尔旗	25	11	14	0
乌审旗	6	5	1	0
鄂托克旗	24	13	9	2
鄂托克前旗	3	2	1	0
杭锦旗	13	10	3	0
达拉特旗	21	15	5	1
合计（人）	582	471	73	38

（8）人才来源特征：旅行社从业人员中，来自鄂尔多斯市的占比为79.38%；来自于鄂尔多斯市以外的占比为20.62%（见表18-8）。

表18-8　鄂尔多斯市旅行社业人才的来源分布

地区	人才总数（人）	来源分布（人）	
		本市	外市
东胜区	430	338	92
伊金霍洛旗	60	53	7
准格尔旗	25	21	4
乌审旗	6	4	2
鄂托克旗	24	18	6
鄂托克前旗	3	3	0
杭锦旗	13	9	4
达拉特旗	21	16	5
合计（人）	582	462	120

（二）旅游教育人才特征

1. 基本情况

鄂尔多斯市开设旅游相关专业的本科、专科和中职院校共6所。其中本科院校1所，大专院校1所，中职（职高）学校4所。现有专业教师31

人，在校生 579 人，生师比为 19∶1。2019 年向社会输送 206 名毕业生，就毕业生去向来看，留在市内就业的约占 61.2%（见表 18–9、图 18–5）。

表18-9 鄂尔多斯市旅游及相关专业院校的毕业生去向分布

学校名称	2019年毕业人数（人）	去向分布（人）	
		本市	外市
鄂尔多斯应用技术学院	60	42	18
准格尔旗职业高中	36	28	8
鄂尔多斯职业学院	18	10	8
达拉特旗第十中学	38	23	15
鄂尔多斯市东胜区现代服务业管理学校	37	21	16
伊金霍洛旗高级职业中学	17	2	15
合计（人）	206	126	80

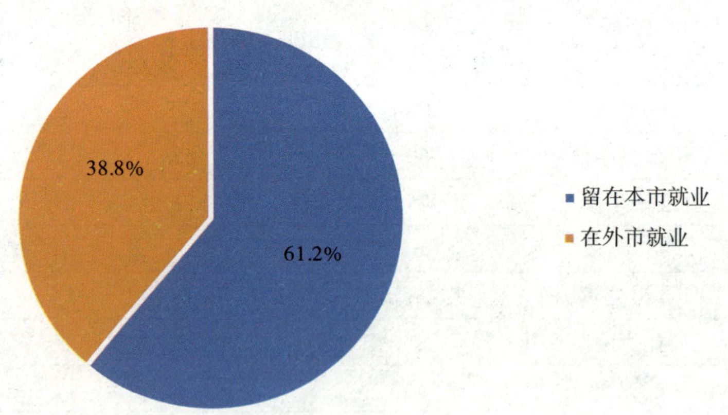

图18-5 鄂尔多斯市旅游及相关专业院校的毕业生去向结构

2. 主要特征

（1）学历结构特征：调查表明，6 所院校旅游管理专业教师均具有本科及以上学历。其中，具有博士学位者占 3.23%，具有硕士学位者占 38.71%，具有本科学历者占 58.06%（见表 18–10、图 18–6）。

表18-10 鄂尔多斯市旅游教育人才的学历分布

学校名称	人才总数（人）	学历分布（人）			
		大专及以下	本科	硕士	博士级以上
鄂尔多斯应用技术学院	9	0	0	8	1
准格尔旗职业高中	6	0	6	0	0
鄂尔多斯职业学院	4	0	1	3	0
达拉特旗第十中学	6	0	5	1	0
鄂尔多斯市东胜区现代服务业管理学校	4	0	4	0	0
伊金霍洛旗高级职业中学	2	0	2	0	0
合计（人）	31	0	18	12	1

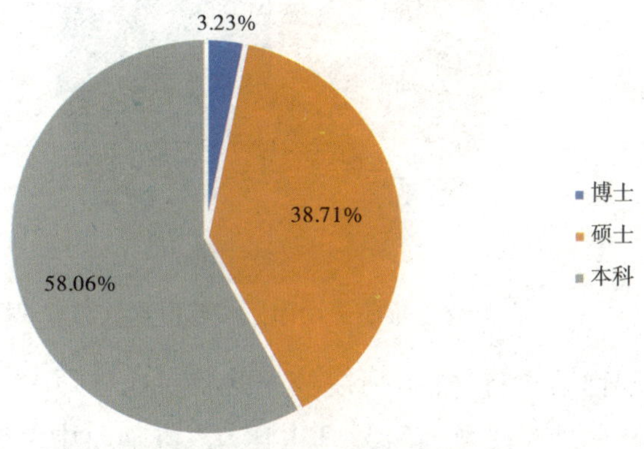

图18-6 鄂尔多斯市旅游教育人才的学历结构

（2）专业结构特征：6所院校的旅游管理专业教师中，旅游类专业（包括旅游管理、饭店管理）教师占64.52%，非旅游类专业教师占35.48%（见表18-11、图18-7）。

表18-11 鄂尔多斯市旅游教育人才的专业分布

学校名称	人才总数（人）	专业分布（人）	
		旅游类专业	非旅游类专业
鄂尔多斯应用技术学院	9	7	2
准格尔旗职业高中	6	4	2

学校名称	人才总数（人）	专业分布（人）	
		旅游类专业	非旅游类专业
鄂尔多斯职业学院	4	2	2
达拉特旗第十中学	6	4	2
鄂尔多斯市东胜区现代服务业管理学校	4	2	2
伊金霍洛旗高级职业中学	2	1	1
合计（人）	31	20	11

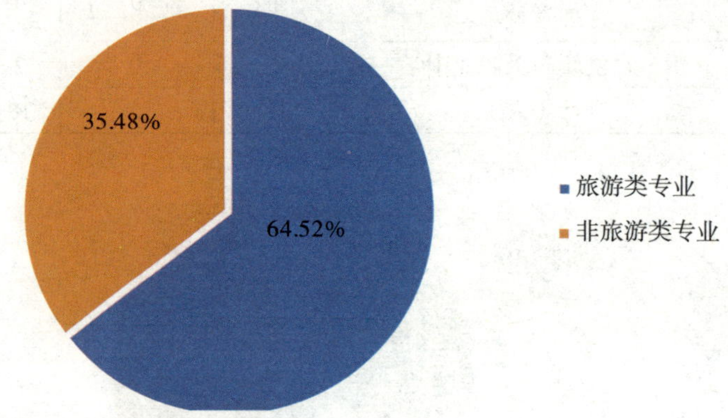

图18-7　鄂尔多斯市旅游教育人才的专业结构

（3）职称结构特征：6 所院校的旅游专业教师中，教授及特级教师占比为 3.22%，副教授及高级教师占比 0，讲师及中级教师占比为 54.84%，助教、初级教师及无职称教师占比为 41.92%（见表 18–12、图 18–8）。

表18-12　鄂尔多斯市旅游教育人才的职称分布

学校名称	人才总数（人）	职称分布（人）			
		教授	副教授	讲师	助教
鄂尔多斯应用技术学院	9	1	0	6	2
准格尔旗职业高中旅游专业	6	0	0	4	2
鄂尔多斯职业学院	4	0	0	1	3
达拉特旗第十中学旅游专业	6	0	0	2	4
鄂尔多斯市东胜区现代服务业管理学校	4	0	0	2	2

学校名称	人才总数（人）	职称分布（人）			
		教授	副教授	讲师	助教
伊金霍洛旗高级职业中学	2	0	0	2	0
合计（人）	31	1	0	17	13

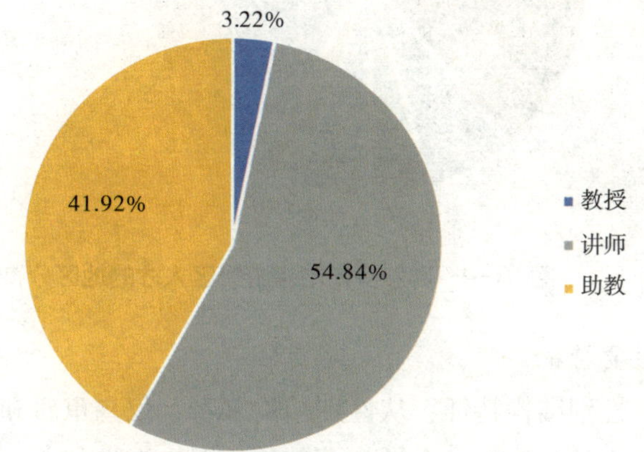

图18-8　鄂尔多斯市旅游教育人才的职称结构

（三）旅游景区人才特征

1. 基本情况

编制组对鄂尔多斯市 45 家景区（景点）进行调研，其中包括 5A 级景区 2 家，4A 级景区 28 家，3A 级景区 11 家，其余 4 家为 2A 或 2A 级以下。从地区分布来看，康巴什和东胜 5 家，伊金霍洛旗 8 家，准格尔旗 4 家，乌审旗 5 家，鄂托克旗 3 家，鄂托克前旗 5 家，杭锦旗 6 家，达拉特旗 9 家（见表 18–13）。受景区地区分布和规模的影响，人才数量在地区分布上呈现出区域相对集中的态势。图 18–9 显示，景区人才主要集中于东胜区、达拉特旗、杭锦旗以及伊金霍洛旗。

表18–13　鄂尔多斯市旅游景区人才的地区分布

地区	东胜区	康巴什区	伊金霍洛旗	准格尔旗	乌审旗	鄂托克旗	鄂托克前旗	杭锦旗	达拉特旗	总计
人才数量（人）	1110	79	863	175	262	223	329	871	1060	4972

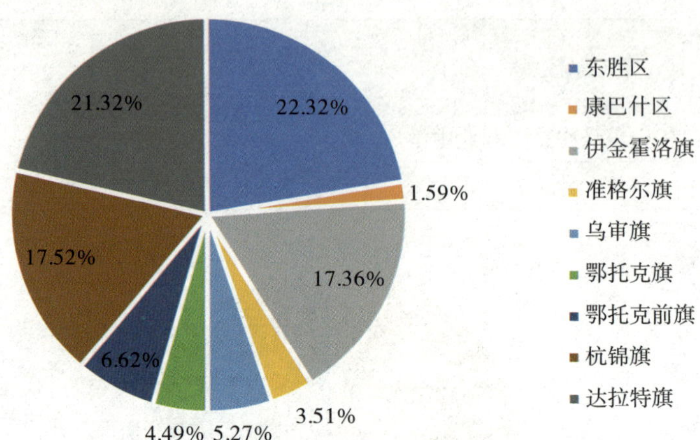

图18-9　鄂尔多斯市旅游景区人才的地区分布结构

2. 主要特征

（1）性别结构特征：从性别结构来看，仅乌审旗和鄂托克前旗景区的男性从业人员数量超过女性；在其他地区，女性从业人员数量远超过男性从业人员（见表 18-14）。

表18-14　鄂尔多斯市旅游景区人才的性别分布

地区	人才数量（人）	
	女	男
东胜区	656	454
康巴什区	42	37
伊金霍洛旗	519	344
准格尔旗	107	68
乌审旗	104	158
鄂托克旗	132	91
鄂托克前旗	152	177
杭锦旗	548	323
达拉特旗	771	289
合计（人）	3031	1941

（2）年龄结构特征：总体来看，鄂尔多斯的景区从业人员呈现年轻化趋势。其中，25~34 岁人数最多，占比 41.79%；其次是 16~24 岁人员，占比 23.61%；35~44 岁从业人员占比为 21.12%；45 岁及以上从业人员相对较少，并且多数为景区的中高层管理人员（见表 18–15）。

表18–15　鄂尔多斯市旅游景区人才的年龄分布

地区	人才数量（人）			
	16~24岁	25~34岁	35~44岁	45岁及以上
东胜区	109	629	206	166
康巴什区	3	41	23	12
伊金霍洛旗	107	358	201	197
准格尔旗	21	69	60	25
乌审旗	81	120	54	7
鄂托克旗	42	55	80	46
鄂托克前旗	72	198	44	15
杭锦旗	224	288	241	118
达拉特旗	515	320	140	84
合计（人）	1174	2078	1050	670

（3）学历结构特征：东胜区、伊金霍洛旗、鄂托克旗、鄂托克前旗、杭锦旗以及达拉特旗等景区的从业人员中，大专及以下学历者占比 80% 以上，本科学历者占比 16.71%，硕士学历者仅占 0.48%，无博士学位者（见表 18–16）。

表18–16　鄂尔多斯市旅游景区人才的学历分布

地区	人才数量（人）			
	大专及以下	本科	硕士	博士
东胜区	894	214	2	0
康巴什区	32	47	0	0
伊金霍洛旗	708	142	13	0

地区	人才数量（人）			
	大专及以下	本科	硕士	博士
准格尔旗	135	39	1	0
乌审旗	198	62	2	0
鄂托克旗	197	25	1	0
鄂托克前旗	291	35	3	0
杭锦旗	761	110	0	0
达拉特旗	901	157	2	0
合计（人）	4117	831	24	0

（4）工龄结构特征：鄂尔多斯各地的景区人才中，工龄在 3 年以内的占比 69.81%；工龄 4~9 年者占比 23.27%，工龄 10~20 年者仅占 5.01%，而工龄 20 年以上的老员工仅占 1.91%（见表 18–17）。

表18–17　鄂尔多斯市旅游景区人才的工龄分布

地区	人才数量（人）				所占比例（%）			
	3年以内	4~9年	10~20年	20年以上	3年以内	4~9年	10~20年	20年以上
东胜区	938	163	7	2	27.02%	14.09%	2.81%	2.11%
康巴什区	35	44	0	0	1.01%	3.80%	0	0
伊金霍洛旗	417	252	106	88	12.01%	21.78%	42.57%	92.63%
准格尔旗	71	79	25	0	2.05%	6.83%	10.04%	0
乌审旗	168	71	23	0	4.90%	6.14%	9.24%	0
鄂托克旗	146	69	8	0	4.20%	5.96%	3.21%	0
鄂托克前旗	267	59	3	0	7.69%	5.10%	1.20%	0
杭锦旗	551	305	15	0	15.87%	26.36%	6.02%	0
达拉特旗	878	115	62	5	25.30%	9.94%	24.90%	5.26%
合计	3471	1157	249	95	69.81%	23.27%	5.01%	1.91%

（5）专业结构特征：景区人才中，非旅游类相关专业的占 87.91%。其中，东胜区、伊金霍洛旗、鄂托克前旗和杭锦旗的非旅游类专业从业人

员甚至超过90%（见表18-18）。

表18-18 鄂尔多斯市旅游景区人才的专业分布

地区	人才数量（人）	
	旅游类专业	非旅游类专业
东胜区	269	841
康巴什区	21	58
伊金霍洛旗	98	765
准格尔旗	27	148
乌审旗	38	224
鄂托克旗	21	202
鄂托克前旗	57	272
杭锦旗	38	833
达拉特旗	32	1028
合计（人）	601	4371

（6）人才来源特征：鄂尔多斯市景区人才一半以上来自鄂尔多斯地区，周边盟市人才占比13.56%，自治区外人才数量较少，仅占8.28%；海外从业人员非常少（见表18-19）。

表18-19 鄂尔多斯市旅游景区人才的来源分布[①]

地区	人才数量（人）				所占比例（%）			
	本市	本区	区外	海外	本市	本区	区外	海外
东胜区	916	120	73	1	82.52%	10.81%	6.58%	0.09%
康巴什区	55	20	4	0	69.62%	25.32%	5.06%	0
伊金霍洛旗	697	85	81	0	80.76%	9.85%	9.39%	0
准格尔旗	149	17	9	0	85.14%	9.72%	5.14%	0
乌审旗	175	45	37	5	66.79%	17.18%	14.12%	1.91%
鄂托克前旗	197	79	53	0	59.88%	24.01%	16.11%	0
杭锦旗	575	211	83	2	66.02%	24.22%	9.53%	0.23%
达拉特旗	940	67	53	0	88.68%	6.32%	5.00%	0
合计	3704	647	393	8	77.99%	13.56%	8.28%	0.17%

① 本次调研人才来源结构数据表中，本市指鄂尔多斯地区，本区指内蒙古自治区内但不包含鄂尔多斯，区外指国内但不包含内蒙古自治区，海外包含外籍人员以及留学归国人员。鄂托克旗数据缺失。

（四）旅游住宿业人才特征

1. 基本情况

编制组共调研了全市 31 家星级饭店，人才总量为 2956 人，其中 1471 人分布于东胜区，占人才总量的 49.76%；其次为伊金霍洛旗，人才总数为 501 人，占人才总量的 16.95%；准格尔旗位列第三，人才总数为 216 人，占人才总量的 7.30%。其余各旗（区）所占比例均较小（见表 18-20、图 18-10）。

表18-20　鄂尔多斯市旅游住宿业人才的地区分布

地区	总计	东胜区	康巴什区	伊金霍洛旗	准格尔旗	乌审旗	鄂托克旗	鄂托克前旗	杭锦旗	达拉特旗
人才总数	2956	1471	85	501	216	159	107	84	134	199

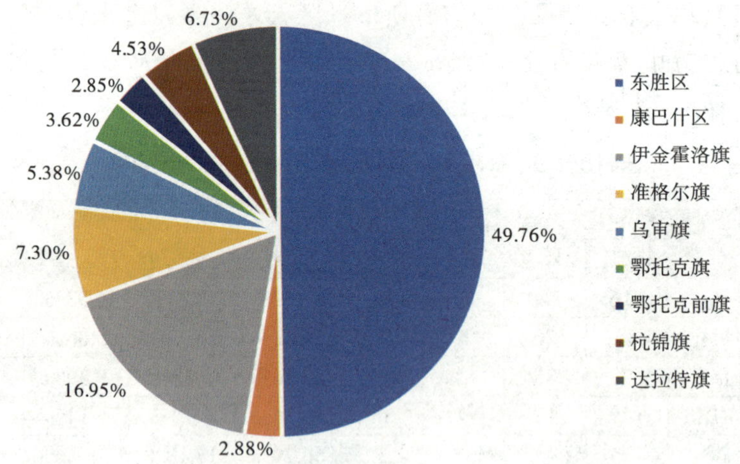

图18-10　鄂尔多斯市旅游住宿业人才的地区分布结构

2. 主要特征

（1）年龄结构特征：住宿行业人才表现出明显的年轻化特征，43.43% 的人才年龄在 25~34 岁，35~44 岁者占 22.33%，16~24 岁者占 19.69%，45 岁及以上者占 14.55%（见表 18-21、图 18-11）。

表18-21　鄂尔多斯市旅游住宿业人才的年龄分布

地区		东胜区	康巴什区	伊金霍洛旗	准格尔旗	乌审旗	鄂托克旗	鄂托克前旗	杭锦旗	达拉特旗
年龄结构	16~24岁	328	0	69	73	49	7	14	18	24
	25~34岁	642	60	248	76	67	46	48	45	52
	35~44岁	296	15	103	54	43	27	13	44	65
	45岁及以上	205	10	81	13	0	27	9	27	58

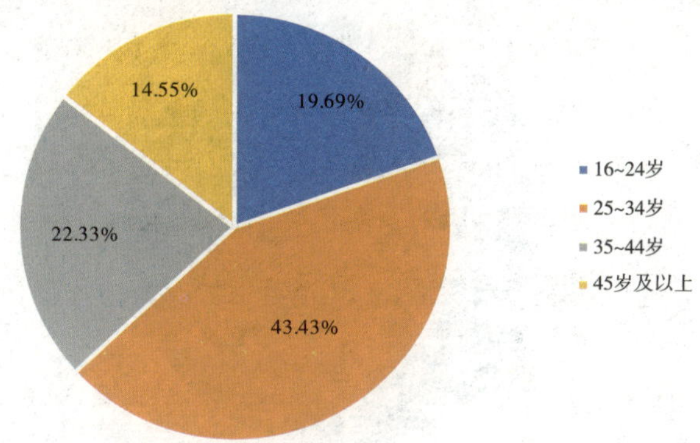

图18-11　鄂尔多斯市旅游住宿业人才的年龄结构

（2）性别结构特征：男性与女性的比例分别为43.23%、56.77%，女性数量高出男性约13个百分点（见表18-22）。

表18-22　鄂尔多斯市旅游住宿业人才的性别分布

地区		东胜区	康巴什区	伊金霍洛旗	准格尔旗	乌审旗	鄂托克旗	鄂托克前旗	杭锦旗	达拉特旗	总计
性别分布（人）	男	659	50	218	67	48	74	44	36	82	1278
	女	812	35	283	149	111	33	40	98	117	1678

（3）学历结构特征：旅游住宿业从业人员的学历层次普遍偏低。其中，大专及以下所占比例最高，为90.66%；本科生所占比例为7.34%，硕士研究生仅2.00%（见表18-23、图18-12）。

表18-23 鄂尔多斯市旅游住宿业人才的学历分布

地区		东胜区	康巴什区	伊金霍洛旗	准格尔旗	乌审旗	鄂托克旗	鄂托克前旗	杭锦旗	达拉特旗	合计
学历分布（人）	大专及以下	1312	75	444	202	156	103	74	132	182	2680
	本科	104	10	54	14	3	4	9	2	17	217
	硕士	55	0	3	0	0	0	1	0	0	59
	博士	0	0	0	0	0	0	0	0	0	0

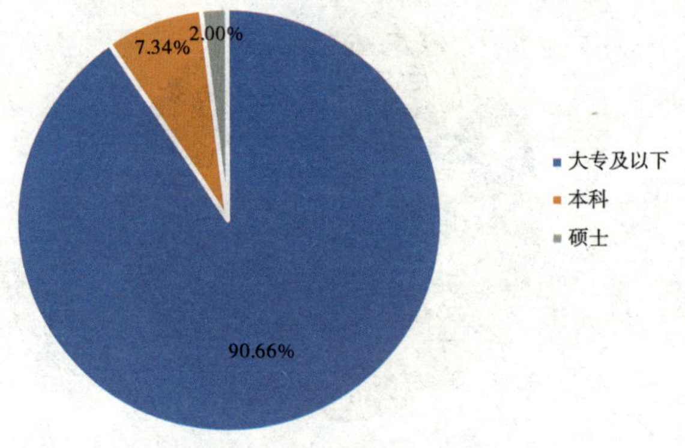

图18-12 鄂尔多斯市旅游住宿业人才的学历结构

（4）专业结构特征：旅游住宿业员工中，仅 21.45%（不含实习生）所学专业为旅游管理或饭店管理。从业人员的专业性普遍偏低（见表 18-24）。

表18-24 鄂尔多斯市旅游住宿业人才的专业分布

地区		东胜区	康巴什区	伊金霍洛旗	准格尔旗	乌审旗	鄂托克旗	鄂托克前旗	杭锦旗	达拉特旗	合计
专业分布（人）	旅游类专业	55	15	407	11	21	1	40	82	2	634
	非旅游类专业	1416	70	94	205	138	106	44	52	197	2322

（5）工龄结构特征：旅游住宿业人才中，在同一饭店工作时间少于 3 年者占 61.30%；工作时间 4~9 年者占 30.24%；工作时间 10~20 年者占 5.38%；工作时间 20 年以上者占 3.08%。经过调研及深度访谈，可以发现：在同一饭

店工作时间高于 5 年者，大多为中高层管理人才（见表 18-25、图 18-13）。

表18-25 鄂尔多斯市旅游住宿业人才的工龄分布

地区		东胜区	康巴什区	伊金霍洛旗	准格尔旗	乌审旗	鄂托克旗	鄂托克前旗	杭锦旗	达拉特旗	合计
工龄分布（人）	3年以下	825	85	225	152	121	102	69	93	140	1812
	4~9年	532	0	149	60	38	5	11	41	58	894
	10~20年	106	0	44	4	0	0	4	0	1	159
	20年以上	8	0	83	0	0	0	0	0	0	91

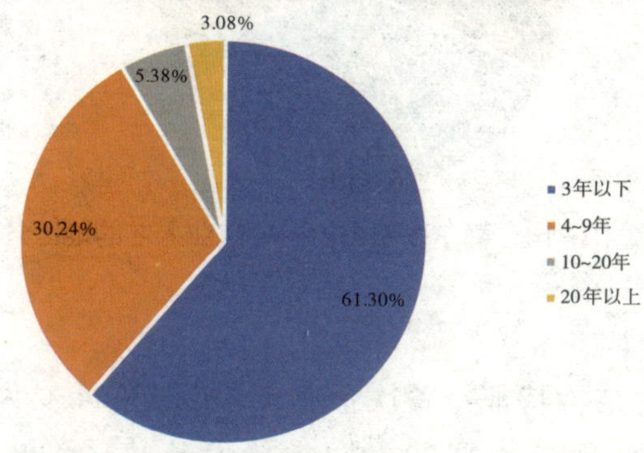

图18-13 鄂尔多斯市旅游住宿业人才的工龄结构

（五）旅游餐饮业人才特征

1. 基本情况

“食”被置于旅游活动六大要素（“食、住、行、游、购、娱”）之首。餐饮企业也因此成为旅游业的一个重要的不可或缺的部门。但在进行旅游统计时，却很少将旅游餐饮业纳入其中。编制组重点调研了鄂尔多斯市星级家庭接待户、牧家乐等特色餐饮企业的人才状况。

调研数据显示：全市旅游餐饮企业人才共有 2282 人。其中，达拉特旗、伊金霍洛旗、乌审旗是餐饮业人才最为集中的地区，人才数量分别占全市人才总量的 22.70%、17.57% 和 16.52%；准格尔旗、鄂托克旗、鄂托克前旗、杭锦旗、东胜区分别占 8.55%、9.47%、12.22%、9.25% 和 3.72%（见表 18-26、图 18-14）。

表18-26 鄂尔多斯市旅游餐饮业人才的地区分布

地区	东胜区	康巴什区	伊金霍洛旗	准格尔旗	乌审旗	鄂托克旗	鄂托克前旗	杭锦旗	达拉特旗
总数	85	0	401	195	377	216	279	211	518

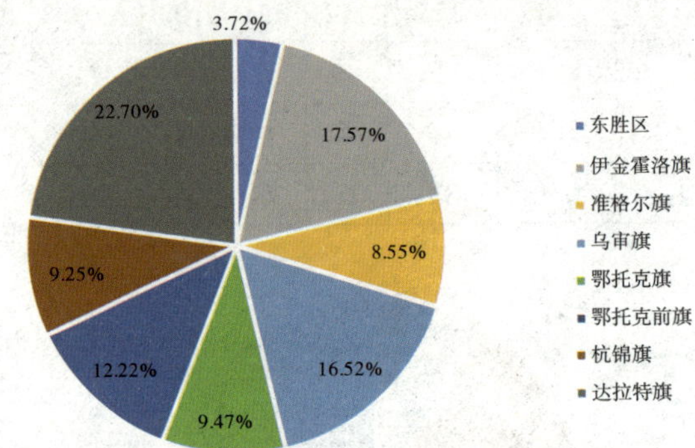

图18-14 鄂尔多斯市旅游餐饮业人才的地区分布结构

2. 主要特征

（1）年龄结构特征：餐饮企业人才以25~44岁为主，35~44岁者占36.46%，25~34岁者占31.99%，16~24岁者占16.83%，45岁及以上者占14.72%（见表18-27、图18-15）。

表18-27 鄂尔多斯市旅游餐饮业人才的年龄分布

地区		东胜区	伊金霍洛旗	准格尔旗	乌审旗	鄂托克旗	鄂托克前旗	杭锦旗	达拉特旗
年龄分布（人）	16~24岁	3	99	17	71	10	47	23	114
	25~34岁	13	133	45	153	57	131	55	143
	35~44岁	43	99	94	133	114	73	131	145
	45岁及以上	26	70	39	20	35	28	2	116

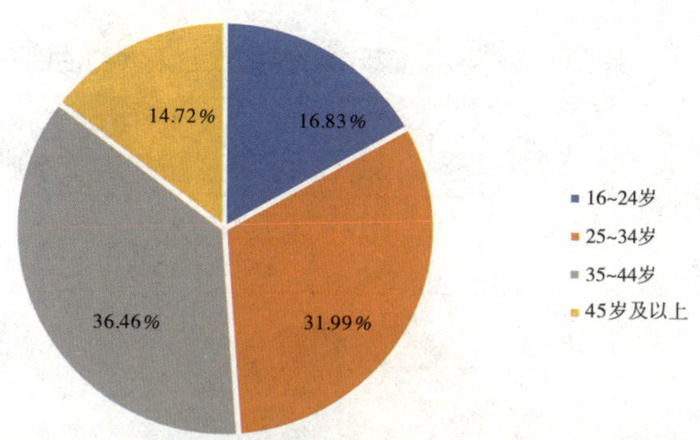

图18-15 鄂尔多斯市旅游餐饮业人才的年龄结构

（2）学历结构特征：餐饮企业人才学历偏低，85.89% 为大专及以下学历，本科及以上学历者仅占 14.11%（见表 18-28、图 18-16）。

表18-28 鄂尔多斯市旅游餐饮业人才的学历分布

地区		东胜区	伊金霍洛旗	准格尔旗	乌审旗	鄂托克旗	鄂托克前旗	杭锦旗	达拉特旗
学历分布（人）	大专及以下	71	359	181	377	198	117	211	446
	本科	14	42	14	0	14	113	0	70
	硕士	0	0	0	0	4	44	0	2
	博士	0	0	0	0	0	5	0	0

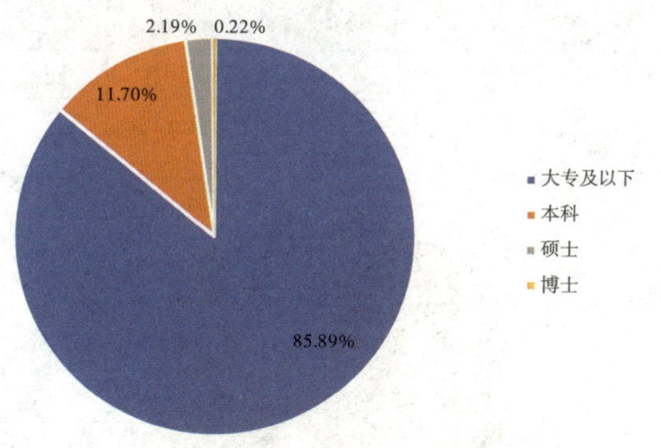

图18-16 鄂尔多斯市旅游餐饮业人才的学历结构

（3）性别结构特征：旅游餐饮业从业者以男性居多，所占比例为 52.89%，女性占 47.11%（见表 18-29、图 18-17）。

表18-29 鄂尔多斯市旅游餐饮业人才的性别分布

地区		东胜区	伊金霍洛旗	准格尔旗	乌审旗	鄂托克旗	鄂托克前旗	杭锦旗	达拉特旗
性别分布（人）	男	46	214	97	215	116	126	104	289
	女	39	187	98	162	100	153	107	229

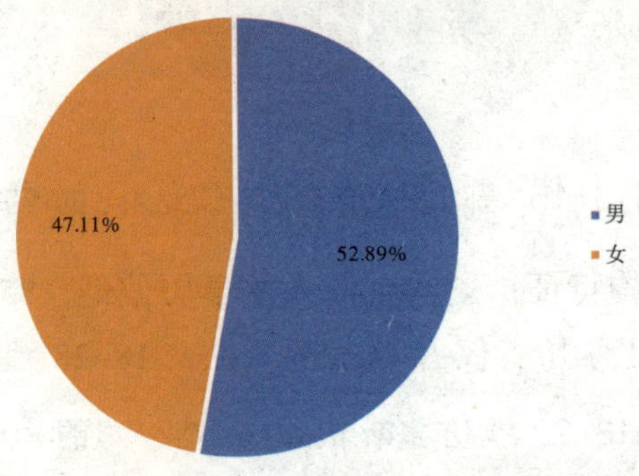

图18-17 鄂尔多斯市旅游餐饮业人才的性别结构

（4）专业结构特征：旅游餐饮业员工中，专业为旅游管理或饭店管理的员工仅占10.12%（不含实习生），专业结构十分不合理（见表18-30、图18-18）。

表18-30 鄂尔多斯市旅游餐饮业人才的专业分布

地区		东胜区	伊金霍洛旗	准格尔旗	乌审旗	鄂托克旗	鄂托克前旗	杭锦旗	达拉特旗
专业分布（人）	旅游类专业	9	24	4	10	18	154	0	12
	非旅游类专业	76	377	191	367	198	125	211	506

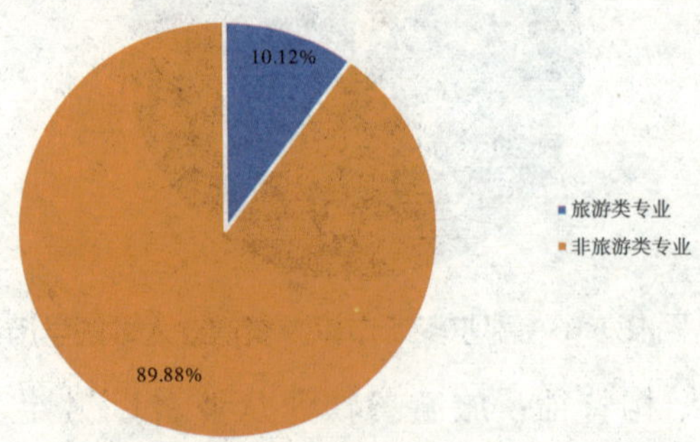

图18-18 鄂尔多斯市旅游餐饮业人才的专业结构

（5）工龄结构特征：基层员工（主要是服务技能人才）的企业忠诚度不高，流动性较大。在同一餐饮企业工作时间少于3年者占比58.20%；工作时间4~9年者占比33.39%，工作时间10~20年者占比7.84%，20年以上者的比例为0.57%（见表18-31、图18-19）。

表18-31　鄂尔多斯市旅游餐饮业人才的工龄分布

地区		东胜区	伊金霍洛旗	准格尔旗	乌审旗	鄂托克旗	鄂托克前旗	杭锦旗	达拉特旗
人才数量（人）	3年以下	50	292	113	136	92	204	59	382
	4~9年	25	105	69	188	100	68	135	72
	10~20年	9	4	12	42	24	7	17	64
	20年以上	1	0	1	11	0	0	0	0

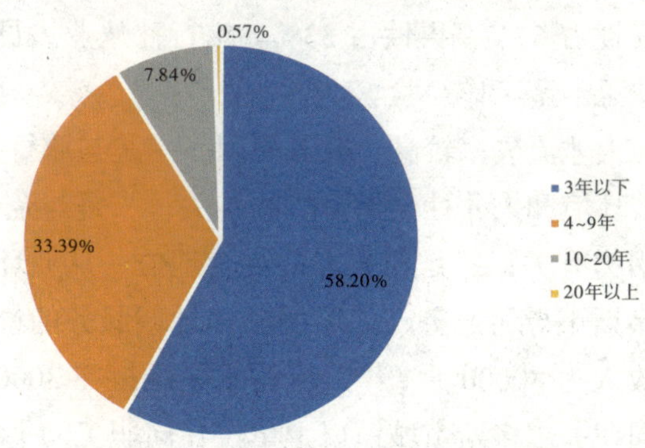

图18-19　鄂尔多斯市旅游餐饮业人才的工龄结构

第十九章　鄂尔多斯市旅游人才需求预测

一、鄂尔多斯市旅游人才发展概况

（一）旅行社人才的现状和问题

第一，旅行社规模普遍偏小，人才队伍比较分散。据调查，鄂尔多斯市平均每家旅行社的职工数仅为 4.67 人，人数最少的为 2 人，最多的为 22 人。其中职工数在 10 人以下的有 63 家，占 83.56%；职工数在 11~20 人的有 15 家，占 15.09%；职工数在 21~30 人的有 1 家，占 1.35%。与此同时，旅行社行业准入门槛低，大多以“宽进严管”为原则，一方面促进了旅行社行业队伍的扩充，另一方面也加剧了旅行社之间的行业竞争。

第二，年龄结构趋于年轻，女性比例偏高。调研显示，全市旅行社从业人员中女性占 67%，男性占 33%。旅行社从业人员以 30 岁以下人员为主，大多缺乏丰富工作经验。

第三，人才流失率较高。究其原因，一是与旅行社行业发展规模、人才职业发展环境和人才社会保障机制相关；二是与企业的用人机制、职业岗位的吸引力有关；三是与人才的社会地位、从业环境及薪酬待遇有关。目前鄂尔多斯市导游服务、门市服务和计调服务的最低收入为 20000 元 / 年，最高收入为 80000 元 / 年，平均水平维持在 30000 元 / 年左右，这一标准低于同期鄂尔多斯市城镇以上单位在岗职工的平均工资水平。

第四，导游队伍整体水平仍需提高。目前全市旅行社中共有导游 325 人，占旅行社现有从业人员的 36.68%，导游队伍学历主要集中在高中（中职）和大专层次，学历层次还需进一步提升。同时，随着鄂尔多斯市入境游客数量的增长，导游人才队伍的外语水平亟须提高。

（二）旅游教育人才的现状和问题

一是人才供给与人才需求矛盾突出。鄂尔多斯市旅游业发展的良好态势及行业人才需求的不断增长，与区域内旅游专业人才培养输送量存在明显矛盾。每年本土院校输送的旅游专业毕业生与全市旅游市场的实际需求不够匹配。

二是旅游院校办学水平有待提升。鄂尔多斯市目前有6所院校开设旅游管理相关专业，这些院校的办学水平总体偏低，本专科教育与本地产业未形成有效支撑和良性互动，专业设置主要集中在烹饪、导游和酒店服务，缺乏与新兴旅游产业有效对接的培养方案。

三是旅游教育人才综合实力有待提高。全市拥有从事旅游相关专业教学的教师31人，其中“双师型”教师仅18人。从学历来看，硕士12人，占38.71%；本科18人，占58.06%；博士1人，占3.23%。从工作经历来看，大部分教师是从院校毕业直接从事教师行业，缺乏行业经验。

（三）旅游景区人才的现状和问题

1. 专业人才匮乏

从对鄂尔多斯市45家景区的调研来看，景区现有从业人员中，近90%的人员来源非旅游管理专业，敬业精神、职业道德、服务意识和服务技能不强，整体服务质量亟须提升。同时，鄂尔多斯市大多景区文化特色鲜明且面向国际客源市场，缺乏懂蒙语、汉语且会英语的多语种型人才（见表19-1）。

表19-1　鄂尔多斯市旅游景区人才的语言结构

地区	东胜区	康巴什区	伊金霍洛旗	准格尔旗	乌审旗	鄂托克旗	鄂托克前旗	杭锦旗	达拉特旗	总计
英语及其他	0	2	228	0	16	121	5	22	10	404
蒙语	0	1	395	0	108	102	84	318	3	1011

2. 高学历人才匮乏

随着鄂尔多斯市对外开放程度的不断提高，景区对高素质创意人才、经营管理人才、营销策划人才、专业技术人才及行政管理人才的需求日益迫切。但目前景区旅游人才的学历程度总体偏低，尤其缺乏高素质、高学历、高技能的领军型人才。

3. 人才流失率较高

景区旅游人才的流动可分为两类：一是横向流动，即在本地区内的流动；二是纵向流动，即向地区外的流动。景区人才流动的原因主要集中于五个方面：一是同业竞争。对于一些紧缺的旅游人才，如经营管理人员、营销策划人员、电子商务人员、特殊保障人员等，往往会因为其他景区或旅游单位的加薪、升职等因素影响而发生流动。二是其他行业的招徕。景区工作往往具有劳动强度大、薪酬待遇低、服务对象复杂等特点，因此在同地区、同等条件下，旅游人才流失到其他行业的现象也比较普遍。三是工作环境艰苦。鄂尔多斯市大多旅游景区位于交通不便、生活条件较为艰苦的地区，景区工作人员在住房、落户、教育、卫生、医疗等方面得不到有效保障，因此景区工作人员往往会受中心城市拉力和人才自身发展需要逐渐向中心城市流动。四是景区人才发展空间受限。多数景区为了追求企业短期利润最大化，很少在人才培养和发展上进行足量投入，对从业人员也缺乏必要的职业生涯规划及培训。五是景区的人力资源管理普遍较为落后，缺少科学完善的人才管理、保障和奖励机制。

（四）旅游住宿和餐饮业人才的现状和问题

1. 地区分布不够平衡

鄂尔多斯市旅游住宿业人才主要分布在东胜区，所占比例约 50%；旅游餐饮业人才则主要分布在达拉特旗、伊金霍洛旗和乌审旗，三个地区所占比例超过 50%。这种分布状况主要源于各地区旅游业发展的不平衡。

2. 年龄结构不尽合理

鄂尔多斯市旅游住宿业和餐饮业员工的年龄大多集中于 25~34 岁，其所占比例分别为 43.43% 和 31.99%；35~44 岁年龄段员工所占比例分别为 22.33% 和 36.46%；16~24 岁年龄段员工所占比例分别为 19.69% 和 16.83%；45 岁及以上年龄段员工所占比例分别为 14.55% 和 14.72%。人才队伍的年轻化现状表明：旅游住宿业和餐饮业还没有形成科学、系统的管理机制和足够的职业吸引力。

3. 学历层次普遍较低

鄂尔多斯市旅游住宿业员工中，学历为大专及以下者所占比重高达 90.66%。餐饮业员工的学历也普遍偏低，大专及以下者所占比重高达 85.89%。硕士及以上学历者，旅游住宿业（星级酒店）仅占 2.00%，餐饮业仅占 2.19%。总体来看，鄂尔多斯市旅游住宿业和餐饮业从业人员的学历层次与全国平均水平还存在较大差距。

4. 专业结构不合理

与全国很多地区一样，鄂尔多斯市旅游住宿业和餐饮业员工的专业构成比较复杂，旅游专业出身的人才比例很低。其中，旅游住宿业中只有21.45% 的员工所学专业为旅游管理或饭店管理，餐饮业中仅有 10.12% 的员工所学专业为旅游管理或饭店管理。

5. 人才流失频率较高

数据显示：在同一饭店工作时间少于 3 年的员工占 61.23%，在同一餐饮企业工作时间少于 3 年的员工所占比重达 58.20%。尤其是基层服务人才的流失频率更高，“天天有人离职，月月招聘员工”的现象已经成为旅游住宿业和餐饮业管理者最为头痛的事情。

二、鄂尔多斯市旅游人才需求预测

（一）旅行社人才需求预测

随着鄂尔多斯市旅行社的转型升级，未来五年对以下人才的需求量将持续增长。第一，旅行社高层次管理人才。鄂尔多斯市从事旅行社经营与管理的人才，普遍缺少对行业发展趋势的研判能力以及改革创新的能力，无法适应日新月异的变化和发展。第二，导游人员，尤其是中高级和外语导游人员。东胜区旅游从业人员中，持证导游只有 34 人，且多数为初级导游员，外语导游严重短缺。第三，宣传、策划、营销人才。旅行社的转型升级和有序发展离不开有效的宣传、策划和营销人才。

（二）旅游教育人才需求预测

根据鄂尔多斯市旅行社、酒店和景区未来发展对人才的需要，结合已开设旅游管理相关专业的 6 所院校的师资队伍现状来看，未来五年，鄂尔多斯市旅游教育和培训单位的人才需求主要体现为两方面。第一，专业领军人才，针对各旅游教育单位的办学情况，每个旅游及相关专业院校至少需要 1 名专业领军人才。第二，创新性“产学研”能力突出的专业人才，每个专业院校至少需要 3~5 名创新性“产学研”能力突出的专业人才。

（三）旅游景区人才需求预测

鄂尔多斯市旅游资源丰富，旅游景区（景点）类型齐全，未来的发展和提升具有广阔的空间。但是，目前突出的问题是，景区经营管理人才和服务人才的匮乏。根据鄂尔多斯市旅游景区（景点）报送的数据显示，未来五年鄂尔多斯市旅游景区人才的需求量至少在 4100 人以上（见表 19–2）。

表19–2　鄂尔多斯市旅游景区（景点）未来五年人才需求

地区	东胜区	康巴什区	伊金霍洛旗	准格尔旗	乌审旗	鄂托克旗	鄂托克前旗	杭锦旗	达拉特旗	总计
人才缺口（人）	718	30	518	350	88	157	9	1765	561	4196

（四）旅游住宿和餐饮业人才需求预测

“十四五”期间，鄂尔多斯市旅游住宿业的发展将继续保持稳中有升的趋势。初步预计，星级饭店将至少达 40 家以上，其中五星级饭店 2 家以上，四星级饭店 8 家以上，三星级饭店 20 家以上。同时三星级以下旅游饭店、经济型社会旅馆、中档饭店、“农家乐”、家庭旅馆、汽车旅馆、青年旅馆等经济型旅馆以及商务、假日、新婚、汽车、郊野等专业型特色旅馆和营地也将逐渐在市场中占有一席之地。因此，按照《中国星级酒店评定标准》的要求（五星级酒店客房与人员比为 0.7~0.8，四星级酒店客房人员比为 0.4 左右，经济型酒店客房与人员比例为 0.24 左右）来预测，未来五年鄂尔多斯市旅游住宿业人才的需求将达到 1069 人左右（见表 19–3）。

表19–3　鄂尔多斯市旅游住宿业未来五年人才需求

地区	东胜区	康巴什区	伊金霍洛旗	准格尔旗	乌审旗	鄂托克旗	鄂托克前旗	杭锦旗	达拉特旗	合计
未来五年人才需求量（人）	423	167	120	50	40	25	22	190	32	1069

据测算，“十四五”期间，鄂尔多斯市游客接待量将实现年均增长 20% 左右；旅游总收入实现年均增长 25% 左右，旅游业将成为鄂尔多斯市的战略性支柱性产业。因此，旅游餐饮业（包括农家乐、牧家乐、渔家

乐、生态农庄、养殖公司、特色食府等）势必成为支撑鄂尔多斯市旅游业发展的重要力量。依据各旗区报送的人才需求数据，初步预测，鄂尔多斯市旅游餐饮业未来五年的人才需求量将达到960人（见表19-4）。

表19-4　鄂尔多斯市旅游餐饮业未来五年人才需求

地区	东胜区	康巴什区	伊金霍洛旗	准格尔旗	乌审旗	鄂托克旗	鄂托克前旗	杭锦旗	达拉特旗	合计
未来五年人才需求量（人）	98	124	228	67	68	101	153	57	64	960

三、鄂尔多斯市旅游人才发展措施

（一）旅行社人才发展措施

第一，改革导游人员薪酬体制，创新以人才为核心的导游人才队伍架构体系。按高级、中级、初级对导游进行分级管理，区别薪酬待遇；培养和评选大批优秀导游员、讲解员，大力奖励“名导”“名嘴”，在全市形成一种尊重导游人员的良好社会氛围。

第二，鼓励旅行社建立人才培养机制，大力提升导游人员素质。把旅游人才培养指标纳入旅行社A级评定体系中，建立以旅行社为主体的人才培养机制。开展导游“云课堂”远程在线培训项目、名导进课堂“送教上门”项目，有计划地开展系统的专业培训，建立全面化、系统化、常态化的导游人才培养机制，提高导游人员的整体素质。

第三，实施旅游英才计划。充分利用高校、职业院校及社会资源，通过“订单式”合作培育各种高级人才和旅游新业态紧缺人才；加强中青年旅游专家培养，开展旅游创客创业、旅游扶贫、旅游义务培训公益活动；支持高等院校加强旅游学科建设，对符合条件的旅游人才，纳入市级扶持奖励计划。

第四，大力培养多语种导游人才。根据产业发展需要，培养一批适应鄂尔多斯市境外旅游市场快速发展的外语导游人才，同时大力培养一批蒙汉语兼通的本地导游员，保护和传承鄂尔多斯市旅游文化。

第五，组织开展技能大赛、岗位练兵等活动。定期举行全市导游大赛，以赛代训、以赛促训；鼓励企业开展常态化的岗位练兵活动，激励和鼓励旅行社人才努力提高自身素质。

（二）旅游教育人才发展措施

第一，优化专业结构，加强学科建设。对于开设旅游相关专业的本地院校，应进一步优化现有专业结构，以学徒制、订单班等形式开设新型专业方向；鼓励校企联合开发专业课程，组织开展优质资源课程建设，搭建鄂尔多斯市旅游教育数字化课程资源共享平台，系统开发一批数字化课程资源包；同时加大实践性教学，增强人才培养的职业适应性，提高人才培养效果。

第二，深化校企合作。积极推动校企联合招生、联合培养、一体化育人的现代学徒制。支持旅游企业，特别是龙头企业牵头组建旅游职业教育集团，发挥旅游职业教育集团在促进旅游产业链和旅游职业教育链有机融合的重要作用。

第三，提升专任、兼职教师的整体教学水平。通过多种途径，加大旅游专业带头人、骨干教师和“教练型”教学名师的培养力度；通过企业兼职、挂职锻炼等方式，提高专任教师的双师素质；聘请具有企业实践经历、高级技术技能和管理服务经验的人员担任兼职教师，建立稳定的兼职教师队伍。

第四，提高国际化办学水平。鼓励和支持本地高等院校开展国际化办学活动，拓展海外实习实训渠道，加强与国外旅游院校的交流与合作，进一步提升旅游人才的国际化水平。

第五，开展创新创业教育。围绕大众创业、万众创新和促进旅游就业等相关要求，大力开展鄂尔多斯市高等院校旅游相关专业学生的创新创业教育。高等院校要围绕创新创业教育目标要求，促进专业教育与创新创业教育有机融合，挖掘和充实各类专业课程的创新创业教育资源。

（三）旅游景区人才发展措施

第一，加强领导，合理规划。牢固树立“一把手抓第一资源”的人才工作理念，加强市委、市政府对开发景区人才资源、建设景区人才队伍的领导作用，充分发挥旅游行政主管部门建设人才队伍的工作职能。对景区人才队伍建设要进行合理规划，既要对景区人才的总量和结构进行布局；又要根据各景区发展的实际情况，有计划、分批次地进行人才培训和培养。

第二，制定景区人才引进政策。制定切实可行的景区人才引进政策，设立人才专项基金，建立高层次景区人才住房保障机制，对引进的优秀景区人才给予户籍、编制、子女入学入托或家属随迁等方面的特殊照顾，对于成果突出和急需的优秀人才，要在政策、资金上给予更多的支持、更强的激励，使其发挥出更大的价值。

第三，提高景区的职业吸引力和社会地位。受传统观念、新闻宣传、薪酬待遇等因素的影响，旅游景区人才流失率较高。因此必须改善景区人员的工作环境和社会舆论环境，改革景区人才薪酬体制，引导新闻媒体对景区工作进行正面宣传，宣传和表彰先进典型人物；建立和完善景区人才职业资格和职称制度，健全职业技能鉴定体系，探索旅游景区职业经理人培养机制；将景区优秀人才吸纳到党团组织中去，邀请优秀人才参与行业内重要会议和政策意见征询，提高景区从业者的社会地位。

第四，提升景区人才素质。每年选派优秀人才到区内外、国内外先进景区挂职学习，开阔景区人才的眼界，提升管理和服务技能；鼓励景区人才利用业余时间，在职参加学习，并在学习时间、培训经费等方面提供必要的保障；聘请高等院校的相关专业教师为景区基层一线员工开展职业道德、服务意识、服务礼仪、市场营销等专题讲座，不断提高景区从业人员的业务能力和服务水平。

第五，加强景区与地方高校的合作，深化“校企融合”。景区要主动与地方高等院校加强联系，联合培养师资、联合开发课程和教材，为高校旅游专业学生免费提供实习基地和实习场所，以委托培养、订单培养等方式创新人才培养方式。

（四）旅游住宿和餐饮业人才发展措施

第一，优化人才结构，促进人才合理布局。一是对基层服务人才在政策上给予一定倾斜，改革基层服务人才的薪酬体制和社会保障机制；二是改善旅游住宿和旅游餐饮从业人员的工作环境，促进从业人员在地区间的合理流动，防止人才的不合理聚集。

第二，形成合理的职业发展和晋升机制。合理的职业发展和晋升机制有利于提高旅游住宿和餐饮业的职业认可度和忠诚度，增强职业的凝聚力。此外，还要积极建立“以人为本”的柔性化管理制度，通过激励、感召、诱导等方式来激发员工的内在潜力和工作积极性，给予员工未来职业发展的良好动力。

第三，多渠道提升人才的学历层次。大力发展远程教育和网络培训，通过远程教育和网络培训，全面提高在职人员尤其是企业一线管理人员和服务人员的学历层次；注重高学历人才的培养和人才储备，吸引更多高学历旅游人才注入人才队伍中；旅游教育培训部门与市内外乃至境外旅游高等院校联合举办在职学历提升班，提高在职旅游管理人才的理论素质和学历水平。

第四，提升旅游教育部门的人才培养质量。旅游院校应一方面利用企业优势，将行业前沿知识和技术吸收到专业教育中来，构建多层次的立体化实践教学体系。另一方面要将院校建成“人才工厂”，形成人才培养与输送机制，真正成为鄂尔多斯市旅游人才的培养与输送基地。

第五，加大资金投入，完善培训机制。旅游住宿业和餐饮业应设立专项的人才培训资金，制订科学合理的人才培训计划，开展实效性、前瞻性的培训活动，在企业内部形成一种常态化的培训机制。鄂尔多斯市旅游行政机构应该将旅游住宿业和餐饮业人才培养成效列入企业星级评定等考核指标体系内，正面引导和鼓励企业将人才培养放在重要位置，逐步形成以企业为主体的培训机制。

第二十章 鄂尔多斯市旅游人才发展规划

为贯彻落实中央《关于深化人才发展体制机制改革的意见》，加快推动旅游人才队伍建设，根据自治区党委、政府《关于实施“人才强区工程”的意见》、《内蒙古自治区中长期人才发展规划纲要（2010—2020年）》以及中共鄂尔多斯市委、市政府《关于进一步加强人才工作实施“人才鄂尔多斯战略”的意见》精神，制定本规划。

一、规划背景

产业发展，人才先行。失去人才的保障与支持，产业的发展也将成为“无源之水，无本之木”。旅游人才是旅游业发展的第一资源，是指旅游人力资源中能力和素质较高，具有一定旅游专业知识和专门技能，能够进行创造性劳动，提供高质量服务，并对旅游业发展做出一定贡献的人。

近年来，鄂尔多斯市文化和旅游局坚持以“科教兴旅，人才强旅”战略为指引，紧紧围绕将旅游业建设成为国民经济战略性支柱产业和人民群众更加满意的现代服务业的战略目标，坚持大力发展全域旅游和优质旅游的理念，不断强化旅游人才发展的政策与资金保障，积极探索旅游人才培养的有效机制，陆续制订了多项旅游人才发展计划，营造了良好的旅游人才发展环境，旅游人才队伍建设初见成效。面对新的发展机遇和任务要求，鄂尔多斯市旅游人才队伍建设还存在较多问题，主要包括人才培养体制和机制不够完善，人才结构不够优化，人才数量偏少，人才规模偏小，人才素质和质量偏低，人才区域分布不均衡，人才信息化程度不高，人才队伍不稳定、流失率较高等。这些问题将成为制约鄂尔多斯市旅游业高质量发展的瓶颈。因此，必须深入开展旅游人才供给侧结构性改革，制定科学合理的旅游人才发展规划。

二、总体要求

（一）指导思想

深入贯彻党的十九大精神和习近平新时代中国特色社会主义思想，全面落实五大发展理念和原国家旅游局《“十三五”旅游人才发展规划纲要》，遵循旅游产业发展规律和旅游人才成长规律，紧紧围绕自治区“十三五”旅游业转型升级、提质增效，大力实施“科教兴旅、人才强旅”的战略，以提升旅游人才整体素质和创新发展能力为主题，以构建现代化和国际化旅游人才开发体系为主线，以深化人才体制机制改革、实施重点人才工程为抓手，加快推进旅游人才结构调整，大力优化人才发展环境，统筹各类人才队伍建设，形成旅游人才竞争比较优势，为将鄂尔多斯市建设成为“国家级旅游业改革先行区”“国家全域旅游示范区”“休闲度假旅游目的地”和“国际特色旅游目的地”提供智力支撑和人才保障。

（二）基本原则

1. 人才优先、引领发展

牢固树立人才是旅游业发展的第一资源的思想，确立旅游人才发展在旅游业整体布局中的优先地位，优先调整人才结构，优先保证人才投资，优先创新人才制度，以旅游人才的优先发展引领鄂尔多斯市旅游业的跨越式发展，并能够在自治区乃至全国其他地区的旅游人才发展中起到引领和示范作用。

2. 服务产业、提质增效

对接本地旅游产业需求和行业发展，以服务于地区旅游业发展和全域旅游发展作为旅游人才工作的根本出发点和落脚点，站在以实现旅游业转型升级、提质增效和发展优质旅游为目标的高度，科学谋划旅游人才总体规划布局、创新发展思路、改革发展措施，提升人才质量和效益。

3. 分类指导、统筹推进

因地制宜，合理布局，对不同地区、领域、业态、层级的旅游人才工作进行分类指导，推进重点旅游企业、事业单位、教育机构的人才梯队建设和人才结构调整。发挥政府部门的统筹指导和综合保障功能，强化旅游企业的主体地位，充分调动相关院校、行业协会、行业组织、社会机构参与旅游人才开发的积极性，形成多主体、全方位、协调联动的旅游人才开发新格局。

4. 深化机制、改革创新

围绕旅游人才发展的关键环节和突出问题，大力推动旅游人才体制机制改革和政策创新，建立科学、合理、有效的旅游人才开发机制、培养机制、选拔任用机制、评价使用机制、激励机制和管理机制，推行重点人才、重大人才和创新人才引进政策，充分发挥市场在人才配置中的基础作用，促进旅游人才供给侧结构性改革和创新，在全市形成“人才辈出、人尽其才”的良好局面。

（三）发展目标

1. 总体目标

到 2025 年，形成一支数量充足、结构优化、素质优良、与旅游业转型升级和提质增效相适应的旅游人才队伍，旅游人才创新效能显著提高，旅游人才竞争实力显著增强，旅游人才聚集效应明显提升，旅游人才发展环境明显改善，初步将鄂尔多斯打造成为“民族地区休闲旅游人才培养高地”和“民族地区文化与旅游创新人才孵化基地”。

2. 具体目标

（1）旅游人才规模明显扩大。旅游业年增直接就业人数 1000 人左右，到 2025 年旅游直接从业人员总数达到 21000 人左右，其中旅游人才数量实现超前发展，人才总量达到 6000 人左右，包括旅游行政管理人才、旅游企业经营管理人才、旅游专业技术人才、旅游服务技能人才、旅游新业态人才等不同类别的旅游人才。

（2）旅游人才素质明显提升。到 2025 年，实现旅游行政管理人员学历及专业水平显著提升；旅游企业职业经理人培训常态化、规范化、标准化；旅游专业中高级技术人才、中高级导游人才以及全域旅游、乡村旅游、旅游新业态等创新性、复合型旅游人才占比大幅度提升。

（3）旅游人才结构更加优化。到 2025 年，新业态人才和旅游紧缺人才占旅游人才的比重逐年上升。人才专业结构和岗位结构相协调，一线人才与中高级管理人才配比协同，旅游人才区域分布日趋优化，人才紧缺问题基本缓解，基本形成能与旅游产业结构调整相适应的旅游人才结构。

（4）人才发展环境明显改善。到 2025 年，旅游人才发展体制和机制创新取得突破性进展，旅游人才投资大幅度增加，旅游人才领导体制、协调机制、激励管理机制逐步完善，旅游人才发展环境不断优化，旅游人才的职业荣誉感、职业吸引力、社会影响力明显增强，基本形成有利于旅游人才发挥作用的良好社会氛围。

三、主要任务

（一）统筹五支人才队伍建设

1. 旅游行政管理人才队伍

以各级旅游行政管理部门领导干部为重点，以提升旅游行业管理水平和综合行政能力为核心，通过切实可行的发展措施，不断加强旅游行政管理人员的教育与培训，努力提高旅游行政管理人才的学历水平、专业水平、国际化水平，着力打造一支廉洁、勤政、务实、高效、创新，适应旅游业转型升级所需要的高素质旅游行政管理人才队伍。到 2025 年年末，旅游行政管理人才增加 200 人左右。

2. 旅游企业经营管理人才队伍

适应旅游企业规模化、品牌化、国际化的需要，以促进旅游企业转型升级、提质增效和提高旅游企业经营管理水平、市场竞争力为核心，以旅游企业领军人才和职业经理人为重点，以建立现代企业制度、提升经营管理水平和国际化水平为核心，强调旅游企业中高层经营管理人才培养，实施旅游企业经营管理人才开发项目，遴选一批优秀旅游企业经营管理人才，给予政策倾斜、资金奖励、项目扶持，加快推进旅游企业经营管理人才队伍的专业化、职业化、市场化、国际化。到 2025 年年末，旅游企业经营管理人才总数增加 700 人左右。

3. 旅游专业技术人才队伍

适应旅游产业转型升级和创新发展、智慧发展、绿色发展需要，以提高专业水平和创新能力为核心，以培养高层次旅游专业技术人才和紧缺人才为重点，重视旅游基础理论研究和应用研究、旅游教育教学、旅游规划、旅游统计和旅游信息化人才、讲解员、导游人员、旅游营销人员等旅游专业技术人才的培养和开发，进一步扩大旅游专业技术人才队伍规模，打造一支数量充足、素质优良、结构合理、充满活力、善于创新的高层次旅游专业技术人才队伍。到2025年年末，旅游专业技术人才总数增加400人左右。

4. 旅游服务技能人才队伍

适应旅游产业规模不断扩大和旅游服务质量不断提升的需要，以扩大规模、提升职业素质和职业技能为核心，重点提升旅行社、旅游景区、旅游饭店、旅游休闲度假区、旅游互联网平台、旅游公共服务机构等旅游企事业单位服务技能人员的职业素质、职业技能和服务水平，造就一支数量充足、梯次合理、技艺精湛的高素质、技能型旅游服务人才队伍。到2025年年末，旅游服务技能人才总数增加1000人左右。

5. 乡村旅游实用人才队伍

适应乡村旅游快速发展需要，围绕提升乡村旅游服务质量和乡村旅游扶贫工程，以乡村旅游重点村村干部、示范户、带头人、特色技艺传承人、乡村旅游创客、乡村旅游营销人才为重点，推进乡村旅游实用人才队伍建设，提高乡村旅游从业人员综合素质、经营管理能力和接待服务水平，着力打造一支服务乡村旅游事业发展、数量充足的乡村旅游实用人才队伍。到2025年年末，乡村旅游实用人才总数增加1500人左右。

（二）加快发展旅游教育与培训

加强对旅游教育的统筹指导和综合保障，重点扶持现有旅游高等院校、旅游职业院校和旅游培训学校，加大教育资金投入和政策倾斜力度，加快建立适应旅游产业发展需求的包括旅游高等教育、职业教育和继续教育等在内的，全方位发展的旅游教育体系，形成旅游人才培养和成长的立交桥，集中解决鄂尔多斯市旅游教育人才供给不足的问题。

推动旅游高等教育的结构调整和开放融合发展，支持本科旅游院校的转型发展，尤其是旅游应用型本科院校和专业的发展，促进高等教育人才培养紧密对接旅游产业的需求，解决人才培养立交桥中间人才断点的问题。

引导职业院校深化产教融合，适应“互联网+”和“旅游+”，优化专业结构、完善课程体系、建立职业化课程标准、创新实习实训模式、培养产教融合型师资队伍，形成高职、中职有机衔接的现代职业教育体系。

多方吸引社会投资，支持龙头旅游企业牵头组建旅游职业教育或举办旅游职业培训，形成以龙头企业为主体的行业企业旅游人才培养机制。支持鄂尔多斯市旅游院校和旅游培训机构以多种形式同国际、国内旅游院校和培训机构合作，共同组建新型旅游教育培训基地。

（三）增强旅游人才创新能力

以形成良好的人才发展环境为基础，以完善人才发展机制为保障，以改革人才培养模式为核心，以建立旅游创新科研基地和创新网络平台为抓手，推动旅游理论和旅游服务一线人才的创新研究，大力提高旅游人才的原始创新能力、集成创新能力和引进消化吸收再创新能力，培育新一代旅游创新者。借鉴发达国家和地区以及其他行业的创新经验，通过科技创新、管理创新、服务创新、规划创新、营销创新等，提高旅游人才整合各类旅游资源和创新发展的能力，增强全面创新和持续创新能力，使之成为提升旅游人才队伍素质的中心环节和实现发展方式转变的战略基点。

（四）加强旅游人才培养与引进

以服务现代社会需求为导向，适应鄂尔多斯市旅游业转型升级的需要，加强旅游紧缺人才开发的统筹规划。围绕旅游饭店、旅行社、旅游景区、旅游新业态等重点领域，开展人才需求预测，定期发布紧缺人才目录。依托重大旅游项目、工程，培养、引进旅游管理、旅游规划、旅游市场营销、旅游产品设计、旅游信息技术等高层次、专业型旅游紧缺人才。完善继续教育制度，加大人才转岗培训力度，促进旅游人才结构调整，一线人才与中高级管理人才配比协同，区域分布日趋优化。引导高校根据新业态、新趋势发展需要调整专业设置。努力提高旅游紧缺人才待遇，提升旅游紧缺人才的职业吸引力。扩大旅游饭店管理人才、旅游景区管理人才、高级导游、旅游资源开发人才、旅游工艺品纪念品设计人才、智慧旅游人才、旅游信息技术人才、全域旅游人才等旅游人才的规模。

（五）加强旅游人才国际交流与合作

利用鄂尔多斯市的区位优势和资源优势，支持开展旅游外交战略和

"一带一路"沿线国家、传统友好国家、中东欧国家、周边国家和发展中国家间的双边、多边国际旅游人才开发合作。支持本市旅游院校、行业组织等举办旅游人才开发国际论坛、研讨会等。鼓励本市旅游院校开展旅游人才培养国际交流，引进海外优质教育资源，支持有条件的院校开展海外办学和国际合作人才培养项目。扩大旅游专业教师和海外留学生到海外进修、学习、实习的数量。鼓励旅游行政管理人才、旅游企业经营管理人才、旅游专业技术人才、旅游服务技能型人才、旅游创新创业人才、旅游新业态人才，通过有效渠道多角度参与国际交流与合作。

（六）深化旅游人才管理体制改革

1. 完善旅游人才培养开发机制

整合政府部门、企业、院校、行业组织、社会机构资源，形成旅游人才开发合力，鼓励各旗县、各单位在旅游人才队伍建设方面开展差别化探索，形成可复制、可推广的经验。整合本地培训资源，引入外来优秀师资力量，建立鄂尔多斯旅游人才培训基地，打造特色人才改革试验区和特色人才聚集区。

建立旅游职前教育和在职培训对接机制，大力实施旅游行业人才教育培训，将旅游人才培训纳入鄂尔多斯人力资源社会保障部门就业培训和职业教育计划。引导企业、院校、行业组织和社会机构广泛参与旅游人才在职培训，构建社会化、专业化、多元化的旅游人才在职培训体系。支持企业、院校、行业组织等组织开展岗位练兵、职业技能竞赛、现代学徒制活动。

强化旅游企业主体地位，健全企业职工在职培训制度，制定岗位标准，建立基于岗位分级分类的职业发展通道。鼓励行业组织制定推广人才培养标准和旅游职业标准，搭建校企人才开发协作平台和人才供需信息桥梁。

建立一批由首席专家、首席技师、专业或学科带头人等领衔的技术技能工作室，为技术技能人才开展技术创新活动提供新平台和新载体。

2. 创新旅游人才引进和使用机制

制订创新型旅游人才引进计划，出台创新型旅游人才引进政策与措施。建立旅游专家顾问团队和专家库，通过柔性方式引进高端人才，参与旅游政策制定、技术研发、项目建设和旅游统计工作。研究旅游兼职从业引导政策，支持相关领域高素质人才兼职从事旅游工作。完善旅游社会志愿者制度，拓展志愿者发挥作用的领域和空间。支持院校、科研机构设立流动岗位，吸收旅游企业家和行业高级技术技能人才兼职。依托旅游驻外机构引进海外高端旅游人才，鼓励建立海外旅游人才基地，就地使用高层次海外人才。

3. 健全旅游人才流动配置机制

建立鄂尔多斯市旅游人才市场，加强旅游人才流动配置信息引导，搭建分级、分类旅游人才数据库及信息平台，定期发布旅游人才供需报告，为旅游人才的自主择业和旅游企业的自主选才提供效率平台，促进人才的合理流动。通过政府部门、行业组织、社会机构、大型门户网站、人力资源服务企业等多种渠道收集行业人才信息，开展旅游人才需求预测、信息监测、发布等工作。健全旅游人才资源调查统计制度，完善旅游人才统计指标体系。

4. 强化旅游人才激励保障机制

大力开展各级各类旅游人才技能竞赛活动。推动政府对旅游创新创业项目给予扶持奖励。健全旅游服务技能人才社会保障体系和职业保险体系。创新旅游人才薪酬待遇机制、人才评价和使用机制。创新导游人员管理体制，实施导游人员等级评定制度，建立导游人员品牌制度，改革导游人员注册制度和培训方式。

四、重点工程

（一）新型旅游智库构建工程

坚持“五湖四海”“各尽其才”的原则，整合社会各方面的智力资源，组建包括行政骨干、行业精英、企业经理人、专家学者在内的“上可做天线、下可接地气”的新型旅游智库。新型旅游智库由市党委、政府领导，市文化和旅游局直接负责，设立健全的组织机构，制定常态化工作制度，享有专项的财政预算和活动经费，为鄂尔多斯市旅游产业发展提供全方位、专业化、精准化的智力支持。智力支持范围包括：研究鄂尔多斯旅游产业发展策略、旅游市场开发与营销策略、旅游文化发展策略；制定旅游规划或为重大旅游项目提供咨询、论证服务；促进旅游业的国际交流与合作；促进旅游基础理论和基础科学的发展等。在鄂尔多斯市旅游网的基础上，建设鄂尔多斯市旅游智库网络平台及微信公众服务平台，促进智力信息的交流和智力成果的转化。同时，鼓励各级区、旗、县等文化和旅游局筹建特色专业旅游智库，逐步构建起层级性旅游智库群。

（二）旅游行政管理人才培养工程

开展旅游行政管理人才调训、轮训、培训和培育活动，提升旅游行政管理人才的综合素质、行政能力、创新能力和业务水平；开展学历教育和非学历教育，对参加学历教育和非学历教育的给予保留工薪待遇和报销学费，提升旅游行政管理人才的专业水平和学历水平；开展国内同行业内调训、考察学习和出国培训、国际交流与学习活动，促进旅游行政管理人才增长见识、开阔视野、拓宽发展思路；推行在行政部门内部转岗、轮岗和企业挂职制度，提升旅游行政管理人才的管理能力、领导能力和执行能力；健全旅游行政管理人才激励机制和竞争机制，注重后备干部队伍建设，完善开放式选人用人和从基层选拔人才的制度；改革旅游人才引进机制，推行人才引进政策与措施，吸引高学历、高素质、复合型人才进入旅游行政管理人才队伍。

（三）旅游企业经营管理人才开发工程

依托知名跨国公司、国内外高水平大学和其他培训机构，加强企业经营管理人才培训，提高战略管理和跨文化经营管理能力。组织实施企业与鄂尔多斯职业学院等大专院校的合作培训，强化旅游企业主要经营管理人才创业能力培训。制定双向挂职、短期工作、项目合作等灵活多样的人才柔性流动政策，引导党政机关、科研院所和高等学校专业技术人才向企业、社会组织和基层一线有序流动，促进专业技术人才合理分布。改善旅游专业技术人才收入分配等激励办法，建立政府津贴补助制度，统筹推进旅游专业技术职称和职业资格制度改革。实施旅游企业经营管理人才开发“四百”计划，即培养、遴选 100 名旅游产业领军人物，给予政策倾斜、项目扶持和资金奖励；鼓励和支持 100 名在职旅游企业中、高层管理人才深造（如报考 MBA、MTA、MPA 等各类学历班），给予奖学金或助学补贴；实施“招才引智”计划，鼓励相关企业成立旅游人才猎头公司或开展猎头业务，引进100名高层次、现代化旅游企业管理人才及复合型人才，为其解决落户、住房、子女入学等问题；推行旅游业职业经理人资格认证和资格培训制度，培育100名旅游企业职业经理人。

（四）旅游专业技术人才培养工程

鼓励旅游企业开展多种形式的教育与培训活动，把人才的教育培训纳入到旅游企业星级、A级、示范等等级评定指标体系中，建立以旅游企业为主体的旅游人才教育培训机制，开展评选“教育培训优秀旅游单位”的活动。引入旅游人才市场竞争机制和人才激励机制，实施年度薪酬制度和股权激励制度，吸引专业技术人才向一线企业和欠发达旗县区流动。市文化和旅游局设立旅游专业技术人才培养专项基金，开办旅游专业技术研修班、“精准”培训班，培育“旅游企业技术技能大师”。推行职业资格认证制度，改进和完善旅游从业人员资格考试和准入制度，把旅游从业人员资格认证和准入制度与企业管理、达标升级紧密结合；推动旅游行业职业技能鉴定工作，大力提高从业人员的持证上岗率；引进国际认证体系，使旅游技能人才开发尽快与国际接轨。开展订单培养和定向培养，积极鼓励“师傅带徒弟”等多种方式培养技能人才。深化校企合作，推动建立鄂尔多斯旅游学院和旅游技能人才培训基地。进一步提高技能人才的经济待遇，对做出重大贡献的技能人才授予荣誉称号并给予重奖。

（五）旅游服务技能人才培养工程

重点发展鄂尔多斯市旅游职业教育，建立以本市旅游职业院校为依托的服务型人才培养基地，扩大旅游职业院校招生和办学规模，创新人才培养模式，深化产教融合，促进旅游职业教育教学改革，形成中职、专科、本科相衔接的紧密对接产业需求的职业教育人才培养体系，使旅游职业院校成为旅游服务技能人才培养的主力阵营，年培养人才规模和数量达300人以上。强调以旅游企业为主体，创建员工服务技能培养“加油站”，开展系统而科学的服务能力教育与培训，年培训规模和数量达1000人以上。鼓励开展服务技能竞赛或岗位练兵活动，实现以赛促训、以赛代训、以练代训。奖励旅游企业在服务型人才培养方面的创新举措和实际成效，在全市开展“100家”旅游服务技能型人才培养先进企业评选活动，树立示范和典型，并对先进企业进行表彰和奖励。充分发挥旅游行业协会的作用，通过专题培训、网络教育、企业课堂等形式，定期开展服务技能培训活动，年培训规模和数量达1000人以上。

（六）导游人员素质提升工程

加快导游人员管理体制改革的步伐，贯彻落实原国家旅游局新修订的《导游人员管理条例》，加大导游人员教育培训力度，提升导游人员整体素质，打造一支能够代表鄂尔多斯市旅游形象的导游人员队伍。在规划期内，建立导游协会等导游人员管理组织，加强导游人员岗前培训，实施导游人员定期培训制度，提升导游人员的职业素质、职业技能和综合素质。举办各级各类导游技能大赛，以赛代训、以赛促训。实施百名“名导”评选工程，形成“名导”人才库。建立导游培训“云课堂”，组织网络培训和网络教育，举行“名导”进课堂活动。鼓励初级导游人员晋升中、高级导游人员，中、高级导游人员数量每年递增10%，实施高级导游人员晋升奖励政策，形成初、中、高级导游人员三级管理体制。进行导游人员薪酬体制改革，试点初、中、高级导游人员薪资等级制。鼓励中文导游人员考取小语种导游资格证书，小语种导游人才的数量翻两番。开展小语种导游培训、进修，提升小语种导游人员的整体素质。依托旅游院校，培养百名导游人员培训师，研发不少于10部导游人员培训教材。鼓励旅行社等企业开展在职和兼职导游人员培训，将旅行社企业开展导游人员培训业绩纳入到旅行社A级评定指标体系中。实施“金牌导游”培养计划，每年遴选和培养10~20名“金牌导游”，颁发荣誉证书和“金牌导游”勋章，给予薪资补贴或政府津贴。

（七）乡村旅游创业与实用人才培育工程

适应乡村旅游快速发展和乡村旅游供给侧改革的需要，重点培育乡村旅游项目、主题旅游小镇、农家乐经营、牧家乐经营、乡村风情演艺、民俗特色餐饮、乡村旅游文化、乡村工艺品及土特产品开发等方面的实用人才。鼓励相关单位和个人开展乡村旅游结队帮扶、挂职锻炼、创业就业、咨询指导。开展多种形式的乡村旅游学习交流活动。开展乡村旅游模范村、示范户和乡村旅游创客基地的评选活动，发挥乡村旅游模范村、示范户和乡村旅游创客基地的引领、示范作用。开展乡村旅游扶贫重点村干部和乡村旅游经营管理带头人培训。建立乡村旅游培训网络平台，支持建立各级各类乡村旅游培训基地。实施乡村旅游创客行动计划，开展“乡村旅游杰出创客”评选活动，规划期内评选出乡村旅游创客大师 80 名、乡村旅游创客大学生 80 名、乡村旅游文化创新创作大师 80 名。

（八）旅游人才培养“双进”工程

发挥旅游行业协会在人才培养方面的主体作用，搭建起旅游行业与旅游教育相融通的“双进”平台，实施“行业专家进讲堂、企业员工进学堂；院校教师进企业、实习学生进基地”的“双进”人才培养模式，全面提高校企旅游人才（包括旅游企业员工、旅游院校教师、旅游专业学生）的培养水平。每年选拔 50~100 名旅游行业企业专家走进鄂尔多斯市相关旅游院校、培训学校等旅游院校，以客座教授或讲师的身份讲授行业发展趋势、企业经营管理实践经验，参与院校旅游人才培养；旅游企业每年组织 500~1000 名员工接受旅游院校的职业技能鉴定、职业素养提升和学历提升教育与培训；在自治区范围内，每年遴选 50~100 名旅游教育专家组成专家库或讲师团，不定期进入旅游企业，提供咨询、研究、培训等服务；鼓励旅游院校与旅游企业深度合作，推广“多学期、分段式”“淡旺季工学交替”等顶岗实习模式，每年组织 100~500 名旅游专业学生进入企业进行实习实践，提高旅游院校学生的职业素养、职业技能和工作岗位的适应性。

（九）旅游新业态人才开发工程

适应“旅游 +”融合发展的需要，重点引进和培养自驾车旅居车旅游、冰雪旅游、沙漠旅游、低空旅游、工业旅游、农业旅游、文化创意旅游、健康医疗旅游、研学旅游、体育旅游、商务会展旅游等各类专门人才。研究制定新业态旅游人才开发标准和开发目录，制订科学的开发计划。鼓励鄂尔多斯市旅游院校根据旅游产业发展、旅游业态发展，调整、开设相关专业或专业方向。加强与相关产业部门的合作，推进“旅游 +”复合型人才的开发。

（十）旅游创新创业人才开发工程

重点围绕旅游业态创新、产品创新、科技创新、文化创意、经营管理创新以及云计算、物联网、大数据等现代信息技术，大力培育旅游创新创业人才。借助中、小微旅游企业创新创业公共平台、国家旅游示范园区和示范企业、示范基地、旅游创客示范基地以及鄂尔多斯市创业园等打造创新创业人才孵化平台。大力开展旅游创新创业教育，鼓励院校与企业共建旅游创新创业学院或企业内部办学，依托重点院校、龙头企业构建产学研一体化平台，培育和孵化旅游创新创业项目。实施"互联网+旅游"创新创业行动计划，引导旅游企业中高层经营管理人员、专业技术人员、高技能人员、院校师生等积极参与旅游创新创业。举办鄂尔多斯市旅游创新创业大赛。实施旅游专业技术人才知识和技能更新与提升工程。

（十一）旅游人才信息化建设工程

在旅游信息化的背景下，推行旅游人才信息化改革，在鄂尔多斯市旅游网的基础上，建立旅游人才信息化运行平台，提升旅游人才工作的信息化水平，逐步完善旅游人才队伍建设管理体系。平台建设内容可概括为"二网、一库、一平台"，即旅游人才信息网、旅游人才教育与培训网、旅游人才数据库、旅游人才微信公众平台。要创建和运行鄂尔多斯市旅游人才信息网，发布旅游行政部门、旅游行业、旅游企业、旅游院校的人才供需信息、人才调研报告，发布国家、自治区、市、旗等在旅游领域出台或实施的重大人才政策、人才工程、人才评选活动等。要建设鄂尔多斯市旅游人才数据库，全方位调研旅游人才总量，实行年度网上人才登记和信息采集制度，按旅游行政部门、旅行社、旅游景区景点、旅游酒店、旅游餐饮、旅游交通、旅游新业态等分门别类建立人才数据库，重点打造旅游企业领军人才和职业经理人数据库、旅游高级专业技术人才数据库、旅游高技能人才数据库、乡村旅游实用人才数据库和特色人才数据库。要全力打造旅游人才教育与培训网，充分利用"互联网+"，开展多渠道的旅游教育与培训活动，如成立"鄂尔多斯市在线旅游大学"，创立"鄂尔多斯市旅游大课堂"等，提供旅游人才接受教育与培训的多元化途径，促进旅游人才的继续教育和终生学习。要开通旅游人才微信公众平台，平台要涵盖人才信息网、人才数据库、旅游人才教育与培训网等内容，面向全市旅游人才及社会公众开放，实现与全市旅游人才及社会公众的良性互动机制。

五、保障措施

（一）组织保障

鄂尔多斯市党委、政府牵头，鄂尔多斯市文化和旅游局具体负责统筹协调和宏观指导，大力推动组织部、人社部等多部门的协同联动，加强对旅游人才发展的政策引导和组织管理；各区、旗、县政府、旅游行政管理部门要高度重视规划落实工作，将旅游人才队伍建设纳入本级地方重点人才支持计划中，并结合本地区实际情况制定科学合理的旅游人才规划。市文化和旅游局应成立“旅游人才办”等专职人才管理机构，区、旗、县等旅游行政部门应组建二级“旅游人才办”，对接、领导和落实相关工作，形成上下联动、相互衔接的旅游人才规划的组织保障体系。

（二）制度保障

区、旗、县要以《鄂尔多斯市人才发展规划纲要（2010—2020）》及本规划为指导，结合实际情况，制定旅游人才发展规划的行动计划、实施方案、评价指标与体系等，形成与全市旅游人才发展规划相衔接的旅游人才发展规划体系。市文化和旅游局应建立监督检查机制，对各地区执行规划情况定期地进行检查，不定期地进行抽查，及时发现、研究、解决规划中出现的问题，有针对性地提出改进、调整建议，确保规划实施的科学性、合理性和有效性。区、旗、县等各级旅游行政部门应加强调查研究，结合实际情况及时反馈规划实施过程中的问题和困难。市政府应建立绩效和业绩关联机制，将规划实施成效纳入各区、旗政府和旅游行政管理部门年度绩效考核指标体系中；将旅游人才培养成效纳入旅游企业的星级、A级评定或示范等项目评定指标体系中。

（三）资金保障

市文化和旅游局应将旅游人才开发经费纳入财政经费预算，设立旅游人才开发专项资金，各旅游企业应设立专项旅游人才开发资金，有条件的区、旗、县应积极争取在旅游发展基金中设立旅游人才发展专项基金。市政府应发挥引导、协调和撬动作用，吸引和调动社会各方面力量及资源，努力开创“多元化投资主体、多渠道投资路径”的资金投入和资金保障局面。

（四）环境保障

由市政府和文化和旅游局牵头研究和推行旅游人才发展（吸引人才，引进人才、培养人才、用好人才）的重要政策措施，在全市形成“识才、用才、养才”的良好环境。运用报刊、新闻媒体、广播电视、网络媒体等力量，大力宣传优秀旅游人才、先进典型和旅游人才重点工作，推广旅游人才队伍建设的典型经验，在全市形成“重才、敬才、爱才”的良好氛围。充分发挥旅游人才队伍建设在旅游业改革和转型升级中的支撑作用，努力形成“人人可成材，人人修成材，人人尽其才”的良好局面。

第七篇
实证篇

第二十一章　响沙湾旅游度假区

一、景区概况

响沙湾旅游度假区是集观光与休闲度假为一体的综合型沙漠休闲景区，地处中国库布其沙漠的东端、呼包鄂三市的中心位置，是中国境内距离内地及北京比较近的沙漠旅游胜地，是国家5A级旅游景区、国家文化产业示范基地。

响沙湾旅游度假区总面积约为24平方公里，响沙湾蒙语译为“布热芒哈”，即“带喇叭的沙丘”。响沙湾沙高110米，坡度45度，呈弯月状；这里沙丘高大，比肩而立，浩海茫茫。顺着云梯攀缘而上，便会听到犹如飞机掠空而过的轰鸣声；双手猛力向中间捧沙时，便会听到哇哇的蛙鸣声：响沙湾因而得名——“这里的沙子会唱歌”。1984年响沙湾被开辟为旅游景点，1991年被国家旅游局列为国线景点，1999年响沙湾完成从国有企业到民营企业的改制，成立了响沙湾旅游有限公司，并组建了艺术团。2002年被评定为国家4A级旅游景区，2011年升级为国家5A级旅游景区。

2018年11月30日，中国报业协会、中国社会科学院舆情调查实验室联合发布了《2018中国旅游产业影响力调查报告》，响沙湾旅游度假区成功入围“2018中国旅游产业影响力旅游度假区案例”。

二、发展现状

响沙湾旅游度假区正在从观光旅游向休闲度假转变，初步形成“一区、一港、四岛”的度假景区新格局（见图 21-1）。

图21-1 响沙湾旅游度假区导游全景

（一）“一区”——响沙湾综合服务区

“综合服务区”位于响沙湾旅游度假区及罕台河东岸，承担游客迎送、车辆停放、餐饮住宿等服务功能。主要功能组团包括：一粒沙度假酒店、一粒沙休闲馆、一粒沙餐厅中心广场、游客中心、停车场、购物商店、景观餐厅、沙漠索道站、多功能厅、警务中心、医务室、办公楼和宿舍楼等。

（二）“一港”——响沙湾港

位于响沙湾旅游度假区及罕台河西岸，是游客乘索道车进入沙漠区域的第一站，也是游客出入沙漠景区的集散地，著名的响沙湾滑沙点就在此地；同时还有卡丁车、水陆两栖车等娱乐项目，游客可由此乘坐沙漠冲浪车进入仙沙岛，乘坐沙漠观光小火车进入悦沙岛。

（三）“四岛”——仙沙岛、悦沙岛、莲沙岛和福沙岛

仙沙岛位于响沙湾旅游度假区的北端，是以沙漠运动及游乐为主题的沙漠休闲度假岛，集中了许多动感十足的休闲娱乐项目，包括沙滩排球、沙滩足球、沙漠高尔夫球练习场、趣味拳击及沙海游艇、驼峰过山车、高空滑索、碰碰车等 20 多种沙漠休闲体育娱乐活动。休息之余还可以在果

老剧场、演艺广场观赏到精彩杂技、歌舞等表演，同时可骑骆驼进入悦沙岛（见图 21-2）。

图21-2　仙沙岛

悦沙岛位于仙沙岛的西南方向，是以艺术与体育为主题的沙漠休闲度假岛，有众多的文化旅游项目，能够为游客提供丰富多彩的精神文化产品。在游牧剧场内可以观看由响沙湾民族歌舞团演出的《鄂尔多斯婚礼》。在彩虹剧场内可以观赏内蒙古各个旗县的特色蒙古族服饰展，同时享受原声态的蒙古族音乐表演，主要有马头琴演奏、呼麦、蒙古长调等。在沙漠水世界可以进行多项水上娱乐，水上乐园共有 4 个戏水池，占地近 4000 平方米，水深从 0.4~1.2 米不等。在大型沙雕园可以感受沙漠雕塑的魅力，已经举办过十几届的沙雕节也是悦沙岛重要的文化旅游内容之一，每一届都有不同的文化主题以沙雕形式表现出来，游客可以自己动手制作沙雕，在多种文化的学习中体验沙雕的乐趣，返璞归真，回归大自然。岛上还有沙漠艺术宫、树屋、沙雕城堡等游乐产品，同时可乘坐观光火车进入莲沙岛（见图 21-3）。

图21-3　悦沙岛

莲沙岛位于悦沙岛的南面，是一个以佛教文化为主的休闲度假区，占地面积 5.4 万平方米，2016 年 4 月 30 日正式开始营业。莲沙岛的核心——莲沙度假酒店是一个不用砖、瓦、沙、石、水泥、钢筋而建造的绿色建筑，使用面积 2.9 万平方米，共设有 381 间客房，可为游客提供餐饮、住宿、商务、会议、观赏文艺表演等全方位服务，在酒店东南方还有沙湖（见图 21-4）。

图21-4　莲沙岛

福沙岛位于莲沙岛的南面，是集沙漠文化、草原文化、祭祀文化、民俗文化为一体的综合文化活动区。

“一区”“一港”“四岛”各具特色，用不同形态的交通工具互联，为游客构建了环形游览线路。这种格局将游客活动范围从原来的不足 2 平方公里扩展到 8 平方公里，延长了游客停留时间，提高了消费水平。由于能够向游客提供更为丰富多彩的文化产品和娱乐产品，舒适的休憩场所及各具特色的交通工具（冲浪车、沙漠火车、骆驼等），因此可以提升游客在休闲度假过程中的愉悦感，让游客感到物有所值，不虚此行。

综合来看，响沙湾旅游度假区的文化活动丰富多彩，经济效益增长迅速。近年来，为满足广大游客日益增长的对文化旅游消费的需求，景区增加了丰富多彩的文化元素，举办了各种类型的文化活动。使得游客人数、营业收入均大幅度增长，取得了良好的经济效益。同时，为了丰富演出内容，响沙湾旅游有限公司还与外来演出团体合作，旺季在景区内开展马戏、杂技及佤族、彝族、苗族、傣族等少数民族的艺术表演。还与中国摄影家协会合作，从 2010 年开始举办每年一届的“响沙湾国际摄影周”，目前已经成为景区的文化品牌，而且在国内外也具有一定影响力。同时，还在摄影周期间举办“蒙古族选美大赛”、优秀摄影作品展等文化节庆活动。

针对内蒙古的旅游淡季，响沙湾旅游度假区积极开发滑雪度假旅游产品。一方面，挖掘景区特色，根据莲沙岛优势打造“一价包”度假服务，提供餐饮、酒吧、室内恒温泳池、户外沙漠滑雪、儿童娱乐等项目，让游客在沙漠中体验不一样的冬天；另一方面，开展形式多样的旅游活动。2020 年 1 月 1 日，首届达拉特旗冰雪旅游文化节在响沙湾开幕，活动结合沙漠滑雪度假和冬季乡村旅游，融合汽车越野、航空飞行 、全民健身等流行元素，营造迎新年、庆祥和的节日氛围。不仅响应了“文旅融合”的国家号召，而且加强了响沙湾旅游度假区的产品营销，进一步提高了响沙湾旅游度假区的知名度。

三、营销策略

自主经营的二十多年发展历程中，响沙湾旅游度假区努力从观光型旅游景区向休闲度假地转型。随着娱乐项目的升级、基础设施的完善以及休闲氛围的营造，响沙湾旅游度假区游客接待量从 1999 年经营初期的 7.6 万人次上升到 2019 年的 86 万人次。目前，响沙湾旅游度假区综合运用了产品、促销、价格和渠道四个方面的营销策略（见表 21-1）。

表21-1 响沙湾旅游度假区营销策略

营销方面	表现形式	吸引力因素	营销措施
产品	游览观光	蒙古族民俗文化内涵	2000年开始，响沙湾民族歌舞团以鄂尔多斯蒙古族婚礼为题材编排了大型民族歌舞剧《鄂尔多斯婚礼》；响沙湾旅游度假区背景音乐是蒙古族传统呼麦
		大型会展与赛事活动	2010年开始，响沙湾每年定期与《中国摄影家》杂志联合举办中国摄影家响沙湾国际摄影周，并参加中国响沙湾摄影作品交易会、国际摄影周等；2015年响沙湾开始承办中国大学生沙滩排球锦标赛；2020年，首届达拉特旗冰雪旅游文化节在响沙湾隆重举行
		游客个性化需求满足	夏季滑沙、骑骆驼、沙漠冲浪车、摩托车、沙滩足球、沙滩排球等参与式娱乐活动；冬季滑雪、汽车越野、夜间主题活动

营销方面	表现形式	吸引力因素	营销措施
促销	人员推销	潜在旅游者与景区的情感联结	响沙湾旅游度假区经常派销售团队参加内蒙古自治区文化和旅游厅以及鄂尔多斯市文化和旅游局组织的全国旅游推介会
	广告促销	颠覆游客的刻板印象	景区内游客集中的区域会循环播放广告视频，广告中，景区将自身定位为“沙漠水世界”与“中国沙漠休闲度假地”，突破了沙漠的传统形象
价格	声望定价策略	景区产品优质印象	响沙湾旅游度假区票价超过区内同类型景区的票价，这种高价与响沙湾的沙漠特色以及在国内沙漠旅游景区中的地位比较协调，属于声望定价
	价格差异策略	针对性价格吸引	响沙湾旅游度假区针对不同旅游者和中间商实行不同的价格，如旅行社和在线旅游网站的价格不同，散客和团队游客的价格不同，这种对象差价策略可以有效地稳定客源，有助于响沙湾旅游度假区获取基本的销售收入
渠道	直销	直观便捷的景区浏览	最重要的是网络营销，景区官方网站和微信公众号同时运行，不定时推送景区的最新动态；微信公众号的版面相对简洁，通过微信公众号可以进入官方网站，智能景区的功能可以让关注公众号的手机用户快速导航至景区
	分销	目标客户需求的满足	内蒙古响沙湾旅游有限公司下辖北京市响沙湾旅行社，是针对北京市客源市场的旅行社分销渠道，有利于拓展景区的国际市场，可以及时为北京市游客乃至河北、河南等省市的客源地提供旅游信息，并做好客源市场的动态反馈。分销主要是通过与国内大型在线旅游网站合作，如携程网、去哪儿网、艺龙网、同程旅游、驴妈妈、马蜂窝等进行协作，还与内蒙古地区的凯撒旅行社、康辉国际旅行社以及中青旅国际旅行社等建立长期合作关系，实现多渠道的营销网络

四、发展建议

（一）重视旅游国际营销，扩大旅游市场份额

近几年我国的入境旅游市场前景十分广阔，但响沙湾旅游度假区的国

际游客仅为总接待人次的3%~5%。因此，重视国际营销宣传力度，加强国际营销行为是提升景区影响力的重要措施之一。在面向国际客源市场的营销中，应结合旅游者需求与景区功能，提升“文化”与“沙漠”的契合度，打造“中国文化特色、观光与度假结合最佳的沙漠景区”。

此外，应针对不同国家和地区的入境游客，宣传不同的景区体验。蒙古国与俄罗斯是内蒙古入境旅游市场占有率最大的两个国家，是重点发展的客源国，大部分游客以商务贸易为主要目的，应重点宣传响沙湾旅游度假区的体验特色，强调世界罕见的响沙特点与景区特色建筑营造的休闲氛围。我国港澳台地区与日韩、欧美市场也是内蒙古重要的客源市场，应以资源独特性为闪光点，强化港澳台同胞的民族认同感、日韩的亚洲文化认同感及欧美市场的旅游价值认同感，在港澳台地区推广蒙古族文化、佛教文化与沙漠风光的完美结合，在日韩推广响沙湾的地域特性与休闲特色，在欧美推广响沙湾的时尚性与优越性。

（二）创新旅游纪念品，挖掘文化内涵价值

响沙湾旅游度假区纪念品的设计应依托景区自身形象，大力挖掘旅游纪念品中的符号价值。目前，响沙湾旅游度假区的特色纪念品包括明信片、沙画、沙漏、玩具骆驼、蒙古刀、袖珍蒙古包、蒙古族银器、鼻烟壶、牛角工艺品等，这些都是地区文化与沙漠自然资源特点简单结合的商品，与响沙湾旅游度假区整体品牌形象的关联性不大。可与知名的旅游纪念品设计公司合作，深度提炼文化内涵，着重挖掘其符号价值，突出沙漠休闲的主题概念，设计具有景区形象特色的旅游纪念品，纪念品形式可以是手工艺品，也可以是批量生产的商品。另外，纪念品的包装也应受到重视，将响沙湾旅游度假区的商标印在包装上，不仅能提升纪念品的商品价值，还能加深游客对景区形象的记忆，提高景区的知名度和市场识别度。

（三）完善网络传播形式，重视网络互动效应

网络营销现已成为我国旅游景区非常重要的营销形式。互联网是景区传播旅游形象、向旅游者提供六大要素信息的最佳渠道。优质的网络营销能提高景区的知名度，激发人们的旅游动机，吸引游客来访，从而增加景区客流量。

在全球化背景下，响沙湾旅游度假区的网站设计标准不仅要与国内竞争对手看齐，更要向全球范围内的同行业者看齐。目前，在内蒙古入境旅游市场潜力巨大的情况下，响沙湾旅游度假区官网与国际标准还存在较大差距。因而亟须按照国际化标准改进，注重民族风、沙漠特色等个性化设计，提升网站内容的丰富性和页面的视觉效果。在多语种网站建设方面，应重点开发蒙文与俄文的语言版本，保证英文、日文、韩文 3 种语言版本的质量；在网页内容更新方面，对各个语言版本应定期更新活动内容，展示与当季相适应的图片，提供实时娱乐表演活动的信息；在用户浏览操作方面，确保网站系统的稳定性，将旅游产品信息进一步细化，扩大站内检索词库，提高用户获取信息的便捷性。

重视网络评论和互动的重要性。在新媒体背景下，网络信息传播的特征之一就是交互性。不少游客表示，来响沙湾旅游度假区玩得很尽兴，回去后会在微博、社区、论坛或朋友圈里贴出一些照片，分享在这个景区的美好回忆和有趣经历。这些分享有利于其他旅游者了解响沙湾产品和服务。因此，除了设计国际化标准的网页，响沙湾旅游度假区还需加强游客与游客之间、景区与游客之间和景区与景区之间的交流与互动，从而保持景区的良好形象和持续吸引力。

五、发展前景

（一）游客接待量增加

随着经济社会的发展、人民对美好生活的追求给响沙湾旅游度假区带来了许多发展空间和机遇，国家惠民政策使游客旅游消费能力不断增强，自驾游、自助游市场蓬勃兴起，全国政府机关、事业单位、国有企业带薪休假政策的落实，全国高速公路网、高铁、动车的快速发展，均使得响沙湾旅游度假区的可进入性更强，景区游客接待量有望不断攀升。

（二）景区服务更完善

为早日实现“沙漠休闲度假区”建设目标，响沙湾旅游度假区需继续加大投资力度，进一步加强景区基础设施建设，完善服务功能，提高服务质量，开发更多游客喜闻乐见的文化艺术产品、文化体育产品，提供更为舒适、便捷、卫生、安全的休憩场所，提升景区档次与品位。

（三）景区知名度提升

响沙湾旅游度假区旅游资源丰富，除现有沙漠自然风景和民族风情满足现代旅游者求新、求异、求乐的需求外，响沙湾旅游度假区近年来开发的冬季旅游产品也受到旅游者的追捧。与周围同类型景观相比，响沙湾旅游度假区已经开辟出了一条独具自身特色的发展道路。同时，随着“鄂尔多斯响沙湾旅游节”“沙漠摄影大赛”“中国大学生沙滩排球锦标赛”等大型赛事的举办，未来响沙湾旅游度假区的知名度会进一步提升，成为享誉国际的沙漠型休闲度假胜地。

第二十二章 成吉思汗陵旅游区

一、景区概况

成吉思汗陵旅游区，是世界上唯一以成吉思汗文化为主题的大型文化旅游景区、全国文物重点保护单位、国家文化产业示范基地、国家5A级旅游景区、内蒙古龙头旅游景区、中国旅游胜地四十佳和全国百家青少年爱国主义教育基地。成吉思汗陵旅游区坐落于内蒙古鄂尔多斯市伊金霍洛旗境内的巴音昌呼格草原上，其中心位置在109°43'33″~109°52'00″E，39°19'30″~39°25'2″ N，距内蒙古首府呼和浩特市330公里，距包头市185公里，距鄂尔多斯市政府康巴什区28公里，距鄂尔多斯机场20公里，与北京、西安、宁夏均有高速公路相连，交通便捷。

二、发展历史

（一）新陵始成

1953年12月，中央人民政府政务院决定兴建成吉思汗新陵，并为新陵的建设拨专款80万元人民币。1954年年初，自治区和伊克昭盟成立新陵建筑领导机构，是年4月新陵奠基，1955年春新陵工程开工，1956年新陵落成。新建的成吉思汗陵宫由正殿、后殿、东殿、西殿、东过厅、西过厅六部分组成。正殿和东西殿顶为金黄琉璃瓦，瓦上绘有蓝色的云纹图案。陵宫周围有台基和栏杆，陵宫正殿高24.18米，东殿和西殿高约18米，后殿和东西过厅分别高10米，陵宫东西长17米，占地面积28000平方米，建筑面积1691平方米。

重建后的成吉思汗陵宫周围圈了680米长、1.5米高的青砖围墙。南面围墙的正中，开两扇木栏大门。陵宫东侧建有两间砖木结构的砖瓦房，供守陵人居住。陵宫东南400米处的坡下，建立了四合院式的招待所，可接待50人左右，是为祭祀等事务前来成吉思汗陵的人员提供休息和居住的地方。1955年10月30日，成吉思汗陵新陵建筑工程竣工。

（二）粗具规模

1977 年，为迎接内蒙古自治区成立三十周年，国家文物局拨款 10 万元，由伊克昭盟文物工作站负责对“文革”期间遭破坏严重的成吉思汗陵进行修缮。对部分文物进行复制，并由内蒙古博物馆的张恒在陵宫正殿雕塑了成吉思汗石膏坐像，成吉思汗陵在自治区成立三十周年大庆时得到初步恢复，成吉思汗祭奠也开始恢复。

1981 年，内蒙古自治区和伊克昭盟拨款 30 万元，由伊克昭盟文物工作站负责，更换了成吉思汗陵宫琉璃瓦顶。同时绘制了陵宫第一批壁画。壁画由内蒙古博物馆李德功等设计、绘画。

1982—1984 年，国家民委、自治区、伊克昭盟共拨款 65 万元，由伊克昭盟文化处和伊克昭盟文物工作站负责，对成吉思汗陵进行了修缮和扩建。这次主要修建上陵宫的九十九级台阶式步道，陵宫大院红墙及仿元门庭，硬化陵宫院落，建立成吉思汗陵牌楼，修建陵园办公设施等。

1986—1987 年，为迎接内蒙古自治区成立四十周年，自治区和伊克昭盟拨款 359 万元对成吉思汗陵园进行了一次较大规模的修缮和扩建。主要对成吉思汗陵宫进行内外装修，包括陵宫立粉彩画、第二批壁画、更换大理石地板等，修建仿古建筑群，修建陵宫外围墙和碑亭，雕塑安放于陵宫正殿的成吉思汗汉白玉座像，种植步道两侧的松树，新上自来水工程，复制一批银器和祭器等，共完成四十多个工程项目。

1990 年，国家文物局和伊克昭盟拨款 50 万元，对成吉思汗陵进行维修建设，主要用于维修陵宫屋顶、围墙，修建宾馆，重修陵园外围墙。

1992 年，成吉思汗陵园管理局自筹 170 万元，对陵园进行维修建设。主要用于陵宫顶部换瓦，仿古建筑群换顶、换琉璃瓦，修建两座蒙古包大餐厅、守陵人新住所、陵园大门，建立蒙古包群和修入口转盘路。

1996 年，为迎接内蒙古自治区成立五十周年，国家文物局、自治区、伊克昭盟拨款 365 万元，成吉思汗陵园管理局自筹 20 万元，对成吉思汗陵园进行维修扩建。主要用于新建苏勒德祭坛、商更斡尔阁（珍藏白宫）、成吉思汗出征铜像，维修陵宫和行宫，复制一批文物，建立陵史展览馆，拓宽道路，绿化美化环境（10000 平方米草坪和种植 150 亩树木），打深井等 35 个工程项目。

1999 年，中华人民共和国成立五十周年前夕，自治区拨款 150 万元，成吉思汗陵园管理局自筹 25 万元，对成吉思汗陵园进行维修扩建。主要用于陵宫大院门厅的改造，修建成吉思汗祭祀文化展览馆，在行宫修建混凝土蒙古包，陵园周围种松树 1200 株，绿化美化庭院 1800 平方米，建花卉温室 210 平方米。

（三）全面发展

21 世纪初，鄂尔多斯市委、市政府高瞻远瞩，从全市发展大局出发，实施以“大文化、大旅游、大运输”为突破口的发展三产和建设文化大市战略，并对成吉思汗陵旅游区的建设做出了一系列科学决策。2004 年 11 月底，全面启动了成吉思汗陵保护、修缮、建设工程。拆迁了原集镇，恢复生态，全面整治环境，提高景点档次。投入 2 亿多元人民币，重修陵园门牌楼、祭祀广场、成吉思汗铜像广场、九十九级台阶、苏勒德祭坛及大院、额希哈屯祭祀殿，重修陵宫大院道路，完成陵宫彩绘和壁画，修建祭祀接待处、布拉克浩特、游客服务中心、大型停车场和办公设施。

2007 年，投入 5000 万元，在旅游区实施绿化、美化和亮化工程，绿化面积达 60 万平方米，景区主要景点、道路安装彩灯，整个旅游区生态显著改善，环境得到优化，显得整洁优美、异彩纷呈。通过不断的修缮和扩建，成吉思汗陵园全面发展，成为闻名遐迩的历史文化胜地。

三、开发现状

以伊金霍洛风情小镇和巴音昌呼格草原景区为两翼的成吉思汗陵旅游区，占地面积 10 平方公里，控制面积 80 平方公里，以成吉思汗陵为核心，形成了祭祀文化区、历史文化区、民俗文化区、草原观光区、休闲娱乐区的整体布局，拥有成吉思汗祭祀文化保护、成吉思汗历史文化研究、成吉思汗文化旅游产业发展和鄂尔多斯民俗文化展示“四大中心”。

现有的成吉思汗陵旅游区，基本是按照 2001 版《成陵旅游区总体规划》《成陵旅游区详细规划》中“三区、两道、八景”的总体格局来进行规划和资源开发的（见图 22–1）。

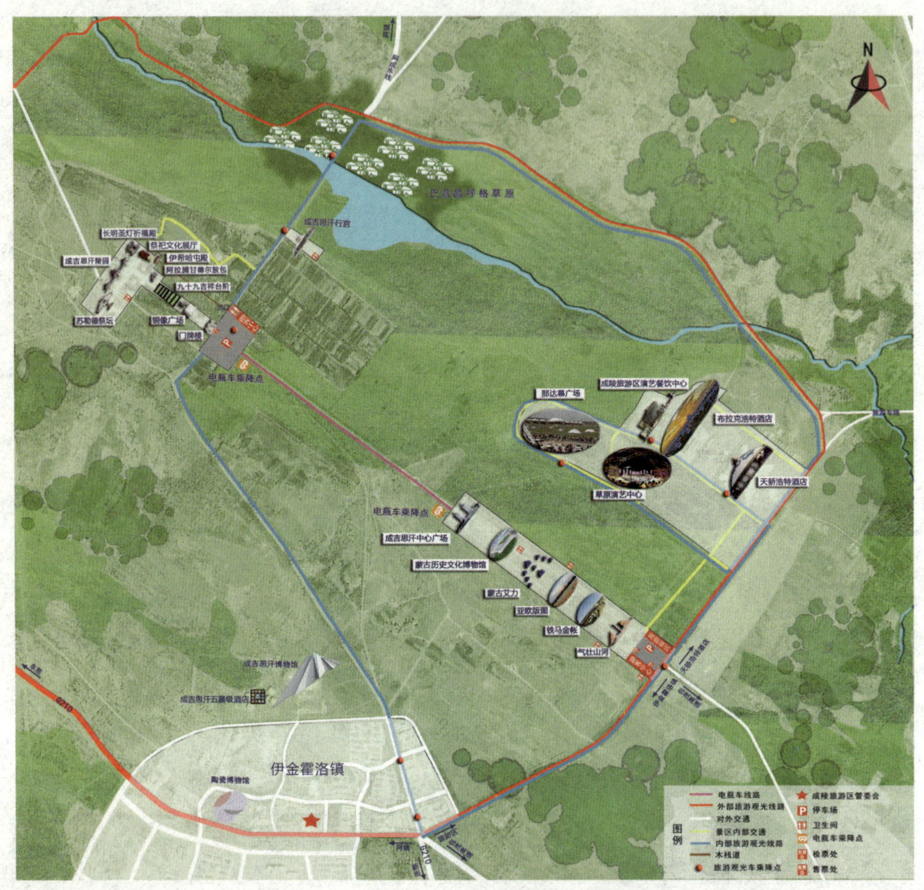

图22-1　成吉思汗陵旅游区总体格局

（一）“三区”

文物保护观光游览区，以成吉思汗陵宫为主，向南沿成吉思汗大道延伸至景区入口广场，向东、北扩展至巴音昌呼格草原外围边界，占地约10平方公里，内部包括约2平方公里的成吉思汗陵园绝对保护区，该区以文物保护和观光旅游为主要功能。

生态恢复保护区，在文物保护观光浏览区外层，面积约20平方公里，边界大致沿围绕巴音昌呼格草原四周二级高地的山脊线划分，该区范围内停止农业和牧业生产活动，退耕退牧、还林还草，恢复生态植被并严格保护，实行禁区管制。

视觉景观控制区，在生态恢复保护区外围，面积约50平方公里，边界大致沿围绕巴音昌呼格草原四周一级高的山脊线划分。该区范围内的农牧业生产与人民生活保持原状，逐渐向职业种草植树过渡，现有建筑物逐步还原为蒙古包外形。

（二）"两道"

成吉思汗大道，从成吉思汗中心广场到陵宫大殿，笔直挺进，约2公里的仿石板道，再加两边绿化带共宽60米，途经白塔、祭祀观光区大门、牌楼、迎宾广场、铜马广场、群雕、99级台阶、陵宫；风景道，是围绕着巴音昌呼格草原及现陵园四周约18.62公里的仿石路，游客可乘坐电瓶车、骑马或徒步深入景区，充分领略草原的景观，融入大自然，回归大自然。

（三）"八景"

八景即游客活动中心（包括"气壮山河"门景、"铁马金帐"群雕）、游客教育中心（包括亚欧广场、蒙古历史文化博物馆、成吉思汗中心广场）、祭祀观光游览区（包括牌楼、陵包、苏勒德祭坛）、蒙古民俗村、神泉风景区、休闲度假中心（包括大汗行宫酒店、帐篷营地）、那达慕马术活动中心和热气球俱乐部（见图22–2）。

图22–2 成吉思汗陵旅游区"八景"示例

现在，依托于成吉思汗陵园发展起来的成吉思汗陵旅游区，是一个集祭祀文化、景点观光、餐饮住宿、民俗展示、特色活动、民族歌舞表演为一体的历史文化旅游区。在这里不仅可以领略到独具特色的蒙古族历史文化，还可以感受到达尔扈特人庄严神秘的祭典，每年的“四时大典”（春夏秋冬四大典：春季查干苏鲁克大典、夏季淖尔大典、秋季斯日格大典、冬季达斯玛大典）都吸引了国内外大量游客前往，同时参加如梦如幻的草原篝火晚会，参观精彩激烈的那达慕大会，体验蒙古族特色旅游项目，欣赏极具民族特色的《鄂尔多斯婚礼》歌舞表演。

四、发展瓶颈

（一）旅游创意薄弱，产品结构单一

由于成吉思汗陵旅游区所处的气候和地理位置的原因，每年 11 月到第二年的 5 月都属于旅游的淡季，游客减少，造成了旅游资源闲置与浪费，进而导致经济效益也明显下降。

一方面，由于缺乏新颖的经营管理模式和可持续发展的收益形式，成吉思汗陵旅游区的旅游收入中大约 80% 以上来自门票，其他衍生产品和盈利方式的开发还处于初级萌芽状态，主要的游览活动也是以参观等静态展示内容为主，与游客互动的活动项目极少。所以一到淡季，经济收益就会大幅度下降。另一方面，成吉思汗陵主打蒙古族文化风情旅游业，缺乏具有当代社会时尚性产业，诸如度假旅游、会展旅游、生态旅游、探险旅游、研学旅游等创新型产品，产品结构比较单一，导致成吉思汗陵旅游区在发展上缺乏较强的吸引力和竞争力。

（二）门票经济下滑，经济效益下降

近 5 年成吉思汗陵旅游区数据显示，客流量及旅游收入虽然逐年增加，但增幅缓慢，游客数量虽达到国家 5A 级景区年 60 万人次标准，实际购票人数仅为一半，景区对部分游客实行免票政策（见表 22-1）。成吉思汗陵管委会公开的财政工作报告显示，仅 2019 年第二季度，成吉思汗陵旅游区的免票人数就近 20 万人次，这也意味着在查干苏鲁克大祭时，即使成吉思汗陵景区迎来了客流量的高峰，但门票经济却无法推动旅游区经济效益增长，与邻近省市 5A 级景区相比，成吉思汗陵旅游区的旅游收入并不乐观。

表22-1　成吉思汗陵旅游区数据统计

年份	旅游人数（万人次）	旅游收入（万元）
2012	80.6	12787
2013	71	7236
2014	81.5	8490
2015	90	9748
2016	111	20405
2017	120	20000
2018	120	22000

资料来源：成吉思汗陵管委会统计资料

（三）岗位要求较高，旅游人才缺乏

现有的地方旅游从业人员素质偏低，缺乏专业的旅游从业人员，这也是制约成吉思汗陵旅游区发展的因素之一。在旅游之前，游客主要是因为5A级景区的招牌和宣传，以及自身对历史和文化的兴趣来到成吉思汗陵旅游区，不少游客把这里列为内蒙古旅游“必去”的地方。游客对成吉思汗陵旅游区的深度体验，离不开景区工作人员的专业讲解。但现实是旅游区缺乏既能兼通蒙语、汉语又能熟练掌握外语的高素质导游，而且为了保证旅游旺季的导游需求，旅游区不得不降低用人标准，旅游人才的缺失阻碍了成吉思汗陵旅游区文化旅游产业的长远发展。

五、发展建议

（一）挖掘特色旅游资源

深入挖掘和发展具有景区文化特色的旅游资源，使自然景观和人文景观能够有机地融合在一起，提升景区文化旅游活动的层次和品位。突出景区自身的优势和特色，规避风险，接受挑战，积极思考旅游资源开发管理的新思路、新想法，整合所有可利用的旅游资源，加大旅游产品开发的多样化，积极发展与旅游业相关的其他产业，促进景区的长远发展。

利用文化和旅游的优势互补，在融合过程中通过功能重组和价值创

新，形成涵盖文旅产业核心价值的新价值链，产生“1+1>2”的产业叠加效应，形成以文化丰富旅游内涵、提升旅游层次、增强旅游魅力，以旅游传承交流文化、带动文化产业、促进文化繁荣的良好格局，推动景区的高质量发展，更好地满足游客日益增长的文化和旅游生活需要。

（二）开发多元旅游项目

加强旅游资源的开发力度和旅游主题活动的创新，不断提高旅游文化产品的艺术品质。应以开发特色旅游体验活动为主要任务，改善成吉思汗陵旅游区产品单一的现状，抓住景区特色和资源优势，以成吉思汗陵旅游区的影响力和吸引力为契机，不断加大科技投入，开发多元化的旅游项目，举办形式多样且适合大众参与的主题活动。

旅游活动不仅仅是一个经济活动，其本质还是一个文化活动，具有承载文化、传播文化、发展文化的功能。因此成吉思汗陵旅游区的文化创意要注重与自然融合、与生态对话，提升游客的娱乐体验感，增强景区吸引力，同时促进文化传承、文化价值提升、推动文化资源保护，对周围的产业发展产生极大的效益辐射，进一步促进当地旅游产业的发展。

（三）优化景区营销策略

景区的开发和营销应充分重视游客的需求，从市场细分、市场定位、产品策略等多个角度入手，通过多方效益组合，实现社会、经济、环境等多方位的共同发展。景区营销策略制定及改进需重视市场导向，提高景区的经济效益，同时讲求社会效益和环境效益，谋求综合效益的全面提升。应在克服自身劣势、规避风险的基础上，优化景区营销策略，加强地区间合作，实现优势互补效应。同时，大力提升景区从业人员综合素质，提升景区服务水平，加强公共服务体系建设。

在各大旅游景区的国际化、全球化发展的背景下，旅游景区营销战略的制定也应不断创新和更新。从产品定价策略、景区线路规划、品牌营销、产品配套营销等多个角度，优化现有营销模式，使成吉思汗陵旅游区在可持续发展的理念下，获得更为广阔的发展空间。

第二十三章　鄂尔多斯草原旅游区

一、景区概况

草原旅游是鄂尔多斯旅游业的重要组成部分，蓝天、白云、羊群、蒙古包以及敬酒、马头琴、篝火晚会、舞蹈，鄂尔多斯草原以其一望无际的自然风光以及极具特色的地域文化吸引了大量中外游客。

鄂尔多斯草原旅游区兴建于2004年，位于“骑射之地、游牧之所”的鄂尔多斯市杭锦旗境内，占地16000亩，是内蒙古中西部接待规模最大的草原休闲度假目的地之一，也是鄂尔多斯市重点项目扶持单位、自治区重点文化产业项目单位、全国优选旅游项目单位、国家4A级旅游景区。2013年被同程网评为“网络最佳人气旅游景区”；2014年被杭锦旗政府评为“全旗第九次民族团结进步模范集体”；2016年被评为“全市民族团结进步创建活动示范企业”“中国最佳创新好景区”和“旅游服务优质奖”；2017年被杭锦旗政府评为“文明景区”称号。

鄂尔多斯草原旅游区日接待游客量近8000人次，餐位2000人，床位1600人，核心区是由两个蒙古金帐和399顶蒙古包组成的蒙古包群。

二、发展现状

“一心、两翼、六区”的布局突出了景区自然与人文资源特色。一心，即游憩集散中心；两翼，即民俗人文体验翼、草原自然风光翼；六区，即综合服务区、汽车营地区、民俗文化体验区、草原休闲娱乐区、草原休闲度假区、草原生态观光区，整体景观如同一只展翅雄鹰翱翔在鄂尔多斯草原上。

鄂尔多斯草原旅游区拥有最具民族特色的五大文化旅游产品：鄂尔多斯婚礼、飞天草原、实景马术剧《英雄》、诈马宴和草原之夜篝火晚会。

国家非物质文化遗产鄂尔多斯婚礼流传了700多年，表演浓缩了鄂尔多斯蒙古族娶亲过程中的精华内容，展示了独具民族魅力和鄂尔多斯地域风趣的婚俗文化；飞天草原包含大飞轮、空中跳绳、空中飞人，以及魔术表演，为游客带来不一样的视觉盛宴；实景马术剧《英雄》是鄂尔多斯草原旅游区的重点旅游产品，整剧以马背为舞台，草原爱情故事为主线，内容包含《欢乐那达慕》《草原明珠托亚》《敖包情》《保卫家园》四个篇章，通过马背杂技、马上骑射、马上群战、祭祀祈福等表演，展现草原的宁静美丽、蒙古族的传统文化、草原儿女的豪迈和坚韧不拔，生动演绎了蒙古族世代守护草原的伟大情怀和马背家园的薪火相传；诈马宴是古代蒙古民族最隆重的宫廷宴会，也是蒙古族特有的庆典晏觞。在诈马宴中，游客可以穿上王爷、大汗的华丽服装，品尝美食、参与竞技，体验做王爷、大汗的尊贵享受；草原之夜篝火晚会是草原独有的盛大聚会。夜幕降临，老阿爸唱起悠长的祝词，萨满法师点燃圣火，跳起萨满舞，虔诚地向长生天祈福，草原上的人们相聚在圣火旁，与亲人、爱人、朋友一起，跳起安代舞，接受圣火的洗礼和祝福。

由于半荒漠化草原的特性，鄂尔多斯草原旅游区的旅游项目，如滑草、赏草等仅仅在每年的6—9月才能吸引游客的到访，为了缓解季节性带来的经济效益下滑，鄂尔多斯草原旅游区增加了冬季体验项目，如马拉雪橇、冰雪乐园、牧民体验等，在一定程度上弥补了景区的季节性短板，形成了资源特色（见图23-1）。

图23-1　鄂尔多斯草原旅游区旅游产品

三、发展瓶颈

（一）生态环境脆弱，保护意识薄弱

草原生态环境本身极为脆弱，草原植被生长的气候环境多是温带半干旱大陆性季风气候，土壤肥力较差，生态系统稳定性小，脆弱程度较高，其本身隐含着极大的潜在退化倾向和危险。一旦利用不当，极易导致植物群落的衰退，土壤风蚀、水蚀加剧，出现土地荒漠化，从而导致生态系统失衡。

从景区发展来看，当前鄂尔多斯草原旅游区在生态规划和生态教育方面均比较薄弱，旅游业主要以盈利创收为目的。景区内很少设立生态环保的宣传栏，导游词中也甚少涉及生态道德教育等内容。事实上，相较于经济贡献，游客的草原资源保护意识对鄂尔多斯草原旅游区的可持续发展更重要。与此同时，游客乱扔垃圾、随地吐痰、破坏植被等不文明行为也会对鄂尔多斯草原旅游区的生态系统造成深度破坏。

（二）产品同质严重，市场吸引不足

鄂尔多斯草原旅游区在开发草原文化旅游产品的过程中，虽然看似开发出了数量可观的众多草原文化旅游产品，但旅游产品还呈现出明显的单一化特点，与自治区内外其他草原旅游区旅游产品的可替代性比较强。如当前在内蒙古所有发展草原文化旅游的地区，开发的旅游产品基本围绕草原观光、歌舞演出、骑马射箭等，种类有限的旅游产品只能在一定程度上展示出部分草原文化。受时间与地点限制较大且种类单一、趋同化严重的旅游产品显然难以持续激发游客的旅游兴趣，无法充分满足游客多样化的旅游需求，这在很大程度上限制了鄂尔多斯草原旅游区的发展。

（三）营销模式单一，专业人才短缺

目前，鄂尔多斯草原旅游区的营销依旧还以单一的广告宣传模式为主，方式呆板、鲜活度不够、时尚感不强、亲和力不足。静态宣传画面感不强，受众的印象只停留在“风吹草低见牛羊”上，影响受众的有效度不够，正向宣传刺激旅游消费的效应不强。全媒体、新智能网络营销运用不充分，营销模式亟须推陈出新。

同时，鄂尔多斯草原旅游区较缺乏专业化的服务和管理人才，景区员工大多文化程度较低，缺乏旅游学科的专业背景知识。在增加游客满意度和景区优化建设上，专业人才短缺将成为主要制约因素。

四、发展建议

（一）完善管理制度，重视功能分区

现有研究表明，景区环境与游客意识呈现“破窗效应”，即景区的生态管理制度越完善，生态环境越好，游客对于景区环境的保护意识越强，反之，景区的生态管理欠缺，生态环境越差，游客对于景区环境的保护意识越薄弱。因此，在完成更换草种、增加低喷等辅助环境保护工程的同时，也要在景区设立环境保护提示牌，普及草原生态环境保护的知识，让旅游者自觉维护景区脆弱的生态系统，使鄂尔多斯草原旅游区生态环境实现良性循环发展。

与此同时，利用科学的规划合理布局景区功能分区，分散旅游点、旅游活动区和旅游道路，并通过创造具有吸引力的景区旅游体验分流游客，从而降低某些区域旅游活动强度过大对草原整体景观的影响。

（二）开发特色产品，提升市场吸引力

2019 年，鄂尔多斯草原旅游区接待游客 32 万人次，远远没有到达其生态承载力 857.4618 万人 / 年，这说明鄂尔多斯草原旅游区还存在着巨大的开发潜力。

近年来，鄂尔多斯草原旅游区逐渐增加景区体验项目，并优化升级了部分旅游产品。未来五年，鄂尔多斯草原旅游区应以“马文化”为主，深度挖掘“马文化”资源内涵，提高“马文化”产品的美誉度，着力将鄂尔多斯草原旅游区打造成以“马文化”为品牌的国内外知名旅游景区。

（三）拓宽营销渠道，加强校企合作

在营销方面，应改变单一、呆板的广告宣传模式，从静态图片宣传为主向动态视频宣传为主转变，同时增加新兴自媒体宣传模式，如抖音、快手等短视频营销，运用多渠道、多模式、多层次的宣传手段，改变游客对草原旅游的刻板印象，重点突出鄂尔多斯草原旅游区的游憩体验价值。

在专业人才紧缺的问题上，要加强和本地高等院校的战略合作，建立高等院校旅游管理相关专业实习实训基地，与高等院校共同做好景区专业人才的培养，同时增强专业人才对景区的忠诚度和认同感，减少景区人才的流动性。

第二十四章　鄂尔多斯野生动物园

一、景区概况

鄂尔多斯野生动物园是以动物观赏、互动体验为主，集海洋文化体验、主题娱乐、科研科普教育、休闲旅游于一体的综合性生态旅游度假景区，是国家 4A 级旅游景区。先后获得了国家级服务业标准化试点单位、中国旅游志愿者服务站、全国森林康养最佳目的地、全国森林康养教育营地最具人气奖、内蒙古自治区科普教育基地、鄂尔多斯市健康景区等荣誉。其中心位置在 109°90'E，39°83'N，距内蒙古首府呼和浩特市 241 公里，距包头市 115 公里，距鄂尔多斯市政府康巴什区 36 公里，距鄂尔多斯机场 49 公里，与北京、西安、宁夏均有高速公路相连，交通便捷。2019 年，鄂尔多斯野生动物园累计接待游客数量突破 270 万人次，保持着每年约 25% 的游客增长量。

二、发展历程

（一）建园伊始

鄂尔多斯野生动物园于 2010 年筹备建设，2012 年 7 月 28 日正式开园，2013 年获评为国家 4A 级旅游景区，逐步引进长颈鹿等野生动物 50 余种、1000 余头（只），粗具发展规模。

（二）体制改革

为提高管理效率，鄂尔多斯野生动物园在全区范围内率先实行事业单位向国有企业改革，创新实现企业化管理、市场化运作。2015 年 6 月，鄂尔多斯野生动物园正式转企，成为鄂尔多斯市文化旅游投资集团子公司，从事业单位转为企业，在制度上进行改革，扫清了动物园转型发展的障碍，同时也为创新发展提供了制度和体制保障。

（三）升级改造

转企后的动物园管理人员通过外出调研、学习，借鉴国内外先进管理经验，逐步形成适合自己的发展道路。2016 年成功引进首对国宝大熊猫，不仅实现了大熊猫异地保护，同时也加深了鄂尔多斯野生动物园和全国各地之间的了解和深入联系，对促进地区旅游业快速发展、提升鄂尔多斯旅游知名度具有重要意义。同年的狼文化主题乐园“天狼峪”正式对外开放，实现了地域文化和旅游 IP 的有机融合。2017 年立足西北旅游市场需求，率先打造鄂尔多斯海洋馆，海洋馆项目的落成，有效填补了周边地区海洋主题旅游业的空白。2019 年海洋馆三期（海洋表演剧场）正式开工建设，建筑面积 1 万多平方米，水体量 0.75 万立方米，建成后可同时容纳 2000 余人观看表演。2020 年元旦，四季冰雪乐园正式开馆，填补了内蒙古地区四季冰雪旅游娱乐项目的空白，对提升鄂尔多斯动物园的知名度、美誉度和影响力具有十分重要的意义。

三、发展现状

（一）野生动物种类丰富，亲历四季旅游体验

园区建设有“天狼峪”核心文化展示园、海洋馆、大熊猫馆、小动物园、长颈鹿苑、象苑、虎豹苑、丹顶鹤展示区、水禽湖、百鸟苑等 25 处动物场馆以及动物医院、游客服务中心等配套设施，展出各类稀有珍贵陆生动物和海洋生物 480 余种、26300 多只（头 / 尾）。其中有国宝大熊猫，以及丹顶鹤、梅花鹿、草原狼、中华鲟等我国特产珍稀野生动物，还有世界各地的代表性动物如大猩猩、非洲狮、非洲象、长颈鹿、袋鼠、企鹅、海豹等（见图 24–1）。

近年来，鄂尔多斯野生动物园以建成全国影响力最强的野生动物园为目标，逐步改造和新建视觉无障碍的生态化动物展区，并开设自驾游园、四季冰雪乐园、夜宿海洋馆、动物互动投喂、冬夏令营等项目，基本形成了以动物观赏为主的春季踏青赏花、夏季休闲避暑、秋季果实采摘、冬季畅玩冰雪的四季旅游新格局。园区将进一步丰富动物种类，拓展科普宣传知识，提高游客观赏体验度，计划引进动物 500 余种，数量达 6000 余头（只）。

图24-1 鄂尔多斯野生动物园

（二）海洋主题旅游新奇，深度多面感官体验

鄂尔多斯海洋馆坐落于鄂尔多斯野生动物园内，以“海洋旅游”为主题，是一个集水生物观赏、水生物表演、戏水娱乐及餐饮休闲为一体的大型综合旅游项目，海洋馆弥补了西北地区海洋主题旅游业的空白，形成鄂尔多斯市全域旅游的又一特色目的地。

该馆于2017年6月3日正式启动建设，建筑面积2万余平方米，总水体1.2万立方米左右，建筑共三层。规划设计充分结合原有游客服务中心建筑结构，在不对主体进行大改造的情况下，局部调整，有效利用现有空间，围绕“海洋文化”主题，通过微缩、人造景观、音乐、灯光、表演、影视、游戏、体验、展览等先进科技手段，建成企鹅展区、海底隧道、水母展区、珊瑚生物展区、热带雨林展区、海豹展区、海洋动物表演剧场及科普展区八大展区。展示生物包括企鹅、海水鱼、淡水鱼、鲨鱼、珊瑚礁生物、水母类生物、鳐鱼类、海豹和白鲸、海豚等。生物种类260余种，数量21900余尾（只）。在海洋馆内，游客不仅可以投喂海豹、鲨鱼等海洋生物，还可以观赏到曼妙的美人鱼表演、企鹅喂食及人鲨共舞等表演，更可以进行潜水体验。

（三）人与动物和谐共处，生态绿色节能共享

鄂尔多斯野生动物园根据不同动物对生活环境的不同需求，通过人工造景的手法，模拟动物的野外生存环境，将动物展馆与自然环境巧妙结合，使其和周围环境融为一体。本着提升动物福利水平，增强游人互动体验趣味的原则，以现代的无屏障全方位立体观赏取代传统笼舍观赏方式，

在散放区，动物自由出入于高山绿草之间，悠然生活在高低起伏的原野山林，充分诠释了人与自然、动物和谐相处的自然景象。动物园不仅注重饲养水平的提升，同时注重生态环境的保护。园区以“动物星球”和“回归自然”为主题，绿化面积达 9 平方公里，园区坚持保护原有植被，实施有计划、有重点、分期分批更新改造，构建“七分自然，三分人工”的植被景观，使园区环境自然而不失美感、野性而非荒凉。动物园景观设计注重层次性，山头绿化以油松、樟子松、云杉等常绿乔木为主体，场馆周边以种植花灌木和落叶乔木为主。筹建至今，动物园共种植常绿、落叶乔木近 100 万株，花灌木近 1000 万丛，地被 30 万平方米，目前，园区共有植物种类 140 余种，树木达到 60 余万株。

动物展馆和整体环境的打造强调绿色节能理念，设计有风能、太阳能转换及雨水回收系统，最大限度地实现低能耗、低排放、高效益的目标。同时，为充分体现以人为本，园区配套完善了各式餐饮、交通、购物等设施，并专门开设动物科普大讲堂，组织主题实践和志愿捐赠、动物认养等相关活动（见图 24–2）。

图24–2 动物展馆与自然环境巧妙结合，人与动物和谐共处

四、发展瓶颈

（一）旅游创意单调，产品结构单一

受季节性影响，每年 11 月到次年 4 月都属于鄂尔多斯野生动物园的旅游淡季，在这 6 个月的时间里，由于缺少有创意的旅游产品，游客减少，资源闲置，经济效益明显下降。目前，旅游收入中约 80% 以上的效

益来自门票，其他衍生产品和盈利方式的开发还处于初级萌芽状态，主要的游览活动也是以参观动物和动物互动展示内容为主，休闲娱乐项目带来的经济效益较少，同时高技术含量或高附加值的营业收入较少，整体因素导致企业抵御市场风险能力不够强。

（二）专业要求较高，技术人才匮乏

由于旅游行业的工作性质所限，专业人才招聘难、流动性大，动物饲养和兽医等专业性要求较高的人才不能有效供应，专业人才匮乏，人员培养成本较高，阻碍了鄂尔多斯野生动物园的长远发展。

（三）建设资金缺乏，发展进程缓慢

由于园区起步较晚，发展历程较短，建设初期遗留问题较多，融资能力有限，在项目建设和项目引进等方面后劲不足，严重制约了动物园的发展建设进程。同时，作为国有资产，动物是需要努力赡养的，野生动物赡养成本较高，其进出都需要国家以及省市林业部门的批准，同时还受《野生动物保护法》的保护，景区资金的短缺，不仅关系到景区的长远持续发展，还关乎野生动物的赡养与保护问题。

五、发展建议

（一）整合旅游资源，打造多面旅游体验

旅游包含食、住、行、游、购、娱六大要素，因此旅游体验需要满足游客全方位的需求。鄂尔多斯野生动物园未来要在休闲项目、住宿体验、旅游纪念品等方面结合景区特色，精准定位，增加旅游收入。

在休闲项目上，可在园区内各场馆旁建设相应的休闲主题游乐设施，以场馆内的动物为基础，建设具有场馆特色的游乐设施，为场馆注入新的生命活力。并建设与动物相关的儿童体验馆、儿童博物馆，让游客边观赏、边游玩、边体验、边参与，切实感受到动物观赏与娱乐相统一带来的全新体验，建设一个动物观赏最奇妙、游乐设施最丰富且最具想象力和最具科普价值的鄂尔多斯野生动物主题乐园。

在住宿体验上，可建设动物主体酒店，将该主题渗透到动物园内各区域，将景点和酒店串联起来，打造全国领先的特色主题酒店。在野生动物

世界和动物主题酒店的基础上，利用动物园、植物园等资源，充分发挥动物园的独特优势，将产品串起来、景点连起来、景区合起来，丰富消费内容，延长游客逗留时间和体验时间，带动景区活力，提升景区吸引力。

在旅游纪念品上，立足于动物园特色，增加动物文化衍生产品和商业产品种类；旅游纪念品的开发应侧重满足消费者的精神需求，以引发旅游者的猎奇心理和纪念收藏心理为主，坚持市场、文化和创意三个原则，并关注旅游纪念品的便携性、易得性等因素对旅游者的影响，开发出适销对路的旅游纪念品。

（二）改善游园环境，规划升级旅游线路

鄂尔多斯野生动物园要加强园容园貌管理，营造干净、整洁的游园环境，给游客带来舒适的游园体验。首先要合理布置景观，补栽花草树木，完善园区绿化设施，进一步提升景观品质。其次要对陈旧的设施设备进行更新维修，确保整洁美观。最后要建立和完善卫生保洁工作机制，做到常态化、规范化，真正实现时时干净、处处干净。

在景区布局和环境方面，可新建三处大门，主大门设在园区南侧即植物园对面，另设东西两处大门作为辅助大门，方便游客就近入园及停车。新建大门设计理念紧扣动物园主题，与景区本身的建筑群风格一致，与周围环境相协调，融为一体。加强入口区域基础设施建设，配套建设地上、地下两层生态智能停车场，实行智能化管理，满足游客停车需求，同时配套充电桩，为游客提供便捷服务。入口处设置自动售检票系统，无缝对接各家旅行社，帮助景区扩大渠道，优化客源，提升获客能力，并配有手持检票机可灵活应对断电、断网等突发情况。

在旅游交通方面，可在现有步行、观光车等游览方式的基础上增加轨道交通车，将现有线路重新规划，打造一条游览主线路，把各场馆和商业售卖设施合理贯穿起来，同时继续开展特色笼车参观方式，在保障安全的前提下，增加近距离观赏猛兽的刺激感和体验感，争取让每一位游客都能乘兴而来、满意而归，在提升景区美誉度的同时，形成良好的口碑宣传。

（三）建设特色景点，创新游客参与方式

在天狼峪一期的基础上启动二期、三期工程，二期规划建设狼生物展示区、狼文化广场等特色主题景点。展示区依托区域原生态地貌，借助天然沟壑进行隐蔽区隔，形成以草原狼为核心、世界不同狼种群为辅助和相关伴生动物相结合的原生态野狼放养区，以沉浸式的展出方式，让游客体验到身临其境的感觉。三期工程建设狼文化博物馆、狼文化研究所，开展烽火台点狼烟等项目，通过饲养员及导游讲解有关狼文化的知识，并对狼文化的不断发掘与延展，演绎有关狼文化、狼传奇的故事，打造最具狼文化底蕴、最具草原生态环境、最具特色的狼文化展示园。

统一对动物的馆舍、场馆、外用运动场等进行升级改造，扩大动物种类规模，按照沉浸式展示方式对部分展示区域进行改造，创新增加动物混养的观赏方式。这样既有利于游客参观，也能为动物提供更加丰富的近似于原生栖息地的条件。同时，动物园还将尝试把饲养员推向前台，通过饲养员与观众的互动，充分讲解动物的习性、保护以及饲养常识等。

第二十五章 康巴什区

一、景区概况

康巴什，蒙古语意为“康老师”，位于鄂尔多斯市中南部，总面积372.55平方公里，建成区面积38.42平方公里，北距东胜城区23公里，南距伊旗阿镇3公里，距成吉思汗陵园25公里，距鄂尔多斯飞机场15公里。自然条件优越，北靠青春山，南临东红海子风景区，三面被乌兰木伦河环绕。康巴什区与东胜区、伊金霍洛旗的阿勒腾席热镇共同组成鄂尔多斯市城市核心区，是鄂尔多斯新的政治文化中心、金融中心、科研教育中心和装备制造基地、轿车制造业基地。

康巴什区是全国首个以城市景观命名的4A级旅游景区，前身为青春山经济技术开发区（自治区级），于2004年批准更名为康巴什新区并启动建设，2006年市府迁址入驻，2016年6月8日国务院正式批复设立县级行政区，2017年12月12日，康巴什区人民政府正式成立。2019年11月13日，康巴什区入选第三批国家生态文明建设示范市县名单。2020年12月17日，康巴什区被文旅部认定为国家级全域旅游示范区。目前，康巴什区境内辖1个园区（市高新技术产业园区）、4个街道、15个社区，总人口15.3万。

二、发展特色

（一）现代化时尚都市

康巴什区是鄂尔多斯市现代化中心城市的核心区，是鄂尔多斯市新的政治、文化、科技、教育、金融中心和汽车制造基地。康巴什区以“草原上升起不落的太阳”为理念，由太阳中心向外辐射、形成光芒通道向四面八方自然延展，搭建起中心区的道路骨架；北区按照原始地貌点状布局，路随山转、屋依山建，着力打造优质生活区；统筹城乡精品移民区集居住、就业、服务为一体，承载转移进城农民，实现同城发展；体育园区为承办第十届全国少数民族传统体育运动会，打造成服务全市人民的文化体育中心区；赛车城片区依托鄂尔多斯国际赛车城发展赛车相关服务业，吸引关联人群入住；高新技术园区是城市产业发展平台。各片区内部按照功能定位进行群落式设置，每个群落独立配套功能完善的生活服务设施，通过大群落、小组团的有机融合，建设安静的住宅区、独立的行政区和繁华的商业区。同时，将地域文化元素和现代建筑手法更好地渗透和体现到城市建设中，建成形态各异、主题鲜明的标志性建筑。

康巴什区立足“先筑城、后兴业”的实际，明确把现代服务业作为产业发展的主攻方向。城市中轴商业区主要由金宸国际商业中心、康巴什美食广场、呼能商业广场和蒙古象棋广场地下购物城构成。金宸国际商业中心建筑面积达 1.2 万平方米，是市民和周边群众购物的理想场所。康巴什美食广场涵盖地方小吃、品牌餐饮、休闲娱乐、民俗文化等多种业态，是一个集餐饮、娱乐、健身、休闲等功能于一体的大型综合性惠民美食汇集地。目前，康巴什区涵盖餐饮、购物、住宿、建材家居、农贸产品等行业，高中低档一应俱全的消费环境正在形成，三产服务业已经基本满足了不同人群的需求。

（二）环境友好型都市

康巴什区是一座环境友好、生态宜居的城市。“绿”是康巴什的底色，植绿造绿是康巴什人的不懈追求。康巴什始终坚持低碳环保、生态宜居的原则，旨在打造祖国西部地区宜居的城市环境。康巴什区生态保护和城市绿化力度大，城区绿化面积达到 5860 万平方米、生态水体面积达到 588 万平方米，绿化覆盖率达到 43%。康巴什区是一个“城在园中，园在城中”的现代型生态园林城市。作为一个大型生态景区，康巴什区一直非常注重城市、环境、文化三者之间的和谐统一，努力融入和突出草原文化特色、人与自然和谐相处的精神内涵，充分体现草原城市的特点个性，突出城市规划建设的唯一性。

近年来，康巴什区把“大绿化”作为城市最大的基本建设，短短几年时间，社区公园、专题类公园、带状公园均衡分布在全城的街边绿地，人均公园绿地面积 104 平方米，城区公园服务半径覆盖率达到 90.3%。一路一种树，一路一景观，一路一特色，形成了城市生态休闲、休憩、观光的绿荫大网架园林景观。同时，建设雕塑、水景、建筑小景观520多个，旅游服务驿站20多处，公共休息设施500多处，高标准的旅游厕所50多座。

三、主要景点

康巴什区是一个新型的城市旅游项目，其特色是将城市建设和景点建设完美组合，打造新颖便捷的城市旅游环境，应用现代手法和科学规划，把优秀的文化用艺术的手法体现在景点和城市建设中。

文化艺术走廊是康巴什区南北景观中心轴线，长2500米、宽200米，形成了一个开放通透、特色鲜明的旅游核心区。走廊由体现不同草原文化特色的广场构成，与南部的乌兰木伦景观湖动态水轴遥相呼应。走廊两边是鄂尔多斯标志性几大文化建筑和大型购物商场、酒店、行政办公区。走廊景点包括成吉思汗广场、双驹广场、太阳广场、休闲绿地、蒙古象棋广场、亚洲雕塑艺术主题公园等（见图25-1）。

图25-1　文化艺术走廊

（一）主题广场

成吉思汗广场以市政府大楼为起始，由北向南延展，表现了团结、家乡、自然三个主题，广场上耸立的气势恢宏的四组群雕“海纳百川”“一代天骄”“闻名世界”“草原母亲”，高达16米，全部用青铜浇筑而成，成为康巴什区标志性雕塑群，体现了中华民族自强不息、勇往直前的伟大精神。

双驹广场，以成吉思汗两匹骏马为文化元素，紧靠成吉思汗广场，成为成吉思汗广场的延伸。广场上凌空腾飞、搏击争胜的双骏青铜雕塑，高15米，与成吉思汗广场上的群雕相辉映，寓意鄂尔多斯人民奋进的精神面貌，成为鄂尔多斯奔向美好未来的象征。

太阳广场位于旅游区文化艺术走廊中央，广场上的八条放射形回廊像是光芒四射的太阳光线，映照大地，设计理念为“草原上升起不落的太阳”，表达鄂尔多斯草原蒸蒸日上、繁荣昌盛的吉祥祝福。

蒙古象棋广场占地5万平方米，建立在人防工程顶部。广场北侧入口建有浮雕景墙，中心共享大厅建有点将台，广场局部节点设有32个蒙古象棋雕塑，青铜铸造，表面镀金、镀银。通过绿化、地形、人行与车行出入口建筑等组织围合空间，与象棋景观相结合，共同打造了一个象征马背民族团结奋进、自强不息的文化广场。

以“草原之歌”为设计主题的草原情广场占地15.98万平方米。整个广场以“美酒迎宾”“查干萨日”（过年）等14组雕塑再现鄂尔多斯蒙古族人民的生活场景、民间习俗和节庆活动，展现了鄂尔多斯深厚的文化内涵，独特的自然风景，热情浓烈的人文和多彩的风情。

视界广场占地14.9公顷，是康巴什区构思巧妙、设计新颖的休闲广场。广场形状为圆形，广场中心建有主题雕塑《视界》，雕塑借用“眼睛”的造型，配以温泉和世界地图，喻义“慧眼看世界”。广场周边有配套的景观灯柱，通过烘托鄂尔多斯之眼看世界的理念，提升了鄂尔多斯国际会展中心周边的环境氛围，表达望远世界的深远内涵。

（二）主题公园

亚洲雕塑艺术主题公园是为纪念以“吉祥草原、祝福亚洲”为主题的第十一届亚洲艺术节而建，有各国雕塑90尊。亚洲雕塑艺术主题公园位于成吉思汗广场轴线的南端、乌兰木伦湖北侧。公园总面积约43公顷，绿地率约70%。公园设计注重雕塑和环境的结合，利用广场、地形和植被，设计了密林环抱、开阔草坪、铺装广场、平静水面、缓坡台地等多类适合雕塑展示的空间。公园中心的位置放置核心雕塑倡议釜，鄂尔多斯青铜文物放大雕塑36座放置在成吉思汗广场中轴沿线，作为景观与当地文化的延续，东西两侧摆放国际国内知名雕塑家的雕塑（见图25-2）。

图25-2　亚洲雕塑艺术主题公园

康巴什中心公园地处康巴什城区中心，公园所在地块由建筑和绿地共同组成，占地30公顷，以山地为主，西南角屹立着鄂尔多斯国际会展中心，因此得名“会展公园”，后因位于康巴什市中心的位置而改名为“康巴什中心公园”。公园在充分利用原有地形的基础上，高处造山，低处理水，缓处建造，陡处种植，设计了玫瑰广场、会展广场、会展空间、宿根花卉区和引种驯化区等重要空间节点，每处风格统一，却又形式迥异，形成了多进深、多层次、多视点的立体景观。

（三）城市景观湖

乌兰木伦景观湖是集水上娱乐、群众文艺、特色餐饮、水域景观为一体的综合性休闲娱乐活动和旅游区。景点包括：音乐喷泉广场、群马雕塑、水上娱乐区、3200米长雕塑壁画艺术走廊、草原美术文化公园、景观湖南岸瀑布、景观餐厅、儿童娱乐广场、地方小吃广场，是康巴什区休闲、旅游和娱乐的首选之地。

（四）文化建筑

鄂尔多斯国际会展中心总建筑面积4.75万平方米，由会议中心和展厅两部分组成。其中会议中心建筑面积3.15万平方米，包括容纳900人的多功能会议厅、300人的报告厅、29间中小型会议室及可容纳108个车位的地下停车场。会展中心是国内外各类大中型会议、演出及展会举办地。会展中心的造型设计中，入口会堂融入蒙古包造型，后面的 1 个会议中心和 3 个大展厅则是马鞍造型。会议中心与展览大厅在相交处设置各种辅助设施和宽敞通道，可连通使用，使会展空间能够灵活划分。会展中心是国内外各类大中型会议、演出及展会的举办地。

鄂尔多斯博物馆总建筑面积 4.12 万平方米，建筑高度 39.8 米，是集文物收藏、展示及研究于一体的大型综合性建筑。博物馆的设计者受“曼哈顿穹顶”的启发，将博物馆构造成带有未来主义色彩的抽象壳体，在将它与外面的“城市”隔绝的同时也对其内部的文化和历史片段提供了某种保护。博物馆外墙采用大面积的实体墙面和大块咖啡色曲面的铝板，以抵御严寒天气。内部展览分《鄂尔多斯文物珍品展》《鄂尔多斯草原文化展》等多个部分，展示了匈奴、党项、女真、蒙古这些北方少数民族在鄂尔多斯土地上创造的辉煌文明。

鄂尔多斯图书馆总建筑面积 4.14 万平方米，地下一层、地上八层，建筑高度 39.2 米，阅读席位 2300 个，信息点 5300 个，是一座集阅读、收藏、研究、交流、休闲为一体的文化活动场所。建筑与环境层叠，仿佛卷页展开，体现了浓厚的书香文化特色，其设计造型为蒙古族三大历史典籍——《蒙古秘史》《蒙古源流》《黄金史》。馆内设置普通文献信息服务区、电子资源服务区、特色文献资源服务区、影视音乐报告资源服务区、特殊人群阅览区、读者休闲消费服务区、书店等功能区，是一座环境优雅、安静怡人的国家地市级以及公共图书馆。

鄂尔多斯大剧院占地面积 2.27 万平方米，总建筑面积 3.84 万平方米，建筑高度 44.4 米。内设置 1408 个座位的综合剧场，716 个座位的音乐厅以及数字电影厅、餐饮、住宿、娱乐、购物等附属服务设施，是一座集剧场、音乐厅、影视文化及办公为一体的大型综合性建筑。鄂尔多斯大剧院造型取材于鄂尔多斯蒙古族男女头饰，分为歌剧院和音乐厅两部分，两组建筑之间以连续曲墙连接，建筑线条流畅而富于动感，彰显了歌舞民族特有的文化内涵和精神风貌。

鄂尔多斯新闻中心占地面积 1.66 万平方米，建筑面积 4.42 万平方米，建筑高度 41.8 米，是一座拥有地下一层、地上八层的大型综合办公建筑。鄂尔多斯新闻中心简约的横竖建筑线条处理体现了新闻业的真实与理性，中央“新闻眼”造型凝聚了新闻建筑固有的精神价值。新闻大厦集开放性、综合性、多功能、信息化为一体，包含了 6 个演播厅、18 个录音室及配套的制作间和采编室。

鄂尔多斯文化艺术中心占地面积 2.25 万平方米，建筑面积 4.23 万平方米，建筑高度 35.67 米，是一座集文化活动、娱乐休闲及办公为一体，地下一层、地上六层的大型综合性建筑。文化艺术中心的设计呈“天圆地方”的形状，建筑上部乳白色的轻盈变形体象征着天空、白云、空气、水和乳汁，隐喻着女性、舞蹈、飘逸的哈达与自由、浪漫、吉祥，下部浮动的方形象征着草原和大地，隐喻着男性、力量、阳刚之气和朴诚方正的含义，方与圆的结合体现人与自然的对话和宇宙模型的对应。馆内展出中国少数民族非物质文化遗产，主要有民族服饰、民族手工艺、民族歌舞、民族节日以及民族文学等（见图 25-3）。

图25-3　康巴什区六大文化建筑

（五）旅游功能区

鄂尔多斯婚庆文化园，是以展示传统鄂尔多斯婚礼文化为主线的体验式主题公园，公园总占地面积 36 万平方米。是以鄂尔多斯婚礼文化为元素，以爱情旅游、爱情纪念、爱情教育为主要产业方向的集旅游开发、文化产业建设为一体的爱情主题公园和幸福产业基地（见图 25-4）。

民族团结主题公园位于康巴什北区、成吉思汗雕塑广场中心景观轴线延伸线北端，占地面积 293.34 公顷。公园以生态为基础、以文化为核心、以科技为手段、以休闲为载体的设计理念，建设有多彩中华和草原风情两大文化景观区域，园区整体布局依山造势、因地造型。核心景观区包括民族团结门、民族团结广场、民族团结路、民族团结塔、江南水乡、北方院落、藏式酒店、福建土楼、科技馆、草原之梦主题营地等十余处特色景观节点。民族团结广场建有 56 根高 13.6 米的民族团结柱，寓意平等、团结、和谐的 56 个民族以及各族人民共同支撑起伟大的中华大地。

图25-4　鄂尔多斯婚庆文化园

鄂尔多斯国际赛车城占地面积 11 平方公里，赛道长 3.751 公里，是中国第一条山地汽车场地赛道，也是中国西部地区首条国际汽联标准二级赛道，可承办除一级方程式赛车、纳斯卡赛车外的全部卡丁车、摩托车、房车、方程式场地或越野赛事。目前已成功举办世界超级联盟方程式鄂尔多斯站、中国房车锦标赛、全国摩托车锦标赛等多项国际、国内赛事。赛车场内同时配套建设有汽车博物馆、汽车综合服务区等功能场馆，形成涵盖汽车贸易、汽车运动、汽车会展、教育培训等功能于一体的汽车产业园区。

千亭山文化旅游区位于康巴什北区北部的统筹城乡园内，占地约 8 平方公里。以康巴什区规划理念为指导思想，体现康巴什北区城市后花园的区域定位，以“亭文化”和“宫殿文化”为主题。景区体现了我国不同时期亭廊建筑的风格、风貌，达到依山造亭、与景相融、浑然一体的目的。合理利用原生态环境、应势而建，尽量保留了园区内的水域及周围自然生态林地、山丘等原始地形地貌，形成山水一体、和谐统一的风格。

（六）节庆活动

作为一个以城市休闲度假旅游为主题的人文旅游区，康巴地区以各种城市休闲娱乐景点为依托，举办了许多节庆活动，吸引了大量游客。

一方面，为了让广大市民和游客更好地体会自然之美，乐享城市生活，康巴什区先后举办了“尽享五一慢生活”和“畅游新区，尽赏牡丹”等多项大型活动。在“尽享五一慢生活”活动中举办了三人四足、花样自行车、袋鼠跳跳跳等多种群众喜闻乐见的健身活动，让市民和游客在游玩中感受了自然的清新，强健了体魄。举办的“畅游新区，尽赏牡丹”活动，让市民足不出户领略到“唯有牡丹真国色，开花时节动京城”的艳丽，体会到“富贵风流拔等伦，百花低首拜芳尘”的高雅。同时还开展了赏花、花下品茶、摄影大赛、百名儿童绘长卷、“骑乐无穷”等休闲旅游活动，极大地丰富了市民的城市生活。丰富多彩的节庆活动不仅为新城康巴什集聚了人气，也大大提高了城市知名度。

另一方面，为了推动旅游产业发展，以全域旅游和四季旅游为引领，加大对具有内蒙古特色的民族节庆活动的挖掘和提升力度，增加游客的参与性和娱乐性，不断促进康巴什区旅游转型升级。康巴什区先后开展了草原丝路诗词诵读、探秘草原丝路文化主题研学活动、鄂尔多斯非物质文化遗产展演、牡丹文化谜语大会、民俗文化鉴赏等系列活动。并利用各大官方旅游微信公众平台以及电台广播、条幅等进行活动推广，同时采用映客直播、抖音小视频、电视、报纸等各类媒体进行广泛宣传。

（七）康镇

康镇位于鄂尔多斯市政府北，民族团结公园附近，占地 21.8 万平方米，建筑面积 4.6 万平方米，总投资约 35 亿元，距康巴什区中心约 5 公里，车行 10 分钟可达；距东胜约 36 公里，车行半小时可达。距鄂尔多斯机场 20 公里，车行 30 分钟可达。综合考虑鄂尔多斯区域乃至呼包鄂经济圈的家庭及自驾人群旅游需求，可满足外地游客度假需求。

康镇是内蒙古地区非物质文化遗产传承发展示范基地、草原丝路北方民族文化交流中心、鄂尔多斯美食文化体验、特色民俗客栈、文化精品酒店度假区。作为鄂尔多斯重点旅游项目之一，康镇以草原丝路文化为主题，集草原丝路沿线不同的民族、美食、娱乐等体验为一体，全面带动康巴什区旅游业的发展，成为康巴什区又一旅游文化景区。

结合茶马古道沿途文化特点，康镇还兴建了福建土楼、川渝人家、徽商会馆等，同时为增加游客的参与性与娱乐性，建成鄂尔多斯院子戏楼、互市街戏楼和西安院子对面戏楼，为游客展示二人台、晋剧、秦腔等不同区域的文化。

四、发展前景

（一）文化休闲旅游产业迅速发展

建设初期，康巴什就把建设鄂尔多斯旅游中心和西北地区旅游名城作为未来发展的主要方向，从规划设计开始就侧重发展文化休闲旅游产业。另外，由于鄂尔多斯市矿产资源丰富，政府经济实力强，康巴什区的规划和建设一开始就是高起点、高水平。新区追求城市文化品位，把地域文化内涵渗透和体现到城市建设之中，被评为首个中国环境艺术示范试点城市。博物馆、图书馆等六大文化建筑设计别致，凝聚了包括奥运鸟巢设计者德梅隆在内的 29 个国家 100 名专家的心血。

在“文旅融合”的大背景下，未来康巴什区应充分发挥文化特色和地域优势，打造民族艺术风情度假产品，不断注入新的主题文化内涵，发挥成吉思汗广场、伊克敖包、鄂尔多斯婚礼文化园等核心景点的地标作用，丰富文化体验，举办主题文化活动，打造城市的个性，突出主题定位，形成鲜明的“创意、时尚、自然、健康、文化”等城市特点。

（二）旅游产业发展贡献逐渐增强

康巴什 2012 年 8 月被评为国家 4A 级旅游景区；2014 年 12 月被评为自治区级度假区；2016 年 2 月，康巴什入选全国首批“国家全域旅游创建示范单位”，成为自治区 5 个创建示范单位之一。目前，康巴什区正在创建国家5A级旅游景区、国家旅游度假区、中国国际特色旅游目的地、国家生态旅游示范区、国家绿色旅游示范基地、国家康养旅游示范基地、国家研学旅游目的地等多个品牌，力求成为文化底蕴深厚、宜居宜游的全国著名旅游休闲度假区。

近年来，随着城市服务体系和旅游服务体系的逐渐完善，旅游业对康巴什区的社会和经济贡献逐渐增加。旅游接待人数和旅游收入逐年增长，康巴什区作为旅游目的地的吸引力逐渐增强；与此同时，旅游业对GDP、财政收入的经济贡献和就业贡献稳步上升，未来旅游业将成为康巴什区的主要产业。

（三）旅游发展逐步带动城市活力

在21世纪初期的十几年中，康巴什区常住人口不到10万人，游乐设施、餐饮、商店等基础旅游配套缺乏足够的消费人数支撑，难以大批量开发建设。没有建立起成熟且有特色的城市休闲系统、美食系统、购物系统等，文化交流活动、创意活动、演艺活动、娱乐活动等休闲体验活动较少，城市文化活力不足。甚至在BBC、Times等外媒的眼里，康巴什区变成了充满荒凉景观的“鬼城”和不健康的中国城市居住空间。

近年来，依托以城市景观命名的4A级旅游景区以及周边的沙漠、草原、成吉思汗陵等景区，康巴什区的旅游服务业得到显著发展。城市活力日渐提升，如今络绎不绝的游客也让康巴什区成为新的“网红景点”。

同时，康巴什区大力实施“旅游+”行动计划，全面开发全域、全季旅游产品，力争率先在文化旅游产业上实现大突破。一是实施“旅游+主题乐园”行动。整合现有景点设施，沿赛车城片区、文化创意园区一带，建设“鄂尔多斯文化游乐王国”核心景区。二是实施“旅游+休闲”行动。开发一批“慢生活”度假区域，宣传推广“天朗气清、自在养生”的旅游环境，提供“候鸟式旅游、旅居式养生”服务，打造极具地方特色的国际化避暑度假基地，建设一批国际标准的自驾游露营基地。三是实施“旅游+体育”行动。探索建立旅游与体育运动协同发展新模式，与深圳赛车运营公司深度合作，争取承办各类国际级赛车活动，提升影响力。推出汽车运动、体育竞技等与主题旅游相融合的“汽车嘉年华”“赛车那达慕”活动。利用自身丰富的体育场馆资源，举办国际级的体育赛事，吸引实力雄厚的企业赞助成立足球、篮球等体育竞技队伍。四是实施“旅游＋会展”行动。突出发展国际会展业，借鉴博鳌亚洲论坛模式，探索申办中俄蒙高规格的会议和展览，争取将康巴什区设为永久性会址。大力发展高端会展业，充分宣传推广“温暖全世界”的鄂尔多斯城市新形象，举办“国际羊绒时装博览会”“国际电力煤炭工业装备和技术展览”等会展项目。五是完善旅游基础要素。围绕文化旅游产业提升餐饮、住宿服务功能，完善旅游产业链条，提升旅游服务水平，满足不同旅游消费需求。未来康巴什区将在旅游业的引领下，不断提升城市活力，走出一条富有自身特色的城市建设道路。

第八篇

对策篇

第二十六章　鄂尔多斯市旅游业高质量发展的对策

鄂尔多斯市旅游业经过改革开放 40 多年的发展，取得了令人瞩目的成绩。旅游产业地位实现了从“国民经济的边缘产业”向“牵动城市转型的战略性支柱产业”的转变，旅游体制机制实现了从“弱势部门”向“有为政府”的转变，旅游产品实现了从“单一观光型”向“休闲度假型”的转变，旅游市场实现了从“客源地”向“目的地”的转变，旅游发展环境实现了从“政策优惠”向“全面优化”的转变。目前已经形成“天朗气清·自在养生”的旅游形象，打造了以民族风情、大漠风光和休闲避暑为主体的旅游产品体系，初步实现了旅游产业推动城市转型的模式。

在全面梳理鄂尔多斯市旅游业发展总体情况，并对旅游业发展所涉及的市场、行业、文化、人才等领域进行整理和研究的基础上，本章从全局视角剖析鄂尔多斯市旅游业发展的主要问题，并从顶层设计、要素配置、产品体系、市场监管等方面提出鄂尔多斯市旅游业高质量发展的对策，以期为鄂尔多斯市旅游业的转型升级、提质增效提供创新思路和政策参考。

一、鄂尔多斯市旅游业发展存在的问题

（一）顶层设计有待加强，旅游一体化统筹力度不足

旅游业高质量发展是一项系统工程，涵盖旅游基础设施建设、旅游业态培育、旅游资源开发及旅游产品设计等多个环节，科学合理的顶层设计和一体化统筹是该系统工程得以顺利实施的首要任务。近年来，鄂尔多斯

市投入大量人力、物力和财力编制全市旅游总体规划和各类专项规划。目前，已委托北京大地风景旅游景观规划设计有限公司、北京京师天成旅游规划设计咨询有限公司等机构陆续完成《鄂尔多斯市全域旅游发展总体规划》《鄂尔多斯市红色旅游发展总体规划》《鄂尔多斯市草原旅游专项规划》等多项规划的编制，对鄂尔多斯市旅游业的高质量发展具有较强的引领作用。然而，这些规划的编制，通常是通过招标引入北京、上海等外地公司开展工作，这些公司具有较高的规划资质和丰富的规划经验，但在对鄂尔多斯市开展旅游规划时，并不能全面和深入掌握当地的旅游资源和文化精髓，完成的规划看起来非常“高大上”，但却不够“接地气”。此外，规划编制完成后，相关部门对规划的落实也存在一定偏差，很多时候会因为各种内外部因素影响，无法按照启动实施、全面推进、优化提升的步骤，严格依据规划开展相关建设与开发。

完善的政策体系、健全的法律法规及涉旅领域的一体化统筹也是旅游业有序发展的重要保障。从鄂尔多斯市旅游业的发展来看，目前，法律保障和制度建设还相对滞后，法规的效度、可操作性及权威性都不尽如人意；相关政策配套还不够完备，与国外和国内其他省（区、市）的旅游合作尚缺少有效的政策扶植。同时，旅游业作为一个综合性产业涉及国民经济的多个行业和部门，需要多个相关部门或相关因素协调配合、共同努力，由于鄂尔多斯市旅游业发展还处于初级阶段，其发展运营涉及的部门之间缺乏有效的一体化统筹机制，管理权限存在一定的交叉重复或责任空白，这些问题严重阻碍了鄂尔多斯市旅游业的高质量发展。

（二）旅游发展要素缺位，产业协同发展不力

鄂尔多斯市旅游要素发展缓慢松散，“食、住、行、游、购、娱”六要素强弱不一，造成产业发展的“短板效应”。一是由于物价影响，餐饮成本高，旅游团餐缺乏优势，且不精细，特色小吃少，没形成特色街区。二是全市各类酒店总体来说体量小，在旅游旺季会出现“一房难求”的局面，种类也不尽合理，不能满足游客多元化需求。三是没有专门的旅游客运服务机构，一些客运车辆租赁费用较高，旅游用车缺乏，造成外来游客出行不便。四是旅游产品不够丰富，可供游客体验参与的项目和“过夜

游”项目较少，景区景点配套设施不完善。五是旅游商品没有特色，地方性土特产和旅游商品、旅游纪念品没有形成市场，旅游购物缺乏优势。六是旅游业态还比较单一，“商、养、学、闲、情、奇”等旅游新要素开发不够，需加快推进。这些短板使鄂尔多斯市旅游业发展很难做到有看头、有玩头、有住头、有吃头、有买头、有说头、有拜头、有疗头、有行头、有学头、有享头、有回头“旅游十二头”。

鄂尔多斯市旅游产业链条偏短且各环节没有打通，旅游业与一、二、三产业的融合不够深入，资源没能形成有效整合提升效应。一方面，旅游业与农业、工业、教育、康养等其他产业的融合发展需要进一步加强，旅游文创方面缺少精品和特色产品。另一方面，各大景区之间、景区与旅行社之间、景区与产业链条上其他环节没有形成联盟，处于分散发展、单打独斗的状态，在区域内同质竞争较严重。与此同时，鄂尔多斯市的各产业、各部门间相对独立，缺乏联动，如旗区的酒店住宿和景区、旅行社、景区住宿、餐饮等各环节的联系微弱，甚至没有联系，很多酒店的前台工作人员不能回答游客提出的简单旅游咨询。

（三）旅游产品体系尚待完善，旅游特色和品牌产品亟待提升

鄂尔多斯市旅游产品开发尚处于初级阶段，总体来看资源多、产品少，看点多、卖点少，淡季长、旺季短，观光产品多、度假产品少，旅游供给与需求对接不足，与文化衔接不紧，与行业融合不深。虽然鄂尔多斯市已经开始探索并尝试多样化的旅游转型，但尚未形成适应现代旅游需求的健全的产品体系，研学旅游、康养旅游、红色旅游等热点旅游产品开发力度不足，冬季旅游、探险旅游、自驾旅游等旅游产品线路设计与实际市场结合不强。同时，旅游产品对历史文化挖掘不够，具有代表性的鄂尔多斯文化及成吉思汗文化等，文化元素的挖掘梳理比较欠缺，只是作为观光旅游的一项内容，其内涵没能形成产品化的体现，旅游资源开发相对单调；反映当地资源特色和深厚文化底蕴的节事活动、演艺项目虽有成功举办，但对民俗的利用与开发不够充分。事实上，旅游文化的参与性活动不能仅停留在一次性活动层面上，还必须注重使活动或演出过后留下项目、留下产品、留下市场，只有这样才能进一步形成旅

游市场，拉动旅游经济。此外，旅游产品的吸引力不强，导致游客逗留时间较短，重游率低。

目前，鄂尔多斯市拥有响沙湾和成吉思汗陵 2 家 5A 级景区，这两家 5A 级景区由于开发时间较早，产品特色较为鲜明，具备一定的市场感召力，加上康巴什区等一批 4A 级景区，使鄂尔多斯市的旅游品牌形象在区域范围内具有较高的影响力。但这些品牌对全市及其他景区、旗区的带动作用甚微，甚至还对鄂尔多斯市的其他旅游资源造成了一定的形象遮蔽，使得人们提到鄂尔多斯只知道这几个景区，却不知其他。全市虽然景点景区众多，但两极分化严重，这与鄂尔多斯市旅游产品结构长期以观光产品为主有关。旅游业的高质量发展绝不能仅依靠几个点发展，应构建丰富的集观光、休闲、度假于一体的产品体系，实现以点带面，共建共荣。

（四）旅游软件建设滞后，旅游人才队伍建设亟待加强

鄂尔多斯市旅游业起步晚、起点低，政府投入有限。长期以来，受传统发展思路影响，对旅游硬件建设投入力度大，对软件建设投入力度小，导致了目前软件不足的局面，与旅游发达城市相比，鄂尔多斯市旅游业在服务理念、服务品质、服务氛围等“软实力”上还存在较大差距。事实上，旅游发展软件的作用和效果与硬件是对等甚至超越硬件的。软件建设的滞后，导致鄂尔多斯市旅游业的专业化、精细化、个性化服务水平不高，智慧信息化旅游建设滞后，旅游公共服务体系及相关配套体系不能适应市场发展的需要。特别是旅游人才队伍建设与旅游业发展极不适应，旅游行政人才、旅游教育人才、旅行社人才、旅游景区人才、旅游住宿和餐饮业人才，尤其是新兴旅游业态方面的人才，均存在数量不足、质量不高、结构不合理等诸多问题。

鄂尔多斯市旅游人才供需矛盾突出。从数量来看，人才供给与行业需求存在较大缺口，特别是高层次旅游人才的数量极度短缺，旅游文化方面的人才流失严重。从质量来看，现有从业人员的学历层次普遍偏低，尤其是旅游住宿和餐饮服务业中，学历为本科的人员数量不足 15%，硕士及以上学历者仅占 2% 左右。从专业结构来看，现有从业人员的专业构成比较复杂，旅游专业背景的人才比例偏低，例如，现有星级酒店员工中只有

22% 左右来自旅游管理或酒店管理专业，餐饮行业员工中仅有 10% 左右来自旅游管理或酒店管理专业。从性别结构来看，男性从业者数量偏少，所占比例不到 30%。从年龄结构来看，从业者年龄普遍偏低，现有从业者中约有 90% 为“80 后”和“90 后”，且在旅游行业从业年限较少，这也从侧面反映出旅游从业者的流动性问题。从人才培养来看，全市目前有 6 所院校开设旅游管理和酒店管理相关专业，其专兼职教师总数约为 50 人，这些教师中大部分是院校毕业后直接从事教学工作，对行业的体验不够深刻，“双师型”教师比例偏低。与此同时，这些院校毕业的本专科学生有一半以上未从事旅游专业或者未在鄂尔多斯市就业。从人才引进政策来看，缺少对优势人才资源的特殊引进政策，人才的稀缺使得旅游发展缺少新鲜血液和创新思路。

（五）旅游形象定位有待固化，营销力度有待加大

旅游形象是一个地区旅游发展的旗帜，是游客认识旅游品牌的窗口，是对当地文脉、地脉和人脉的特色经过系统梳理后凝练固化而成的，是提升地区知名度、美誉度和品牌影响力的主要途径，对旅游业的高质量发展至关重要。鄂尔多斯市一直以来都比较重视对品牌形象的打造，从最初的“成吉思汗长眠地，鄂尔多斯蒙古风”，到“天气朗晴，自在养生”，再到目前的“鄂尔多斯温暖全世界”，这些形象定位及配套宣传大大提升了鄂尔多斯市旅游业的影响力和知名度。但鄂尔多斯市的这些旅游整体形象跨度太大，很容易在游客中形成一种模糊印象，无法真正体现出鄂尔多斯旅游的核心内涵。旅游品牌效应不明显，造成营销投入的严重浪费。

为了扩大知名度和品牌影响力，鄂尔多斯市积极开展形式多样的旅游宣传，旅游营销力度逐年增强。但是与旅游业的整体发展速度和规模相比，营销力度仍然不足，一是整合营销不系统，重点不突出；二是主题营销与主打产品和主题节事活动的衔接不到位，使营销效果不显著；三是宣传营销手段比较传统，缺乏新颖的营销事件，新型营销渠道偏窄，网络营销手段欠缺，鲜少利用当下流行的直播和云端；四是针对不同区域、不同群体开展差异化营销的模式尚未形成。

（六）旅游市场管理亟待规范，智慧管理水平需要提升

开展国家全域旅游示范区创建工作以来，鄂尔多斯市认真贯彻落实国家关于全域旅游发展的决策部署，按照“旅游治理规范化、旅游发展全域化、旅游供给品质化、旅游参与全民化、旅游效应最大化”的目标，着力在改革体制机制、优化发展环境、提升供给和服务品质、强化综合治理等方面开拓创新，旅游市场的管理水平实现了较大提升。但总体来看，市场监管工作机制尚不健全，主要表现在：一是旅游工作联席会议制度尚未全面建立。按照“1+3+N”管理模式，刚设立旅游发展委员会，还没建立旅游警察、旅游巡回法庭和工商旅游分局。二是统一综合监管平台尚未建成，即没建立全市旅游市场监管综合调度指挥中心，旅游与公安、工商、交通、商务、食药、物价、城管等部门还不能很好地协同配合、统一调度、综合指挥、联动执法。三是旅游安全管理机制不健全，未建立专业化与社会化、政府救助与商业救助相结合的旅游应急救援体系，旅游安全组合保险不完善。

鄂尔多斯市大数据中心和全市智慧旅游公共服务平台建设滞后，也没建立起市、旗区全覆盖的智慧旅游系统，旅游、经信、商务、交通、公安、气象等部门数据还不能共享，不具备旅游大数据分析、运行监测、智慧管理、智慧营销和智慧服务等功能。

（七）旅游产业的带动效应不足，区域统筹协调发展有待加强

旅游产业的经济本质，是以“游客搬运”为前提，产生游客在异地进行终端消费的经济效果。这一搬运，把“市场”搬运到了目的地，搬运到了景区，搬运到了商业区，搬运到了休闲区，搬运到了度假区，搬运到了郊区，搬运到了乡村。游客在目的地，不仅要进行旅游观光等消费，还涉及交通、饮食、娱乐、游乐、运动、购物等消费，进一步可能涉及医疗、保健、美容、养生、养老、会议、展览、祈福、培训、劳动等非旅游休闲的延伸性消费。通过游客的消费，整个旅游目的地形成消费经济链及相关产业的聚集，最终带动当地经济社会的全面发展。由此可以看出，旅游产业的价值要远远超出一般消费产业的拉动价值。旅游在带动目的地消费、GDP 增长、就业增长的同时，还带来了人民收入水平提高、文化品牌价

值、环境生态价值、和谐社会建设等一系列良性社会经济效应。

近年来，鄂尔多斯市按照“补短板、促提升”的要求，全力开展旅游快捷化、便利化、信息化建设，旅游业本身取得了较快发展，但旅游业与其他产业的结合还不够紧密，对其他产业的带动效应还不够显著，“旅游+”系统的构建亟须完善。与此同时，鄂尔多斯市尚未针对产业的空间集聚特征，提出分阶段的旅游产业要素结构与空间布局优化策略，尚未根据全市各旗县和景区的资源、区位与旅游业发展条件差异性，分析各自的比较优势和不利因素，找出全市各旗区和景区旅游业发展定位与发展方向。目前，鄂尔多斯市各旗区和景区建设趋同性较强，特色和个性不鲜明，同质化现象严重，在文化旅游、草原旅游和沙漠旅游三大特色产品方面急需统筹协调，明确各自的发展特色和重点。

（八）旅游文化资源开发不足，机制创新有待加强

近年来，随着文旅融合的推进，文化与旅游之间的关系得到社会各界认可。文化是旅游的灵魂，旅游是文化的载体，发展文化产业需要与旅游相结合，旅游是文化产业发展的重要组成部分。从旅游角度来讲，旅游行为本身就是一种文化活动。在现阶段可开发自然旅游资源越来越少的情况下，文化与旅游的结合越发重要，依托文化资源与创意发展旅游产业，是一条重要的途径。“十三五”以来，我国陆续出台了一系列促进文旅产业融合发展的政策，比如，在《国家“十三五”时期文化发展改革规划纲要》中，明确提出要发展文化旅游，扩大休闲娱乐消费。再比如，2018年发布的《国务院办公厅关于促进全域旅游发展的指导意见》中，提到要推动旅游与科技、教育、文化、卫生、体育融合发展。在文化方面，要科学利用传统村落、文物遗迹及博物馆、纪念馆、美术馆、艺术馆、世界文化遗产展示馆、非物质文化遗产展示馆等文化场所开展文化、文物旅游，推动剧场、演艺、游乐、动漫等产业与旅游业融合，开展文化体验旅游。

鄂尔多斯市历史悠久、文化厚重，草原文化、农耕文化和现代文化在这里交融相汇。改革开放以来，鄂尔多斯市依托其独特的文化资源，陆续开发了成吉思汗陵旅游区、鄂尔多斯文化旅游村、内蒙古佛教文化博物馆（乌兰活佛府）等文化旅游景区，同时还挖掘了成吉思汗祭祀、鄂尔多斯

婚礼、漫瀚调、鄂尔多斯短调民歌等国家级非物质文化遗产，文化元素在鄂尔多斯市旅游业发展中得到了越来越深入的展现。但从整体来看，鄂尔多斯市对文化旅游资源的开发利用仍有待提升，具体表现在两个方面：一是开发结构比较单一，在旅游发展中仍旧偏重观光旅游产品和线路的开发，未能将鄂尔多斯市独特的文化资源进行深入挖掘，缺乏人文内涵。第二，文化特点展示形式比较单一。对历史文化的展示主要通过图画、文字、展示物等静态方式来体现，缺乏多元化的展示载体和活态化的展现，也缺少与现代化科技结合的全方位、立体化展现方式，导致文化内涵彰显不足，游客体验感和互动效果较差。

旅游业的高质量发展，不但需要建立机制、配齐要素、补齐短板，还需要与时俱进地进行投融资机制和管理运行机制的创新。改革开放 40 多年来，鄂尔多斯市基于利益相关者协同发展的视角，积极拓展投融资渠道，加强旅游业发展。但相较于北京、上海等一线城市或长三角、珠三角等旅游发达地区，鄂尔多斯市的旅游业投融资机制仍旧比较保守，投资渠道单一化，管理运行传统化，在产权改革等方面尚处于探索期，未形成高效的管理效率，而且对旅游业的绿色转型发展探索较少，旅游发展新动能尚未实现。

二、鄂尔多斯市旅游业高质量发展的对策建议

鄂尔多斯市旅游业要以高质量发展为目标，以打造“全域生态文化旅游目的地”为方向，紧紧围绕提供优秀文化产品和优质旅游产品为中心环节，着力丰富内容、整合资源、提升服务、培育品牌，加快推动旅游业的转型升级、提质增效，不断满足人民群众对文化和旅游美好生活的向往。

（一）做好旅游顶层设计，强化旅游业一体化统筹

1. 加强顶层设计，做好总体谋划

旅游业发展是一个需要大投入、精细化运作的产业，需要持续的思路、产业和人才积淀，才能具备全面发展的条件和基础，不可能一蹴而就。为保证旅游业的高质量发展，首先应成立以市委、市政府主要领导为组长、相关部门紧密配合的全市旅游业高质量发展工作领导小组，协调解

决旅游业高质量发展工作中出现的困难和问题。各旗区党委政府也要建立相应领导机构和工作机制，齐抓共管、形成合力，确保各项任务落到实处。其次要树立科学理性和“一盘棋”的思维发展旅游业，加快完善已有旅游总体规划，做好旅游与农牧、林业、交通等相关产业规划衔接，特别是要促进与乡村振兴规划的衔接，推动更多老百姓参与旅游业发展。要根据各旗区的旅游产业发展水平，因地制宜、分类制定旅游景区景点升级、旅游交通设施完善、旅游线路规划设计、产品统筹开发等指导性文件，划定各地区旅游开发和发展红线，坚决守好环境底线，整合资源、分步实施、重点推进，避免一哄而上、重复建设和同质化竞争。同时，市里要统筹好各旗县和各部门、各行业以及不同利益主体的利益、责任和义务。

2. 强化全域旅游总体规划和专项规划的编制与实施

应坚持规划引领原则，按照《鄂尔多斯市国民经济和社会发展第十三个五年规划纲要》要求，充分考虑多规合一，集约力量，突出旅游业对全域产业带动作用。建议市旅游局及相关部门按照全面抓、全面管、全面建的原则，进一步强化对《鄂尔多斯市全域旅游总体规划》的编制及实施，紧紧围绕发展原则、发展战略、形象定位、发展目标、实现途径、空间结构、功能分区、产品体系构建等内容开展工作。在总体规划的基础上，进一步做好《鄂尔多斯市全域旅游专项规划》，专项规划应围绕交通贯通、全景提升、体制创新、产业融合、全时体验、全民参与、服务共享、投资模式、品牌打造及线路设计等内容开展。建议各旗区全域旅游发展规划完善后，由市主管部门组织专家进行评估审核，对于不符合指导性文件精神的规划，坚决不予实施。在科学规划的基础上，按照启动实施、全面推进、优化提升的步骤逐步开展工作，率先成为全区全域旅游的先行区和创新区，并努力创建成为国家全域旅游示范区。

3. 做好政策与项目的一体化统筹

针对鄂尔多斯市城市、沙漠、沿黄、民俗文化等旅游业的几个核心发展区，组建专业委员会，抓好项目一体化推进和统筹落实。一是应将旅游业高质量发展的目标任务落实到各旗区、各部门，签订目标责任状，纳入年度实际考核，加强督促检查和跟踪考评，确保旅游工作稳步推进。二是建立旅游发展议事制度和追责制度，对需要出台的旅游发展政策及需要新建和改扩建的旅游项目进行“一事一议”，防止出台的各项政策“不接地气”，着力解决落实力度不大、效果不明显等问题。三是要充分发挥文旅集团的作用，加快完善文旅集团平台功能，支持文旅集团通过与国有林场等地方旅游发展主体构建联合开发模式，深度参与全市旅游资源整合、旅游载体和项目建设，大力开发轻资产运营服务，推动其成为鄂尔多斯市文化旅游名副其实的龙头企业和业内劲旅。条件成熟时，会议实行申办制，每年由各旗区根据自身旅游发展业绩、发展经验和特色旅游项目等竞争申办，通过相互借鉴交流旅游发展经验，推动旅游业高质量发展。

4. 加强区域统筹协调发展，建立有效的联动机制

始终坚持突出旗区自身特色，不必每个旗区都实现“全功能”旅游，实质上也不可能，因为各旗区的自然条件和特色产业有区别。要推动每个旗区依托草原、河流、沙漠、古迹、城市、小镇、纪念馆等资源承载做强做大一两个方面，避免同质化，或者在基础条件同质化的情况下想办法开发具有差异性的旅游产品，推动全市形成较多旅游亮点。同时，在目前条件下，要探索建立区域联动营销模式，可将各旗区的景点景区依照地域、交通路线的便利程度，划分为几个片区，集体营销，形成联动效应，避免游客来到鄂尔多斯后总是觉得景点单一、感受不深、停留时间短。同时，强化与周边陕西、山西、宁夏等省市县旅游部门合作，率先在西部地区探索建立旅游公共信息库，优先开展区域旅游人才培训，加大在形象定位、线路设计等方面的相互关联、共同营销，形成合作联动机制，不断扩大营销的范围和品牌影响力。当前，要把沿黄旅游沿线的区域协作搞起来，重点在旅游基础设施衔接、相邻区域线路拓展、联合营销等方面下功夫，在具备条件的地区，要与山西、巴彦淖尔等区内外地区联合申报打造国家5A级景区。

（二）配齐旅游发展要素，补齐旅游发展短板

1. 加强旅游发展的全要素配套与完善

针对鄂尔多斯市旅游要素发展缓慢、强弱不一等问题，应从旅游六要素着手，加强全要素配套。食的方面，应在科学核算餐饮成本的基础上，

借鉴康巴什区列车元素和集装箱建筑为主题的餐饮步行街，打造特色美食街区，提供更多特色小吃，同时提高旅游团餐的品质。住的方面，应加强主要景区周边各类型酒店、民宿及短租房的建设与运营。以伊金霍洛旗为例，其区域内酒店体量小且种类少，高档酒店仅有乌兰大酒店一家，在旅游旺季会出现“一房难求”的局面。尽管区域内闲置住宅很多，但对民宿、酒店式公寓及短租房的开发力度不足，无法满足游客的多元化需求。对于类似问题，建议各旗区旅游主管部门牵头，全方位盘活各类闲置住宅，通过整改、装修等方式，为游客提供多样化的住宿选择。行的方面，建议成立专门的旅游客运服务机构，改革用车管理机制，打造旅游客运网络化服务平台，为游客提供全方位的旅游客运服务。游的方面，应加强景区景点的产品开发、项目打造和线路设计，在乡村振兴战略下，着力加强乡村旅游产品的开发广度和深度，开发更多可供游客体验、参与及过夜的项目。购的方面，应强化地方性土特产和旅游商品、旅游纪念品的特色化开发与市场化运营，通过政策优惠、提成奖励等方式鼓励更多本地居民投身到旅游购物市场的建设和运营中。娱的方面，应加强各景区娱乐项目的差异化开发，以鄂尔多斯婚礼表演为例，成吉思汗陵景区、响沙湾景区和苏泊罕草原的表演存在同质化现象，在未来的发展中应借鉴《印象·刘三姐》等实景表演的经验，进行深度开发和打造。

除上述6大要素，旅游业的发展还应改变旅游业态单一的现状，紧紧围绕“商、养、学、闲、情、奇”新六大旅游要素，强化商务旅游、康养旅游、研学旅游、休闲度假旅游、情感旅游和探险旅游等的开发水平和力度。

2. 完善交通配套，促进旅游空间整合

鄂尔多斯市旅游交通设施不够完善，比如城市内的公共交通在晚上7点后就停止运营，这样会导致游客夜间出行不便，无法彻底释放旅游业的活力，因此，要把完善出行和通行体系作为促进旅游空间整合的基本点。打通市域范围内各景区之间、毗邻地区之间道路交通，新建或改扩建重点旅游专线和交通标识系统，全面提升旅游可进入性和通达条件，确保旅游出口通道的内畅外联。建议通过道路、城镇、乡村、景区、度假区的梳理与串联，构建全域空间网络新结构，使旅游资源的生态价值与人文价值得到释放。同时，要完善城市旅游空间出行结构，构造便捷、美丽的城市旅游特色景观，开展广场、公园等基础设施优化专项行动，推动在博物馆、医院、文化艺术中心、公园等大型公共建筑、公交站点的人流集中区域规划建设一批“风雨连廊”，努力满足人们出行、观赏、游憩、交往、休闲需要。要增设或加密旅游公共交通专线，打通连接市区与周边景点的公共交通，缩短公交距离，定点发车，方便游客往返市区与城郊。要在机场、火车站连接景区线路，大力发展共享汽车，鼓励游客开展落地自驾和短途自驾旅游，打造便捷、高效、低成本旅游出行目的地。

3. 加强全时四季旅游产品开发，实现旅游时间整合

季节性强一直是鄂尔多斯市旅游业发展的最大瓶颈之一，如何突破季节性因素的限制，对于旅游业的高质量发展至关重要。应根据旅游产品淡旺季属性，通过季节互补和时间互补，打造四季全时旅游产品。季节上，通过春夏秋冬四季不同的产品解决方案突破自然旅游适游期的限制，打造各季节的引擎产品、重点产品和辅助产品。例如，春季可以康巴什创意旅游新城、匈奴冒险世界、黄河大峡谷旅游区为引擎产品，以东联动漫城、万家惠欢乐世界为重点产品，以转龙湾度假区、大漠坦克游乐园为辅助产品。在时间上，针对工作日与节假日、白天与夜间引发的市场差异，首先，激发“有闲”群体的旅游需求，通过产品和模式的创新挖掘工作日蕴藏的巨大商机，是寻求工作日旅游最佳解决方案的突破点。据此，应把目光聚焦在研学旅游、老年旅游、会奖旅游三个黄金潜力市场上。其次，夜间旅游是延长游客停留时间、深化旅游资源开发、延长旅游产业发展的重要途径。可以通过夜间造景、民俗活动、商街夜市、旅游演艺来提高夜间旅游吸引力。

（三）完善旅游产品体系，提升旅游特色和品牌产品

1. 打造多样化的旅游产品体系和多元化的旅游发展新业态

鄂尔多斯市成规模（5A 级 /4A 级）的旅游景区有成吉思汗陵等 30 余处，形成了 5A 级景区为龙头，4A 级景区为主体，其他景区景点为补充的旅游产品层级，现有旅游产品围绕沙漠、草原、水域、宗教等资源，开发了自然观光、休闲度假、文化体验等类型的旅游产品，产品体系逐步完

善。但在产品开发过程中资源效能未得到最大化释放，缺乏真正有看点和卖点的产品，未来需进一步挖掘优化，用一流的资源打造超一流的产品。应依托多样化的资源体系，借助智慧旅游的精准客源市场定位，拓展升级传统类旅游产品，加强开发新型旅游产品。首先，建议通过品牌旅游、基础旅游、专项旅游三个层次构建"336"旅游产品体系，大力开发乡村旅游、冰雪旅游，加大对文化旅游资源的开发深度和广度，进一步突出歌舞文化、马文化、特色餐饮等元素，形成草原风景观光、乡村休闲度假、冰雪刺激探险、历史文化体验等旅游特色品牌。其次，应加强一、二、三产业深度融合发展，充分释放"旅游+"的活力和带动力，推动"旅游+文化""旅游+牧业""旅游+农业""旅游+健康""旅游+工业"等旅游新业态的发展，满足游客的多样化需求。

2. 大力加强乡村旅游、冬季旅游和体验式旅游产品的开发

总的来看，鄂尔多斯市的旅游产品同质化现象较为严重，市场竞争相当激烈，旅游产品质量参差不齐，品牌旅游产品较少，未能形成广泛持久的市场影响力，长此以往不利于鄂尔多斯市旅游产业的健康发展。建议建立丰富的集观光、休闲、度假于一体的产品体系。一是乡村旅游方面，应依托鄂尔多斯市优美自然的田园风光和较为完善的乡村旅游设施条件，按照"一村一品牌、一户一特色"的原则，通过PPP等多种筹资渠道，进行乡村旅游的整体开发，按照村落式乡村旅游集群、庭院式休闲度假、园林式特色农业产业、古街式民俗观光等新型发展模式，打造一批田园旅游综合体。与此同时，采用"项目带动""景区带动""旅行社带动""酒店带动"和"企业带动"五种模式，促进农牧民直接或间接就业，实现农副产品转化为旅游商品就地销售，使更多的人能够吃上"旅游饭"。二是冬季旅游方面，着力开发一批有看点和卖点的旅游项目，注重增强游客体验价值，抓住游客的兴奋点和兴趣点，在特定时间段内，设计推出一批参与性、体验性强的产品。三是体验旅游方面，例如，可以依托乡村的闲置住房，将其开发为可供休闲度假的短期住宿设施，并利用"蚂蚁短租""美团"等平台向游客开放，既能为游客提供便捷舒适的现代化家庭服务，又能增加农牧民的旅游收入，同时居住在休闲度假短期住宿设施里的游客可在农牧民

家里体验做酸奶、熬奶茶等特色产品的制作，充分体验蒙古族的日常生活。

3. 深度开发和挖掘成吉思汗陵旅游产品，强化品牌效应

成吉思汗陵景区是鄂尔多斯市的龙头景区之一，但也面临着一定的困境：一是缺乏体验性，无法提升游客的二次消费；二是运营管理效率不高，无法做到淡旺季平衡；三是文化传承与商业化之间存在矛盾，给景区品牌造成影响。如何改善目前的局面，可试从以下几个方面突破。

第一，区域格局定位战略突围方向。从单一观光业态到旅游综合形态，传统旅游目的地要素亟须完善。目前，成吉思汗陵景区附近综合型、规模化、品质高的休闲度假中尚未出现，因此，下一步可将打造成吉思汗陵附近高品质的休闲度假中心作为成吉思汗陵旅游突围的方向之一，弥补成吉思汗陵大景区内休闲度假类产品的缺乏。

第二，消费趋势探寻可持续的产品开发模式。当前传统的出游习惯被改变，如今因“一间房、一顿美食、一个故事、一个 IP……”即可远赴一座城，“快行慢游”成为旅游流行趋势，度假成为时下热门旅游需求。基于景区现存单一的陵园及配套景区观光功能，导入餐饮住宿、娱乐与休闲业态，同时为了保护陵园区的原生态文化及自然景观，可以考虑在阿勒腾席热镇创建一批以特色文化为主题的创意酒店、美食餐厅、特色酒吧、音乐餐厅、养生空间、文创空间等时尚业态，形成鄂尔多斯市内，乃至自治区内唯一的新型特色度假体验区。

第三，特色资源突破打造多元化的旅游体验方式。旅游胜地都有自己经典的“热销产品”，或因自然景观，或因地方特色，或因文化内涵，或因富有参与性等，常做常新、长盛不衰。应深入挖掘能够转化成文化产品和互动体验产品的一切文化要素，把成吉思汗陵的地域特色和文化内涵有创意地融入旅游产品的设计和包装中，大力发展创意影视动画、创意文学作品、创意商品纪念品、创意体验项目等，把成吉思汗文化变成老百姓和游客能听得懂、看得见的主题旅游系列产品，提高游客的认同感和消费欲望。

（四）增强“大旅游”人才队伍的建设力度

1. 拓宽旅游人才边界，着力培养“大旅游”人才

针对鄂尔多斯市旅游人才短缺的现状，《鄂尔多斯市支持促进全域旅

游发展若干政策措施》(鄂府发〔2017〕93号)提出，在国家、自治区和市级旅游服务技能大赛上获奖的从业人员，分别一次性给予不超过5万元、3万元和1万元的奖励。鼓励旅游企业和高等院校共建实践教育基地，对成效明显的合作项目，每个项目给予不超过20万元的补贴。这些政策对旅游人才培育有显著的激励和促进作用，但政策中对于旅游人才的界定不够全面。旅游业高质量发展视域下，旅游人才所在行业不再限定于旅游行业，而是牧业、制造业、服务业中与旅游相关或融合的任何行业，即分布于所有“旅游+”中的“大旅游”人才。同时，旅游人才应具备更多通用知识和技能，即可以跨越行业和职业的普适性能力。较宽的知识面以及对知识的融会贯通能力、思辨能力、协调能力、沟通能力在旅游人才的知识与能力体系中尤为重要。

2. 依托地方高校，强化校企合作办学

鄂尔多斯市应创新思想观念、拓宽人才培养方式，进一步强化政、校、企合作，完善人才培养机制、提高教育培训质量、改进教育培训方式、拓展教育培训领域、整合培训资源，实现产教融合。要着力加强旅游行政人才和导游培养培训，重视旅游高层管理培训机构的作用，支持各种旅游培训、咨询机构开展职业培训，培养一批景区职业经理人和职业导游。一是推动校企合作办学，本地高等院校以旅游管理、企业经营、旅游产品策划与营销、专业技术技能为主要侧重点，加强旅行社、导游及酒店管理等相关专业学生实践技能和适应能力培养，培养具有现代管理理念、创新务实的企业中高层行政管理和经营管理队伍；同时立足创新和旅游服务标准化、规范化，着力培养能够全面支撑旅游产业升级和服务高效化的高技能人才和紧缺专业人才队伍。二是促进院校教育与旅游职业培训有机衔接。三是推动政、校、企三方共同组建旅游管理部门下属培训机构，重点围绕景区行政管理人员、导游等各级各类执业资格考试，并进行素质提升教育。

3. 借助政策优惠，强化旅游人才的培育和引进

一是制定优惠政策，吸引热爱鄂尔多斯旅游、热心社会公益事业的退休干部、专家学者、专业教师以及其他专业领域的特殊专门人才加入导游

队伍，通过采取委托培养、特聘导游招募等办法，全面提升导游队伍层次。二是开展导游自由执业改革，制定实施导游自由执业管理办法和服务标准，使导游执业渠道由单一旅行社委派转型为旅行社、互联网平台以及其他旅行服务机构等多元选择。三是开展金牌职业经理人和金牌导游评选活动，对优秀旅游人才给予表彰奖励，提升金牌职业经理人和金牌导游社会影响力。四是建立旅游企业内部的培训机构，主要进行在职岗位培训，通过开展常规性培训，不断提升员工的技能素质和综合素质。大中型旅游企业都要建立培训机构，并选择若干力量雄厚、管理理念先进、管理制度成熟的景区，把它们建设为行业定点培训机构。

（五）精准定位旅游形象，加大旅游营销力度

1. 精准定位和强化突出旅游形象

目前，关于鄂尔多斯市旅游形象的定位有“天朗气清 · 自在养生”“鄂尔多斯温暖全世界”“民族风情 · 休闲避暑”“21℃的夏天”等。旅游业是一个内涵多样、产品多元、旅游形式丰富、旅游体验多层次的综合性体系，在现有的旅游形象定位中，“鄂尔多斯温暖全世界”“鄂尔多斯 · 一座有温度的城市”最容易关联到羊绒特色产品，也容易忽略其他。因此，在不脱离地区历史内涵、文化内涵、物产内涵的基础上，应提出更具有感召力、影响力的旅游形象定位，兼顾地脉、人脉、文脉，并随着旅游发展使之沉淀，相对稳定化。新的旅游形象不应再局限于某一个特定的历史形象、品牌形象，而是应该塑造一个概括总体具有超越性的形象，烘托一种笼罩全域的磅礴情怀，让人们想起草原就想起鄂尔多斯，每想彻底放松就想起鄂尔多斯。而且新的形象要与游客形成“互动”，原有的形象都是从突出本地优势出发，没有让游客参与进来，具有一种疏离感，新的形象定位应该顾及游客的感受、游客来鄂尔多斯想获得什么等内容。

具体而言，一是以“国际创意新城 · 收藏世界梦想”为主题开展面向全市乃至全国的鄂尔多斯市旅游形象征集及导游词征集活动，利用集体智慧凝练和精准定位旅游形象，这一活动同时可反映出大众对于鄂尔多斯的整体印象。二是着力设计和打造属于自己城市的旅游风格，突出城市文化气息与地域特点。例如，北京的城市旅游风格给人大气磅礴之感，红墙绿

瓦是老北京的特色；西安给人穿越时空的厚重之感，古色古香；江浙一带给人精致婉约之感，清丽动人。鄂尔多斯市应从旅游产品设计、相关商品开发、建筑、餐饮、生活形态、艺术表演等多个层面去体现以蒙古族文化为突出特色，同时又兼具中华民族多元文化交融特点的旅游风格。三是通过设计城市 logo、旅游吉祥物、旅游标志、旅游街道名称等方式，注入地域文化底蕴，使其存在于大街小巷，从而营造整体统一、特色鲜明的旅游大氛围。

2. 加强品牌塑造，镌刻城市印象

鄂尔多斯市在旅游品牌塑造及营销上应按照高标准建设，将来游客对鄂尔多斯市的印象将不仅仅是景点、景区的物象印记，而是会获得一种铭刻内心的情怀印记，这种“情怀”会让鄂尔多斯逐渐成为感受粗犷豪放草原风情、释放豪迈情怀、感受民族融合边塞文化的最典型选择，就像人们去拉萨朝圣、去苏州寻找精致、去成都寻找放松、去西安追寻古韵等。要在旅游形象凝练成功的基础上，依托新的定位，利用多种媒介和活动进行全方位营销，通过火车站、汽车站、公交站及电视、广告、媒体等，对旅游形象进行高频次、高密度、广范围的宣传。要根据不同旅游群体开展针对性旅游营销，特别要利用大数据平台对游客进行精准画像，精确锁定目标客源。对周边自驾游群体，通过与重点目标市场的自驾俱乐部、旅行社合作，举办大型自驾游、自驾游礼等各类创意营销活动。对于西安、成都、丽江、三亚、杭州、桂林等全国性热门旅游客源地，要与其缔结为友好城市，在具备条件的地区设立旅游推广中心。优先加强航空协作，通过举办旅游营销合作大会、争取更多航班落地鄂尔多斯等实质性举措，共享热点地区客源市场。

3. 加大营销力度，拓展营销渠道

一是要分阶段确立营销目标，以 3~5 年为一个周期，第一阶段应着力推广品牌形象，推介品牌旅游项目，提高知名度。邀请各主要客源地的旅游代理人、航空公司和职员等来鄂尔多斯市免费旅游；组织如“中国百强旅行社游鄂尔多斯”之类的活动，邀请、组织客源地的新闻记者、旅行商和业界人士来鄂尔多斯市考察并进行宣传报道；在各主要客源地举办规模较大的旅游精品促销说明会，召开座谈会。第二阶段应深入拓展旅游市场，加强区域旅游合作。针对客群进行精细化、精准化营销，深耕核心市场，开拓机会市场。与周边省市（地区）联合进行宣传，实现产品互补、客源共享、互相促进；实现丝绸之路——鄂尔多斯的联合宣传促销；积极与兰州、西安、银川等城市建立旅游联动协作开发关系，共同开拓旅游市场。二是要科学设计营销方案，开拓多元化的营销渠道。在精准定位和固化旅游形象的基础上，打造需求导向型的产品组合，推出国际品质的旅游产品组合和旅游线路，满足客源市场游客旅游需求，并依托内蒙古自治区营销平台，在内蒙古自治区国际营销体系工程中，突出鄂尔多斯旅游主题形象和基因，联合北京、上海等国际知名城市进行国际营销。三是利用国际节事赛事活动和旅游展会及国际多边会议进行旅游营销。例如，继续举办成吉思汗旅游文化周、响沙湾沙漠摄影旅游节、康巴什休闲旅游文化节，创新举办鄂尔多斯世界沙漠休闲度假大会、鄂尔多斯世界创意城市大会、鄂尔多斯国际那达慕文化大会等节事活动，也可积极参加并承办区域性国际影响力的展会，如世界沙漠开发大会、世界羊绒产业大会等。四是加大文化旅游营销推广，可在各景区召集民间的手工艺人开作坊，展示民族服饰艺术和手工艺制品艺术；可以编排以民俗文化为基底的大型歌舞剧以展示悠久历史；还可以组织筹办好一年一度的那达慕大会，将其打造成鄂尔多斯市的经典活动。五是在景点介绍方面，要聘用有文化素养、有底蕴、有气质的服务人员，提高入职门槛；在景区经营与服务上，也应提前培训，保证对游客笑脸相迎，周到服务。好的服务创造好的口碑，好的口碑可以招徕游客，形成稳定的客源。

（六）加强旅游市场监管，提升智慧管理水平

1. 强化市场治理，推进旅游产业监管监控制度化

在未来的发展中，鄂尔多斯市应加强市场治理，推动管理体制机制从粗放低质向精细高效转变。一是要建立综合市场监管机制。完善旅游工作联席会议制度，协调解决旅游业发展中的重要问题，加快建立旅游警察、旅游巡回法庭和旅游工商分局；组织旅游、工商、交通、质监等多部门联合开展旅游执法检查，全面做好旅游安全隐患排查治理工作；设立统一的

旅游监管平台，建立全市旅游市场监管综合调度指挥中心。二是要建立综合投诉受理机制。依托市长热线、旅游投诉电话等平台处理投诉纠纷，提升游客满意度。同时，建立旅游行业运行评价和退出机制，建立旅游经营者诚信等级认定、信用监督和行业失信惩戒制度。三是要建立综合舆情监控机制。旅游、公安、网信等部门共同建立旅游舆情监控机制，稳妥处置突发事件，同时在市委市政府的高度重视和强有力的领导下，形成“共治共管、共融共赢、共建共享”的旅游发展新局面。

2. 强化服务意识，规范旅游市场秩序

一是要组织旅游从业人员进行业务学习、技能竞赛、服务意识、安全教育等培训。二是要完成旅游协会换届选举工作，完善旅游协会章程，签订《协会会员自律公约》。三是要建立“1+4+N”的市场管理模式，即以文旅委牵头综合协调，旅游执法监察大队、旅游警察大队、旅游工商分局、旅游巡回法庭配合，再将工商局、食品药品监督管理局、发改局、质监局等部门纳入，加大对旅游企业卫生、食品、服务质量联合检查监督，对不合格企业要求即时进行整改。四是联合各旗区文旅局加大对导游证的查处力度，对检查中发现的“黑导”进行处理。五是严格落实《旅游企业考核办法》的相关要求，对违反考核办法的企业按标准扣分处罚。设置投诉受理室，安排专人处理，投诉电话实行 24 小时值班制度。

3. 完善智慧旅游平台建设，实现旅游产业链条的全信息化

一是高起点编制 2020—2025 年鄂尔多斯市智慧旅游发展规划，做好顶层设计。要努力实现 4A 级以上旅游景区免费 Wi-Fi 全覆盖，实现旅游大巴、旅游船和 4A 级以上景区监控检测设施的合理设置。二是与国内大型互联网企业合作，加快鄂尔多斯市大数据中心和智慧旅游公共服务平台的建设，加大互联网及旅游数据整合力度，持续推进涉旅数据信息共享，实现旅游企业与管理部门的管理智能化。具体而言，要做好大数据的开发利用，促进各部门、各企业、各旗区之间的信息资源共享、互通互联，利用交通、民航、公安、旅游等涉旅行业的信息共享，实现旅游信息统计、交互及旅游产品营销的多渠道快速推送，从而为不同人群制定个性化、多样化的旅游出行方案；要进一步拓展大数据中心的服务功能，完善旅游统

计分析、景区监控、交互营销、信息推送等功能，通过旅游大数据进行游客属性分析、游客行为分析、旅游景区或目的地的偏好度分析，以及景区或目的地的流量预测等，通过互联网技术的融入，催生旅游大数据获取与分析、定制旅游或私人顾问、旅游 O2O、虚拟旅游等新领域及形态的产生，形成“互联网 +”时代下多形态的旅游服务。三是在景区景点及旅游目的地设置智慧旅游系统终端，按照“便民、便利、便捷”的原则，为游客提供智能导游、电子讲解、在线预订、信息推送等综合服务功能，进一步扩大智能手机在机场登机验证、酒店入住登记、景区门禁系统和酒店客房钥匙等方面的应用，提高旅游的便捷化水平。四是在旅游旺季通过官方网站、微博、微信、LED 显示屏等多种新媒体渠道，发布旅游信息及各类温馨提示，并通过官方网站、同程网、携程网、驴妈妈、乐途等网站开通网络预购票，景区内增加自助取票机，实现线上购票线下顺利取票，分流线下购票压力。

（七）借助地域优势，加强产业整合，打造富民经济

1. 认识旅游资源，用活旅游资源

鄂尔多斯以“煤炭”“羊绒”而被全国人民所熟知，事实上，鄂尔多斯还拥有丰富的植被资源与地质资源。应该认识并熟悉自己得天独厚的旅游资源，将其加以整合利用。例如，依托煤炭资源建设煤炭博物馆，让全国甚至全世界游客了解煤炭的形成、种类、加工流程等，开发与煤炭相关的游客体验活动，如当一天煤炭工人等，还可以开发地质旅游线路，设立专门的交通线，将其与地质博物馆相结合，让游客实实在在看到地质地貌的多样性。另外，依托丰富的植被资源也可以建设植被博物馆，而到了夏季，整个城市是花的海洋，可以举办相关的节日庆典、艺术展览、插花比赛等活动。

2. 强化旅游产业的带动作用，形成旅游产业集群

目前，鄂尔多斯市可供游客集中开展娱乐休闲活动的区域较为缺乏，娱乐休闲元素不多，旅游业态还不够丰富，产业还不能适应市场需求。应强化旅游产业对农业、工业、服务业的带动作用。一是应根据人口规模、休闲需要，通过“旅游 + 其他产业”模式，形成产业融合发展，如“+ 农

业”的乡村旅游、“+城镇”的特色旅游小镇、“+工业”工业文创体验园、“+科技”的AR与VR虚拟体验园、“+教育”的研学旅游、“+体育”的体育旅游小镇与运动度假综合体等。二是要繁荣城市特色产业经济，将城区整体打包实行市场化运作，全面拓展传统观光旅游产品，增加市场有效供给，推动旅游同文化、商贸、科技、体育、健康养生等产业融合发展，为游客提供酒店、游览、旅行、购物、医疗保健、车辆补给维修等多种服务。在此基础上，大力开发城市夜间旅游业态和会展新业态，分门别类地发展一批音乐、酒吧、茶室、养生、SPA等休闲娱乐服务业，鼓励企业、协会、俱乐部依托鄂尔多斯市一流的会展设施组织开展旅游节庆、会议、赛事、培训等活动，打造旅游、会展、商贸、餐饮、住宿等相互关联的产业链条，切实推动鄂尔多斯市旅游业态和旅游元素多起来。三是应完善旅游文化产业政策，设立文化旅游发展专项资金。重点对八个方面进行支持：加大文化旅游营销力度、加强文化旅游宣传推广、鼓励开展重点创建工作、鼓励文化旅游产业创新创意发展、支持旅游公共服务提升、支持文化旅游基础设施建设、支持乡村旅游发展、加大对小微文化旅游企业的扶持力度。

3. 借助地域特色，打造富民产业

一是旅游业高质量发展要以人为本，要利民富民。酸毛杏、沙枣、沙棘、海红子是鄂尔多斯市的特色产品，也是大众可以看得到、摸得着的农作物。建议旅游主管部门与农牧业部门协调推进，向农牧民及市民普及本地特色经济作物的种植和加工技术，使农作物变成精致的旅游产品。二是与相关生产商、批发商、加工商等联系，采用“公司+基地+农户”的龙头企业带动模式，与民众合作，生产果干、果汁、果茶、酸奶等产品，形成“生产+加工+销售”一条龙的产业链条，打造鄂尔多斯市独特的品牌，提升旅游经济效益与社会效益，使民众受益。

（八）改变传统机制，激活旅游发展新动力

1. 推进文化和旅游的深度融合

要深刻领会习近平总书记关于文化和旅游工作的重要论述，切实增强推进文化旅游深度融合的主动性、自觉性。推进文化旅游深度融合，是鄂

尔多斯市旅游业高质量发展的战略选择和重要着力点。旅游不仅要融入文化产业，提升旅游创意水平和文化内涵，也要融入文化事业，以旅游的市场化运作反哺文化事业。文化要融入旅游各环节，促进其内涵和创意提升。聚焦文化旅游产品创新，在品牌塑造上融起来，聚焦构建融合发展机制，在形成合力上融起来。继续打磨提升《这片草原》《牵魂线》《乌兰牧骑的热喜》《茫瀚巴拉尔畅想曲》等精品剧节目，深入开展"乌兰牧骑千场惠民演出、百场调演展演"活动，举办声乐、舞蹈、美术、诗歌朗诵等各类艺术赛事活动，举办好全区声乐大赛、诗歌那达慕、千人古筝大赛等艺术活动，大力塑造艺术之城、音乐之城、诗歌之城和书香之城品牌。继续策划编排更多体现鄂尔多斯特色的实景演出，持续提升旅游吸引力。

2. 改革投融资体制机制

一是要加大政府引导性资金投入，进一步规范政府投资行为，积极探索财政投入与社会私募相结合的资金筹措方式。建议通过 PPP、BOT、EPC，设立产业投资基金及众筹等模式引导社会资本进入旅游业。对已纳入财政 PPP 项目库中的项目，通过政府发起、企业和金融机构参与等方式增加旅游公共产品和旅游公共服务的供给，项目建成后的资本回收由使用者付费、政府补贴结合、政府购买三种方式进行。二是由鄂尔多斯市旅游局、鄂尔多斯市旅游集团、国家开发银行金融公司、上市公司等共同发起设立鄂尔多斯旅游文化产业投资基金。政府以土地出让做担保，对产业基金回报做兜底。力争通过 5 年左右努力，着力培育 5 家旅游类上市企业，撬动社会资本投资 1000 亿元以上，参与建设 50 个旅游项目，有力推进鄂尔多斯市旅游产业供给侧改革，带动鄂尔多斯市相关产业发展。

3. 改革管理运行机制

想让旅游活起来，让百姓富起来，就要打破传统机制，激活旅游发展新动力。成都市锦里古街采取所有权、管理权、经营权"三权分立"的运营模式，所有权归国家，管理权归博物馆，经营权归本地一家文化旅游管理公司，形成一整套文化保护传承与旅游经营管理并重的市场化运作模式。西安白鹿仓景区创新招商管理机制实行押金免租制，入驻商户只需交纳 10 万 ~20 万元不等的押金，按照约定经营范围自助经营，投资方抽取商户营业额15%左右的管理维护费用，这样既保证投资方的收益，降低商户经营风险，又能最大限度减少经营项目的重复，极大地丰富旅游产品的品类，成为当前国内为数不多的功能齐全、涵盖面广、跨界经营管理的综合智慧景区。鄂尔多斯市也应该通过产权制度改革等方式与企业、高等院校建立新的合作模式和运营机制，以提升其管理效率。

4. 推进旅游业绿色转型

鄂尔多斯市旅游资源丰富，但生态环境很脆弱，在旅游业发展中，需要在资源保护的前提下，遵循可持续发展原则，对沙漠、草原、黄河等自然资源进行合理化开发和科学化使用。具体而言，可在自驾旅游、休闲旅游、康体养老、研学教育、探险旅游等方面推进旅游业的绿色转型，激活旅游发展新动能。一是合理开发自驾旅游线路。自驾车游客一般人日均消费在500元左右，过夜自驾游消费在1500元左右，因此在线路配备的同时，还需加强自驾车营地的配套服务设施建设。二是打造高品质休闲度假基地。休闲度假游客多选择自助或半自助出行，对目的地特色文化深度游有着浓厚兴趣，对住宿、餐饮、娱乐、购物等旅游要素要求较高，消费能力很强，游客旅游消费集中在3000元到8000元不等，因此应着力打造一些高品质的休闲度假基地。三是开发康体养老旅游。65%的老年人更偏好周边游、漫游和结伴出游，而且出游时间多为错峰和淡季，相较于年轻人，老年人的消费水平偏低，饮食偏好明显，出行多考虑火车且选择慢游，因此应为康体养老旅游创造便捷的出行条件和高性价比的住宿选择。四是开展研学教育旅游。重点针对青少年户外教育市场，应依托鄂尔多斯市独特的自然、文化等资源，在寒暑假期间开展以科普教育、户外拓展等为主的研学旅游。产品开发重点为自然生态类、历史文化类、乡村扶贫类、红色经典类及户外营地类。五是开发探险旅游。相较于传统旅游产品，探险旅游以相对纯净的自然环境为主，旅游者能在对各种活动的投入中得到丰富、深刻的心灵体验。鄂尔多斯市应着力开展沙漠探险、峡谷探险、低空飞行、徒步穿越等探险类旅游活动。

5. 弱化门票经济思维，推动门票经济向产业综合经济转变

无论是从旅游景区的公共价值属性考量，还是从全民公平享受资源权

益出发，抑或是从景区的整体综合运营收益考虑，完全依靠门票收入的模式都是不正常的。国内不少景区免费开放后效益不减反增，说明开放式景区比封闭式景区具有更多渠道的经济收益。一是应坚持将“建立高占比的体验经济”作为旅游的发展定位，加强特色旅游产品和线路的开发，努力从单一门票经济向多元化收入结构转变，谋求从单一景区建设到综合体验服务和综合消费的旅游目的地发展。二是开展景区门票价格改革，采取联票制、分票制等多种形式，将伊金霍洛旗境内以成吉思汗陵为中心的文化旅游资源和达拉特旗境内以响沙湾为核心的沙漠旅游资源整合为大 5A 级景区，降低门票成本，并为游客提供多种旅游选择。同时可以形成灵活多样的定价机制，比如针对不同季节、不同时段、不同人群推出不一样的价格，既便于游客选择，又能够引导游客错峰出行，也能够让景区在淡季吸引到一定数量的游客。三是要将更多外围的资源纳入景区，加强与景区外围的管理、交通、服务等旅游要素对接，通过精心打造主体景区的旅游环境，发展食、住、行、游、购、娱产业链条，吸引带动更多游客，逐步将景区从门票经济转为综合消费，达到景区收益的多元化。

参考文献

[1] Hunter C.Sustainable Tourism as an Adaptive Paradigm[J].Annals of Tourism Research，1997，21（4）：850–867.

[2] Priskin J.Assessment of Natural Resources for Nature–based Tourism：the Case of the Central Coast Region of Western Australia[J].Tourism Management，2001，22（6）：637–648.

[3] Kelly M. Jordans Potential Tourism Development[J].Annals of Tourism Research，1998，25（4）：904–918.

[4] McKercher B. The Unrecognized Threat to Tourism：Can Tourism Survive[[J].Sustainability Tourism Management，1993，14（2）：131–136.

[5] 阿日古娜 . 鄂尔多斯“古如歌”渊源与特征探幽 [D]. 西北民族大学，2016.

[6] 白晔 . 鄂尔多斯短调民歌的文化生态研究 [D]. 内蒙古大学，2013.

[7] 博特乐图，郭晶晶 . 蒙古族音乐研究百年 [J]. 内蒙古大学艺术学院学报，2014（2）：32–37.

[8] 蔡文芳 . 鄂尔多斯草原旅游可持续发展评价 [J]. 中国农业资源与区划，2018，39（6）：229–236.

[9] 曹晔 . 鄂尔多斯准格尔旗漫瀚调研究 [D]. 内蒙古大学，2011.

[10] 陈锐 . 鄂尔多斯地区蒙古族短调民歌艺术特色刍议 [J]. 内蒙古师范大学学报，2015，44（3）：83–87.

[11] 丁建军，朱群惠 . 我国区域旅游产业发展潜力的时空差异研究 [J]. 旅游学刊，2012，27（2）：52–61.

[12] 丁砚晖 . 新媒体语境下成吉思汗陵旅游景区网站优化策略研究 [D]. 内蒙古师范大学，2019.

[13] 董建英，任丽霞 . 基于主成分分析的中学生研学旅游需求研究——以太原市为例 [J]. 经济问题，2016（7）：119–124.

[14] 杜焱 . 旅游产业发展潜力的测度与评价——以湖南省为例 [J]. 经

济地理，2014，34（6）：176–181.

[15] 冯学钢，王琼英 . 中国旅游产业潜力评估模型及实证分析 [J]. 中国管理科，2009，17（4）：178–183.

[16] 干永福，刘锋 . 乡村旅游概论 [M]. 北京：中国旅游出版社，2017.

[17] 郭丽 . 安阳市乡村旅游发展中存在的问题及对策研究 [D]. 河南师范大学，2017.

[18] 哈沙部落："田园 +" 蓄势乡村振兴新动能 [N]. 鄂尔多斯日报，2019–10–25.

[19] 哈斯巴特尔 . 成吉思汗祭祀歌的拼写符号及其意义解读 [J]. 中国音乐，2016（2）：81–86.

[20] 哈斯巴特尔 . 成吉思汗十二首祭祀歌及其表演阐释 [J]. 歌海，2013（5）：4–9.

[21] 哈斯巴特尔 . 鄂尔多斯礼仪音乐研究 [M]. 北京：人民音乐出版社，2015.

[22] 杭红梅 . 鄂尔多斯短调民歌当代传承研究 [D]. 内蒙古大学，2013.

[23] 杭红梅 . 鄂尔多斯短调民歌基本特征探微 [J]. 音乐创作，2014（1）：159–160.

[24] 贺宇 . 表演视域下的鄂尔多斯长调民歌——以一次蒙古族家庭宴会古如歌表演为例 [J]. 北方音乐，2015（9）：49–50.

[25] 贾宝锋 . 鄂尔多斯婚礼 [J]. 中国民族美术，2015（2）：94.

[26] 贾忠 . 鄂尔多斯蒙古族传统短调民歌的分类及其功能 [J]. 吉林艺术学院学报，2011，105（6）：24–27.

[27] 焦亦慧 . 浅谈鄂尔多斯蒙古族宴歌及其音乐特点 [J]. 内蒙古艺术，2008（2）：65–67.

[28] 史维生 . 鄂尔多斯蒙古族短调民歌探微 [J]. 中国音乐，2007（2）：171–174.

[29] 李红梅 ."现代化语境" 下成吉思汗祭祀仪式音声变迁与文化认

同 [J]. 内蒙古大学艺术学院学报，2017（3）：19–22.

[30] 李红梅 . 国家在场视域下成吉思汗祭祀仪式音声中的民族文化认同 [J]. 音乐创作，2018（6）：168–169.

[31] 李锐 . 八百年不熄的神灯：祭祀成吉思汗的鄂尔多斯蒙古族历史文物 [J]. 收藏，2016（1）：124–131.

[32] 李文杰，乌铁红 . 旅游干扰对草原旅游点植被的影响——以内蒙古希拉穆仁草原金马鞍旅游点为例 [J]. 资源科学，2012，34（10）：1980–1987.

[33] 李彦娜 . 浅析“漫瀚调”的地域特征——以鄂尔多斯“漫瀚调”为例 [J]. 内蒙古艺术，2015（2）：14–17.

[34] 娄宇婷 . 鄂尔多斯婚礼仪式音声的研究 [D]. 内蒙古师范大学，2018.

[35] 骆高远 . 义乌市购物旅游发展潜力研究 [J]. 经济地理，2013，33（2）：184–192.

[36] 马晓林 . 元代蒙古人的祭天仪式 [J]. 民族研究，2018（3）：84–91+125–126.

[37] 马勇，李玺 . 旅游规划与开发 [M]. 北京：高等教育出版社，2012.

[38] 毛峰 . 旅游新时代背景下的乡村旅游转型和发展对策 [J]. 农业经济，2016（11）：27–29.

[39] 米文宝，仲俊涛，米楠 . 康巴什区城市发展的新思路——建设“活力型草原生态城市”[C]. 鄂尔多斯学研究 2017 年论文集，2017：242–252.

[40] 那顺格希格 . 鄂尔多斯《古如歌》探析——以杭锦《古如歌》为例 [D]. 内蒙古师范大学，2010.

[41] 内蒙古鄂尔多斯市文化局社会文化科 . 鄂尔多斯市自治区级非物质文化遗产项目简介 [J]. 鄂尔多斯文化，2011（4）：15–18.

[42] 冯利伟，杨存栋 . 内蒙古旅行社发展和经营中的问题与对策 [J]. 内蒙古财经学院学报，2005（2）：30–33.

[43] 裴雅勒 . 论“蒙汉调”的体裁特征 [J]. 音乐艺术（上海音乐学院学报），2005（4）：68–73+4.

[44] 祁慧 . 文化融合视角下的漫瀚调历史研究 [J]. 当代音乐，2019（12）：82–82.

[45] 乔明 . 鄂尔多斯的历史文化与旅游发展 [J]. 鄂尔多斯学研究，2008（1）：33–51.

[46] 秦兆祥，郝志成，乔明 . 鄂尔多斯旅游发展模式研究 [J]. 内蒙古师范大学学报（哲学社会科学版），2012（7）：102–106.

[47] 秦兆祥，张薇 . 鄂尔多斯市旅游空间组织分析 [J]. 现代城市研究，2012（12）：100–104.

[48] 日本修学旅行：一场感性之旅 [J]. 中小学德育，2017（6）：79.

[49] 史永清 . 鄂尔多斯民歌审美特征及文化内涵研究 [D]. 内蒙古大学，2017.

[50] 双金 . 民俗学视野下的成吉思汗陵祭祀文化 [J]. 内蒙古大学艺术学院学报，2011（1）：17–23.

[51] 孙宏民 . 鄂尔多斯旅游发展中的政府行为研究 [D]. 内蒙古大学，2011.

[52] 孙小奇 . 简论鄂尔多斯短调民歌艺术 [J]. 音乐时空（理论版），2012（6）：47.

[53] 覃代伦，苗艳 . 古如歌：蒙古音乐的活化石 [N]. 中国会议，2013–09–02.

[54] 唐永学 . 内蒙古伊金霍洛——美丽乡村进行时 [N]. 正北方网，2016–09–01.

[55] 王定华 . 在新形势下抓好德育工作 [J]. 华夏教师，2014（4）：1.

[56] 王靖渊 . 鄂尔多斯蒙古族短调民歌与漫瀚调音乐形态比较 [D]. 内蒙古师范大学，2014.

[57] 王珊，吕君，哈斯巴根，党晓宏 . 内蒙古自治区旅游业发展研究 [M]. 北京：经济管理出版社，2017.

[58] 王艳平 . 海南热带雨林文化旅游区研学旅游发展研究 [D]. 广西师

范大学，2016.

[59] 王燕 . 响沙湾旅游景区营销绩效评价研究 [D]. 内蒙古大学，2016.

[60] 王兆峰 . 区域旅游产业发展潜力评价指标体系构建研究 [J]. 华东经济管理，2008，22（10）：31–35.

[61] 旺楚格 . 成吉思汗祭祀文化的传承与研究 [J]. 鄂尔多斯文化，2014（Z1）：12–15.

[62] 旺楚格 . 康巴什城市文化定位之思考 [C]. 鄂尔多斯学研究 2017 年论文集，2017：125–130.

[63] 乌兰杰 . 关于鄂尔多斯杭锦旗“古如歌”年代小考 [J]. 内蒙古艺术学院学报，2019（3）：68–73.

[64] 辛海燕 . 漫瀚调的艺术特色与演唱研究 [D]. 沈阳师范大学，2017.

[65] 邢莉 . 成吉思汗祭祀仪式的变迁 [J]. 民族研究，2008（6）：59–68+109.

[66] 徐成英 . 仪式观视阈下的漫瀚调传播研究 [D]. 西北大学，2017.

[67] 高瑞峰 . 声震高原云逐月——试论内蒙古准格尔旗漫瀚调的艺术特点 [D]. 中央民族大学，2011.

[68] 杨光 . 现代语境中的鄂尔多斯蒙古族短调民歌的存承与流变 [J]. 音乐创作，2016（12）：117–119.

[69] 杨桂丽 .《鄂尔多斯市旅游业“十三五”规划》提出：把我市建成国家级全域旅游示范区和国家级旅游业改革先行区 [N]. 鄂尔多斯日报，2017–02–20.

[70] 杨敏 . 青海旅游产业的发展潜力评估 [J]. 统计与决策，2006（14）：102–104.

[71] 杨屹 . 神圣与世俗——成吉思汗查干苏鲁克祭典仪式结构分析 [J]. 佳木斯职业学院学报，2016（4）：88–89.

[72] 叶原源，刘玉亭，黄幸 .“在地文化”导向下的社区多元与自主微更新 [J]. 规划师论坛，2018，2（34）：31–36.

[73] 易向农 . 弘扬红色文化，助力福建发展——福建省红色文化建设的历史资源、时代实践与前瞻思考 [J]. 福建党史月刊，2017（6）：31-38.

[74] 张俊英，麻志强 . 公司 + 合作社 + 农户让农牧民搭上了脱贫致富的快车 [N]. 鄂尔多斯日报社多媒体数字报，2018-12-06.

[75] 张茜 . 漫瀚调的艺术特点分析 [J]. 黄河之声，2020（24）：15.

[76] 赵娜 . 非遗保护视野下鄂尔多斯婚礼舞台化进程 [D]. 内蒙古师范大学，2015.

[77] 赵欣 . 鄂尔多斯市乡村旅游发展研究 [J]. 度假旅游，2018（12）：185-186.

[78] 中华人民共和国国家质量监督检验检疫局 . 旅游景区质量等级的划分与评定 [M]. 北京：中国标准出版社，2004.

[79] 庄国瑞，刘海英，苏奕文 . 借鉴伊金霍洛经验助力鄂尔多斯全域旅游发展 [N]. 鄂尔多斯日报，2018-12-28.

[80] 关于全市发展全域旅游工作情况的调研表报告 [R]. 鄂尔多斯人大网，2017.

[81] 2017 年全市旅游工作总结的报告 .

[82] 鄂尔多斯市全域旅游发展总体规划（2017—2025 年）.

[83] 鄂尔多斯市支持促进全域旅游发展若干政策措施 .

[84] 国务院办公厅关于印发国民旅游休闲纲要（2013—2020 年）的通知，新华网，http://www.gov.cn/zwgk/2013-02/18/content_2333544.htm.

[85] 教育部等 11 部门关于推进中小学生研学旅游的意见，中国政府网，http://www.gov.cn/xinwen/2016-12/19/content_5149943.htm.

[86] 鄂尔多斯市人民政府关于政协内蒙古自治区十二届二次会议第 0758 号提案的答复函 [EB/OL].http://www.ordos.gov.cn/gk_128120/jyta/dfgk/201912/t20191203_2538137.html.

[87] 秦兆祥 . 鄂尔多斯旅游客源市场细分 . 百度文库，https：//wenku.baidu.com/view/d220cbaa28ea81c759f57826.html.

[88] 王崇 . 内蒙古 2018 年旅游发展指数报告 [EB/OL].https：//mp.weixin.qq.com/.

[89] 鄂尔多斯统计局 . 鄂尔多斯 2018 年统计年鉴 .

[90] “鄂尔多斯模式”：全域旅游助力城市转型发展，光明日报，http：//difang.gmw.cn/sn/2018-11/08/content_31932273.htm.

[91] 鄂尔多斯市人民政府 . 鄂尔多斯市旅游业“十三五”规划 [EB/OL].http：//xxgk.ordos.gov.cn/information/ordos_xxw49/msg10204249650.html.

[92] 鄂尔多斯市统计局，国家统计局鄂尔多斯调查队 . 鄂尔多斯市 2019 年国民经济和社会发展统计公报 [EB/OL].https://baijiahao.baidu.com/s?id=1661399098237075393&wfr=spider&for=pc.

[93] 中华人民共和国文化和旅游部，https://www.mct.gov.cn/.

[94] 中国产业信息网，http://www.chyxx.com.

[95] 鄂尔多斯市统计局网站，http://tjj.ordos.gov.cn/.

[96] 盈蝶网站，http://www.inntie.com/.

[97] 2019 年中国旅游住宿业发展报告，http://www.inntie.com/.

[98] 2019 年鄂尔多斯市政府工作报告 .

[99] 艾瑞咨询 2019 年度数据发布报告，http://www.useit.com.cn.

[100] 中国饭店协会，http://www.chinahotel.org.cn.

[101]《〈全国工业旅游发展纲要〉公开征求意见》，潍坊市政府信息公开专栏，http://www.xxgk.weifang.gov.cn.

后　记

客观、全面、系统地梳理和总结改革开放以来鄂尔多斯市旅游业发展的历程和成果，为内蒙古旅游业持续健康发展提供借鉴和参考，是内蒙古旅游业发展的一项重要任务。

受鄂尔多斯市文化和旅游局委托，我和马林教授组成蓝皮书编制组，由鄂尔多斯应用技术学院、广东财经大学华商学院、鄂尔多斯众智旅游研究中心、鄂尔多斯市委政研室、鄂尔多斯市旅游导游协会 5 个单位共同承担了《鄂尔多斯市旅游业发展蓝皮书》的编撰工作。编撰组成立以来，全体成员团结协作，尽心竭力地投入到蓝皮书的编写工作中，从成员对本书写作提纲的多次讨论，到收集资料、实地调研，再到本书的写作、修改和成稿定稿经历了两年时间，蓝皮书终于面市了。

蓝皮书是编撰组集体成果的结晶，也是对鄂尔多斯市旅游业发展的系统总结和梳理。更是我和马林教授及编撰组全体成员对鄂尔多斯市旅游业发展所奉献的一点绵薄之力，希望能够为鄂尔多斯市旅游业的发展留下永恒的记忆。

全书分为 8 篇共 26 章，由刘海英、马林统撰、定稿。撰稿分工情况为：第 1、2、3、10、13、26 章由鄂尔多斯应用技术学院刘海英撰写，共计 8 万余字；第 6、7、8、11、16、17 章由鄂尔多斯应用技术学院付丽娜撰写，共计 8 万余字；第 9、14、15 章由鄂尔多斯应用技术学院赵欣撰写，共计 8 万余字；第 5、18、19、20 章由鄂尔多斯市旅游导游协会刘伟东撰写，共计 7 万余字；第 12 章由鄂尔多斯应用技术学院张鑫撰写，共计 4 万余字；第 21、22、23、24、25 章由鄂尔多斯应用技术学院张星培撰写，共计 4 万余字；第 4 章由鄂尔多斯应用技术学院王艳撰写，共计 3 万余字。本书部分成果为内蒙古哲学社会科学规划项目“鄂尔多斯乡村旅游发展的实践对内蒙古乡村振兴战略实施的启示研究”、内蒙古自治区教育科学“十三五”规划项目“应用型高校蒙古族传统音乐教育的创新与建设研究”、鄂尔多斯市产业创新创业人才团队项目“鄂尔多斯市矿区生态修复与全域旅游协同发展的技术和机制研究”的阶段性成果。

本书在编撰过程中，得到了鄂尔多斯市文化和旅游局赵子义局长、苏永华副局长的充分支持和亲切关怀。同时得到了鄂尔多斯市统计局、康巴什区旅游局、鄂尔多斯市响沙湾旅游度假区、鄂尔多斯市成吉思汗陵旅游区、鄂尔多斯草原旅游区、鄂尔多斯野生动物园等单位的大力支持，在此深表谢意。

写作过程参考和引用了国内外有关书籍和文献，特此感谢。特别感谢鄂尔多斯市康巴什区文化和旅游局张睿瑶副局长、鄂尔多斯草原旅游区王小丽总经理、鄂尔多斯野生动物园王晓宇总经理以及鄂尔多斯市文化和旅游局李育欣、张应正等同志为本书写作所提供的参考资料。感谢内蒙古大学历史与旅游文化学院乌铁红教授为本书撰写序并进行修改指导。感谢鄂尔多斯学研究会杨勇会长对本书给予的修改指导。本书承蒙中国旅游出版社段向民主任的大力支持，编辑和排版设计人员为此付出了辛勤劳动，在此表示诚挚感谢。

由于本书成书仓促，书中观点、分析和论证难免存在纰漏，敬请读者不吝赐教。

刘海英　马林

2021 年 3 月

项目策划：段向民
责任编辑：张芸艳
责任印制：孙颖慧
封面设计：武爱听

图书在版编目（CIP）数据

鄂尔多斯市旅游业发展蓝皮书 / 刘海英，马林，鄂尔多斯市文化和旅游局主编 .-- 北京：中国旅游出版社，2021.4

（中国旅游蓝皮书系列）

ISBN 978-7-5032-6600-3

Ⅰ.①鄂… Ⅱ.①刘… ②马… ③鄂… Ⅲ.①地方旅游业—旅游业发展—研究报告—鄂尔多斯市 Ⅳ.① F592.726.3

中国版本图书馆 CIP 数据核字 (2020) 第 232667 号

书　　名：鄂尔多斯市旅游业发展蓝皮书

作　　者：刘海英　马林
　　　　　鄂尔多斯市文化和旅游局
出版发行：中国旅游出版社
　　　　　（北京静安东里 6 号　邮编：100028）
　　　　　http://www.cttp.net.cn　E-mail:cttp@mct.gov.cn
　　　　　营销中心电话：010-57377108，010-57377109
　　　　　读者服务部电话：010-57377151
排　　版：小武工作室
经　　销：全国各地新华书店
印　　刷：北京工商事务印刷有限公司
版　　次：2021 年 4 月第 1 版　2021 年 4 月第 1 次印刷
开　　本：720 毫米 × 970 毫米　1/16
印　　张：27.5
字　　数：423 千
定　　价：69.80 元
ISBN　978-7-5032-6600-3